Formation Administration
Concours

Le droit public

Catégories A et B

André Legrand
Professeur émérite de droit public
à l'Université de Paris X-Nanterre

Céline Wiener
Inspectrice générale honoraire
de l'administration de l'Éducation
nationale et de la Recherche

Nouvelle édition revue et augmentée

Sommaire

Introduction générale

Quelques mots d’histoire sur le droit

Droit public et droit privé

Les composantes du droit public

Les tendances de l’évolution

Cette entrée en matière se propose de donner au lecteur un aperçu schématique de la nature et du contenu du droit public, en les replaçant dans une perspective historique. Les thèmes que l'on y abordera seront traités de manière approfondie dans les différents chapitres de cet ouvrage. Il a paru utile, cependant, d'en esquisser d'emblée les grandes lignes, pour faire apparaître à la fois la diversité des domaines régis par ce droit et les traits communs qui les caractérisent.

Quelques mots d'histoire sur le droit

Le droit est aussi ancien que la vie en société : à partir du moment où les hommes sont entrés dans l'ère de l'existence collective, ils ont éprouvé le besoin de régler leurs rapports. Mais depuis l'époque primitive, les sources, les domaines d'intervention et le contenu du droit ont subi de profondes mutations, dues aussi bien à l'évolution des techniques qu'à celle des idées : la diversification des règles suit en effet la complexité croissante de l'organisation sociale.

Une démocratisation progressive

A l'origine, il s'agissait principalement de faire régner l'ordre au sein de la communauté et d'assurer la cohésion de celle-ci. Les règles à respecter émanaient de dirigeants que l'on croyait investis d'une mission quasi divine : les sorciers des tribus anciennes commandaient grâce aux pouvoirs magiques qu'ils revendiquaient et cette référence au surnaturel s'est perpétuée jusqu'aux monarques de l'Ancien Régime, qui étaient considérés comme les « lieutenants de Dieu » sur la terre à partir et en vertu de la cérémonie du sacre.

Dès l'Antiquité, toutefois, d'autres sociétés s'étaient dégagées de l'emprise religieuse : la Grèce, puis Rome, instaurèrent **la république**, forme de gouvernement où les dirigeants ne tiennent plus leurs pouvoirs de la volonté divine mais du choix populaire. Au cours de leur histoire, la plupart des pays ont connu des péripéties qui les ont fait osciller de l'un à l'autre de ces modèles d'organisation ; mais presque partout, aujourd'hui, le droit s'est laïcisé et, sauf rares exceptions[1], il ne se réclame plus de la religion.

Cela ne signifie pas que les **considérations morales** en sont absentes : on peut y rattacher des principes tels que l'égalité de tous devant la loi, la protection sociale, l'aide aux personnes démunies, qui fondent en grande partie les systèmes juridiques. Mais cette morale repose désormais sur la notion de droits de l'homme, dégagée au XVIIIe siècle par les « philosophes des Lumières », tels Montesquieu et Rousseau, qui ont inspiré la Révolution de 1789 ainsi que la Déclaration des droits de l'homme et du citoyen adoptée à cette époque et dont les principes sont toujours en vigueur.

D'autres pays, notamment les États-Unis, ont participé au même moment à ce mouvement d'idées en adoptant une Déclaration d'inspiration analogue. Et au XXe siècle, la communauté internationale s'y est également ralliée : une Déclaration universelle des droits de l'homme a été votée par l'ONU (Organisation des Nations unies) en 1948, c'est-à-dire au lendemain de la Seconde Guerre mondiale et de la chute du nazisme. Elle a été suivie deux ans plus tard par une Déclaration européenne, complétée ensuite par des pactes relatifs aux droits économiques et sociaux. Tous ces textes énoncent une série de droits considérés comme inhérents à la dignité de la personne humaine et à la lutte contre l'oppression : libertés individuelles et collectives, interdiction des discriminations raciales, suffrage universel, caractère démocratique des institutions ; les gouvernants sont tenus d'y souscrire et les citoyens peuvent en exiger le respect. Ainsi, au fil des temps, l'absolutisme royal de l'Ancien Régime a-t-il cédé le pas à la souveraineté populaire.

1. Principalement dans ceux des pays qui appliquent la loi musulmane *(charia)*.

Un domaine en extension

La complexité de la vie sociale est aujourd'hui sans commune mesure avec ce qu'elle était avant la Révolution industrielle. Les rapports économiques se sont multipliés, tandis que se faisait jour la nécessité de protéger les travailleurs : les **droits des contrats, du commerce et du travail** sont alors apparus et ont connu un développement considérable. L'expansion de la circulation automobile a engendré le **Code de la route** et le **droit des assurances**. L'apparition de nouvelles technologies a également dû être encadrée par le droit : il fallait protéger les individus contre l'utilisation abusive des fichiers informatisés et réglementer le recours aux substances polluantes, de même que les manipulations génétiques, pour prévenir leurs conséquences dangereuses. Et l'on pourrait citer bien d'autres exemples de cet accroissement du domaine du droit.

Parallèlement, le rôle des pouvoirs publics s'est modifié : aux tâches traditionnelles de maintien de l'ordre s'est ajoutée la mission plus large et plus ambitieuse d'assurer de bonnes conditions de vie à la collectivité, voire de **favoriser le progrès économique et social**. Ce que l'on appelle l'interventionnisme[2] s'est considérablement accru avec les deux guerres mondiales successives et la grande crise économique de 1929 : les services publics se sont multipliés, ainsi que les prestations de toutes sortes et la réglementation de secteurs auparavant considérés comme relevant exclusivement de l'initiative privée. Peu à peu, l'administration a pris en charge la fourniture de l'eau, du gaz et de l'électricité, l'organisation des transports en commun, le fonctionnement d'établissements scolaires ou hospitaliers ; elle octroie aussi des aides économiques ou sociales et réalise des équipements. Toutes ces activités ont inévitablement entraîné l'édiction d'un **corps de règles encadrant les interventions publiques** et précisant les conditions dans lesquelles les particuliers peuvent en bénéficier : ces règles sont principalement contenues dans le **droit administratif**. Mais comme l'interventionnisme suppose des crédits et des investissements, le **droit des finances publiques**, qui

2. Par opposition à la doctrine libérale du « laissez-faire » les acteurs privés, qui a prévalu jusqu'à la fin du XIXe siècle. Cette doctrine trouve un prolongement aujourd'hui avec le mouvement favorable à la déréglementation, qui implique notamment l'ouverture à la concurrence de domaines jusqu'alors réservés aux services publics et inspire en grande partie la politique économique de l'Union européenne.

englobe les prescriptions relatives au budget de l'État et à la fiscalité, s'est développé simultanément.

Enfin, il faut tenir compte de l'extension des relations internationales et surtout de la **construction européenne**. D'une part, les traités et accords de toutes sortes, ainsi que les organisations multinationales dont la France fait partie (par exemple, l'Organisation internationale du travail – OIT) deviennent plus nombreux et sont à la source de normes spécifiques. Plus importante encore par ses conséquences sur l'ordre juridique est l'Union européenne, grande productrice de règles qui sont applicables dans les pays membres et constituent désormais une branche spécifique du droit, le **droit européen**.

Au total, le droit actuel ne ressemble plus guère à celui du XIXe siècle. D'une part, il est devenu si fourni que certains dénoncent ce qu'ils dénomment « **l'inflation normative** » : tous les ans, par exemple, la France adopte près d'une centaine de lois et 1 800 décrets qui viennent s'ajouter au stock des textes en vigueur et auxquels il faut ajouter la réglementation européenne, laquelle représente un volume annuel équivalent. D'autre part, en raison de la multiplicité de ses domaines d'intervention, le droit s'est spécialisé en diverses branches dont le nombre peut être illustré par celui des enseignements dispensés dans les universités : alors qu'on en comptait une vingtaine dans les années 1950, il y en a plus de quarante aujourd'hui, dont le droit des assurances, de la propriété littéraire et artistique, de l'urbanisme, de la santé... La subdivision principale, toutefois, n'a pas changé : on distingue toujours le droit public du droit privé, les diverses branches spécifiques s'insérant dans l'une ou l'autre de ces catégories – avec parfois, on le verra, quelques zones mixtes.

Droit public et droit privé

En théorie, la distinction est nette. Mais si le domaine du droit public est bien délimité, celui du droit privé connaît quelques incursions.

– **Le droit privé** est celui qui **régit les rapports entre les particuliers**. Il comprend tout d'abord le **droit civil**, dont une grande partie concerne la famille : ainsi en est-il des règles relatives au mariage, à la filiation, au divorce, mais aussi de celles qui ont trait aux patrimoines (régimes matrimoniaux, successions, donations). C'est également le droit civil qui réglemente la propriété privée des biens et la responsabilité qui peut incomber aux particuliers s'ils sont à l'origine d'un dommage, par exemple à l'occasion d'un accident de la circulation.

Vient ensuite le **droit commercial**, plutôt dénommé aujourd'hui **droit des affaires** : il s'applique, par exemple, aux contrats de vente ou de location, à la création et à la vie des entreprises, aux assurances. Comme l'est de son côté le droit civil, il est contenu dans un code.

– **Le droit public**, au contraire, **régit l'organisation et le fonctionnement des pouvoirs publics**, ainsi que leurs **rapports avec les citoyens**. Il réglemente aussi bien l'élection du président de la République que les compétences attribuées aux collectivités territoriales (communes, départements et régions), le recouvrement des impôts et les contrôles qui s'exercent sur l'administration. C'est également lui qui définit et **protège les libertés individuelles et collectives** dont bénéficient les citoyens.

Il existe cependant quelques secteurs du droit que l'on pourrait qualifier de **mixtes** : c'est par exemple le cas du **droit pénal,** qui s'apparente au droit privé dans la mesure où il définit les relations interdites entre particuliers (par exemple le vol, ou les mauvais traitements infligés par des parents à leurs enfants), mais relève aussi du droit public puisqu'il détermine les poursuites et les peines qu'encourent les auteurs d'infractions. On ne l'abordera pas dans le cadre de cet ouvrage, qui est consacré au droit exclusivement public.

Les composantes du droit public

Ce droit comprend quatre branches principales.

Le droit constitutionnel

Celui-ci **définit les règles relatives à l'organisation et au fonctionnement de l'État**. Il précise ainsi le mode de désignation et les compétences respectives des autorités politiques (principalement le président de la République, le Parlement et le gouvernement), ainsi que les rapports qui s'établissent entre eux : par exemple, les conditions dans lesquelles l'Assemblée nationale peut renverser le gouvernement. Suivant la manière dont il organise ces rapports et les pouvoirs qu'il accorde respectivement au Parlement et au président de la République (ou toute autre personne exerçant les fonctions de chef de l'exécutif, comme le Premier ministre en Grande-Bretagne), il détermine la nature du régime politique : celui-ci sera qualifié de *parlementaire* si les Assemblées peuvent renverser le gouvernement, de *présidentiel* si les pouvoirs législatif et exécutif sont indépendants l'un de l'autre.

Le droit constitutionnel **détermine** aussi **le domaine réservé à la loi**, considérée comme une norme de rang supérieur à celui des actes dits administratifs (en particulier les décrets pris par le gouvernement) parce qu'elle émane de parlementaires directement issus du suffrage universel. Et il fixe également le statut et les principales attributions d'autres organes jouant un rôle important dans la vie publique, comme le pouvoir judiciaire ou le Conseil constitutionnel.

Ce droit est **principalement inscrit dans la Constitution**, qui a un rang plus élevé que la loi dans la mesure où celle-ci ne peut contredire les dispositions qu'elle édicte. Les textes constitutionnels commencent en général par un Préambule, qui pose des principes généraux tels que le caractère démocratique des institutions ou les libertés fondamentales reconnues aux citoyens, et se réfère aux Déclarations des droits mentionnées ci-dessus. Dans de nombreux pays, le respect de cet ensemble de dispositions est assuré par une Cour constitutionnelle (en

France, le Conseil constitutionnel) qui peut déclarer inapplicables les textes particuliers, y compris les lois, qui lui seraient contraires.

Le droit administratif

Il se situe un cran au-dessous. Il ne traite en effet que des **droits et obligations des autorités administratives**, c'est-à-dire le gouvernement (qui est un organe à la fois politique et administratif, mais n'est considéré ici que sous ce second aspect), les ministères et leurs services déconcentrés, les collectivités territoriales et les établissements publics (cette dernière catégorie, qui tend à s'accroître, comprend par exemple La Poste, la SNCF et les hôpitaux). Il détermine la nature et le contenu des actes que ces organes peuvent édicter, chacun dans sa sphère d'attributions, la procédure suivant laquelle ces actes doivent être pris et la responsabilité qu'ils peuvent entraîner à l'encontre de leurs auteurs dans l'hypothèse où ceux-ci auraient contrevenu à ces règles. Il réglemente aussi **les rapports que les autorités administratives entretiennent avec leurs agents et avec les citoyens,** ainsi que les **contrôles** qui s'exercent sur elles.

S'il est moins élevé par son domaine d'intervention, ce droit est cependant celui qui a le plus d'incidences sur la vie quotidienne des citoyens, dans laquelle le fonctionnement des services publics joue un grand rôle : la durée du mandat des parlementaires, par exemple, n'influe pas au même degré sur les conditions d'existence individuelle que la bonne marche des services de santé ou de transport.

A la différence du droit constitutionnel, mais aussi du droit civil, **le droit administratif ne figure pas tout entier dans des textes**. Plus récemment apparu, il a longtemps résulté – et résulte encore en partie – de principes et de dispositions concrètes posés par les arrêts du Conseil d'État, qui est placé à la tête des juridictions chargées d'exercer le contrôle des activités administratives. Suivant la terminologie classique, c'est un droit plus **jurisprudentiel** : les règles relatives à la responsabilité des agents et des services, par exemple, ont été progressivement dégagées par les arrêts parce qu'il n'existait pas à l'époque de textes qui leur soient applicables.

Le droit des finances publiques

Il a un objet plus circonscrit et se subdivise en deux secteurs principaux. Le premier a trait au **budget de l'État** : des règles précises déterminent le mode et le calendrier d'élaboration de la loi annuelle de finances (et des éventuelles lois rectificatives), la nature des ressources et celle des charges obligatoires, l'équilibre qui doit s'établir entre les dépenses et les recettes. Le second secteur concerne le montant et les modalités de recouvrement des **impôts ou taxes** de toute nature qui peuvent être exigés des habitants. Ce droit est à la fois touffu et très technique. Il comprend des règles protectrices des contribuables, mais aussi des dispositions répressives à l'encontre de ceux d'entre eux qui ne s'acquitteraient pas de leurs obligations.

Le droit européen

C'est **le plus récent**. Il est né de la construction de l'Union européenne, qui a commencé par celle du marché commun, et beaucoup de ses dispositions sont donc de nature économique : par exemple, toutes celles qui concernent les aides à l'agriculture ou la libre circulation des personnes, des capitaux et des marchandises. Avec les traités ultérieurs (Maastricht, Amsterdam, Nice), qui ont poussé très loin l'intégration des États membres, sont apparues des règles relatives à la réduction des déficits budgétaires, mais aussi à la police de l'immigration, à la protection de l'environnement et à l'action culturelle.

Dès l'origine, les traités – et la Cour de justice des communautés européenne, chargée de les faire respecter – ont posé en principe que le droit européen avait une force supérieure à celle des droits nationaux ; même les Constitutions doivent être modifiées lorsque l'une de leurs dispositions lui est contraire (certains États membres, y compris la France, n'acceptent pas toujours volontiers cette conséquence). De plus, ce droit connaît une **extension considérable** : en 1993, déjà, le Conseil d'État estimait que le nombre annuel des textes émanant de Bruxelles était supérieur à celui des textes nationaux (lois et décrets)[3] et ce flux n'a fait que s'accroître[4]. Il est tout aussi important par les conséquences qu'il induit : largement inspiré par le libéralisme économique, c'est lui qui a imposé, par exemple, la suppression des monopoles de service public dans les télécommunications, les transports aériens et la fourniture d'énergie (gaz, électricité...).

Les tendances de l'évolution

Le droit public interne aux États se caractérise depuis le siècle dernier par un **approfondissement de son caractère démocratique**. Le droit constitutionnel a connu des hauts et des bas suivant les régimes politiques qui se sont succédé : l'Empire et le régime de Vichy étaient marqués par l'autoritarisme et la régression des droits de l'homme ; les Républiques successives ont entraîné au contraire des progrès dans ces deux domaines. Il est acquis aujourd'hui, par exemple, que les gouvernants doivent émaner, directement ou indirectement, du suffrage universel, que la parité entre les femmes et les hommes doit être assurée dans les fonctions électives, que les juges doivent bénéficier d'un statut garantissant leur indépendance.

Par ailleurs, les droits dont jouissent les citoyens se sont accrus : aux **droits individuels** tels que la liberté d'ex-

3. Conseil d'État, *Rapport public pour 1992*, La Documentation française, p. 16.

4. On dénombre ainsi, chaque année, 600 règlements nouveaux et près de 100 directives (Conseil d'État, *Rapport public 2006*, p. 239).

pression ou l'égalité devant les charges publiques se sont d'abord ajoutés des **droits collectifs** comme le droit de grève et le droit d'association ; puis sont apparus ce que l'on appelle des « **droits-créances** », c'est-à-dire la possibilité d'obtenir des prestations de la collectivité, principalement dans le domaine social : ainsi, la protection de la santé et l'assistance en cas de chômage ou de maladie. Certes, l'effectivité de ces prestations dépend en partie de la conjoncture économique : c'est le cas, par exemple, du droit d'obtenir un emploi qui est inscrit dans le préambule de la Constitution. Et l'édifice tout entier demeure soumis aux aléas de l'Histoire, en ce sens que l'avènement d'un régime totalitaire pourrait le mettre à bas, ou du moins lui infliger de profondes atteintes. Mais aujourd'hui ce type de régime a moins de chances de perdurer qu'il n'en avait dans le passé, notamment en raison du renforcement, après 1945, des institutions internationales telles que l'ONU et de **l'avènement du droit d'ingérence**, et il paraît assuré qu'après un temps plus ou moins long, l'évolution progressiste reprendrait son cours.

Le droit administratif a connu un mouvement analogue. Il était fondé à l'origine sur une inégalité foncière entre l'administration et les usagers : la première, parce que considérée comme dépositaire de l'intérêt général, bénéficiait à l'égard des seconds de pouvoirs appelés **« prérogatives de puissance publique »**, tel que celui de prendre des décisions immédiatement applicables et d'en assurer elle-même l'exécution forcée, les intéressés ne pouvant contester ces décisions qu'après coup. De plus, pour préserver les services d'éventuelles pressions, on admettait qu'ils devaient œuvrer dans le secret, c'est-à-dire sans informer les citoyens de leurs motifs, ni même de leurs projets. Cette situation fit progressivement l'objet de critiques de plus en plus vives, fondées sur le sentiment que la démocratisation des institutions politiques contrastait avec la persistance d'un autocratisme administratif ; une **série de réformes** fut alors décidée.

La première en date fut la transposition aux décisions administratives des droits de la défense reconnus devant les tribunaux : les personnes à l'égard desquelles l'administration envisageait de prendre une sanction reçurent la possibilité d'accéder à leur dossier et de présenter des observations ; cette possibilité fut ensuite étendue à toutes les décisions défavorables, par exemple le retrait d'une autorisation. Plus tard, on admit que l'administration ne devait plus être une citadelle, mais une « maison de verre » : des lois adoptées à la fin des années 1970 autorisèrent de manière générale l'accès aux dossiers qu'elle détient (sous certaines réserves destinées à protéger le secret de la vie privée), et lui firent obligation de motiver ses décisions et d'indiquer les voies de recours ouvertes à leurs destinataires.

Parallèlement, se développèrent diverses façons d'**associer les citoyens à l'action administrative** : par exemple l'enquête publique préalable aux opérations d'urbanisme ou d'aménagement du territoire, la participation des locataires aux organes de gestion des offices publics d'HLM, de même que celle des élèves et de leurs parents aux conseils d'administration des collèges et des lycées. Et, de manière générale, les services se concertent davantage avec leurs usagers qu'ils ne le faisaient autrefois, par le biais d'enquêtes d'opinion et de consultations diverses.

Si l'on ajoute à ces diverses réformes l'approfondissement du contrôle exercé sur l'administration par les tribunaux, ainsi que l'apparition de médiateurs nationaux ou sectoriels chargés d'aplanir les difficultés que peuvent rencontrer les citoyens dans leurs rapports avec les services, on constate que la balance entre la position des premiers et des seconds s'est rééquilibrée : le pouvoir administratif n'a certes pas disparu, mais ses conditions d'exercice ont considérablement évolué.

Droit constitutionnel

Le droit constitutionnel est, au sens large, celui de l'État : il définit la nature et les attributions de ses principaux rouages, ainsi que les rapports qui s'établissent entre eux. Il pose aussi les règles fondamentales de l'organisation politique et sociale du pays, c'est-à-dire le caractère plus ou moins démocratique de son régime et les droits que peuvent revendiquer les citoyens à l'égard des institutions. Il s'exprime le plus souvent à travers une Constitution écrite, que l'on peut considérer à la fois comme le statut et la charte de l'État : statut parce qu'elle en détermine les formes et le mode de fonctionnement, charte parce qu'elle lui impose des obligations.

Décrire les institutions actuelles de la France, c'est donc en grande partie exposer les dispositions de la **Constitution du 4 octobre 1958**. Mais c'est aussi décrire la vie de ce texte, autrement dit la manière dont il s'applique suivant les fluctuations électorales et les majorités parlementaires successives qui en résultent : les pouvoirs reconnus au président de la République, par exemple, ne s'exercent pas de la même manière ni surtout avec la même intensité selon qu'il dispose d'une majorité à l'Assemblée nationale ou que l'on se trouve en période de cohabitation (sur ce terme, voir page 23). En ce sens, l'analyse du droit constitutionnel doit être complétée par des éléments de *science politique*, discipline plus sociologique qui s'attache à décrire les réalités plutôt que les textes.

Pour apprécier la nature et le fonctionnement de nos institutions, il n'est pas inutile de se référer à leur évolution historique et aux exemples étrangers. Mais il est indispensable de retracer au préalable les notions fondamentales qui forment l'ossature du droit constitutionnel : ainsi la place dévolue au référendum ne peut-elle être appréciée que par rapport à l'idée de démocratie directe, de même que les prérogatives attribuées au gouvernement découlent de la nature plus ou moins parlementaire d'un régime. C'est à l'exposé de telles notions que sera consacré le premier chapitre de cette partie de l'ouvrage.

Chapitre 1
Les notions fondamentales du droit constitutionnel

Ces notions peuvent être regroupées sous deux rubriques principales. La première concerne l'objet du droit constitutionnel, c'est-à-dire l'État : comment le définir et quelles sont les formes principales qu'il peut revêtir ? La seconde a trait aux sources de ce droit, donc aux Constitutions : quelles sont les caractéristiques de ces textes et en quoi se différencient-ils des lois, censées être pareillement l'expression de la volonté générale ?

L'État

L'État est une réalité à la fois évidente et complexe. Évidente parce que tous les citoyens ont le sentiment d'en faire partie (même s'ils ne se reconnaissent pas toujours dans la politique qu'il mène) et parce qu'il constitue le fondement de la communauté internationale : l'ONU et l'Union européenne, par exemple, sont composées d'États membres, et chaque État a auprès de ses congénères une ambassade qui le représente et est dotée d'un statut d'exterritorialité[1].

Mais l'État est également une réalité complexe en ce sens qu'il doit combiner, pour exister et être reconnu en tant que tel, des éléments de nature différente. Et bien que tous les États aient en commun de réunir ces éléments, ils peuvent avoir des modes d'organisation qui les distinguent beaucoup les uns des autres : il existe ainsi des États démocratiques ou totalitaires, unitaires ou fédéraux, monarchiques ou républicains. On abordera successivement leurs traits communs et leurs principales différences.

Les éléments constitutifs de l'État

Ces éléments sont au nombre de trois.

Une population

C'est un groupe de personnes liées entre elles par des caractéristiques qu'elles partagent : il peut s'agir d'une origine ethnique, d'une langue ou d'une histoire commune, de convictions religieuses, de traditions culturelles ou autres qui font qu'elles se sentent appartenir à une même collectivité. L'apparition d'États fondés sur ce sentiment repose en général sur le volontarisme (le « *vouloir vivre ensemble* », suivant l'expression de Renan) et ce sont habituellement les plus stables. Mais certains États ont – ou ont eu – un caractère plus artificiel, dans la mesure où leur création résulte de la volonté de pays extérieurs, souvent à la suite d'une guerre : des populations disparates, voire hostiles les unes aux autres, avaient été ainsi regroupées en État, comme en Yougoslavie, et d'autres, qui se considéraient comme un même peuple, avaient été au contraire séparées en États distincts, comme en Allemagne ; l'histoire récente a montré que ces constructions n'ont pas pour elles la durée.

Un territoire

Un espace sur lequel s'établir : c'est ce que revendiquaient les Juifs après des siècles de diaspora et de persécutions et qui a abouti à la création de l'État d'Israël ; c'est aussi ce que réclament aujourd'hui les Palestiniens. Ce territoire, protégé par des frontières que le droit international déclare inviolables, peut être plus ou moins étendu : en Asie, par exemple, le Sri Lanka, avec moins de 66 000 kilomètres carrés, est un État au même titre que la Chine qui en compte près de dix millions ; ce qui importe, en effet, c'est que l'un et l'autre sont indépendants et bénéficient sur leur territoire des attributs de la souveraineté (décrits dans le paragraphe suivant).

Une organisation politique et juridique propre

C'est la manifestation de cette souveraineté. Sur son territoire, l'État est libre de s'organiser comme il l'entend et dispose seul du pouvoir de recourir à la contrainte, qu'il s'agisse de lever les impôts, de rendre la justice ou de faire régner l'ordre. C'est l'État aussi qui crée le droit interne et conclut les accords internationaux. Il a la personnalité juridique, reconnue à l'intérieur comme à l'extérieur de ses frontières : il peut donc posséder un patrimoine (ce que l'on appelle en France le domaine public), il a des droits et des devoirs à l'égard de ses ressortissants, et sa responsabilité est susceptible d'être mise en jeu. Il peut consentir des limitations – même importantes – à sa souveraineté, comme l'ont fait notamment les États membres de l'Union européenne ; mais, sauf en cas de circonstances exceptionnelles, comme une occupation militaire de son territoire par un autre État, ces limitations sont toujours librement consenties.

1. Cela signifie que l'immeuble dans lequel est installée l'ambassade est censé faire partie de l'État qu'elle représente et non de celui auprès duquel elle fonctionne, d'où la possibilité de demander le droit d'asile dans ses locaux.

Les formes d'organisation des États

Les pouvoirs exercés dans le cadre de l'État peuvent être répartis de diverses manières, aussi bien entre ses composantes territoriales qu'entre lui et ses citoyens, ou encore entre ses gouvernants : il existe ainsi des États unitaires ou fédéraux, des systèmes privilégiant plus ou moins la démocratie représentative par rapport à la démocratie directe, et des régimes parlementaires ou présidentiels.

États unitaires et États fédéraux

- **L'État unitaire**

C'est celui dans lequel **les citoyens ne sont soumis qu'à un pouvoir central** et uniquement aux règles juridiques édictées par lui. Il n'existe qu'un Parlement et un gouvernement pour l'ensemble du pays, et les lois comme les décrets qu'ils adoptent sont applicables de la même manière sur tout le territoire. Historiquement, cette forme d'État a souvent été choisie par des régimes autoritaires, comme la monarchie française de l'Ancien Régime, car elle permettait d'affermir l'emprise du pouvoir royal ; mais elle a persisté à l'époque révolutionnaire parce qu'elle paraissait la mieux à même d'assurer l'égalité des citoyens devant la loi. Elle ne se rencontre plus, toutefois, à l'état pur, car l'étendue et la diversité des territoires nationaux, ainsi que l'hétérogénéité des besoins de la population, font qu'il n'est plus possible ni même souhaitable de tout régler à partir de la capitale. Deux correctifs ont donc été apportés au modèle[2].

Le premier est la **déconcentration**, qui laisse aux organes centraux le pouvoir de fixer les règles générales, mais accorde compétence à des autorités locales dépendant d'eux pour en déterminer les modalités d'application ou régler directement les questions mineures : suivant les cas, il peut s'agir de personnalités telles que les préfets ou les recteurs d'académie, des services locaux des ministères, ou même de responsables d'établissements publics comme les lycées et collèges. Cette démultiplication des attributions a l'avantage d'éviter les retards, de permettre une adaptation plus satisfaisante des décisions aux particularités des cas individuels et de ne pas constituer un risque important pour l'unité de l'État puisque **les autorités déconcentrées demeurent soumises au contrôle du pouvoir central**.

Le second correctif est la **décentralisation**, qui remet une partie des pouvoirs à des entités locales (en France métropolitaine : la commune, le département et la région) placées sous l'autorité de dirigeants élus par les habitants. Ces entités sont dotées de la personnalité morale, disposent de ressources propres et peuvent déterminer des politiques spécifiques dans leur ressort territorial, par exemple pour l'emploi, les transports collectifs ou la culture. Leurs attributions sont définies par la loi ou la Constitution, mais cette définition est parfois très générale (« *Le conseil municipal règle par ses délibérations les affaires de la commune* », dit ainsi la loi du 5 avril 1884, dont les dispositions modifiées sont maintenant reprises dans le Code général des collectivités territoriales). De plus, le contrôle exercé sur la mise en œuvre de ces attributions par les préfets, qui représentent le pouvoir central, s'est largement atténué.

La décentralisation est en effet considérée comme une **composante essentielle de la démocratie locale**, ayant donc autant de vertus politiques que d'avantages techniques. Certains pays européens, comme l'Italie ou l'Espagne, l'ont poussée très loin ; la France est moins avancée sur cette voie, d'abord en raison de son souci traditionnel d'égalité des citoyens sur l'ensemble du territoire, ensuite par crainte de l'émergence de contre-pouvoirs trop puissants ; mais l'évolution favorable à l'accroissement de l'autonomie locale, notamment depuis 1982[3], se fait sentir, et le gouvernement issu des élections législatives de 2002 a fait adopter, le 17 mars 2003, une loi de révision constitutionnelle allant plus loin dans cette voie afin, dit l'exposé des motifs, de « *recentrer l'État sur ses missions principales* ».

- **L'État fédéral**

C'est une superposition d'entités qui ont, toutes, certains attributs de la souveraineté. La Fédération constitue seule un État au sens plein du terme, dans la mesure où elle conserve le monopole des relations internationales et celui de l'émission de la monnaie. Mais les entités fédérées ont leur Parlement, leur gouvernement et leur Constitution propres. Le nom de ces entités varie (*États* aux États-Unis, *Länder* en Allemagne, *cantons* en Suisse, *provinces* au Canada, par exemple), mais leur degré d'autonomie est relativement voisin. Il est toujours déterminé par la Constitution fédérale, qui ne peut être modifiée sur ce point sans leur accord, et qui tantôt énumère les compétences qui leur sont conférées, tantôt dresse seulement la liste de celles qui reviennent à la Fédération.

Le fédéralisme ajoute donc des pouvoirs politiques aux compétences concédées par la décentralisation. Les entités fédérées peuvent adopter des lois et ont leurs propres tribunaux chargés de les faire appliquer – ce qui explique notamment qu'aux États-Unis la peine de mort soit appliquée dans certains États, mais pas dans d'autres. Elles participent aussi en tant que telles au pouvoir législatif de la Fédération, qui pratique presque toujours le **bicaméralisme**, l'une des deux chambres du Parlement étant composée de manière à les représenter[4]. La dualité des sources de droit pose cependant des problèmes dans la mesure où l'une des entités pourrait empiéter sur les pouvoirs réservés à la Fédération, ou contrevenir dans sa législation à des principes posés par la Constitution fédérale qui doivent s'appliquer sur l'ensemble du territoire. C'est pourquoi les États fédéraux ont presque tous une Cour constitutionnelle chargée de veiller au respect

2. On en verra les principales applications dans la deuxième partie de l'ouvrage, consacrée au droit administratif.

3. Les « lois Defferre » adoptées à cette époque ont à la fois accru le nombre des compétences dévolues aux collectivités territoriales et desserré l'emprise de la tutelle qu'exerçaient les préfets sur ces collectivités.

4. Aux États-Unis, par exemple, le Sénat est composé de deux représentants de chacun des États fédérés, quelles que soient leurs populations respectives.

de la répartition des compétences : aux États-Unis, par exemple, la Cour a interdit la ségrégation raciale dans les écoles pratiquée par les États du sud parce qu'elle l'a jugée contraire au principe « d'égale protection des lois » posé par la Constitution fédérale.

Le système fédéral présente **l'avantage de préserver l'identité des entités fédérées**, qui sont souvent composées de populations ayant des caractéristiques ethniques, linguistiques ou culturelles spécifiques. Mais il a **l'inconvénient de morceler des politiques** qui devraient, pour être pleinement efficaces, s'appliquer à grande échelle : par exemple dans le domaine économique, car les systèmes modernes de production, de distribution et d'échanges impliquent de grands espaces, ou encore dans celui du développement s'agissant des États du tiers monde. C'est pourquoi on note assez souvent une tendance des Fédérations à minimiser la portée des compétences reconnues en principe sans partage aux entités fédérées. L'évolution est ainsi inverse de celle que l'on constate en matière de décentralisation, et un fédéralisme qui s'atténue finit par s'apparenter à une décentralisation très accentuée.

Souveraineté nationale et souveraineté populaire

• La souveraineté populaire

L'idéologie de la Révolution de 1789 se fondait en grande partie sur la **théorie du « contrat social »** formulée par Rousseau. Si les individus composant le peuple ont accepté de renoncer à une partie de leur liberté pour vivre en société, c'est à condition de recevoir de celle-ci des contreparties améliorant leurs conditions d'existence quotidienne. Et sur le plan de l'organisation politique, ils ont admis de se soumettre à la volonté générale, mais sous réserve de prendre part à sa formation. La conséquence logique en est que chacun a le droit de participer à l'élaboration et à l'adoption des lois : c'est ce que l'on appelle la souveraineté populaire.

Séduisante dans son principe, cette forme d'organisation se heurte cependant à un obstacle pratique : elle n'est applicable que dans les collectivités de petites dimensions et (si l'on excepte les référendums communaux) elle n'a jamais été utilisée, en fait, que dans quelques cantons suisses. Par ailleurs, malgré leurs idées très progressistes, les révolutionnaires n'admettaient pas que le suffrage soit totalement universel : ils n'envisageaient naturellement pas d'y faire participer les enfants, mais ils en excluaient aussi les femmes, ainsi que ceux des citoyens qui ne paraissaient pas avoir une éducation ou une formation civique suffisantes, c'est-à-dire ceux qui n'étaient pas assujettis à l'impôt[5]. La conception de *l'électorat-droit* fut ainsi abandonnée au profit de celle de *l'électorat-fonction*. Dans le même temps, la démocratie représentative prit le pas sur la démocratie directe, et l'une et l'autre évolutions entraînèrent la substitution de la souveraineté nationale à la souveraineté populaire.

• La souveraineté nationale

Selon la logique de la souveraineté nationale, le pouvoir émane pareillement du peuple, mais celui-ci est considéré de manière abstraite et non plus concrète : il se trouve en effet incarné dans la nation. Comme on l'a vu plus haut à propos de l'État, **la nation est une personne morale distincte de la somme des individus qui la composent à un moment donné,** et elle est juridiquement organisée : son statut résulte de la Constitution et elle exprime sa volonté par l'intermédiaire de **représentants**. Ceux des représentants qui sont directement élus par les citoyens, en particulier les députés, personnifient la nation tout entière et non pas la circonscription dans laquelle ils se sont présentés. Les électeurs ne peuvent leur enjoindre de se prononcer dans un sens déterminé à propos d'une question particulière, si importante qu'elle puisse leur paraître : le mandat qu'ils leur confèrent n'est pas impératif. Et le référendum législatif ne saurait être admis, excepté lorsque la Constitution le prévoit expressément – ce qu'elle faisait rarement jusqu'à une époque récente.

Aujourd'hui, en effet, les notions de souveraineté nationale et de souveraineté populaire se sont quelque peu rapprochées, au moins dans la pratique. D'une part, les représentants du peuple (le président de la République aussi bien que les députés) rédigent avant les élections des professions de foi indiquant les mesures qu'ils entendent prendre lorsqu'ils seront au pouvoir. Si certaines de ces mesures sont relativement peu précises (relancer l'économie, par exemple), d'autres ont un contenu nettement défini[6] et incitent leurs auteurs à tenir leurs engagements s'ils souhaitent conserver ultérieurement leur mandat.

D'autre part, les parlementaires ont pris l'habitude de se soucier plus particulièrement des habitants de leur circonscription, dont ils se font souvent les porte-parole auprès des services administratifs centraux et locaux, et l'on parle désormais couramment du député de telle ou telle grande ville – surtout s'il en est en même temps le maire. Enfin, le référendum entre progressivement dans la vie politique : il était prévu de longue date pour l'adoption ou les révisions de la Constitution, mais il peut s'étendre aujourd'hui à des *« réformes relatives à la politique économique ou sociale de la Nation et aux services publics qui y concourent »*[7]. Au total, la France vit dans un système quelque peu hybride, ce que traduit bien l'article 3

5. Ce type de suffrage, dénommé censitaire (le cens étant l'impôt direct de l'époque), aboutissait ainsi à distinguer les citoyens actifs, qui participaient pleinement à la vie politique, et les citoyens passifs, qui n'avaient pas le droit de vote; on estimait que les premiers, parce que de condition plus aisée, pourraient consacrer une part de leur temps à l'examen et à la gestion des affaires publiques.

6. Ainsi l'abolition de la peine de mort dans le programme de François Mitterrand en 1981 ou la réduction de 5 % par an du montant des impôts dans celui de Jacques Chirac en 2002.

7. Cette disposition a été incluse dans la Constitution en 1995, mais elle n'a encore jamais été mise en application. La révision constitutionnelle intervenue en mars 2003 étend par ailleurs le domaine du référendum aux questions touchant à l'organisation et aux compétences des collectivités territoriales, mais il n'en est pas non plus d'exemple, excepté dans un très petit nombre de communes (voir p. 75).

de la Constitution aux termes duquel «*la souveraineté nationale appartient au peuple qui l'exerce par ses représentants et par la voie du référendum*».

Les modes de répartition des pouvoirs

Il faut distinguer d'une part selon que les pouvoirs sont séparés ou confondus, d'autre part selon le caractère parlementaire ou présidentiel du régime.

- **Confusion ou séparation des pouvoirs**

On a longtemps confondu les trois fonctions principales de l'État – faire la loi, assurer sa mise en œuvre, rendre la justice – et donc les trois pouvoirs correspondants **: législatif, exécutif et judiciaire**. Sous l'Ancien Régime, ces pouvoirs étaient presque entièrement concentrés entre les mains du monarque, qui édictait les règles générales (dénommées à cette époque «ordonnances» ou «édits»), et prenait ou faisait prendre par ses ministres des actes individuels adoptés ou non en application de ces règles. Pratiquement illimitée, puisque la notion de droits de l'homme n'avait pas encore été dégagée, sa puissance était aux yeux de l'opinion symbolisée par les «lettres de cachet» qui permettaient d'emprisonner les opposants à la Bastille : il s'agissait là d'un régime dit de **confusion des pouvoirs**.

C'est contre cet absolutisme royal que le «siècle des Lumières» entendit réagir. Rousseau, on l'a vu, considérait que la loi, expression de la volonté générale, ne pouvait émaner, directement ou indirectement, que **du souverain, c'est-à-dire du peuple ou de ses représentants**. Mais s'il réservait au législateur le pouvoir de fixer les règles applicables à l'ensemble de la collectivité, il ne lui accordait pas celui d'adopter des décisions particulières («*Toute fonction qui se rapporte à l'objet individuel n'appartient point à la puissance législative*»).

Cette **séparation** entre le pouvoir législatif et le pouvoir exécutif fut théorisée par Montesquieu, qui y voyait le moyen de lutter contre le despotisme et l'arbitraire, car les autorités auxquelles étaient respectivement confiés les deux types de compétence ne pouvaient rien faire l'une sans l'autre : «*Le pouvoir arrête le pouvoir*», écrivait-il dans une formule célèbre qui n'a pas perdu son actualité, puisque l'on parle souvent aujourd'hui de contre-pouvoirs. Les auteurs de la Déclaration de 1789 la reprirent à leur compte dans l'article 16 de leur texte : «*Toute société dans laquelle la garantie des droits n'est pas assurée ni la séparation des pouvoirs déterminée n'a point de Constitution*» – le mot Constitution étant entendu ici dans son double sens de protection et d'organisation.

- **Régime parlementaire et régime présidentiel**

Dans la plupart des pays, par la suite, le pouvoir législatif fut réservé à des assemblées élues, car l'idée même de régime démocratique paraissait l'imposer; le pouvoir exécutif, considéré comme conditionné par le premier, revenait à des autorités non issues du suffrage universel, comme les monarques, ou n'en émanant qu'indirectement, comme de nombreux chefs de gouvernement. Le **régime parlementaire**, dans lequel les Assemblées jouent le rôle principal, incarna cette évolution et fut très largement adopté en Europe.

Mais il ne constitue pas pour autant un modèle universel. Certains pays lui ont en effet préféré un système dans lequel les pouvoirs législatif et exécutif ont une dignité équivalente, et sont simplement encadrés par un système strict de séparation des attributions. C'est notamment le cas des États-Unis, dont la Constitution est demeurée inchangée sur ce point depuis plus de deux siècles : de même que les membres des deux chambres du Congrès (Sénat et Chambre des représentants), le président est élu et il dispose de pouvoirs aussi étendus qu'elles. Mais la Constitution a soumis leurs rapports à un système de freins et de contrepoids réciproques *(«checks and balances»)* qui les contraint à coopérer.

Dans ce **régime**, souvent dénommé **présidentiel**, le président n'a pas l'initiative des lois qui est réservée aux membres du Congrès (il peut cependant, bien que cette procédure n'ait rien d'officiel, demander à un parlementaire appartenant à sa famille politique de déposer un projet de loi dont le vote lui paraît utile et qu'il a souvent lui-même préparé). Il n'a pas non plus le pouvoir de dissoudre le Congrès et dépend largement de lui pour la mise en œuvre de sa politique : c'est en effet le Congrès qui adopte le budget, et le président n'a pas les moyens de s'opposer à ce que les parlementaires refusent des dépenses qu'il avait proposées. De plus, les nominations de maints hauts fonctionnaires doivent avoir l'aval du Sénat et il n'est pas rare que celui-ci s'oppose aux choix du président.

A l'inverse, le président ne peut être renversé par le Congrès[8] et a le droit d'opposer son veto aux lois qui ont été votées (disposition qui peut paraître paradoxale, puisque l'initiative des lois lui est interdite). Ce système porte en germe de nombreuses occasions de conflits, surtout lorsque le président et la majorité parlementaire n'appartiennent pas au même parti. Il fonctionne, cependant, en partie sans doute parce que le pays manifeste un attachement profond pour sa Constitution, en partie aussi parce qu'il est organisé sur une base fédérale et que de nombreuses questions ne sont donc pas traitées dans le cadre de la Fédération.

A l'opposé de ce système, on trouve les **régimes parlementaires**, dans lesquels **les assemblées disposent de la prééminence par rapport à l'exécutif**. Le modèle originel en fut tracé par la Grande-Bretagne, où un dicton affirmait que le Parlement pouvait tout faire, excepté changer un homme en femme. En France, la Constitution de la IVe République mit en place un système voisin. La volonté unanime de rétablir la démocratie après l'occupation allemande et le régime de Vichy conduisit à donner à l'Assemblée nationale un pouvoir législatif dont le domaine était pratiquement illimité, ainsi qu'une influence très forte sur la vie et la mort des gouvernements : ceux-ci devaient, pour être constitués, recueillir un **vote de confiance de l'Assemblée,** et se trouvaient renversés

8. Excepté en vertu de la procédure très spécifique et exceptionnelle de *l'impeachment*, prévue par la Constitution en cas de manquement grave du président aux devoirs de sa fonction. C'est parce qu'une telle procédure avait été engagée contre lui à la suite de l'affaire du Watergate que Richard Nixon démissionna en 1974, lorsqu'il se rendit compte que sa destitution devenait inévitable.

dès lors qu'elle émettait à leur égard un vote de défiance – ce qui se produisait fréquemment, d'où une instabilité ministérielle qui n'allait pas sans de sérieux inconvénients pour la conduite des affaires.

Ce parlementarisme exacerbé, parfois dénommé « régime d'assemblée », ne résista pas à l'évolution des missions de l'État, née de l'interventionnisme économique et de la nécessité de reconstruire le pays après la guerre : les mesures que ces nouvelles tâches imposaient d'adopter devaient être prises rapidement et par des autorités techniquement compétentes, donc plutôt par le gouvernement assisté de ses services et de ses experts que par le Parlement, dont les membres sont moins professionnels et les procédures moins rapides. Différentes techniques apparurent alors pour instaurer un **« parlementarisme rationalisé »** : délégations de pouvoir accordées par le Parlement au gouvernement pour légiférer par voie d'actes dits décrets-lois, votes de défiance rendus plus difficiles par l'exigence de la majorité absolue, interdiction faite aux parlementaires d'adopter des mesures ayant pour effet une diminution des ressources publiques. Ces techniques (ainsi que d'autres sur lesquelles nous reviendrons dans le chapitre 5) étaient déjà inscrites dans la Constitution, mais l'attachement à la prééminence du Parlement demeurait vivace, et s'opposait à ce qu'elles soient fréquemment utilisées.

Elles furent cependant reprises et complétées dans un sens favorable à l'exécutif par la Ve République : l'influence de son fondateur, le général de Gaulle, fut à cet égard déterminante.

La **Constitution de 1958** opéra tout d'abord une **réforme drastique du domaine législatif** : le Parlement perdit en effet sa traditionnelle plénitude de compétence pour ne se voir attribuer que certains secteurs limitativement énumérés, les autres relevant du pouvoir réglementaire, c'est-à-dire du gouvernement. Elle supprima aussi l'obligation du vote d'investiture requis pour la formation du gouvernement, institua la procédure dite du vote bloqué, qui interdit aux parlementaires d'adopter des amendements non acceptés par le gouvernement, et rendit plus facile la dissolution de l'Assemblée nationale, alors que le vote par celle-ci d'une motion de censure à l'encontre du gouvernement devenait, au contraire, plus difficile.

Si l'on ajoute à cette évolution le fait que le **président de la République** est depuis 1962 **élu lui aussi au suffrage universel** et bénéficie donc d'une légitimité analogue à celle de l'Assemblée nationale, il devient clair que le régime n'est plus parlementaire au sens plein – ou originel – du terme. Et il n'est pas inintéressant de relever, car la terminologie est toujours révélatrice, qu'on ne parle plus du pouvoir exécutif, mais du pouvoir gouvernemental : le président et le gouvernement bénéficient en effet de pouvoirs au moins équivalents à ceux du Parlement et qui, surtout, ne leur sont ni délégués par lui, ni uniquement destinés à assurer la mise en œuvre des lois.

Pour conclure ce rappel des différents modes de répartition des pouvoirs, une dernière observation doit être faite. Du point de vue des idéaux démocratiques, il est **relativement indifférent**, aujourd'hui, **que l'État soit monarchique ou républicain**. Les souverains actuels sont pour la plupart aux antipodes de l'absolutisme, comme on peut le voir par exemple en Grande-Bretagne et en Suède, où le véritable chef de l'exécutif est un Premier ministre issu d'une majorité parlementaire régulièrement élue, la royauté ne conservant qu'un rôle symbolique ou d'apparat. A l'inverse, il existe des Républiques qui ne sont que des façades au regard de la souveraineté populaire et des droits de l'homme : dans les anciennes « démocraties populaires », le pouvoir réel appartenait au parti communiste et, dans certains États d'Afrique ou d'Amérique latine, souvent à la suite d'un putsch, il se fonde sur les forces armées, les élections n'étant qu'un trompe-l'œil.

La Constitution

La Constitution est **la norme la plus haute de l'État** : c'est d'elle que procèdent, au moins en principe, l'agencement des pouvoirs publics mais aussi les fondements de la politique générale qu'ils doivent suivre. Symboliquement et juridiquement, elle joue donc un rôle prééminent. De ce postulat découlent toutefois deux questions. La première est conceptuelle : pourquoi adopte-t-on une Constitution alors que la loi et un exercice démocratique du pouvoir pourraient théoriquement suffire à atteindre les objectifs qu'elle fixe ? La seconde est d'ordre pratique : dès lors que ce texte existe, comment en faire assurer le respect par les autorités politiques, en particulier le Parlement ?

La nature de la Constitution

Schématiquement, on pourrait dire que **la Constitution est l'acte fondateur d'un État ou d'un régime**. Les États qui se créent en édictent une pour marquer à la fois leur existence et leur identité, ceux qui changent de système politique font de même pour affirmer la rupture avec le système précédent. Comme exemples du premier cas, on peut citer les États nés de la décolonisation ; le second est illustré par l'Allemagne d'après 1945 et, plus récemment, par les anciennes démocraties populaires.

La Constitution possède en effet une **triple signification** : elle est tout ensemble **un symbole, une éthique et une sorte de « casting » politique**. Symbole dans la mesure où elle incarne une nation et les traits par lesquels celle-ci entend se caractériser, à l'intérieur comme à l'extérieur de ses frontières. Éthique parce qu'elle fait toujours de l'État ce que l'on appelle un État de droit, au sens où le pouvoir n'y est pas exercé de manière arbitraire, mais conformément à des règles connues que les autorités publiques s'engagent à respecter et dont les citoyens ont la possibilité de se prévaloir : les fondements de ces règles sont souvent contenus dans un Préambule s'exprimant avec une certaine solennité. Et si l'on peut utiliser la métaphore du « casting », c'est parce que la Constitution détermine les grandes fonctions que l'État doit assumer et les organes qui en sont respectivement chargés. Ces règles sont posées dans les chapitres les plus techniques du texte, mais ont une importance bien plus grande qu'un organigramme assorti de règles procédurales : l'ordonnancement qui en résulte détermine largement, en effet, la nature du régime. Il n'est pas indifférent par exemple, du point de vue de la démocratie, que les Assemblées élues jouent ou non un rôle efficace, ni que les autorités judiciaires soient dotées d'une indépendance suffisante ou placées sous la coupe de l'exécutif.

En tant que telles, **les premières Constitutions sont apparues au XVIIIe siècle**[9]. Il existait parfois auparavant des principes coutumiers : par exemple, dans la France de l'Ancien Régime, les «*lois fondamentales du royaume*», dont l'une au moins (la loi salique, qui excluait les femmes de la succession au trône) a joué historiquement un grand rôle. Il existait aussi, dans certains pays, des textes solennels reconnaissant des droits aux habitants ou à des collectivités : ainsi, en Angleterre, la *Magna Carta* (Grande charte) promulguée en 1215 par Jean sans Terre et, plus tard, le *Bill of rights* (Pétition des droits) de 1688 qui posait notamment le principe, toujours en vigueur, de l'*habeas corpus*[10]. Mais les premières Constitutions modernes, c'est-à-dire contenant tous les éléments mentionnés plus haut, datent de la **période révolutionnaire** : les États-Unis adoptèrent la leur en 1787, la France fit de même en 1791.

Plus tard, le mouvement gagna progressivement l'ensemble des nations et peut être considéré aujourd'hui comme universel : souvent dénommé «*constitutionnalisme*», il touche même les organisations internationales, en particulier l'Union européenne qui, après s'être dotée d'une Charte des droits fondamentaux à la fin de l'année 2000, a élaboré un projet de Constitution[11]. La seule exception notable est la Grande-Bretagne, qui n'a pas de Constitution écrite, sans doute en raison de sa tradition séculaire de droit coutumier.

L'une des raisons de ce mouvement est le besoin ressenti, après la chute du nazisme en 1945, de **réaffirmer avec force les libertés individuelles et collectives** et de les préserver des atteintes que pourrait leur porter un régime autoritaire. Sans doute les Constitutions ne sont-elles pas des remparts inexpugnables, et certaines servent d'alibi ou de façade à des régimes peu soucieux des droits de l'homme. A l'inverse, l'exemple britannique démontre qu'un pays peut se conformer aux principes démocratiques sans avoir de Constitution écrite. Mais la croyance dans les effets bénéfiques d'un tel texte ne faiblit pas, au contraire. Le sentiment prévaut généralement, dans l'opinion publique comme parmi les juristes, que la proclamation solennelle de droits aide à les faire connaître et respecter, voire à leur permettre d'émerger. D'autre part, une **répartition claire des pouvoirs entre les autorités politiques** aide aussi à ce que les règles du jeu soient respectées lorsque des risques de conflits ou d'empiètements se font jour : en France, par exemple, c'est Constitution en main que le président de la République et le Premier ministre vivent les périodes de cohabitation. Enfin, les Constitutions écrites prévoient toujours les conditions dans lesquelles elles peuvent être révisées et la procédure qui devra être suivie pour ce faire : ces dispositions garantissent aux citoyens que les gouvernants du moment ne pourront en modifier le contenu à leur gré.

L'adoption et la révision des Constitutions

Parce qu'elles fixent l'organisation des sociétés, **les Constitutions sont adoptées de façon solennelle**, c'est-à-dire par le peuple ou par des représentants qu'il a spécialement mandatés à cet effet. En 1791, c'est la seconde solution qui fut choisie : une Assemblée constituante élue élabora le projet et le vota elle-même. En 1946, pour fonder la IVe République, on préféra une formule mixte : une Assemblée analogue prépara le projet, mais celui-ci fut ensuite adopté par voie de référendum. Et la Constitution actuelle ne fut pas rédigée par une Assemblée élue, mais par un groupe de travail composé de hauts fonctionnaires ; soumis ensuite à un comité consultatif comprenant des parlementaires et des personnalités nommées par le gouvernement, le texte fut adopté par le Conseil des ministres, puis soumis au référendum.

La **révision obéit à des principes analogues** mais conçus de manière moins stricte : si le vote populaire est parfois requis, il coexiste généralement avec la possibilité de faire adopter le texte par les assemblées législatives existantes, sous réserve qu'elles se prononcent en sa faveur à une forte majorité. Cette procédure allégée s'explique par le fait que les révisions sont souvent limitées dans leur objet et qu'elles interviennent la plupart du temps en période calme ; l'adoption d'une Constitution nouvelle, au contraire, résulte d'événements plus graves, qui entraînent parfois un changement de régime et justifient qu'on recoure à des procédures astreignantes.

Cela ne signifie pas pour autant que réviser la Constitution soit aussi aisé que modifier une loi : s'il en était ainsi, le principe de suprématie serait battu en brèche, puisqu'un Parlement désireux d'adopter une loi contraire à la Constitution n'aurait qu'à réviser celle-ci au préalable pour faire passer son projet. Presque toutes **les Constitutions sont dites rigides**, en ce sens que leur modification est soumise à des conditions destinées à éviter les décisions hâtives ou néfastes. Il est parfois prévu qu'une révision du texte ne pourra intervenir que longtemps après son adoption : la Constitution de 1791, par exemple, imposait un délai de dix ans[12]. Plus fréquemment, sont prescrites des conditions de majorité qualifiée (par exemple, les deux tiers des voix dans chacune des assemblées ou dans la réunion de celles-ci en Congrès) ou l'adoption du projet par voie de référendum. Il arrive aussi que toute révision soit interdite pendant les périodes au cours desquelles la paix civile

9. Dans l'Antiquité, certaines cités grecques ou romaines avaient élaboré des règles relatives à l'organisation et au fonctionnement des pouvoirs publics, mais il ne s'agissait pas de Constitutions au sens plein du terme.

10. Ce principe interdit d'arrêter ou de juger une personne sans qu'elle ait été «admise à se défendre dans une procédure régulière».

11. Adopté par de nombreux États membres, ce projet n'a pu toutefois aboutir en raison des référendums négatifs intervenus en France et aux Pays-Bas.

12. Cette disposition est toutefois restée lettre morte car la Révolution s'est poursuivie et a rendu caduc l'ensemble du texte : une autre Constitution, davantage fondée sur les principes de la démocratie directe, fut votée en 1793 mais jamais appliquée ; le Directoire, puis l'Empire, adoptèrent à leur tour des Constitutions, mais aucune ne resta en vigueur plus de quelques années.

n'est pas assurée : c'est le cas en France «*lorsqu'il est porté atteinte à l'intégrité du territoire*» (article 89 de la Constitution actuelle). Et il n'est pas exceptionnel que la Constitution fasse échapper à la révision certaines de ses dispositions qu'elle juge particulièrement importantes : ainsi en est-il en France, depuis 1946, pour la forme républicaine du gouvernement.

Si contraignantes qu'elles paraissent, ces règles n'empêchent pas que **les révisions soient relativement fréquentes**. Il est d'ailleurs sain qu'elles puissent l'être : les sociétés évoluent rapidement, et on peut juger plus sage d'adapter sur certains points un texte dont l'esprit et les dispositions principales recueillent toujours l'assentiment populaire que de laisser ce texte devenir obsolète, pour en adopter finalement un autre dans un climat politique et social qui ne serait pas nécessairement serein. Ainsi la Constitution initiale des États-Unis est-elle toujours en vigueur, mais après avoir subi vingt-sept amendements relativement importants[13].

La France représente un cas particulier : elle a une histoire constitutionnelle très mouvementée, puisque douze Constitutions y ont été successivement adoptées. Le texte actuel est demeuré relativement stable pendant une trentaine d'années, mais a subi depuis lors d'assez fréquentes révisions : on en compte quinze depuis 1992, dont certaines sont dues à la progression des idées (par exemple, l'institution de la parité entre les hommes et les femmes pour les mandats électoraux) et d'autres, plus nombreuses, résultent des incidences de la construction européenne. La dernière révision est intervenue le 23 février 2007 : elle a eu notamment pour objet de modifier les règles relatives à la responsabilité du président de la République, et d'inscrire dans la Constitution l'abolition de la peine de mort qui avait été votée par le Parlement après le changement de majorité intervenu en 1981. Au total une trentaine d'articles, sur les 89 qui composent le texte actuel, ont subi des modifications plus ou moins importantes.

Les autres normes constitutionnelles

Les Constitutions ne peuvent régler dans le détail tout ce qui concerne l'organisation et le fonctionnement des pouvoirs publics. Elles sont donc complétées sur divers points par des textes spéciaux : en France, il s'agit des lois organiques et des règlements intérieurs des assemblées parlementaires.

Les lois organiques

Votées par le Parlement, elles sont prévues par la Constitution dans des **domaines importants**, mais **limitativement énumérés** : elles ne peuvent donc intervenir en dehors de ce champ. Ce sont des lois organiques qui ont précisé, notamment, les conditions d'élection du président de la République (y compris en ce qui concerne l'âge requis), les incompatibilités parlementaires, l'organisation du Conseil constitutionnel et du Conseil supérieur de la magistrature (sur ces deux institutions, voir le chapitre 6). Elles sont presque toutes intervenues peu de temps après l'entrée en vigueur de la Constitution.

Ces lois, en raison de leur objet, sont soumises à une **procédure d'adoption plus contraignante** que celle des lois ordinaires : en particulier, un délai de réflexion d'au moins quinze jours est imposé entre la date du dépôt d'un projet au Parlement et celle de sa discussion, et le texte voté par les chambres doit obligatoirement être soumis à l'examen du Conseil constitutionnel. L'Assemblée nationale dispose en ce domaine d'une prééminence par rapport au Sénat, car si les deux Chambres ne parviennent pas à s'accorder sur un texte, le gouvernement peut demander à l'Assemblée de l'adopter en dernière lecture à la majorité absolue de ses membres. Cette procédure n'est pas applicable, toutefois, aux lois organiques relatives au Sénat, qui ne peuvent être adoptées qu'avec l'accord de celui-ci et protègent donc son statut.

L'autorité de ces lois est intermédiaire entre celle de la Constitution et celle des lois ordinaires : elles ne peuvent pas contredire la Constitution, mais les lois ordinaires ne peuvent ni les modifier, ni comporter des dispositions qui leur seraient contraires.

Les règlements intérieurs des Assemblées

Ce sont des normes un peu particulières. Ils sont en effet propres à chaque Assemblée et n'ont pas valeur législative. Ils jouent cependant un rôle important dans la mesure où ils précisent les conditions de fonctionnement de cette Assemblée, notamment pour l'examen et le vote des lois : ils déterminent par exemple les modalités du travail en commission, le rôle du bureau, les temps de parole accordés aux parlementaires au cours des débats.

La teneur de toutes ces dispositions pourrait aboutir à tourner l'esprit, voire la lettre, de la Constitution en renforçant l'emprise des Assemblées sur la procédure législative, et ce fut parfois le cas dans le passé. C'est pourquoi la Constitution de 1958 a prévu que les règlements intérieurs seraient obligatoirement soumis au Conseil constitutionnel avant leur mise en application.

Les moyens d'assurer le respect de la Constitution

Le principe de la hiérarchie des normes implique que celles qui sont situées au sommet ne puissent pas être contredites par celles qui ont un rang inférieur. La Constitution, norme suprême, doit donc être respectée aussi bien par la loi que par les actes de l'administration et ceux des particuliers, ce qui ne peut être garanti que par l'institution d'un **mécanisme de contrôle.**

Il n'y avait pas d'obstacle théorique à l'existence d'un tel contrôle pour les deux dernières catégories d'actes, qui ne bénéficient pas d'un prestige spécial, et les juridictions administratives pour les premiers, comme les tribunaux judiciaires pour les seconds, l'ont spontanément

13. Les douze premiers amendements ont été adoptés en 1791, soit environ quatre ans après l'entrée en vigueur de la Constitution. Le dix-huitième, voté en 1919 pour instituer la prohibition des boissons alcoolisées, fut abrogé en 1933.

exercé[14]. Mais la loi, elle, est censée être l'émanation de la volonté générale exprimée par les Assemblées parlementaires élues : à quel titre et par quels moyens la censurerait-on ?

Certains pays ne se sont pas posé de problème à ce sujet : les États-Unis, notamment, considèrent depuis le début du XIXe siècle que les tribunaux peuvent déclarer une loi inconstitutionnelle, donc inapplicable au litige dont ils sont saisis[15]. Mais la France, de même qu'un bon nombre d'États européens, n'ont admis la possibilité d'un tel contrôle que beaucoup plus tard et l'ont confié non pas aux tribunaux ordinaires, mais à un organe spécial (en France, le Conseil constitutionnel, voir plus bas). Ce contrôle, néanmoins, a pris une importance croissante dans la vie politique et sociale et, quelles que soient ses modalités, il entraîne des conséquences comparables.

L'organe chargé du contrôle

Il s'agit habituellement d'une **Cour constitutionnelle** dont les membres sont désignés soit par les autorités politiques, soit pour partie par de telles autorités et pour une autre partie par des instances juridictionnelles. Dans certains pays, comme l'Allemagne, l'Italie et l'Espagne, ne peuvent être nommées que des personnes ayant une qualification juridique (magistrats, avocats, professeurs de droit), mais dans d'autres, aucune condition n'est requise. Il est clair que lorsque toutes les nominations émanent des autorités politiques et que celles-ci bénéficient d'une totale liberté de choix, le caractère politique de la Cour devient plus marqué.

C'est le cas du Conseil constitutionnel français (que l'on étudiera en détail dans le chapitre 6). Il a été créé par la Constitution de 1958, qui a introduit ce faisant une grande innovation : avant cette date, en effet, le contrôle de constitutionnalité des lois n'avait jamais existé. Les Constituants n'imaginaient d'ailleurs pas que le rôle du Conseil en la matière serait très important, car ils en attendaient surtout un contrôle des empiétements éventuels de la loi sur le domaine réservé au pouvoir réglementaire (voir page 41). C'est plus tard, on le verra, que son importance politique et juridique s'est accrue.

Les membres de ces Cours bénéficient de garanties statutaires proches de celles des magistrats et destinées à assurer leur indépendance à l'égard du pouvoir politique. D'une part, leur mandat est généralement très long (neuf ans en France, dix ans en Allemagne) ou n'est limité que par l'âge de la retraite obligatoire ; dans le premier cas, pour leur éviter toute tentation de complaisance à l'égard du gouvernement en place, il est souvent prévu que ce mandat ne sera pas renouvelable. D'autre part, leurs fonctions sont incompatibles avec celle de membre d'une équipe ministérielle, ainsi qu'avec l'exercice d'un mandat électif national, voire d'un emploi. Enfin, ils ne peuvent être démis d'office que dans des cas très exceptionnels, comme la survenance d'une incompatibilité ou d'une incapacité physique permanente.

Leur président est désigné soit par ses pairs, comme en Italie, soit par des instances politiques : le Parlement en Allemagne, le président de la République en France ; le président des États-Unis nomme pareillement le « *Chief Justice* » de la Cour suprême, laquelle coiffe l'ensemble des tribunaux et statue donc en dernier ressort sur les problèmes de constitutionnalité. L'autorité morale du président de la Cour est toujours grande, de même que son pouvoir d'organisation des travaux : c'est pourquoi, en France comme aux États-Unis, il est choisi parmi des personnalités dont les vues sont proches de celles du chef de l'État.

Les modalités du contrôle

- **Contrôle *a priori* et contrôle *a posteriori***

Le contrôle peut intervenir *a priori*, c'est-à-dire avant l'entrée en vigueur d'une loi, ou *a posteriori,* lorsque la loi est déjà applicable. Le premier modèle est en principe le plus protecteur, puisqu'il a un effet préventif. Mais il est souvent difficile de prévoir, au moment du vote d'une loi, toutes les conséquences concrètes qui en résulteront et dont certaines pourraient s'avérer nocives ; il ne sera cependant pas possible de les contester dès lors que la loi n'aura pas été déclarée inconstitutionnelle. C'est pourquoi la plupart des pays, à l'exception de la France, ont choisi le contrôle *a posteriori* qui permet d'attaquer une loi soit pendant un certain délai à partir de sa promulgation, soit indéfiniment.

Le déclenchement du contrôle *a priori* est toujours réservé à des autorités politiques (président de la République, Premier ministre, parlementaires). La mise en œuvre du contrôle *a posteriori* est au contraire plus ouverte : une collectivité territoriale décentralisée ou fédérée pourra ainsi contester une loi empiétant sur les compétences que lui attribue la Constitution ; un tribunal qui doit faire application dans un litige d'une loi qu'il estime inconstitutionnelle peut surseoir à statuer et renvoyer la question à la Cour[16] ; quelques pays, comme l'Allemagne et l'Espagne, admettent même que la Cour soit saisie par des particuliers, mais cette possibilité ne se rencontre que rarement, pour éviter des saisines trop nombreuses et peu justifiées.

- **Contrôle incident et contrôle à titre principal**

Le premier tend à éviter que la loi soit appliquée à un cas particulier. Il n'existe par définition que dans le contrôle *a*

14. Ainsi le Conseil d'État a-t-il annulé, pour incompatibilité avec la Constitution, un décret interdisant aux travailleurs immigrés de faire venir leur famille en France (arrêt GISTI, 8 décembre 1978), et la Cour de cassation a fait de même pour un testament qui instituait un héritier, mais à condition qu'il n'épouse pas une personne de confession israélite.

15. Ce principe a été posé par la Cour suprême dans le célèbre arrêt Marbury v. Madison, rendu en 1803 et ainsi rédigé : « *Ceux qui contestent le principe selon lequel la Constitution doit être considérée devant un tribunal comme la loi suprême sont nécessairement conduits à soutenir que les tribunaux doivent fermer les yeux sur la Constitution pour ne voir que la loi. Pareille doctrine saperait le fondement même de toutes les Constitutions écrites.* »

16. Aux États-Unis, où l'on a vu que les tribunaux peuvent déclarer eux-mêmes qu'une loi est inapplicable, il est fréquent que les plaideurs leur demandent de le faire.

posteriori et résulte le plus souvent d'un renvoi à la Cour effectué par un tribunal. Si la Cour estime que la loi est effectivement inconstitutionnelle, cet avis ne vaut que pour le procès en cours : la loi ne pourra lui être appliquée, mais demeure officiellement en vigueur; en pratique, toutefois, les tribunaux cesseront de la faire respecter.

Le contrôle à titre principal, au contraire, est indépendant de tout litige et aboutit à l'invalidation définitive d'une loi, soit avant sa promulgation dans le cas du contrôle *a priori*, soit après, dans le cadre du contrôle *a posteriori*. Certains pays, comme l'Allemagne et l'Italie, admettent aussi bien le contrôle à titre principal que le contrôle incident, mais la France n'a introduit que le premier[17].

Les effets du contrôle

Juridiquement, les conséquences du contrôle sont claires : **une loi déclarée inconstitutionnelle cesse**, directement ou indirectement, **de faire partie des normes applicables**. Politiquement, ces conséquences sont parfois critiquées dans leur principe même : au nom de quelle légitimité des juges qui ne sont ni issus du suffrage universel ni responsables devant lui peuvent-ils censurer l'œuvre d'un Parlement démocratiquement élu ?

La suprématie constitutionnelle n'est pas contestée en soi et on admet généralement qu'elle doive être protégée. Mais cet assentiment n'est total que pour les dispositions de la Constitution qui ont un sens précis : si elles prévoient par exemple que les députés ne peuvent être élus avant d'avoir atteint l'âge de trente ans, ou que les nominations de magistrats ne peuvent intervenir qu'après avis du Conseil supérieur de la magistrature, la censure d'une loi abaissant cet âge ou supprimant la nécessité de cet avis paraîtra normale. Mais il n'en va pas toujours de même pour les dispositions qui ont une portée plus générale et consistent même parfois en des objectifs à atteindre. Ainsi en est-il de plusieurs principes énoncés dans les préambules des Constitutions, qui tracent les grandes lignes de l'organisation sociale du pays et peuvent être interprétés de manière plus ou moins extensive – ou subjective. Le droit à la vie, par exemple, implique-t-il l'interdiction de la peine de mort et/ou celle de l'interruption volontaire de grossesse ? Le principe d'égalité des citoyens s'oppose-t-il à ce que des discriminations positives soient instituées en faveur de personnes ou de catégories sociales défavorisées pour leur permettre, précisément, d'accéder à cette égalité ?

On touche ici à l'un des problèmes fondamentaux du contrôle de constitutionnalité, qui est **l'étendue du pouvoir d'interprétation que se reconnaissent les Cours,** et le caractère plus ou moins progressiste de leurs décisions par rapport à l'état de l'opinion publique. La Cour suprême des États-Unis, par exemple, s'est montrée plus hardie que le législateur de l'époque lorsqu'elle a jugé inconstitutionnelle la ségrégation raciale pratiquée dans les États du sud. Elle avait fait preuve, au contraire, d'un conservatisme certain en censurant à ses débuts, au nom du libéralisme économique, le «*New Deal*» voulu par le président Roosevelt et accepté par le Congrès. Dans les deux cas, ses décisions ont été très critiquées par une partie de l'opinion publique et des juristes : on a parlé à son propos de «**gouvernement des juges**», et certains auteurs ont déclaré qu'elle n'appliquait pas tant la Constitution que l'idée qu'elle s'en faisait.

L'interprétation que les Cours donnent d'un principe à une même époque peut en effet être différente dans des pays dont les traditions culturelles sont pourtant peu éloignées : la dépénalisation de l'interruption volontaire de grossesse, par exemple, a été jugée inconstitutionnelle par la Cour allemande alors que le Conseil constitutionnel, la même année, n'y voyait pas d'obstacle. Il arrive aussi qu'une Cour opère en peu de temps de spectaculaires revirements, soit parce que sa composition a changé, soit parce qu'elle constate que sa position initiale se heurte à de vives oppositions. Ainsi la Cour suprême des États-Unis a-t-elle considéré en 1972 que la peine de mort n'était pas compatible avec la Constitution, qui interdit tout «*châtiment cruel ou inhabituel*», mais elle est revenue quatre ans plus tard sur cette interprétation à laquelle la plupart des États fédérés ne voulaient pas se conformer. A l'inverse, la Cour allemande autorise maintenant, sous certaines conditions, l'interruption volontaire de grossesse. Et la Cour italienne a jugé inconstitutionnelle en 1968 une disparité de traitement entre époux à laquelle elle n'avait pas vu d'obstacle quelques années auparavant.

Ces disparités d'appréciation dans le temps et dans l'espace, ainsi que les controverses auxquelles elles donnent lieu, n'empêchent pas **un essor remarquable du contrôle**, en faveur duquel militent plusieurs considérations. La première est qu'il a permis une meilleure protection des droits et libertés : ainsi la Cour des États-Unis a-t-elle édifié un corps de règles de procédure et de fond s'imposant aux tribunaux, mais aussi à l'administration lorsqu'elle entend prendre une mesure défavorable à l'égard d'un particulier, à partir du principe constitutionnel du «*due process of law*», cette expression équivalant à celle de «processus régulier». Et ce n'est sans doute pas un hasard si plusieurs pays, au moment où ils sortaient d'un régime niant les valeurs humanistes pour se doter d'institutions démocratiques, ont décidé de créer un contrôle de constitutionnalité[18].

La seconde raison est qu'**une Constitution**, pour épouser le contexte social malgré les inflexions qu'il connaît, **doit s'y adapter en permanence** : une interprétation évolutive du texte est sans doute préférable à des révisions trop fréquentes. Il faut mentionner enfin le rôle croissant dévolu aux gouvernements, qui même dans les régimes parlementaires ont la possibilité de faire adopter sans difficulté par les Assemblées les lois concrétisant leur programme : ces lois apparaissent dès lors comme étant moins l'expression de la volonté générale que celle du parti majoritaire du moment, et l'obstacle théorique traditionnel au contrôle de constitutionnalité tend par là même à s'atténuer.

17. Cette règle ne vaut toutefois que pour les lois : la constitutionnalité des règlements peut en effet être contestée devant le juge administratif, aussi bien à titre incident qu'à titre principal.

18. On peut citer à cet égard l'Italie, l'Espagne, la Grèce et le Portugal, mais aussi des pays anciennement communistes.

Chapitre 2
Les caractéristiques et l'évolution de la Constitution de 1958

La Constitution a eu 49 ans en 2007, ce qui est un âge fort respectable compte tenu des fréquents changements d'institutions que la France a connus : sa longévité n'est en effet dépassée que par celle de la Constitution de la IIIe République[19], adoptée en 1875 et restée en vigueur jusqu'en 1940. Elle a cependant subi quelques inflexions notables depuis son origine, les unes dues à des révisions, d'autres aux fluctuations de la vie politique.

Les cinq Républiques françaises

Première République : septembre 1792 – mai 1804 : *de la chute de la monarchie à l'avènement du Premier Empire.*
Deuxième République : février 1848 – décembre 1852 : *de la Révolution de 1848 au rétablissement de l'Empire par Napoléon III.*
Troisième République : septembre 1870 – juillet 1940 : *de la chute du Second Empire à l'instauration de l'État français (régime de Vichy).*
Quatrième République : juin 1944 – octobre 1958 : *du Gouvernement provisoire de la République française à l'avènement de la Ve République.*
Cinquième République : *instituée en octobre 1958.*

Les intentions des Constituants

La Constitution de 1946, on l'a vu, se caractérisait par une prééminence du Parlement conforme à l'idéologie de la Résistance. La durée de vie des gouvernements était faible et le président de la République, élu par le Parlement, ne disposait pas d'une autorité véritable dans la mesure où presque toutes les décisions importantes qu'il pouvait prendre devaient être contresignées par le chef du gouvernement (dénommé président du Conseil) et les ministres intéressés. Dans ces conditions, quelles que soient les qualités que l'on doit reconnaître par ailleurs à la IVe République, sa capacité de faire face efficacement aux crises se trouvait réduite, et la guerre d'Algérie entraîna sa chute.

Revenu au pouvoir après les émeutes du 13 mai 1958, **le général de Gaulle fut investi** le 3 juin par le Parlement **de la mission de réviser la Constitution**. Son intention première était de « restaurer l'autorité de l'État » par l'institution d'un pouvoir exécutif fort. Le président de la République, élu à l'origine au suffrage indirect par un collège dans lequel les parlementaires étaient très minoritaires (ce qui lui permettait de prendre de la distance par rapport à eux), dispose donc de pouvoirs propres, c'est-à-dire dispensés de contreseing (ce qui le rend, dans l'exercice de ces pouvoirs, indépendant du gouvernement). A ses côtés, le Premier ministre, nommé par lui sans qu'un vote d'investiture de l'Assemblée nationale soit requis, « *détermine et conduit la politique de la Nation* » (article 20 de la Constitution). Et, en temps de crise, le président peut se voir investi de pouvoirs exceptionnels, notamment celui de gouverner par ordonnances : il « *prend les mesures exigées par la situation* », dit l'article 16, mais en détermine le contenu à peu près librement.

Le Parlement fait évidemment les frais de ce rééquilibrage : la durée des sessions est réduite, le domaine – illimité jusqu'alors – dans lequel la loi peut intervenir est considérablement restreint, et les prérogatives du gouvernement à l'égard des Assemblées s'accroissent au contraire grâce à l'instauration d'un **parlementarisme très « rationalisé »**, notamment en qui concerne la procédure législative et la possibilité de mettre en cause la responsabilité du gouvernement. De plus, le Parlement perd même son pouvoir exclusif d'adopter les lois, puisque le président de la République, sur proposition du gouvernement ou des assemblées[20], peut soumettre au référendum « *tout projet de loi portant sur l'organisation des pouvoirs publics* » ou tendant à autoriser la ratification d'un traité (article 11). Il est symbolique de tous ces changements que l'ordre dans lequel la Constitution aborde les différents pouvoirs publics ait été modifié : alors que le Parlement était mentionné en premier dans les Consti-

19. Il s'agissait en fait de trois lois constitutionnelles, respectivement relatives à l'organisation des pouvoirs publics, à celle du Sénat et aux rapports des pouvoirs publics. Si une véritable Constitution n'a pas été adoptée par l'Assemblée nationale élue après la capitulation de Napoléon III, c'est parce que les députés, partagés entre monarchistes et républicains, hésitaient sur la forme à donner au régime et préférèrent ce qu'ils estimaient être une solution d'attente.

20. Lorsque le président dispose d'une majorité au Parlement, une telle proposition ne lui est évidemment pas difficile à obtenir.

tutions de la IIIe et de la IVe Républiques, il ne vient plus maintenant qu'après le président de la République et le gouvernement.

L'évolution du texte et de la pratique

– Tant que le général de Gaulle demeura, suivant son expression, « aux affaires », les prérogatives présidentielles furent très affirmées et souvent utilisées. Il instaura ainsi ce que l'on appelle le **domaine réservé du président,** qui comprend la défense et la politique étrangère (à l'époque, on y incluait aussi la question algérienne). Il prit également l'habitude de mettre fin aux fonctions des Premiers ministres qui ne lui convenaient plus. Il recourut assez souvent au référendum, dans lequel il voyait le moyen d'établir un lien direct entre lui et le peuple. Enfin, utilisant la procédure de l'article 11 de la Constitution et non celle de l'article 89 qui régit les révisions constitutionnelles (ce qui suscita de vives critiques dans les milieux politiques et juridiques), il fit **adopter par référendum l'élection du président de la République au suffrage direct**, novation qui confère évidemment au président une légitimité accrue aux yeux de l'opinion.

Ses successeurs manifestèrent une conception moins altière de leur rôle, et le **caractère semi présidentiel du régime** s'en trouva **atténué**. Surtout, par trois fois (en 1986-88, 1993-95 et 1997-2002), les électeurs envoyèrent à l'Assemblée nationale une majorité opposée à celle du chef de l'État. La « **cohabitation** » qui dut s'instaurer entre un président de la République et un Premier ministre appartenant à des camps différents entraîna des effets que les constituants n'avaient certainement pas prévus : un président aux moyens d'action considérablement réduits, puisqu'il ne peut plus faire appliquer son programme par le gouvernement, et se comportant parfois en chef de l'opposition. C'est pour éviter le renouvellement d'une telle situation que les dates respectives des élections présidentielle et législatives du printemps 2002 furent inversées : élu en premier lieu, le président peut peser sur les résultats du scrutin législatif en demandant aux électeurs de lui assurer une majorité parlementaire conforme à ses vues.

– Un autre facteur d'évolution, voulu celui-ci, résulte de la **réforme du mode de saisine du Conseil constitutionnel**. En 1971, le Conseil s'était reconnu compétent pour apprécier une loi non seulement par rapport aux dispositions du texte même de la Constitution, mais aussi par rapport à son préambule, qui fait référence à la Déclaration des droits de l'homme et du citoyen proclamée en 1789. Cette extension de ses normes de références lui ouvrait un champ d'intervention très vaste, puisque s'étendant à la protection de toutes les libertés publiques, et c'est ainsi qu'il décida, en 1971, de censurer une loi portant atteinte à la liberté d'association.

On aurait pu interpréter ce changement de conception comme un moyen supplémentaire de brider le Parlement. En fait, il s'agissait plutôt de tempérer les ardeurs parfois excessives d'un gouvernement s'appuyant sur une majorité parlementaire docile – ou activiste – et on pouvait y voir au contraire une arme aux mains de l'opposition. C'est d'ailleurs bien pour aider à l'émergence d'un statut de l'opposition que, pendant sa campagne présidentielle, Valéry Giscard d'Estaing (élu en mai 1974) promit d'élargir les conditions de saisine du Conseil : initialement réservée au président de la République et aux présidents des deux assemblées, elle fut ouverte par la révision constitutionnelle du 29 octobre 1974 à soixante députés ou soixante sénateurs. Il n'est donc guère de lois importantes – y compris les lois de finances – qui ne soient pas aujourd'hui déférées au Conseil, si bien qu'on le compare parfois à une troisième Chambre et que l'exercice du pouvoir est sans doute mieux équilibré.

– Il faut enfin mentionner les incidences de la **construction européenne**, qui s'avèrent très importantes. D'une part, en effet, la loi nationale n'est plus souveraine puisqu'elle ne peut aller à l'encontre des normes communautaires, y compris les règlements et les directives. D'autre part, l'idéologie dominante de l'Union – le libéralisme économique – est en opposition avec les conceptions qui prévalaient en France lors de la rédaction du préambule de 1946, réaffirmé par la Constitution de 1958 : le Préambule indique ainsi que « *toute entreprise dont l'exploitation a ou acquiert les caractères d'un service public national ou d'un monopole de fait, doit devenir la propriété de la collectivité* », mais il n'a pas empêché la privatisation d'anciennes entreprises publiques comme EDF, GDF, Air France, etc.

Chapitre 3
Le président de la République

Dès 1958 et plus encore après la réforme de 1962[21]*, on a pu dire du président de la République qu'il était la « clé de voûte » des institutions. Excepté lorsqu'il ne dispose pas d'une majorité parlementaire, il est en effet le principal inspirateur de la politique du pays ; il conclut aussi les traités internationaux et a le droit de dissoudre l'Assemblée nationale, ainsi que celui de provoquer une révision constitutionnelle.*

Ces pouvoirs considérables ne sont pas contrebalancés par une responsabilité politique et juridique équivalente. Le président ne peut être renversé par le Parlement et, à la différence des membres du gouvernement, il n'est responsable de ses actes qu'en cas de « manquement à ses devoirs manifestement incompatible avec l'exercice de son mandat », au terme d'une procédure très difficile à mettre en œuvre. Cette immunité, héritée des précédentes Républiques dans lesquelles le président exerçait une fonction de représentation et de régulation plutôt que d'autorité, se justifie beaucoup moins dans le système actuel, et nombreux sont ceux qui la jugent excessive.

Le statut du président

Ce statut comprend quatre éléments essentiels : le mode de désignation du président, la durée de son mandat, les services dont il dispose et les responsabilités qu'il peut ou non encourir.

Le mode de désignation

Depuis 1962, le **président est élu au suffrage universel direct** et son élection constitue sans nul doute l'un des événements majeurs de la vie politique du pays. Le changement de son mode de désignation a été largement approuvé par l'opinion publique (le référendum qui l'instituait a recueilli 62 % de votes positifs) et il demeure très populaire : les citoyens tiennent en effet à se prononcer eux-mêmes, d'après les programmes qui leur sont soumis, sur des alternatives telles que la sécurité ou la flexibilité de l'emploi, la prévention ou la répression de la criminalité, le maintien ou la diminution du nombre des agents publics. Et de fait, l'élection du président est celle pour laquelle les abstentions sont les moins nombreuses[22].

La préparation de l'élection

- **La date de l'élection**

Elle est imposée par la Constitution. Qu'elle se produise dans des circonstances normales, c'est-à-dire à la fin du mandat du président en fonction, ou à la suite d'un événement exceptionnel comme le décès, la démission ou l'incapacité physique de celui-ci[23], l'élection doit avoir lieu 20 jours au moins et 35 jours au plus avant l'expiration de ce mandat ou après l'événement qui l'a interrompu. Le délai est relativement bref, à la fois pour préserver le plus longtemps possible l'autorité du président en fonction et pour éviter une vacance prolongée de cette fonction dans le cas où elle ne serait plus remplie (c'est alors le président du Sénat qui en assure l'intérim).

- **Les conditions d'éligibilité**

Pour être éligibles à la présidence, les **candidats doivent remplir les conditions fixées par le Code électoral** pour tous les mandats électifs nationaux : il faut être Français, avoir atteint l'âge de 23 ans (soit cinq ans de plus que la majorité légale) et ne pas être frappé d'une incapacité résultant de la perte des droits civiques. Mais, à la différence de ce qui est prévu pour toutes les autres élections, on ne peut pas se porter soi-même candidat, même au nom d'un parti. Afin d'éviter les candidatures fantaisistes ou non représentatives d'un courant d'opinion important, la loi organique prise pour l'application de la Constitution impose la **procédure dite des parrainages** : les candidats doivent être présentés par un certain nombre d'élus nationaux ou locaux (parlementaires, conseillers généraux ou régionaux, maires).

En 1962, ce nombre avait été fixé à cent, mais il a permis la présentation d'une dizaine de candidats aux élections qui se sont succédé. La loi organique fut donc modifiée en 1976 pour porter le nombre des **signatures requises**

21. L'élection du président au suffrage universel direct, voir plus bas.

22. Ainsi, en mai 2007, le second tour de l'élection présidentielle a enregistré un taux d'abstention de 16,03 %, tandis que les élections législatives, en juin, ont connu une abstention de 39,42 %, également lors du second tour.

23. Les deux premiers de ces cas se sont déjà produits : Georges Pompidou est décédé en 1974, soit à peu près deux ans avant la fin de son mandat, et le général de Gaulle a démissionné en 1969, quatre ans après son élection, à la suite de l'échec d'un référendum, portant notamment sur l'organisation du Sénat, qu'il avait décidé.

à cinq cents. Elle exigea également que les signataires proviennent d'au moins trente départements ou territoires d'outre-mer différents, sans que plus d'un dixième de ces signataires soient élus d'un même département ou territoire. De plus, elle imposa que les signatures, qui doivent être adressées au Conseil constitutionnel, soient rendues publiques : le Conseil, après avoir vérifié qu'elles correspondent bien au nombre et aux conditions obligatoires, les fait publier au *Journal officiel*, ce qui permet d'informer les citoyens, mais aussi les partis politiques, du choix de leurs élus.

L'élection de 2002 a montré que cette réforme n'atteint pas les objectifs qu'elle s'était fixés : seize candidats ont été en effet admis à se présenter, bien que plusieurs d'entre eux aient éprouvé quelques difficultés pour obtenir le nombre requis de signatures[24]. Cette pléthore s'explique en partie par le souhait qu'ont les petites formations de se faire connaître par l'intermédiaire des articles que consacre aux candidats la presse écrite, et surtout grâce à la campagne télévisée. Bien qu'elle n'ait rien de choquant du point de vue de la démocratie, elle a cependant entraîné des effets paradoxaux : des deux candidats qui représentaient les courants d'opinion majoritaires, l'un – le président sortant – n'a obtenu qu'à peine 20 % des voix au premier tour, et l'autre – le Premier ministre – a été éliminé. C'est pourquoi des voix se sont élevées en faveur d'une modification du système, soit en accroissant à nouveau le nombre de parrainages requis, soit en confiant ce parrainage aux électeurs eux-mêmes[25]. L'élection de 2007 a cependant eu lieu selon les mêmes règles, et elle a vu s'affronter douze candidats.

- **La campagne électorale**

Placée sous la surveillance d'une commission nationale de contrôle représentée dans chaque département par une commission locale, elle fait l'objet d'une **triple réglementation**. D'une part, afin d'atténuer l'inégalité entre les candidats (mais aussi de moraliser la campagne), les **dépenses** qu'ils peuvent engager **sont plafonnées** à 13,7 millions d'euros pour le premier tour et 18,3 millions pour le second. Aucun don émanant de particuliers ne peut excéder 4 600 euros, et les dons provenant de personnes morales autres que les partis sont interdits. L'État prend à sa charge une partie des dépenses (impression des bulletins de vote, affichage sur les panneaux officiels, envoi des professions de foi) et accorde aussi à chaque candidat une subvention forfaitaire. Tous les candidats doivent **établir un compte de campagne** retraçant les recettes perçues et les dépenses effectuées ; ce compte est adressé au Conseil constitutionnel, qui peut opérer un redressement s'il ne lui paraît pas véridique. L'État rembourse à tous les candidats un vingtième du montant du plafond autorisé et la moitié de ce montant à ceux qui ont obtenu au moins 5 % des suffrages exprimés[26].

D'autre part, **la radio et la télévision doivent respecter l'égalité des candidats** en leur consacrant le même temps d'émission, en particulier durant les deux dernières semaines de la campagne. Le Conseil supérieur de l'audiovisuel est chargé de veiller au respect de cette obligation et, pour ce faire, additionne soigneusement les heures, voire les minutes ; mais s'il peut rappeler à l'ordre les sociétés nationales de programme, il ne dispose à l'égard des stations et chaînes privées que d'un pouvoir de recommandation.

Enfin, la déontologie des **sondages** est contrôlée par une commission nationale. Jusqu'en 2002, la publication de ces sondages était interdite pendant la dernière semaine de la campagne, mais la Cour européenne des droits de l'homme a jugé que cette interdiction portait atteinte à la liberté d'information, et qu'elle était au surplus relativement inefficace, puisqu'elle ne pouvait s'appliquer aux médias étrangers accessibles en France ; c'est pourquoi elle a été limitée à la veille et au jour de l'élection.

Le scrutin

Il comporte **deux tours** organisés à deux semaines d'intervalle. Au premier tour, l'élection ne peut être acquise qu'à la majorité absolue des suffrages, ce qui ne s'est encore jamais produit. Seuls les deux candidats placés en tête à l'issue du premier tour ont le droit de se présenter au second : cette règle a pour but d'assurer à celui qui sera élu un nombre de suffrages suffisant pour asseoir son autorité en tant que président.

Dans l'hypothèse où l'un des candidats au premier tour décéderait ou se trouverait empêché de se présenter, le Conseil constitutionnel doit prononcer le report de l'élection. Si la même hypothèse se produisait au second tour, le Conseil doit déclarer qu'il faut recommencer l'ensemble des opérations électorales. Dans les deux cas, il ne peut le faire d'office, mais seulement sur demande des autorités habilitées de manière générale à le saisir.

Le **Conseil** est également **juge de la régularité du scrutin** : il lui appartient de statuer sur les réclamations qui peuvent lui être adressées par un candidat, un électeur ou un préfet pour contester la régularité des opérations électorales dans un ou plusieurs bureaux de vote ; s'il juge ces réclamations fondées, il annule les opérations correspondantes, mais celles-ci ont été jusqu'à présent trop peu importantes pour altérer le résultat final du scrutin. Ce résultat, après chacun des deux tours, est proclamé par le Conseil.

On relèvera que **huit élections présidentielles** ont eu lieu depuis la réforme de 1962 et que le second tour a opposé six fois un candidat de droite à un candidat de

24. Certains grands partis ont donc demandé à des élus locaux appartenant à leur mouvance d'accorder leur signature à des candidats susceptibles de se rallier au leur au second tour, ou au contraire de mordre au premier tour sur l'électorat de ses rivaux.

25. Inspirée des « primaires » qui constituent le premier acte de l'élection présidentielle aux États-Unis, cette dernière proposition soulève de nombreuses difficultés pratiques, dont la moindre n'est pas que la campagne durerait très longtemps et aboutirait presque à instituer un tour de scrutin supplémentaire.

26. Ces remboursements sont toutefois réduits au montant réel des dépenses si le compte de campagne montre qu'il a été inférieur au forfait.

gauche (voir tableau ci-dessous)[27], ce qui résulte de la logique dite de bipolarisation, mais la conforte en même temps. A l'exception de celle, atypique, de 2002, deux élections seulement ont vu un candidat l'emporter avec plus de 55 % des suffrages, ce qui correspond également à cette logique.

Résultats des élections présidentielles au second tour (1965-2007)

Date et candidats (en gras, le candidat élu)	Résultats en %
19 décembre 1965 **Charles de Gaulle** François Mitterrand	 55, 2 44,8
15 juin 1969 **Georges Pompidou** Alain Poher	 58,21 41,79
19 mai 1974 **Valéry Giscard d'Estaing** François Mitterrand	 50,81 49,19
10 mai 1981 **François Mitterrand** Valéry Giscard d'Estaing	 51,76 48,24
8 mai 1988 **François Mitterrand** Jacques Chirac	 54,02 45,98
7 mai 1995 **Jacques Chirac** Lionel Jospin	 52,64 47,36
5 mai 2002 **Jacques Chirac** Jean-Marie Le Pen	 82,21 17,79
6 mai 2007 **Nicolas Sarkozy** Ségolène Royal	 53,06 46,94

La durée du mandat

La Constitution fixait cette durée à sept ans, comme le faisaient celles des deux Républiques précédentes. Mais si un mandat aussi long, de surcroît renouvelable[28], pouvait paraître normal compte tenu du rôle assez restreint qui était auparavant celui du président, il se justifiait beaucoup moins pour un président doté de pouvoirs importants et dont la responsabilité politique ne peut pas, néanmoins, être mise en cause par le Parlement. Diverses propositions avaient été faites pour modifier cette règle, mais les avis divergeaient quant aux modalités d'une réforme : valait-il mieux conserver le septennat mais rendre le mandat non renouvelable[29] ou instaurer le quinquennat ?

La seconde thèse l'a finalement emporté et une révision de la Constitution, intervenue le 2 octobre 2000, fixa la **durée du mandat à cinq ans**. Ce choix s'explique en grande partie par le souci de faire coïncider les élections présidentielles et législatives, et de limiter ainsi les risques de cohabitation. Le mandat demeure **indéfiniment renouvelable** ; mais en 2007, seulement deux présidents – François Mitterrand et Jacques Chirac – ont été réélus au suffrage universel et ont accompli l'intégralité de leur second mandat.

La Constitution prévoit aussi le cas où un président en exercice ne serait plus apte à remplir ses fonctions (par exemple en raison de son état de santé physique ou mentale) : le gouvernement doit alors saisir le Conseil constitutionnel qui chargera **le président du Sénat d'assurer l'intérim**, soit à titre temporaire (c'est-à-dire jusqu'au moment où le président pourra reprendre ses activités), soit jusqu'à la nouvelle élection si son empêchement a un caractère définitif[30].

On ajoutera que les fonctions présidentielles sont incompatibles avec tout autre mandat électif national ou local, ainsi qu'avec l'exercice d'une profession : dès son entrée en fonction, le président doit donc renoncer à ceux qu'il exerçait, et ne pourra les reprendre qu'au terme de son mandat.

Les services de la présidence

Le président est assisté de services étoffés (ils comptent près de 1 000 personnes), dont l'existence n'est pas inscrite dans les textes mais retracée dans le budget de l'État au titre des « charges communes ». Ces services comprennent en premier lieu un **secrétariat général**, composé de conseillers techniques et de chargés de mission spécialisés dans des secteurs d'activité qui recoupent généralement ceux des ministères. Ce secrétariat prépare des notes et des dossiers à l'intention du président, ce qui permet à celui-ci de suivre de près la gestion des affaires. Il est souvent représenté dans les réunions interministérielles qui se tiennent sous l'égide du Premier ministre ou de ses collaborateurs, avec lesquels il entretient des contacts réguliers. Et chaque semaine, le secrétaire général de la présidence rencontre le secrétaire général du gouvernement pour préparer avec lui l'ordre du jour des réunions du Conseil des ministres.

Vient ensuite le **cabinet**, qui s'occupe principalement du courrier, des audiences et des déplacements du président ; il assure généralement aussi ses relations personnelles avec la presse. La « **maison militaire** » est une sorte d'état-major placé auprès du président en sa qua-

27. En 1969, la gauche se trouvant éliminée au premier tour, les candidats étaient Georges Pompidou et Alain Poher (président du Sénat, qui assurait l'intérim de la présidence depuis la démission du général de Gaulle) ; en 2002, dans un cas de figure analogue, il s'agissait de Jacques Chirac et Jean-Marie Le Pen.

28. Sous la IVe République, ce mandat n'était toutefois renouvelable qu'une seule fois.

29. Cette solution a été notamment préconisée en 1993 par le Comité consultatif pour la révision de la Constitution (dit aussi Commission Vedel, du nom de son président), que François Mitterrand avait chargé d'une réflexion sur les institutions.

30. Il faut assimiler à cette dernière hypothèse celle d'une éventuelle destitution du président par la Haute Cour en cas de haute trahison (voir plus bas).

lité de chef des armées et joue un rôle comparable à celui du secrétariat général pour les affaires civiles.

Le président est libre d'organiser ses services comme il l'entend et de recruter à son gré les personnes qui en font partie (un bon nombre de celles-ci sont mises à sa disposition – donc rémunérées – par les ministères). L'ensemble constitue un appareil qui lui permet non seulement de se tenir informé en détail de la politique suivie par le gouvernement, mais aussi de peser sur celle-ci lorsque les majorités présidentielle et parlementaire coïncident, et de la critiquer éventuellement en période de cohabitation.

La responsabilité du président

Malgré les réformes introduites par la révision constitutionnelle du 23 février 2007, il serait sans doute plus exact de parler de **quasi-irresponsabilité** sur le plan juridique aussi bien que politique : si le président n'est pas à l'abri des critiques, voire des mises en cause, il échappe dans une très large mesure aux conséquences qui pourraient en être tirées.

Sur le plan politique

On l'a vu, le président ne peut être renversé par le Parlement, et nul n'est en mesure de le contraindre à démissionner avant la fin de son mandat. Certains auteurs ont dit, pour justifier ce système, que le général de Gaulle considérait le référendum comme un moyen d'engager sa responsabilité devant les électeurs ; mais s'il a effectivement démissionné en 1969, ce qu'il s'était engagé à faire en cas d'échec, on peut juger quelque peu écornée une responsabilité qui ne saurait être mise en jeu que par celui qui en fait l'objet, à une date et sur une question qu'il a lui-même choisies. Depuis 1969, d'ailleurs, aucun président n'a considéré le référendum comme une sorte de question de confiance posée au pays, ni n'a lié son sort à celui de la consultation.

Aucun d'eux, non plus, ne s'est estimé désavoué lorsqu'au cours de son mandat les élections législatives envoyaient à l'Assemblée nationale une majorité opposée à ses vues, quelle que soit l'importance de cette majorité – pas même Jacques Chirac qui avait pourtant dissous l'Assemblée en 1997 pour disposer d'un soutien accru dans celle qui sortirait des urnes. En définitive, lorsqu'un président est élu, les électeurs savent (ou devraient savoir) que sauf empêchement imprévu, il restera en place jusqu'à la fin de son mandat, privilège dont ne disposent ni les députés, ni le gouvernement.

Le président bénéficie même d'une sorte de **protection renforcée contre les contestations**. D'une part, la tradition veut que les parlementaires ne l'attaquent pas personnellement au cours des débats, sous peine de se voir rappelés à l'ordre par le président de la Chambre. D'autre part, la loi du 29 juillet 1881 relative à la presse prévoit des peines allant jusqu'à l'emprisonnement à l'encontre de ceux qui seraient reconnus coupables « d'offense au président de la République » : elle a été utilisée à plusieurs reprises jusqu'en 1981 mais tombe actuellement en désuétude.

Sur le plan juridique

La mise en jeu de la responsabilité pénale du président s'avère extrêmement difficile. Aux termes de l'ancien article 68 de la Constitution, il n'était « *responsable des actes commis dans l'exercice de ses fonctions qu'en cas de haute trahison* » et il ne pouvait être mis en accusation que par les deux assemblées « *statuant par un vote identique au scrutin public et à la majorité absolue des membres les composant* ». Le seul énoncé de ces dispositions suffit à montrer que l'hypothèse avait fort peu de chances de se réaliser. D'abord en raison de l'extrême gravité des manquements qui pourraient être qualifiés de « haute trahison » ; l'histoire n'offre d'ailleurs que deux exemples de cas dans lesquels elle a été reconnue : Louis XVI en 1793 et le maréchal Pétain en 1945. Ensuite, du fait des conditions de majorité requises, qu'on imagine mal être réunies en dehors d'une crise particulièrement grave.

Cette situation, par trop exorbitante du droit commun, faisait l'objet de nombreuses critiques. Jacques Chirac, peu après sa réélection en 2002, nomma donc une commission composée de juristes chargés de la réexaminer. A la suite de son rapport, un projet de loi constitutionnelle fut élaboré en 2003 mais ne vint en discussion devant le Parlement qu'à la fin de l'année 2006.

La **révision constitutionnelle opérée le 23 février 2007** a modifié le système antérieur sur deux points, qui jouent en quelque sorte à l'inverse l'un de l'autre. En effet, les motifs pour lesquels la responsabilité du président peut être mise en cause sont élargis : la haute trahison fait place au **« manquement à ses devoirs manifestement incompatible avec l'exercice de son mandat ».** Mais la procédure de cette éventuelle mise en cause est rendue plus difficile : le Parlement doit en effet la voter à une majorité des deux tiers dans chacune des deux Chambres et non plus seulement à la majorité absolue.

Si tel est le cas (hypothèse assez peu vraisemblable), le président n'est plus traduit devant une Haute Cour de justice, comme dans le système précédent[31], mais devant le **Parlement constitué en Haute Cour** sous la présidence du président de l'Assemblée nationale. Dans l'éventualité où elle constaterait l'existence du manquement visé par le texte, elle devrait prononcer la destitution du président dans le délai d'un mois, à bulletins secrets et à la même majorité des deux tiers. Une loi organique précisera les modalités d'application de cette procédure.

Deux dispositions du texte consacrent l'interprétation que le Conseil constitutionnel et la Cour de cassation avaient donnée du dispositif précédent. L'une concerne le *champ du privilège de juridiction*. La majorité des juristes s'accordaient pour estimer qu'il couvrait uniquement les actes accomplis pendant l'exercice des fonctions et à l'occasion de celles-ci, et que le président pouvait être poursuivi devant les tribunaux ordinaires soit pour des actes antérieurs, soit pour des faits purement personnels (par exemple une infraction au Code de la route). Mais le Conseil constitutionnel, saisi en 1999 de la question de savoir si le traité créant la Cour pénale internationale était

31. Cette Haute Cour de justice était composée de 24 membres élus pour moitié en son sein par chacune des deux Chambres.

compatible avec la Constitution, a déclaré que ces actes n'étaient justiciables que de la Haute Cour pendant toute la durée du mandat du président, lequel bénéficiait ainsi d'une immunité pratiquement totale.

Le nouvel article 67 reprend et étend même cette immunité en précisant que le président de la République ne peut, durant son mandat, «*faire l'objet d'une action, d'un acte d'information, d'instruction ou de poursuite*» devant aucune juridiction ou autorité administrative française, et qu'il ne peut pas non plus être requis de témoigner[32]. Les conséquences de cette règle sont curieuses : elle impliquerait, par exemple, l'impossibilité pour l'épouse d'un président de demander le divorce si son mari s'y oppose ; ou, pour les voisins d'une propriété privée du président, d'obtenir réparation d'un préjudice causé par l'un de ses préposés dans l'hypothèse où un accord amiable s'avère impossible.

La seconde disposition concerne la *durée du privilège*. Pour éviter que l'immunité du président entraîne des conséquences irréversibles, la Cour de cassation avait jugé, dans un arrêt rendu en 2001, que les poursuites éventuelles devant les tribunaux n'étaient pas closes mais simplement suspendues pendant la durée du mandat présidentiel. La loi de révision constitutionnelle consacre cette jurisprudence, en indiquant que jusqu'à l'expiration de ce mandat «*tout délai de prescription ou de forclusion est suspendu*».

Les pouvoirs du président

Comme ceux des Républiques précédentes, le président dispose des pouvoirs traditionnellement attachés à la fonction de chef d'État. Il exerce le droit de grâce, préside le Conseil des ministres, promulgue les lois, accrédite les ambassadeurs et signe les traités internationaux. Mais alors que la Constitution de 1946 exigeait que tous ses actes soient contresignés par le chef du gouvernement, lequel en endossait ainsi la responsabilité, la Constitution de 1958 dispense de ce contreseing une bonne part des actes importants que peut prendre le président. On distingue ainsi entre les pouvoirs qui lui sont dévolus à titre personnel et ceux qui font l'objet d'un partage, ou du moins d'une coopération. Et il faut ajouter à la première de ces catégories les pouvoirs exceptionnels que l'article 16 de la Constitution confère au président en cas de crise grave des institutions.

Les pouvoirs propres

Ils ne sont pas très nombreux mais influencent profondément la vie politique du pays.

32. La question s'était posée lors de l'instruction judiciaire concernant la gestion de la mairie de Paris, à l'époque où Jacques Chirac était maire de la ville.

Le président nomme le Premier ministre (article 8 de la Constitution)

Il le choisit naturellement, y compris en période de cohabitation, parmi les leaders du parti qui a remporté les élections législatives (ou, s'il s'agit d'une coalition, du parti qui a obtenu le plus grand nombre de suffrages). Certaines nominations intervenues jusqu'ici s'imposaient donc d'elles-mêmes, comme celles de Jacques Chirac en 1986 et de Lionel Jospin en 1997 ; d'autres, au contraire, ont procédé d'un choix plus personnel, qu'elles se soient produites juste après les élections ou plus tard : comme exemple du premier cas, on peut citer la désignation d'Alain Juppé en 1993 ; le second est illustré par celles de Pierre Messmer en 1972 et d'Édith Cresson en 1991.

Le président, aux termes du même article, **met également fin aux fonctions du Premier ministre** «*sur la présentation par celui-ci de la démission du gouvernement*». Sous la IVe République, le chef du gouvernement présentait effectivement cette démission lorsque la majorité de l'Assemblée nationale ne lui accordait plus sa confiance ; et il arrivait que le président la refuse, en demandant à l'intéressé de procéder à des consultations pour former un nouveau gouvernement qui recevrait l'approbation de l'Assemblée. Dans le système actuel, au contraire, la destitution d'un Premier ministre est indépendante du soutien que lui accorde le Parlement ; et si, protocolairement, le Premier ministre rédige une lettre de démission, c'est bien parce que le président lui a fait connaître que tel était son souhait : comment pourrait-il demeurer en fonction si le président préfère collaborer à l'avenir avec une autre personnalité ? Et de fait, plusieurs changements de Premier ministre ont été opérés par les présidents successifs sans qu'une modification de la majorité parlementaire les ait rendus nécessaires.

Il a le droit de dissoudre l'Assemblée nationale

Ce droit s'exerce après consultation du Premier ministre et des présidents des deux Chambres (article 12 de la Constitution). Le cas s'est produit plusieurs fois, soit qu'un président nouvellement élu veuille disposer d'une majorité parlementaire soutenant son programme (comme François Mitterrand en 1981), soit en cas de crise politique survenant à la suite d'événements non prévus (ainsi s'explique la dissolution décidée par le général de Gaulle après mai 1968) ou parce que l'Assemblée nationale a renversé le gouvernement (le général de Gaulle, également, le fit en 1962), soit encore pour des raisons stratégiques, comme Jacques Chirac en 1997. La consultation à laquelle il doit procéder ne lie évidemment pas le président.

Lorsque la dissolution est prononcée, de nouvelles élections doivent avoir lieu dans un délai de vingt à quarante jours, et la nouvelle Assemblée se réunit de plein droit (c'est-à-dire même en dehors des périodes de sessions ordinaires) le deuxième jeudi qui suit. Il ne peut être procédé à une nouvelle dissolution avant un an, ce qui oblige le président, si ces élections lui ont été défavorables, à s'accommoder d'une majorité hostile pendant cette période – voire plus longtemps, car il hésitera sans doute à renouveler l'expérience : tel fut le cas en 1997, où l'équilibre politique fut modifié aux dépens du président pendant cinq ans.

Il peut adresser des messages aux Chambres

Lorsque la situation lui paraît l'exiger, le président peut adresser aux Chambres des messages qu'il fait lire[33] et qui ne donnent lieu à aucun débat. Si le Parlement n'est pas en session, il est spécialement convoqué pour les entendre. Cette procédure est rarement utilisée, excepté par les présidents nouvellement élus qui y trouvent un moyen de préciser à l'intention des parlementaires la politique qu'ils entendent suivre.

Il a le droit de recourir au référendum

Ce droit, à l'inverse, est plus fréquemment exploité. Il est prévu par l'article 11 de la Constitution et le général de Gaulle s'en servit plusieurs fois[34] (y compris, on l'a vu, pour faire adopter en 1962 la réforme constitutionnelle du mode d'élection du président de la République). Le climat dont il les entourait donnait à ses référendums des allures quelque peu plébiscitaires qui furent vivement contestées et les présidents qui lui ont succédé en usèrent donc beaucoup plus rarement : Georges Pompidou ne l'utilisa que pour faire approuver l'entrée de la Grande-Bretagne dans la Communauté européenne, Valéry Giscard d'Estaing n'y recourut jamais, François Mitterrand le fit à deux reprises sous son second septennat (pour faire approuver, la première fois, l'accord relatif à la Nouvelle-Calédonie et, la seconde, le traité de Maastricht). Jacques Chirac en élargit le champ « à la politique économique et sociale de la nation et aux services publics qui y concourent » mais n'en fit cependant pas usage : si l'on excepte le référendum organisé en 2005 sur le projet de Constitution européenne, la seule consultation qui eut lieu au cours de ses deux mandats successifs concernait la réduction de la durée du mandat présidentiel et fut organisée en vertu, non pas de l'article 11, mais de l'article 89 relatif aux révisions constitutionnelles, qui impose au préalable un vote concordant des deux Chambres.

Le référendum est en effet une **arme à double tranchant** : il peut conforter la position d'un président lorsque la question posée reçoit un large assentiment, mais il peut aussi l'affaiblir si la majorité des opinions favorables est courte ou si un nombre important d'abstentions indique, soit le désintérêt du corps électoral à l'égard de la question, soit une désaffection pour le président lui-même ; dans les deux cas, le recours au référendum s'avère être une erreur stratégique. On observe également que des référendums trop fréquents engendrent une certaine lassitude des électeurs qui, parfois, saisissent mal la portée de la question qu'on leur pose, surtout lorsqu'elle porte sur un texte comportant de nombreuses dispositions (ce fut le cas, en particulier, pour le traité de Maastricht et le projet de Constitution européenne) et semblent estimer qu'elle aurait pu être tranchée par les Assemblées réunies en Congrès : pour l'introduction du quinquennat, notamment (en septembre 2000), on enregistra 70 % d'abstentions et 16 % de bulletins blancs ou nuls[35].

Il dispose de pouvoirs en matière de justice constitutionnelle

Le président dispose enfin de pouvoirs importants en ce qui concerne **l'organisation et l'activité de la justice constitutionnelle**. Il nomme en effet trois des neuf membres du Conseil constitutionnel, désigne son président et peut lui déférer les lois et les traités qu'il estime être contraires à la Constitution ; s'agissant des lois, cette faculté peut lui être très utile pour contrecarrer les volontés du gouvernement et de l'Assemblée nationale en période de cohabitation.

Les pouvoirs partagés

Ce sont ceux dans l'exercice desquels le **contreseing du Premier ministre est requis.** Mais la signification de ce contreseing a varié par rapport à celle qui était la sienne sous la IIIe et la IVe Républiques : il manifestait à l'époque que le chef du gouvernement endossait la responsabilité politique des actes pris par le président, il traduit plutôt aujourd'hui la collaboration ou l'assentiment du Premier ministre à ces actes. Dans la mesure où la Constitution énumère limitativement les actes dispensés du contreseing, ceux pour lesquels il est obligatoire sont plus nombreux et forment en quelque sorte le droit commun. L'influence du président sur leur élaboration et leur adoption demeure cependant très importante.

Les pouvoirs de nomination

On mentionnera en premier lieu la nomination des **ministres**, qui est officiellement proposée par le Premier ministre mais nécessite évidemment l'accord du président ; la révocation des ministres intervient dans les mêmes conditions. Ensuite celle des **plus hauts fonctionnaires civils ou militaires de l'État** (préfets, recteurs d'académie, ambassadeurs, etc.), qui fait pareillement l'objet de discussions lorsque l'Élysée et Matignon ont chacun leur candidat. Ce pouvoir de nomination s'exerce très fréquemment lors des changements de majorité, car l'habitude s'est prise de remplacer assez vite les titulaires de fonctions administratives élevées par des personnalités dont l'adhésion aux nouvelles orientations qui seront prises paraît assurée[36].

33. Conformément à une tradition ancienne, le président ne peut assister aux séances du Parlement, et c'est habituellement le président de chacune des Chambres qui donne lecture du message.

34. Par exemple en 1962, pour faire adopter les accords d'Évian par lesquels l'Algérie devenait indépendante – mais les électeurs ne devaient donner qu'une seule réponse à deux questions inséparables : approuvaient-ils ou non les accords ET l'octroi des pleins pouvoirs au général de Gaulle pour les faire appliquer ?

35. Cette situation n'est pas propre à la France : dans les pays qui recourent régulièrement au référendum, comme la Suisse, le taux d'abstentions est presque toujours considérable.

36. Ce phénomène, proche dans son principe du « *spoils system* » (système des dépouilles) pratiqué aux États-Unis mais inconnu, par exemple, en Grande-Bretagne, aboutit à une politisation de la haute administration qui a été longtemps très contestée, mais semble maintenant considérée avec un certain fatalisme.

La signature des décrets et ordonnances

Aux termes de l'article 13 de la Constitution, le président **«signe les décrets et ordonnances délibérés en Conseil des ministres»** (les décrets, on le verra dans la partie «Droit administratif» de l'ouvrage, sont les actes réglementaires les plus importants; les ordonnances sont prises, en vertu d'une habilitation donnée par le Parlement au gouvernement, dans des domaines normalement réservés à la loi). On considère habituellement qu'en droit public, le mode indicatif a valeur d'impératif : si le président, en ce cas précis, a compétence pour signer, il est tenu de le faire. Mais certains présidents ont estimé au contraire qu'ils pouvaient s'en abstenir s'ils le jugeaient préférable; c'est ainsi que François Mitterrand, pendant la première cohabitation (1986-88), a déclaré publiquement qu'il ne signerait pas des ordonnances relatives à la privatisation de 65 groupes industriels ou financiers et au redécoupage des circonscriptions électorales parce qu'elles lui paraissaient contraires à l'intérêt du pays. Dans un tel cas, si le gouvernement ne veut pas renoncer à ses projets, il doit demander au Parlement de les adopter par voie législative, ce qui ne va pas toujours sans risque ni retard.

La convocation des sessions extraordinaires du Parlement

Dans ses rapports avec le Parlement, le président a d'abord le pouvoir de convoquer et de clore des sessions extraordinaires, qui sont généralement motivées par la nécessité de régler un problème urgent (voir page 39). Il peut aussi, lorsqu'une loi qui lui est transmise pour promulgation lui paraît contestable, demander au Parlement une nouvelle délibération, soit sur l'ensemble de la loi, soit sur certains de ses articles, et le Parlement est tenu d'accéder à cette demande (article 10 de la Constitution). Si le Parlement ne modifie pas son texte, le président le promulgue de la même manière que les autres lois, c'est-à-dire dans les quinze jours suivant la transmission qui lui en est faite, sauf s'il décide de le soumettre pour examen au Conseil constitutionnel. Sous cette réserve, à la différence de ce qui s'est produit pour les ordonnances, aucun président n'a encore refusé de procéder à une promulgation.

L'initiative d'une révision constitutionnelle

Le président peut prendre l'initiative d'une révision sur proposition du Premier ministre, c'est-à-dire en l'absence d'opposition formelle (mais peu concevable) de celui-ci. Lorsque le projet de révision a été voté par les deux Assemblées, le président a le choix entre deux voies : soumettre le projet au référendum ou le faire adopter par le Congrès; dans ce dernier cas, la majorité des trois cinquièmes des suffrages est nécessaire. Le président prend sa décision sur ce point sans qu'une proposition du Premier ministre soit requise, mais ce dernier doit la contresigner.

Les prérogatives en matière de justice

L'article 65 précise que le président *«est garant de l'indépendance de l'autorité judiciaire»*. Il préside en particulier le Conseil supérieur de la magistrature, qui se prononce sur les nominations de magistrats et, le cas échéant, sur les sanctions dont ils peuvent faire l'objet (voir page 46). Il exerce également le **droit de grâce**.

La qualité de chef des armées

En cette qualité, enfin, il *«préside les conseils et comités supérieurs de la Défense nationale»* (article 15). C'est en Conseil de défense, où siègent le Premier ministre et les ministres de la Défense et des Affaires étrangères, que sont prises les décisions les plus importantes. La Constitution indique bien que le Premier ministre est *«responsable de la Défense nationale»* (article 21) et que le gouvernement *«dispose [...] de la force armée»* (article 20), mais l'habitude s'est prise d'inclure la défense dans le **«domaine réservé»** du président. En cas de circonstances particulièrement graves, d'ailleurs, un décret du 12 juin 1996 (dont on peut se demander s'il est conforme à la Constitution) attribue au président le droit exclusif d'engager les forces nucléaires, sans obligation pour lui de consulter un quelconque organisme, ni d'obtenir le contreseing du Premier ministre.

Les pouvoirs de crise

Ils résultent du fameux **article 16 de la Constitution**, exigé par le général de Gaulle qui s'appuya au cours des travaux préparatoires sur une double référence : d'une part l'invasion du territoire en juin 1940 et l'impossibilité où s'était trouvé le président de la République de se replier à l'étranger avec des ministres et des parlementaires afin de poursuivre la lutte[37], d'autre part l'institution, dans la Rome antique, du «dictateur» auquel on confiait pendant six mois des pouvoirs spéciaux pour lui permettre de sauver la République.

L'article 16 peut trouver à s'appliquer *«lorsque les institutions de la République, l'indépendance de la Nation, l'intégrité de son territoire ou l'exécution de ses engagements internationaux sont menacés d'une manière grave et immédiate et que le fonctionnement régulier des pouvoirs publics constitutionnels est interrompu»*. Il appartient au président de constater que ces conditions sont réunies *«après consultation officielle du Premier ministre, des présidents des assemblées ainsi que du Conseil constitutionnel»*. Cette consultation ne lie pas le président, mais les avis qu'il doit solliciter ont tout de même un certain poids, en particulier celui du Conseil constitutionnel qui est publié au *Journal officiel*.

Le **général de Gaulle** estima en **avril 1961** que l'hypothèse envisagée par l'article 16 était réalisée : les organes constitutionnels (président, gouvernement, Parlement) fonctionnaient régulièrement, mais un pouvoir insurrectionnel s'étant instauré à Alger, une partie du territoire échappait à leur autorité. Il décida donc de mettre en œuvre les pouvoirs prévus par le texte, qui sont définis

37. Albert Lebrun, alors président, a déclaré plus tard que telle était son intention (il envisageait un départ en Afrique du Nord), mais que la Constitution de la IIIe République ne lui accordait pas l'autorité nécessaire pour imposer ses vues.

de manière très vague et extensive : «*Le président de la République prend les mesures exigées par ces circonstances [...]. Il en informe la Nation par un message.*» On admet généralement que ces pouvoirs lui permettent de prendre des mesures relevant en temps normal de la compétence du gouvernement, du Parlement, voire des autorités judiciaires.

Il s'agit de pouvoirs purement personnels puisque ni la décision d'y recourir ni les actes auxquels ils donnent lieu ne sont soumis à l'obligation du contreseing. Ils sont néanmoins **considérables**, car le président pourrait, par exemple, instaurer une censure sur la presse ou interdire les réunions publiques, et décide seul de la date à laquelle il mettra fin à leur exercice. L'article 16 a donc prévu **deux garanties**.

– En premier lieu, il leur impose un objectif : les mesures prises «*doivent être inspirées par la volonté d'assurer aux pouvoirs publics constitutionnels, dans les moindres délais, les moyens d'accomplir leur mission. Le Conseil constitutionnel est consulté à leur sujet*». Mais les avis du Conseil (contrairement à celui qu'il donne avant la mise en œuvre de l'article 16) demeurent confidentiels, et l'opinion publique ne peut donc pas savoir s'ils contiennent des réserves.

– En second lieu, le président doit œuvrer sous le regard du Parlement : celui-ci est en effet réuni de plein droit et l'Assemblée nationale ne peut pas être dissoute pendant l'exercice des pouvoirs exceptionnels. Mais il n'est pas facile pour les parlementaires d'exercer un contrôle effectif sur la finalité réelle des mesures prises et leur adéquation au but recherché : la seule arme dont ils disposent est celle de la mise en cause du président devant la Haute Cour pour manquement à ses devoirs manifestement incompatible avec l'exercice de son mandat; et outre que cette arme est très lourde à manier, son utilisation ajouterait un surcroît de tension à la crise existante.

En fait, le général de Gaulle a maintenu en vigueur l'article 16 pendant cinq mois, alors que la rébellion des militaires d'Alger avait été jugulée en peu de jours. Il a également utilisé cet article pour suspendre l'inamovibilité des magistrats du siège (c'est-à-dire des juges) que garantit pourtant l'article 64 de la Constitution. Sa «dictature à la romaine» ne s'est certes pas transformée en dictature tout court, et **aucun de ses successeurs n'a jamais recouru aux pouvoirs exceptionnels**. Mais l'exercice d'un pouvoir aussi dépourvu d'entraves que celui qui résulte de l'article 16 a paru inacceptable aux milieux politiques et juridiques, ainsi qu'à une bonne partie de l'opinion. Le Comité consultatif pour la révision de la Constitution, créé par François Mitterrand et présidé par Georges Vedel, professeur de droit public, proposa dans son rapport déposé en 1993 que les présidents des deux Assemblées puissent saisir ensemble le Conseil constitutionnel pour lui demander de constater que les conditions d'application de l'article 16 n'étaient plus réunies. François Mitterrand jugea préférable de supprimer purement et simplement cet article et inscrivit cette réforme dans le projet de réforme constitutionnelle qu'il déposa la même année, mais ce projet ne put aboutir.

* * *

Au total, du point de vue des pouvoirs dont dispose le président, **le régime a considérablement évolué par rapport à 1958**. La Constitution instituait un système de type parlementaire : le président était élu au suffrage indirect, l'exécutif était bicéphale et le gouvernement pouvait être renversé par le Parlement. Même en tenant compte de l'instauration du parlementarisme «rationalisé», un relatif équilibre existait entre les principaux pouvoirs publics.

Avec l'élection du président au suffrage universel, cet équilibre se modifia en sa faveur. D'abord parce que sa légitimité démocratique s'accrut, et lui permit de faire mettre en œuvre par le gouvernement et le Parlement le programme qu'il avait soumis aux électeurs pendant sa campagne (par exemple, les 101 propositions de François Mitterrand en 1981). Ensuite parce que les élections présidentielle et législatives comportent deux tours, ce qui oblige les forces politiques à se regrouper pour le second et favorise la bipolarisation gauche-droite. Le président nouvellement élu dispose généralement par la suite d'une majorité à l'Assemblée nationale (l'un des slogans majeurs utilisés pendant la campagne législative étant souvent «*Donnez une majorité au président*»), le Premier ministre, ainsi que l'ensemble du gouvernement, appartiennent à la même mouvance, et le **régime devient alors semi-présidentiel** (on parle souvent, dans les milieux juridiques, d'un «présidentialisme à la française»). De plus, lorsque, comme c'est le cas depuis les élections présidentielle et législatives de 2002, la majorité des sénateurs et celle des membres du Conseil constitutionnel en font également partie, il ne reste plus guère de contre-pouvoirs institués qui puissent s'opposer au président.

En période de cohabitation, au contraire, le président se trouve relativement isolé et ses pouvoirs sont en quelque sorte mis en veilleuse. Cette différence montre à quel point les circonstances politiques influent sur l'application et même sur la vie d'une Constitution.

Chapitre 4
Le gouvernement

La Constitution ne contient que peu de dispositions relatives au gouvernement dans le titre III qui lui est spécifiquement consacré : il ne compte en effet que quatre articles (alors que le titre II qui traite du président de la République en comprend quinze) et deux de ces articles concernent le Premier ministre. Cela ne signifie pas qu'elle accorde peu d'importance au gouvernement : d'une part, elle définit ses compétences en termes très généraux; d'autre part, une bonne partie de son rôle, notamment dans la procédure législative, ainsi que sa responsabilité devant l'Assemblée nationale figurent dans le titre V, qui traite de ses rapports avec le Parlement.

L'organisation du gouvernement et le statut de ses membres

La Constitution a peu innové en ce qui concerne la formation et la composition des gouvernements. Elle a en revanche, contrairement à la tradition antérieure, posé la règle de l'incompatibilité des fonctions de ministre avec l'exercice d'un mandat parlementaire. Et une révision constitutionnelle intervenue en 1993 a rendu plus astreignant le régime de la responsabilité pénale que peuvent encourir les ministres, en donnant aux particuliers le droit de saisir la Cour de justice de la République.

La formation du gouvernement

On a vu dans le chapitre précédent que le Premier ministre est nommé par le président de la République, que les ministres le sont également mais sur proposition du Premier ministre, et que le président peut mettre fin aux fonctions de l'un comme des autres. Le changement d'un Premier ministre entraîne en principe celui de l'ensemble du gouvernement, mais il arrive assez souvent que le Premier ministre soit nommé à nouveau et réunisse autour de lui une équipe ministérielle qui n'est pas fondamentalement modifiée : une trentaine de **gouvernements se sont ainsi succédé entre janvier 1959 et juin 2007**, mais moins d'une vingtaine de Premiers ministres[38].

Le **nombre des ministres** n'est fixé par aucune règle et varie en général **d'une trentaine** à plus de quarante. Il peut résulter soit du souci de faire place à des membres de formations politiques faisant partie de la majorité, qui est souvent plurielle, soit de la volonté de constituer des départements ministériels spécialement chargés d'un secteur considéré comme important ou sensible à un moment donné : les ministères de la Reconstruction qui se sont succédé après la guerre n'existent plus mais les Anciens combattants subsistent, l'Environnement et les Affaires européennes ont fait leur apparition et la condition féminine, sous une dénomination ou une autre, fait presque toujours l'objet d'un portefeuille. Bien entendu, les fonctions essentielles de l'État comme les finances, la justice et les relations internationales, sont toujours représentées par un ministère important.

Il existe une **hiérarchie entre les membres du gouvernement**. Le titre de **ministre d'État** est parfois conféré à des personnalités que l'on veut honorer, en raison soit de leur prestige (par exemple André Malraux, ministre des Affaires culturelles de 1958 à 1969), soit de leur poids politique au sein de la majorité, mais il est purement honorifique. Viennent ensuite les ministres proprement dits, qui sont à la tête d'un département et bénéficient de la plénitude des compétences attachées à la fonction. Et tous les gouvernements comprennent des **ministres délégués** ou des **secrétaires d'État** rattachés à un ministre pour prendre en charge une partie de ses attributions. En raison de l'étendue de leur domaine, les départements chargés de l'économie ou des affaires sociales en comptent toujours un ou plusieurs : cela accroît leur importance mais pose parfois aussi des problèmes de coordination interne. Il arrive qu'un secrétariat d'État apparaisse, puis disparaisse (par exemple l'Enseignement supérieur), ou soit transféré d'un ministère à un autre : ainsi la Recherche a-t-elle été successivement rattachée à l'Industrie, puis à l'Éducation nationale. Mais ni les ministres délégués ni les secrétaires d'État n'assistent au Conseil des ministres, excepté lorsqu'ils y sont convoqués parce qu'une affaire relevant de leur compétence est inscrite à l'ordre du jour de la séance. Et ils ne contresignent généralement pas,

38. Il y a eu, par exemple, trois gouvernements Pompidou entre 1962 et 1967 (le second ayant été formé immédiatement après que l'Assemblée nationale eut renversé le premier), et trois gouvernements Mauroy entre 1981 et 1984 : le second a été constitué un mois après le premier pour introduire des ministres communistes, le troisième, nommé près de deux ans plus tard, résulte du départ de ceux-ci. Un seul gouvernement a duré pendant toute une législature, ne connaissant que des remaniements partiels : celui de Lionel Jospin entre 1997 et 2002.

en dehors de ce cas, les actes réglementaires pris par le président de la République ou le Premier ministre.

Les incompatibilités ministérielles

La Constitution de 1958 a instauré, pour la première fois en France, un système d'incompatibilités. Aux termes de l'article 23, en effet, «*les fonctions de membre du gouvernement sont incompatibles avec l'exercice de tout mandat parlementaire, de toute fonction de représentation professionnelle à caractère national et de tout emploi public ou de toute activité professionnelle*». L'**interdiction du cumul avec une profession** s'explique naturellement par le souhait de voir les ministres se consacrer entièrement à leurs fonctions, et l'incompatibilité avec un mandat syndical de haut niveau par le fait qu'ils ne doivent pas être mus par des logiques parfois contradictoires. Mais l'**incompatibilité avec un mandat parlementaire**, qui vise à renforcer la solidarité gouvernementale, contraste avec la pratique antérieure selon laquelle les ministres étaient le plus souvent choisis parmi les membres de l'une ou l'autre Chambre et cessaient simplement d'y siéger tant qu'ils demeuraient en fonctions.

Il résultait de cette double appartenance que certains d'entre eux, lorsqu'ils se trouvaient en désaccord avec un aspect de la politique du gouvernement, démissionnaient sans risque, puisqu'ils retrouvaient *ipso facto* leur siège, mais entraînaient parfois par cette démission la chute du gouvernement. Désormais, un parlementaire nommé ministre dispose d'un mois pour choisir entre ses deux fonctions; au terme de ce délai, s'il ne renonce pas à rester membre du gouvernement, il est automatiquement remplacé au Parlement par son suppléant, qui a été élu en même temps que lui. De plus, s'il démissionne ultérieurement, il ne retrouve pas automatiquement son siège : même si le suppléant, par loyauté politique, se démet en sa faveur, il faut procéder à une nouvelle élection dans la circonscription[39].

Certains chefs de gouvernement, en particulier Lionel Jospin, ont tenté de renforcer ce régime en interdisant à leurs ministres de cumuler leurs fonctions avec un **mandat local** important, comme celui de président d'un conseil régional ou général ou de maire d'une grande ville. L'opinion publique se montrait en effet défavorable au cumul des mandats, dans lequel elle voyait – non sans raison – la source d'une professionnalisation de la vie politique peu conforme aux idéaux démocratiques. Mais les ministres, sachant que leurs fonctions ne sont pas éternelles, hésitent parfois à couper leurs amarres locales : lorsque certains d'entre eux ont accepté de renoncer à leur mandat de maire, ils se sont fait nommer premier adjoint; d'autres, plus récemment, ont conservé leur mandat de président d'un conseil général.

On relèvera enfin que les fonctions de ministre ne sont pas, contrairement à ce qui avait été un moment envisagé[40], incompatibles avec celles de président d'un parti politique.

La responsabilité pénale des ministres

Dans le système originel de 1958, les ministres, de même que le président de la République, ne pouvaient voir leur responsabilité pénale mise en jeu pour des actes commis dans l'exercice de leurs fonctions que devant la Haute Cour de justice, selon une procédure difficile à déclencher et à laquelle les particuliers lésés par ces actes n'avaient pas accès (voir page 27). Mais, contrairement à ce qui s'est produit pour le président de la République, la **mise en œuvre de leur responsabilité** a été rendue plus aisée par une révision constitutionnelle intervenue en 1993 et créant la **Cour de justice de la République**. L'affaire du «sang contaminé» n'est pas étrangère à cette modification : l'opinion publique s'était en effet indignée de voir que les médecins ayant pratiqué les transfusions pouvaient être poursuivis, mais pas les ministres qui les avaient interdites trop tard.

Les ministres sont donc nettement moins protégés que le président de la République, d'autant plus qu'ils demeurent soumis au droit commun de la responsabilité pénale pour les actes antérieurs à leur prise de fonction ou extérieurs à

La Cour de justice de la République

La Cour de justice, aux termes de l'article 68-2 de la Constitution, est composée de quinze juges, dont douze parlementaires élus pour moitié en leur sein par chacune des deux Chambres, et trois magistrats de la Cour de cassation; l'un de ces derniers exerce la fonction de président. Les particuliers ont le droit de saisir la Cour mais, pour éviter les saisines abusives, leurs demandes sont soumises à un double filtrage :
– elles doivent être adressées à une Commission des requêtes composée de sept magistrats extérieurs à la Cour, et qui peut décider soit de les classer, soit d'y donner suite;
– dans le second cas, elle les transmet à une commission d'instruction formée de trois magistrats. Si cette commission estime que les actes reprochés aux ministres constituent effectivement des infractions pénales, elle en saisit la Cour de justice. Celle-ci peut prononcer soit un acquittement, soit une condamnation; en ce cas, elle est liée par la qualification des infractions et l'échelle des peines prévues par le Code pénal [(1)].

Il faut relever que la Cour a compétence pour condamner, mais pas pour accorder des dommages et intérêts aux victimes : celles-ci, pour les obtenir, devront donc s'adresser par la suite aux tribunaux ordinaires, ce qui peut être considéré comme une faille du système.

(1) Elle ne s'est réunie jusqu'ici qu'une seule fois, pour juger les trois anciens ministres dont l'inaction avait été contestée dans l'affaire «du sang contaminé» : elle a prononcé l'acquittement de deux d'entre eux; le troisième, reconnu coupable, a été dispensé de sa peine.

39. Pour des raisons de moralité électorale, toutefois, le suppléant ne peut pas se présenter contre lui, même si sa démission lui a été plus ou moins extorquée.

40. Jacques Chirac avait déclaré, lors de la formation d'un nouveau gouvernement en 2005, que le ministre de l'Intérieur ne pourrait pas être en même temps président de l'UMP, mais il est revenu sur cette position.

celle-ci : ils peuvent être mis en examen pendant qu'ils font partie du gouvernement, voire condamnés (certains d'entre eux l'ont été pour diffamation).

Les attributions du gouvernement

La Constitution distingue, dans ses articles 20 et 21, les compétences qu'elle attribue à l'ensemble du gouvernement de celles qu'elle confère à titre personnel au Premier ministre. Les unes et les autres sont étendues; le gouvernement dispose donc de collaborateurs proches et de services spéciaux pour les assumer.

Les compétences attribuées à titre personnel au Premier ministre

Aux termes de l'article 21, «*le Premier ministre dirige l'action du gouvernement. Il est responsable de la Défense nationale. Sous réserve des dispositions de l'article 13, il exerce le pouvoir réglementaire et nomme aux emplois civils et militaires*».

– La première phrase de cet article fait du Premier ministre **le chef de l'équipe ministérielle**. Cela implique, on l'a vu, un pouvoir de choix des ministres, mais aussi la possibilité de leur **adresser des instructions** pour la mise en œuvre, dans le secteur dont ils ont la charge, des orientations préalablement définies. Cela implique également un **pouvoir d'arbitrage**, au moment de la préparation du budget, entre les crédits demandés par les ministres et ceux que le ministre des Finances propose de leur accorder : la différence est souvent importante et donne lieu à des discussions serrées. Par ailleurs, une coordination doit être assurée entre l'action des différents ministres : elle est généralement opérée au moyen de réunions sectorielles ou de séminaires gouvernementaux.

Ces pouvoirs n'excluent pas une certaine **latitude d'action des ministres**. Chacun d'eux est responsable de l'action de son département, et dispose du pouvoir d'adresser aux agents qui en font partie des instructions relatives à la ligne de conduite qu'ils devront suivre et aux décisions qui les concrétiseront : le ministre de l'Éducation nationale, par exemple, imprime sa marque par les réformes qu'il apporte aux programmes ou aux horaires des classes et par les «circulaires de rentrée» qu'il élabore chaque année à l'intention des recteurs. Lorsque des difficultés graves se produisent, toutefois, le Premier ministre se saisit du dossier pour tenter, en collaboration avec le ministre, de trouver une solution : il en est ainsi, notamment, en cas de conflits sociaux.

– Certaines des compétences citées dans l'article 21 sont plus ou moins **partagées avec le président de la République**. On l'a vu au chapitre précédent pour ce qui concerne la **défense nationale**; il en va de même pour les **nominations** qui doivent être décidées en Conseil des ministres et les décrets qui y sont délibérés : les unes et les autres doivent être en effet signés par le président. Le domaine de compétence du Premier ministre n'en est pas pour autant épuisé : les emplois pourvus en Conseil des ministres sont relativement peu nombreux, et les décrets que ce dernier adopte ne suffisent pas, loin de là, à assurer l'exécution des lois, c'est-à-dire à préciser les règles qu'elles contiennent et à prendre les dispositions nécessaires à leur mise en œuvre effective.

– Par ailleurs, à ces décrets «d'exécution» s'ajoutent ceux que le Premier ministre peut prendre dans l'exercice du **pouvoir réglementaire autonome** que lui attribue l'article 37 de la Constitution (voir page 41) : au total, les décrets qui ne sont pas pris en Conseil des ministres représentent environ 90 % de l'ensemble. Le Premier ministre ne peut, toutefois, les édicter sous sa seule signature : le **contreseing des ministres** chargés d'en assurer l'application est toujours requis.

– Le Premier ministre dispose également de pouvoirs qui ne sont pas mentionnés dans l'article 21, mais dans d'autres parties du texte, en particulier celle qui a trait au Parlement. Il joue ainsi un **grand rôle dans la procédure législative** (voir le chapitre 5) : c'est lui qui signe les projets de loi au nom du gouvernement et les fait déposer devant les Assemblées; et si les débats parlementaires auxquels ils donnent lieu se déroulent habituellement en présence des ministres compétents, qui peuvent accepter ou refuser les amendements proposés, le Premier ministre intervient presque toujours pour les projets importants ou qui soulèvent des oppositions. Il peut aussi déférer une loi adoptée au Conseil constitutionnel.

– En dehors de la procédure législative, il a compétence, après délibération du Conseil des ministres, pour **engager la responsabilité du gouvernement** devant l'Assemblée nationale. Il donne aussi son avis au président de la République sur l'opportunité d'une dissolution de l'Assemblée, et peut lui proposer d'entreprendre une révision constitutionnelle ou de convoquer le Parlement en session extraordinaire. En cas d'indisponibilité temporaire du président, il a le pouvoir de le suppléer au Conseil des ministres, mais seulement en vertu d'une délégation expresse et sur un ordre du jour déterminé.

Les compétences dévolues au gouvernement

Ces compétences sont **importantes** même si le Premier ministre et, en dehors des périodes de cohabitation, le président de la République ne demeurent pas étrangers à leur exercice. L'article 20 de la Constitution les définit en termes très généraux : «*Le gouvernement détermine et conduit la politique de la Nation. Il dispose de l'administration et de la force armée.*»

La collégialité se manifeste par le fait que de nombreuses décisions prises en application du programme gouvernemental sont préparées et discutées au cours de **réunions interministérielles** ou en **Conseil des ministres**. Ce dernier tient une séance chaque mercredi à l'Elysée, sur un ordre du jour connu à l'avance. C'est là que sont adoptés les projets de loi et qu'il est éventuellement décidé de demander au Parlement de les examiner suivant la procédure d'urgence. C'est là aussi que sont débattues, indépendamment de l'examen de textes particuliers, les orientations qu'il paraît utile de donner à la politique générale du pays ; ces débats ont souvent lieu à la suite de communications faites par les ministres.

Le Conseil dispose par ailleurs de **pouvoirs exceptionnels**, prévus pour les cas dans lesquels il semble nécessaire d'agir vite ou s'il s'avère indispensable de faire face à une crise. Par ordre de gravité croissante, on mentionnera d'abord le droit, sur habilitation du Parlement, de **prendre par ordonnance des mesures** qui sont normalement du domaine de la loi (article 38 de la Constitution, voir page 97). Viennent ensuite le droit de **déclarer l'état d'urgence,** qui renforce les pouvoirs de maintien de l'ordre dont disposent les forces de police (il a été utilisé en Nouvelle-Calédonie et, en 2005, à l'occasion des incidents survenus dans certaines banlieues), puis **l'état de siège**, qui transfère ces pouvoirs aux autorités militaires si la sécurité du territoire paraît être en péril par suite d'une insurrection. Toutefois, l'état de siège comme l'état d'urgence ne peuvent durer plus de douze jours sans autorisation expresse du Parlement. Enfin, il appartient au Conseil des ministres de décréter la **mobilisation générale** mais le droit de déclarer la guerre n'appartient qu'au Parlement.

Il peut paraître difficile de distinguer entre les pouvoirs respectifs du Conseil des ministres, du président de la République, du Premier ministre et du Parlement : ils sont, en effet, souvent partagés et parfois enchevêtrés. Une pratique déjà longue de ces pouvoirs (ils existent pour la plupart depuis plus d'un siècle, bien que leur répartition n'ait pas toujours été la même) suffit cependant à ce qu'ils s'exercent sans que se posent des problèmes majeurs de délimitation des frontières. Et lorsque les majorités présidentielle et parlementaire coïncident, les accords formels ou informels entre leurs titulaires respectifs sont aisément obtenus.

Les collaborateurs et les services du gouvernement

Les cabinets ministériels

De même que le président de la République, **le Premier ministre et chacun des ministres disposent d'un cabinet**, composé de personnes qu'ils choisissent librement et qui appartiennent presque toujours à leur mouvance politique[41]. Ces personnes constituent leur entourage le plus proche et jouent en quelque sorte le rôle d'une courroie de transmission entre eux et leur administration ; leurs fonctions ayant ainsi une coloration à la fois personnelle et politique, elles prennent fin en même temps que celles du ministre ou du gouvernement.

Le **cabinet du Premier ministre** est toujours très étoffé : plus d'une centaine de personnes, réparties par grands secteurs d'activité, suivent l'activité des ministères en liaison avec les responsables de ceux-ci, ou bien s'occupent des relations avec le Parlement, le monde syndical et la presse. Leur influence sur la conduite des affaires est grande, notamment lorsqu'il faut effectuer des **arbitrages** entre ministères aux vues opposées ; le **directeur du cabinet,** qui encadre les conseillers, assiste quotidiennement le Premier ministre et le supplée parfois pour présider des réunions importantes, est l'un des tout premiers personnages de l'État[42].

Les **cabinets des membres du gouvernement** sont plus légers : un décret de 1948, toujours en vigueur, limite le nombre de leurs membres à dix pour les ministres et sept pour les secrétaires d'État. Il est fréquent, toutefois, qu'aux côtés de ces membres dont l'arrêté de nomination est publié au *Journal officiel* existent de nombreux membres « officieux », généralement mis à disposition par les ministères. De même que leurs homologues de Matignon, les conseillers sont respectivement chargés d'un secteur d'activité correspondant aux compétences d'une ou plusieurs des directions du ministère[43]. Leurs fonctions sont très utiles pour infléchir l'action de ces directions dans le sens souhaité par le ministre, mais elles limitent parfois à l'excès les contacts directs que celui-ci doit avoir avec les principaux responsables de l'administration dont il a la charge (impression que l'on exprime parfois en disant que le cabinet doit être une « coupole » et non pas un « écran »).

Les services assurant la coordination interministérielle

Deux services, qui jouent un rôle administratif plutôt que politique, assument un rôle de coordination. Le plus important est le **Secrétariat général du gouvernement**, composé de fonctionnaires permanents, qui entretient des contacts constants avec l'Élysée, Matignon et les différents ministères pour préparer les projets de lois et de décrets, parfois en organisant les réunions interministérielles nécessaires, toujours en veillant à la régularité juridique des textes (c'est pourquoi le Secrétaire général est choisi parmi les conseillers d'État). Il assure aussi le secrétariat du Conseil des ministres, suit l'exécution des décisions qui y sont prises et s'occupe de la publication au *Journal officiel* des textes pour lesquels cette publication est requise. Il est un élément important de la continuité de l'État, et son rôle s'avère tout particulièrement précieux lors des changements de président de la République ou de Premier ministre, y compris au sein d'une même famille politique.

Le **Secrétariat général des Affaires européennes** (SGAE), pour sa part, assure la coordination des positions prises par les ministres ou leurs représentants lors des négociations européennes. Il joue aussi auprès d'eux, ainsi qu'auprès du Parlement, un rôle d'information sur les textes communautaires en préparation.

41. Voir aussi la partie « Droit administratif », page 65.

42. Le fait que le directeur du cabinet de Lionel Jospin ait eu des affinités personnelles avec le secrétaire général de l'Élysée a permis, semble-t-il, d'aplanir un certain nombre de difficultés nées de la cohabitation entre 1997 et 2002.

43. A l'exception de ceux qui ont des attributions « horizontales » comme les relations publiques ou la politique sociale du département.

Chapitre 5
Le Parlement

Le Parlement est divisé en deux Chambres : l'Assemblée nationale et le Sénat. Le bicaméralisme permet en effet de représenter d'une part le peuple pris dans son ensemble, d'autre part des collectivités territoriales intermédiaires entre lui et l'État[44]. Cela explique qu'il soit particulièrement usité dans les États fédéraux; mais les États unitaires y recourent également, car l'existence de deux Chambres qui ne sont pas composées de la même manière permet souvent d'enrichir la réflexion dans le processus d'élaboration des lois.

L'Assemblée nationale et le Sénat se ressemblent par leur organisation et le statut de leurs membres, mais des différences notables les séparent en ce qui concerne leur mode d'élection et les pouvoirs qui leur sont reconnus. L'Assemblée nationale, seule élue au suffrage universel direct, est aussi la seule Chambre qui peut renverser un gouvernement et elle a un rôle prépondérant dans l'adoption des lois.

La composition et l'organisation des Chambres

L'Assemblée nationale comprend nettement plus de membres que le Sénat : les **députés** sont au nombre de 577, dont 22 représentent les départements et territoires d'outre-mer, mais il n'y a que 331 **sénateurs** (13 d'entre eux représentent l'outre-mer et 12 les Français résidant à l'étranger)[45]. La durée des mandats diffère également : les députés sont élus tous les cinq ans; le mandat sénatorial, qui était traditionnellement de neuf ans, a été réduit à six ans en 2003, un renouvellement par moitié ayant lieu tous les trois ans. Et si la condition des parlementaires est la même dans l'une et l'autre Chambre, qu'il s'agisse de leur situation personnelle ou de leur mode de travail, la manière dont ils sont désignés est très dissemblable.

Le mode d'élection

L'élection des députés

Ils sont élus au **suffrage universel direct** : le territoire national est divisé en **circonscriptions électorales** dans lesquelles un seul siège est à pourvoir par l'ensemble des électeurs[46]. Le découpage de ces circonscriptions est préparé par le ministre de l'Intérieur et adopté par une loi. Il doit obéir au principe démocratique, rappelé par le Conseil constitutionnel en 1986 puis en 2005, suivant lequel le nombre d'électeurs de chaque circonscription ne saurait être sensiblement différent : c'est pourquoi, pour tenir compte de l'évolution démographique du pays, un réexamen des circonscriptions a lieu après le deuxième recensement général de la population qui suit la dernière élection. Quelques disparités sont cependant admises, car il faut aussi éviter que les circonscriptions rurales soient trop étendues. Mais le découpage sur lequel ont eu lieu les élections de 2007 excède largement ces limites, puisqu'il date d'une loi de 1986, fondée sur le recensement de 1982 : en 25 ans, la démographie s'est notablement modifiée, comme l'indiquaient déjà les recensements de 1990 et 1999, et il est impératif de modifier la loi si l'on veut éviter que ne se reproduise la situation qui prévalait avant 1981[47] et que le Conseil constitutionnel n'annule les prochaines élections.

Depuis la loi du 6 juin 2000, adoptée pour accroître **l'accès des femmes aux fonctions électives**, si les partis politiques présentent moins de femmes que d'hommes, l'aide publique dont ils bénéficient est réduite en proportion de l'écart constaté. A la suite de cette réforme, le nombre des femmes élues à la députation s'est accru lors des scrutins de 2002, puis de 2007 (on en dénombrait alors 107), mais il demeure bien faible[48].

---

44. D'autres formes de représentation sont également possibles : ainsi la Chambre des Lords britannique était-elle primitivement réservée aux nobles, et les Chambres corporatistes des régimes de type fasciste, comme l'Italie de Mussolini ou le Portugal de Salazar, représentaient les organisations professionnelles.

45. Pour remédier aux disparités de représentation au profit des zones rurales, la loi organique du 30 juillet 2003 a créé vingt-cinq sièges supplémentaires au profit des départements métropolitains sous-représentés. Mais l'application de cette loi est progressive : les nouveaux sièges ne seront tous pourvus qu'après le renouvellement de 2010.

46. Les bulletins de vote comportent cependant deux noms : celui du candidat et celui de son suppléant. Si l'électeur en biffe un ou modifie leur ordre, son vote sera considéré comme nul.

47. L'une des circonscriptions de la Lozère, par exemple, comptait environ 26 000 électeurs, tandis que l'une de celles de l'Essonne en regroupait 187 000.

48. Certains partis ont préféré en effet renoncer à une partie de la subvention ou ont présenté la plupart de leurs candidates dans des circonscriptions qu'elles n'avaient aucune chance de remporter. Il en résulte que la France est très mal placée sur le plan de la parité, non seulement en Europe, mais aussi dans le reste du monde.

Les divers modes de scrutin

– Le *scrutin uninominal* est utilisé lorsqu'un seul siège est à pourvoir dans une circonscription électorale plus ou moins étendue : c'est le cas, par exemple, pour l'élection des députés ou du président de la République.

– Le *scrutin de liste* s'applique lorsque plusieurs sièges sont à pourvoir dans une même circonscription et que les candidats sont regroupés par affinités politiques : par exemple pour l'élection des conseils municipaux.

– Le scrutin est *majoritaire* lorsque, dans chaque circonscription, le ou les sièges à pourvoir sont attribués au candidat ou à la liste arrivés en tête, soit au premier tour, comme en Grande-Bretagne, soit au second comme en France. Il a pour ambition de favoriser la constitution de majorités stables au sein des assemblées; mais il conduit à la réduction du nombre des partis représentés et ne garantit donc pas la justice électorale, dans la mesure où il favorise les grands partis au détriment des autres. Il s'applique notamment, en France, à l'élection des députés.

– Le scrutin est dit *proportionnel* lorsque les sièges sont attribués au prorata des suffrages obtenus par les listes (c'est le cas, en France, pour une partie des élections sénatoriales). Ses avantages et ses inconvénients sont inverses de ceux du scrutin majoritaire : il représente mieux les diverses tendances de l'opinion, mais favorise la multiplication des partis; et il rend plus difficile la constitution de majorités stables.

Le scrutin uninominal est toujours majoritaire, tandis que le scrutin de liste peut s'accommoder aussi bien du principe majoritaire que de la représentation proportionnelle.

Le scrutin est **majoritaire à deux tours**. Pour être élu au premier tour, un candidat doit obtenir la majorité absolue des voix, et cette majorité doit représenter au moins un quart des électeurs inscrits. Si ces conditions ne sont pas réunies, il y a « ballottage » et un second tour est organisé le dimanche suivant. Peuvent seuls s'y présenter les candidats ayant obtenu au moins 12,5 % des voix au premier tour; mais, pour que les élections correspondent véritablement à un choix, si un seul des candidats y a réussi, celui qui est arrivé immédiatement après lui a le droit de se maintenir[49]. La majorité relative suffit pour être élu, c'est-à-dire qu'on ne tient pas compte du pourcentage des suffrages obtenus : celui des candidats qui recueille le plus grand nombre de voix remporte le siège.

49. Et dans l'hypothèse où aucun candidat n'aurait atteint le seuil de 12,5 %, les deux premiers pourraient se présenter.

L'élection des sénateurs

Ils sont désignés de manière totalement différente. Le scrutin est **indirect**, c'est-à-dire organisé dans chaque département au sein d'un **collège** composé des députés, des conseillers régionaux et généraux, et surtout de délégués des conseils municipaux qui représentent à eux seuls plus de 90 % des membres du collège. Le nombre de ces délégués varie suivant l'importance de la commune : il va de un à quinze si celle-ci compte moins de 9 000 habitants, mais comprend tout le conseil municipal plus un délégué par tranche de 1 000 habitants dans les villes qui en ont au moins 30 000. Le nombre des sénateurs à élire dans chaque département varie également : il s'échelonne de un à douze suivant l'importance de la population.

Les **disparités de représentation sont cependant considérables**, tant au sein du collège que par rapport à la démographie nationale, et elles avantagent beaucoup les zones rurales : d'une part, les communes petites ou moyennes ont environ un délégué pour 400 habitants, tandis que les grandes villes n'en ont que un pour 1 000; d'autre part, il y a en Corse un sénateur pour 70 000 habitants, mais seulement un pour 246 000 dans les Bouches-du-Rhône. Pour atténuer ces disparités, l'Assemblée nationale avait adopté en 2000, sur proposition du gouvernement et malgré l'opposition du Sénat, une loi accordant des délégués supplémentaires aux villes, mais le Conseil constitutionnel l'a censurée au motif qu'aux termes de la Constitution, le Sénat *« assure la représentation des collectivités territoriales de la République »* et que le collège doit donc être *« essentiellement composé de membres des assemblées délibérantes »* de celles-ci.

Le Conseil avait toutefois déclaré, dans plusieurs autres décisions, que les parlementaires devaient être élus *« sur des bases essentiellement démographiques »* et que les circonscriptions électorales ne pouvaient donc devenir trop disparates. La loi organique de 2003 a réduit les inégalités existantes, non pas en modifiant la circonscription géographique des sièges mais, selon le vœu des sénateurs, en accroissant leur nombre.

Le scrutin est majoritaire dans les départements disposant au maximum de trois sièges, proportionnel dans les autres. La loi du 6 juin 2000 s'applique également aux élections sénatoriales, mais selon des modalités variables : les départements dans lesquels le scrutin est majoritaire sont soumis aux mêmes règles que l'Assemblée nationale tandis que, dans les autres, les listes de candidats doivent comporter autant de femmes que d'hommes dans chaque groupe de six candidats; le nombre de femmes élues dépend donc de la place qu'elles occuperont sur les listes.

A la différence de celle des députés, l'élection des sénateurs ne passionne guère l'opinion, d'abord parce que le scrutin est indirect, ensuite parce que le Sénat n'a pas un rôle déterminant dans la définition de la politique du pays. La campagne se joue essentiellement au niveau local et au sein des élus locaux. Deux traits rapprochent toutefois les deux élections : tous les candidats doivent avoir un suppléant et la régularité des opérations électorales peut être contestée devant le Conseil constitutionnel.

Le statut des parlementaires

Les **conditions d'éligibilité** sont peu nombreuses : il faut avoir 23 ans pour devenir député et 30 ans pour devenir sénateur, posséder dans les deux cas la nationalité française et jouir de ses droits civiques. Mais il existe des **inéligibilités relatives** : certains fonctionnaires d'autorité (préfets, commissaires de police, magistrats) ne peuvent se présenter dans les circonscriptions où ils exercent, et cette inéligibilité persiste pendant six mois à compter de la fin de leurs fonctions. Pour éviter qu'une personne inéligible soit néanmoins élue, l'enregistrement des candidatures à la préfecture est obligatoire : si le préfet constate un motif d'inéligibilité, il doit saisir le tribunal administratif qui a trois jours pour se prononcer.

Les règles relatives aux **campagnes électorales** sont analogues à celles qui régissent l'élection présidentielle en ce qui concerne le plafonnement des dépenses, les émissions radiotélévisées et les sondages d'opinion.

Une fois élus, les parlementaires sont soumis à un statut qui comporte à la fois des contraintes et des prérogatives : les premières tendent à garantir qu'ils se consacreront véritablement à leurs fonctions, les secondes à les protéger dans l'exercice de leur mandat.

Les contraintes

- **Les incompatibilités**

Il faut citer en premier lieu les **incompatibilités avec d'autres occupations** : à la différence des inéligibilités, elles n'empêchent pas l'élection d'un candidat mais l'obligent, après cette élection, à opter entre elles et l'exercice de son mandat. Ce mandat est ainsi incompatible avec d'autres fonctions électives : un parlementaire ne peut être en même temps membre des deux Chambres ou élu au Parlement européen. L'incompatibilité vise aussi la **fonction publique**, pour éviter que les parlementaires fassent l'objet de pressions émanant du gouvernement dont dépend en partie la carrière des fonctionnaires. Toutefois, un fonctionnaire élu au Parlement n'est pas tenu de démissionner : il est simplement placé en position de détachement, ce qui lui permettra de retrouver son emploi s'il n'est pas réélu (cette facilité explique qu'un grand nombre de députés soient issus de la fonction publique).

D'autres incompatibilités concernent des **fonctions privées**, comme celles de dirigeant ou conseil d'une entreprise relevant d'une collectivité publique, ou recevant des subventions de celle-ci, ou exécutant des travaux pour son compte : c'est le souci de prévenir les collusions d'intérêts qui est ici prédominant. L'exercice d'autres professions (agriculteur, médecin, notaire...) est autorisé, mais des restrictions sont apportées aux activités des avocats, qui ne peuvent plaider ni devant les juridictions répressives ni, de manière générale, contre les personnes publiques.

- **La limitation du cumul des mandats**

C'est la deuxième contrainte. De nombreux parlementaires exerçaient parallèlement plusieurs fonctions électives au niveau local (membre, voire président d'un conseil général ou régional, maire), ce qui absorbait une grande partie de leur temps et aboutissait à une **professionnalisation de la vie politique** souvent critiquée. Deux lois respectivement votées en 1985 et en 2000 ont donc limité la possibilité de cumul à un seul des mandats locaux importants[50]; mais si le nombre des mandats cumulables a été réduit, celui des parlementaires qui cumulent n'a pas baissé : moins de 10 % des députés ne détiennent pas de mandat local.

Un **contrôle** des cumuls et des incompatibilités est organisé : tout parlementaire qui ne régularise pas sa situation dans le délai d'un mois en informant de son choix le bureau de la Chambre à laquelle il appartient peut être, sur demande de celui-ci, déclaré démissionnaire d'office par le Conseil constitutionnel.

Les prérogatives

Les prérogatives liées à la fonction sont de deux sortes : d'une part, des immunités protègent les parlementaires contre des poursuites judiciaires qui pourraient porter atteinte au libre exercice du mandat qui leur a été confié; d'autre part, des subsides leur sont accordés pour leur permettre de travailler dans de bonnes conditions.

- **L'immunité parlementaire**

Elle est ainsi définie par l'article 26 de la Constitution : *« Aucun membre du Parlement ne peut être poursuivi, recherché, arrêté, détenu ou jugé à l'occasion des opinions ou votes émis par lui dans l'exercice de ses fonctions »*. Cette règle met les parlementaires à l'abri des pressions ou menaces qui les dissuaderaient de s'exprimer librement. Elle vise aussi bien les personnes publiques que les particuliers et s'applique pareillement aux poursuites pénales et civiles. Elle ne **vaut pas**, toutefois**, pour les actes commis hors de l'enceinte parlementaire** : la diffamation, par exemple, peut être réprimée si elle se produit dans une déclaration à la télévision, alors qu'elle est couverte dans les discours à la tribune.

Cette irresponsabilité est complétée par un **régime dit d'inviolabilité** : les parlementaires ne peuvent être arrêtés pour crime ou délit commis en dehors de l'exercice de leur mandat qu'avec l'autorisation du bureau de la Chambre dont ils font partie. La règle n'empêche pas les poursuites. Elle ne s'oppose pas non plus aux arrestations en cas de crime ou de délit flagrant, mais le juge doit, dans ce dernier cas, libérer le parlementaire jusqu'à la fin de la session si le bureau le lui demande. Ce système ne met pas les parlementaires à l'abri des conséquences civiles ou pénales de leurs actes, mais les protège contre les arrestations qui pourraient être inspirées par des mobiles politiques.

- **L'indemnité**

Les parlementaires perçoivent une indemnité d'un montant équivalant à celui du traitement moyen des hauts fonctionnaires; son octroi a pour but d'éviter que seules

50. Il s'agit des mandats de conseiller régional ou général, conseiller de Paris ou à l'Assemblée de Corse, conseiller municipal d'une ville de plus de 3 500 habitants. Un projet de loi déposé par le gouvernement Jospin en 1998 interdisait le cumul avec la fonction de chef d'un exécutif local, mais cette réforme s'est heurtée à l'opposition du Sénat et n'a donc pu aboutir.

les personnes qui ont des revenus élevés puissent accéder à la fonction, mais elle peut en principe être supprimée si le parlementaire ne participe pas suffisamment aux travaux de la Chambre. S'y ajoutent le *défraiement* d'une secrétaire et de deux collaborateurs, ainsi que quelques avantages tels que la franchise postale. Mais la situation patrimoniale des parlementaires est surveillée par l'obligation qui leur est faite de déposer une déclaration en début et en fin de mandat : cette déclaration est examinée par la Commission pour la transparence financière de la vie politique, qui peut demander des explications aux intéressés si elle y découvre ce qui lui paraît être une anomalie.

L'organisation et le fonctionnement du Parlement

Sous les précédentes Républiques, les Chambres bénéficiaient d'une large autonomie dans l'organisation de leurs travaux : elles siégeaient aussi longtemps qu'elles le jugeaient utile, et déterminaient librement leurs modes de fonctionnement dans leurs règlements intérieurs. Le «*parlementarisme rationalisé*» introduit par la Constitution de 1958 modifia radicalement cette situation : la durée des sessions fut limitée, et des lois organiques réglèrent – dans un sens plutôt restrictif – des questions qui relevaient auparavant des règlements intérieurs, par exemple le nombre des commissions et le déroulement des débats. Mais une révision constitutionnelle intervenue en 1995 atténua quelque peu la rigidité de cet encadrement.

Les sessions

- **Les sessions ordinaires**

La durée des sessions ordinaires, identique pour les deux Chambres, était initialement très brève : la session de printemps ne pouvait excéder 90 jours et la session d'automne, principalement consacrée au vote du budget, durait 80 jours. Ce laps de temps limité affranchissait le gouvernement du contrôle parlementaire pendant la moitié de l'année – ce qui était le but recherché – mais ne permettait pas l'examen et l'adoption de tous les textes inscrits à l'ordre du jour, ce qui obligeait le gouvernement à convoquer des sessions extraordinaires. La révision de 1995 institua donc une session ordinaire unique qui, dit le nouvel article 28 de la Constitution, «*commence le premier jour ouvrable d'octobre et prend fin le dernier jour ouvrable de juin*» et dure donc à peu près 270 jours. Mais, aux termes du même article, le nombre des jours de séance ne peut excéder 120[51]; cette restriction, qui correspond au souhait des parlementaires de se rendre dans leur circonscription pendant une partie de la semaine, peut néanmoins être levée sur demande du Premier ministre ou de la majorité des membres de chaque Chambre. Les semaines, jours et horaires de séance sont désormais déterminés par les Chambres, qui disposent ainsi d'une plus grande latitude d'action que dans le système de 1958.

51. Les commissions peuvent toutefois se réunir même lorsque le Parlement n'est pas en session.

- **Les sessions extraordinaires**

Le Parlement peut aussi être réuni en session extraordinaire sur un ordre du jour déterminé (voir page 30) à la demande, soit du Premier ministre, soit de la majorité des membres de l'Assemblée nationale[52]. La convocation d'une telle session est faite par décret signé du président de la République, mais certains présidents ont considéré que leur compétence n'était pas liée : le général de Gaulle a ainsi refusé en 1960 de convoquer une session demandée par les députés, et François Mitterrand a accepté en 1993 de signer le décret proposé par le Premier ministre, mais refusé l'inscription à l'ordre du jour du projet de révision de la loi Falloux[53]. Les sessions extraordinaires, très nombreuses avant la réforme de 1995 (et toutes, sauf une, convoquées à la demande du Premier ministre), sont devenues exceptionnelles depuis l'allongement de la session ordinaire.

- **Les autres sessions**

On rappellera également que le Parlement se réunit **de plein droit** dans trois cas : après les élections législatives consécutives à une dissolution de l'Assemblée nationale, lorsque le président de la République met en œuvre l'article 16 de la Constitution ou s'il souhaite adresser un message aux Chambres en dehors des sessions ordinaires.

La structure interne des Chambres

Elle est fixée pour partie par des lois organiques et pour une autre partie par les règlements intérieurs; elle ne varie guère d'une Chambre à l'autre.

- **Le président**

Chacune des Chambres élit en son sein un président : l'Assemblée nationale le fait au début de la législature, le Sénat lors de chaque renouvellement triennal. Le président a des attributions importantes dans le fonctionnement de la Chambre. Il assure la direction des débats en distribuant les tours de parole et en rappelant éventuellement à l'ordre les orateurs qui dépassent le temps imparti; il peut aussi décider de clore un débat lorsque suffisamment d'orateurs d'opinion contraire se sont exprimés; il préside également les opérations de vote.

La Constitution confère par ailleurs aux présidents des Chambres d'autres compétences : ils peuvent saisir le Conseil constitutionnel des lois qui leur paraissent irrégulières, et ils sont consultés par le président de la République lorsque celui-ci envisage de dissoudre l'Assemblée nationale ou de recourir à l'article 16. Ils ont également des pouvoirs de nomination : chacun des deux présidents désigne trois membres du Conseil constitutionnel,

52. Les sénateurs n'ont pas cette possibilité. Et, à la différence du Premier ministre, l'Assemblée nationale ne peut demander la convocation d'une nouvelle session extraordinaire moins d'un mois après la fin de la précédente; cette interdiction a pour but d'empêcher que le Parlement siège en permanence.

53. Ce texte, qui tendait à accroître les subventions d'investissement accordées aux établissements d'enseignement privés, fut voté au cours de la session ordinaire suivante, mais censuré ensuite par le Conseil constitutionnel.

ainsi qu'une partie des membres d'institutions telles que le Conseil supérieur de l'audiovisuel ou le Conseil supérieur de la magistrature. Cela explique que le président de la République et le Premier ministre soient attentifs aux caractéristiques des candidats à la fonction, et que le choix des Assemblées se porte presque toujours sur des personnalités éminentes.

- **Le bureau**

Le président est assisté par un bureau. Celui-ci comprend des vice-présidents qui peuvent assurer par délégation la direction des séances, des questeurs qui gèrent le personnel, les locaux et le budget des assemblées, et des secrétaires qui contrôlent les procès-verbaux des débats pris en note par des sténographes. Au total, le bureau comprend une vingtaine de personnes à l'Assemblée nationale, une quinzaine au Sénat. Il est généralement composé à la proportionnelle des groupes politiques que comprend l'assemblée, par entente tacite entre ceux-ci.

C'est le bureau, on l'a vu, qui se prononce sur les incompatibilités et les arrestations éventuelles des parlementaires. Il lui incombe également d'apprécier si une proposition de loi ou d'amendement émanant d'un parlementaire implique des dépenses qui ne seraient pas compensées par des recettes équivalentes, ce qu'interdit l'article 40 de la Constitution (voir page 42).

- **Les groupes politiques**

Ils rassemblent les parlementaires appartenant **à un même parti ou qui s'y sont apparentés**[54]. Ils doivent comprendre au minimum vingt personnes à l'Assemblée nationale et quinze au Sénat. La possibilité de constituer des groupes est importante, car ils disposent d'une influence certaine sur le fonctionnement des assemblées : ils participent à la composition du bureau et des commissions, désignent les orateurs qui s'exprimeront en leur nom au cours des débats ou poseront des questions aux membres du gouvernement qui y assistent, et leur président a le droit de demander une suspension de séance ou la vérification d'un quorum.

- **Les commissions permanentes**

Elles **jouent un rôle de premier plan dans la procédure législative**. Elles sont en effet chargées d'étudier les projets ou propositions de lois qui seront discutés par les assemblées et de faire un rapport à leur sujet; elles peuvent à ce stade proposer des amendements et se prononcer sur ceux que leur adressent les parlementaires. Elles élaborent ensuite un rapport qui sera rendu public et servira de référence lors du débat à l'assemblée : en particulier, le gouvernement pourra décider de ne retenir que les amendements proposés ou acceptés par le rapport. Elles participent aussi au **contrôle de l'action du gouvernement** : la commission chargée des finances, notamment, peut lui demander de fournir régulièrement les documents permettant de suivre l'exécution du budget.

Ces commissions, qui correspondent aux grands secteurs d'activité, sont au nombre de six dans l'une et l'autre assemblées (leur nombre a été restreint en 1958 pour éviter que chaque ministère soit en permanence surveillé par une commission) et tous les parlementaires doivent faire partie de l'une d'elles. Leur composition s'opère à la proportionnelle des groupes, chaque président de groupe indiquant au bureau de l'assemblée le nom des parlementaires qu'il a choisis pour y siéger. Elles sont renouvelées tous les ans à l'Assemblée nationale, lors des renouvellements triennaux au Sénat. Elles élisent un président et un bureau, désignent des rapporteurs, disposent de locaux qui leur sont propres et peuvent se réunir en dehors des périodes de session du Parlement.

- **La conférence des présidents**

Elle a pour mission **d'aider le président de la Chambre dans la programmation des travaux** de celle-ci. Cette tâche a toutefois perdu une partie de son importance puisque depuis 1958, l'ordre du jour des assemblées comprend en priorité l'examen des textes proposés par le gouvernement. Mais la conférence contribue à organiser les débats en fixant, par exemple, leur durée et la répartition du temps de parole entre les groupes. Elle détermine aussi l'ordre du jour de la séance hebdomadaire réservée, depuis la réforme de 1995, aux questions des parlementaires et aux réponses qu'y apportent les membres du gouvernement.

Elle est composée du président et des vice-présidents de l'assemblée, des présidents des commissions et des groupes, du président de la délégation pour l'Union européenne et du rapporteur général de la commission des finances. Comme ses propositions en matière d'organisation des débats doivent recueillir l'assentiment de la Chambre, il importe qu'elle puisse refléter l'opinion de celle-ci : c'est pourquoi chacun des présidents de groupe dispose au sein de la conférence d'un nombre de voix égal au nombre des parlementaires inscrits dans son groupe.

- **Les offices ou délégations**

Enfin, parce que du fait de leur nombre restreint, les commissions ne sont pas assez spécialisées pour suivre efficacement certains problèmes importants, ont été récemment créés par voie législative des **offices ou délégations à compétence particulière**. Certains d'entre eux sont communs aux deux Chambres, comme les Offices parlementaires d'évaluation de la législation et des politiques publiques; d'autres existent dans chacune d'elles, par exemple la délégation pour l'Union européenne, chargée d'étudier les projets d'actes communautaires comportant des dispositions de nature législative, lesquels sont obligatoirement transmis aux assemblées par le gouvernement.

54. Les membres des différents groupes siègent ensemble dans l'hémicycle. Historiquement, c'est ainsi que sont apparues les dénominations de « gauche » et « droite » : à l'époque de la Révolution française, les députés progressistes se sont en effet rangés à la gauche du président, les conservateurs s'installant à sa droite.

Les pouvoirs du Parlement

Outre les attributions particulières qui ont déjà été évoquées, comme le droit de déclarer la guerre ou celui de provoquer une révision de la Constitution, le Parlement a deux compétences majeures que l'on retrouve dans tous les pays : l'adoption des lois et le contrôle du gouvernement. L'exercice de l'une et l'autre compétences avait été sensiblement restreint par la Constitution de 1958, mais l'évolution ultérieure a desserré le carcan établi par le texte.

La fonction législative

Par rapport à ses devancières, la Constitution a opéré une véritable révolution en ce qui concerne le domaine d'intervention de la loi, qui ne dépend plus aujourd'hui de la volonté du Parlement. Elle a également accru les moyens d'action dont dispose le gouvernement au cours de la procédure législative : non seulement il a la maîtrise de l'ordre du jour des travaux parlementaires, mais il a des possibilités efficaces de s'opposer aux textes ou aux amendements qui ne lui conviennent pas.

Le domaine de la loi

D'illimité, ce domaine est devenu sinon résiduel, du moins **circonscrit** : alors qu'auparavant le gouvernement ne pouvait exercer son pouvoir réglementaire que pour l'application des lois, il dispose maintenant d'un champ d'intervention autonome auquel le législateur ne peut accéder. La répartition est opérée par les **articles 34 et 37 de la Constitution** : le premier énumère les matières qui sont du ressort du Parlement, le second pose en principe que *« les matières autres que celles qui sont du domaine de la loi ont un caractère réglementaire »*.

L'article 34 distingue entre **deux catégories de matières**. La première correspond à celles qui sont les plus importantes pour la **garantie des droits des citoyens** et dont la loi « **fixe les règles** » : ce sont notamment le statut des personnes (nationalité, régimes matrimoniaux et successoraux), l'exercice des libertés publiques, les règles et la procédure pénales, l'assiette des impôts, le régime électoral des assemblées parlementaires et locales. Dans ces domaines, le pouvoir réglementaire ne peut donc intervenir que de façon résiduelle. La seconde catégorie correspond à des matières qui paraissent moins primordiales : la loi n'en détermine que les « **principes fondamentaux** », laissant ainsi un champ plus vaste au pouvoir réglementaire ; la liste comprend en particulier l'organisation générale de la défense nationale, l'enseignement, le régime de la propriété et le droit du travail.

Un dispositif serré de **contrôle des frontières entre lois et règlements** a été mis en place par la Constitution. Il s'exerce d'une part à titre préventif, c'est-à-dire pour empêcher le Parlement de sortir de son « pré carré » : lorsque le gouvernement estime, au cours de la procédure législative, qu'une proposition de loi ou un amendement empiète sur le domaine réglementaire, il peut lui opposer l'**irrecevabilité** (article 41). Si le président de l'assemblée en cause est d'avis contraire, la question est tranchée par le Conseil constitutionnel. Mais le contrôle peut aussi s'exercer *a posteriori*, c'est-à-dire sur des lois déjà votées : si elles sont antérieures à 1959 mais concernent une matière relevant aujourd'hui du pouvoir réglementaire, le gouvernement peut les modifier par décret pris sur avis conforme du Conseil d'État ; si elles ont été adoptées après cette date, le gouvernement peut demander au Conseil constitutionnel de déclarer qu'elles sont intervenues dans un domaine réglementaire et peuvent donc, elles aussi, être modifiées par décret[55].

Cette **surveillance institutionnelle s'est quelque peu assouplie**. D'abord parce que le Conseil constitutionnel a progressivement protégé la loi autant que le règlement. Il a jugé en 1982 que « *la Constitution n'a pas entendu frapper d'inconstitutionnalité une disposition de nature réglementaire contenue dans une loi* » : dès lors que le gouvernement n'oppose pas l'irrecevabilité de cette disposition au cours de la procédure législative, comme l'article 41 le lui permet, le Parlement peut intervenir au-delà du champ d'action qui lui est attribué. Le Conseil a également déclaré à plusieurs reprises que le Parlement ne devait pas se dessaisir de ses compétences en posant des principes trop peu précis pour encadrer les règlements d'application, par exemple pour ce qui concerne le statut des universités ou celui des magistrats.

Par ailleurs, si les premiers gouvernements de la Ve République ont souvent utilisé l'article 41, leurs successeurs l'ont peu à peu délaissé[56] : préférant entretenir de bons rapports avec les assemblées, ils ont souvent accepté des dispositions empiétant sur le domaine réglementaire dès lors qu'ils n'étaient pas en désaccord avec leur contenu, si bien que la frontière auparavant infranchissable est devenue poreuse[57].

L'élaboration de la loi

- **L'initiative des lois**

Elle appartient à la fois au Premier ministre et aux parlementaires (dans le premier cas, il s'agit d'un projet, dans le second, d'une proposition) ; les projets doivent avoir été délibérés en Conseil des ministres et soumis pour avis au Conseil d'État. Le partage de ce pouvoir d'initiative est toutefois inégal. D'abord pour des raisons de procédure : en vertu de l'article 48 de la Constitution, l'ordre du jour des assemblées comporte en priorité l'examen des projets déposés par le gouvernement ; il en résulte que

---

55. Il en fut ainsi notamment pour un article de loi portant que l'enseignement de l'histoire devrait mentionner le « *rôle positif* » de la colonisation française : la loi était en vigueur depuis près d'un an, mais cette disposition suscitait de vives oppositions dans l'opinion publique ; son déclassement permit de l'abroger sans délai et sans heurt avec le Parlement.

56. Ils semblent n'y avoir jamais recouru depuis 1981.

57. L'enceinte protectrice de la loi, au contraire, demeure solide, mais sa surveillance est confiée aux juridictions administratives ou pénales : les premières peuvent annuler un règlement intervenu dans un domaine relevant du pouvoir législatif (voir page 97), les secondes refuseront de condamner une personne qui aurait contrevenu à un tel règlement.

peu de propositions ont des chances d'être discutées, excepté lorsque le gouvernement les fait siennes (ce fut le cas, par exemple, pour le pacte civil de solidarité, plus connu sous l'abréviation de PACS), et que plus de 90 % des lois adoptées résultent de projets.

D'autre part, l'article 40 rend irrecevables les **propositions ou amendements** dont l'adoption *« aurait pour conséquence soit une diminution des ressources publiques, soit la création ou l'aggravation d'une charge publique »*. Cette disposition, qui existait déjà sous la IVe République, tend à prévenir le vote de lois inspirées par une éventuelle démagogie électorale. Elle a été appliquée de manière très stricte, voire caricaturale[58], au début de la Ve République, mais est interprétée aujourd'hui de manière plus souple, car le Conseil constitutionnel a estimé que les propositions sont recevables lorsqu'elles n'entraînent que des conséquences financières indirectes[59].

- **L'examen des textes**

Les projets de lois peuvent être indifféremment déposés sur le bureau de l'une ou l'autre Chambre en vue d'une première lecture, à l'exception des lois de finances, en particulier le budget de l'État (voir page 156) et des lois de financement de la Sécurité sociale, qui doivent être soumises d'abord à l'Assemblée nationale. La révision constitutionnelle adoptée en 2003 a cependant prévu une exception inverse : les projets de loi *« ayant pour principal objet l'organisation des collectivités territoriales »* doivent être soumis en premier lieu au Sénat.

L'examen des textes se fait **d'abord en commission** et se poursuit par une **discussion générale dans l'hémicycle**, au cours de laquelle interviennent le rapporteur de la commission, un membre du gouvernement et des parlementaires désignés par les groupes auxquels ils appartiennent. Il n'y a pas de vote à ce stade, sauf si le gouvernement ou un parlementaire soulève une motion de procédure[60]. Commence ensuite l'examen **article par article** : chacun des articles peut faire l'objet d'**amendements**, qui sont également discutés. Les amendements doivent avoir un rapport étroit avec le texte et ne pas être d'une ampleur telle qu'ils pourraient constituer, à eux seuls, un autre texte : ces règles ont été posées par le Conseil constitutionnel, qui a estimé, par exemple, qu'un amendement portant sur le permis de démolir n'avait pas sa place dans une loi ayant pour objet la prévention de la corruption.

D'autre part, en vertu de l'article 44 de la Constitution, le gouvernement peut demander un **vote bloqué**, qui contraint l'assemblée à se prononcer sur tout ou partie du texte en ne retenant que les amendements qu'il a proposés ou acceptés. C'est là une restriction de taille au droit d'amendement, dont le gouvernement use volontiers (33 fois en 1991, par exemple) mais qui irrite les parlementaires. Ceux-ci pratiquent donc parfois la rétorsion en déposant des centaines d'amendements pratiquement identiques, à seule fin d'allonger les débats puisque le vote bloqué ne permet pas d'adopter les amendements refusés par le gouvernement, mais ne dispense pas de les examiner. Il ne reste alors au gouvernement que le choix entre tenter une conciliation et engager sa responsabilité sur le vote du texte, selon la procédure de l'article 49 alinéa 3 qui sera décrite plus loin.

Lorsque l'examen des articles est terminé, l'assemblée se prononce sur l'ensemble du texte. Mais comme les lois doivent être votées par les deux Chambres et que celles-ci ne sont jamais saisies simultanément, une « navette » est organisée entre elles.

Les quatre modalités du vote parlementaire

– Le **vote à mains levées** est rapide mais ne permet pas d'enregistrer le nom des votants ni le sens dans lequel ils se sont exprimés.

– Le **vote au scrutin public ordinaire** se fait aujourd'hui par l'intermédiaire de boîtiers électroniques que chaque parlementaire actionne au moyen d'une clé. La Constitution impose que les votes soient personnels : les délégations ne sont autorisées qu'à titre exceptionnel et aucun parlementaire ne peut recevoir plus d'une délégation. En pratique, cependant, de nombreux parlementaires confiaient leur clé à un membre de leur groupe qui l'actionnait à leur place, si bien que le nombre des votes émis était de beaucoup supérieur à celui des parlementaires se trouvant effectivement en séance. Assez curieusement, le Conseil constitutionnel a refusé en 1987 de censurer pour procédure irrégulière une loi adoptée dans ces conditions, mais un ancien président de l'Assemblée nationale (Philippe Séguin) a décidé en 1993 de réduire la durée du scrutin, ce qui empêche d'actionner un grand nombre de clés et oblige les parlementaires à être davantage présents en séance – du moins au moment du vote.

– Le **scrutin public à la tribune** est exigé dans les cas importants, par exemple lorsque la Constitution impose qu'un texte soit adopté à la majorité absolue, ou s'il s'agit de censurer le gouvernement ; les délégations sont alors interdites.

– Le **scrutin secret** est généralement prévu pour les désignations de personnes, par exemple le président de la Chambre ou les membres de la Cour de justice de la République.

58. Ainsi une proposition tendant à ce que la France ratifie la convention internationale réprimant la traite des femmes a-t-elle été déclarée irrecevable parce que l'application de la convention aurait pu entraîner une augmentation des effectifs de la police.

59. De plus, la loi organique du 1er août 2001 relative aux lois de finances, dite LOLF, autorise les parlementaires, depuis 2005, à majorer les crédits de certains programmes, à condition de réduire d'un montant équivalent ceux d'autres programmes relevant de la même « mission » (voir page 157).

60. Il peut s'agir de l'exception d'irrecevabilité déjà mentionnée ou de la « question préalable », qui tend à écarter un texte au motif que son adoption serait inopportune, ou encore de la demande de renvoi en commission d'un texte qui ne semble pas suffisamment au point (ces deux dernières motions sont peu souvent adoptées).

- **La navette**

Elle consiste en des **allers et retours du texte entre les deux assemblées** qui doivent, dit la Constitution, l'adopter en termes identiques pour qu'il puisse devenir loi. L'assemblée saisie en second lieu l'examine tel qu'il a été voté par sa devancière : elle peut soit le voter dans cette forme, soit lui apporter à son tour des amendements, auquel cas le texte revient pour une seconde lecture devant la première assemblée. Si celle-ci n'accepte pas les modifications introduites, une seconde lecture est organisée devant la deuxième Chambre. Dans l'hypothèse où le désaccord persiste, le gouvernement peut intervenir en provoquant la réunion d'une commission mixte paritaire : composée de sept députés et de sept sénateurs désignés par leurs collègues, elle tentera de proposer une version susceptible de recueillir l'assentiment des deux assemblées.

Si la commission parvient à élaborer un texte de compromis, le gouvernement le soumet successivement aux deux assemblées; aucun amendement n'est recevable à ce stade, sauf lorsque le gouvernement y consent. Si, au contraire, la commission n'est pas parvenue à un accord, ou si cet accord est rejeté par le Sénat, le gouvernement peut demander à l'Assemblée nationale de statuer définitivement, en adoptant soit le texte proposé par la commission, soit celui qu'elle avait elle-même primitivement voté. Le dernier mot revient ainsi à la Chambre issue du suffrage universel, mais seulement si le gouvernement en décide ainsi : s'il n'intervient pas, la navette peut en théorie se poursuivre indéfiniment[61].

De tels désaccords entre les Chambres sont évidemment plus fréquents lorsqu'elles sont de tendances politiques opposées : entre 1981 et 1986, notamment, le gouvernement a demandé plusieurs fois à l'Assemblée nationale de statuer définitivement, parce que le Sénat s'opposait à ses projets (par exemple, en matière de nationalisations d'entreprises). Au contraire, lorsque les deux Chambres appartiennent aux mêmes courants d'idées, les différends sont de moindre importance et se règlent habituellement au cours des navettes.

- **La promulgation des lois**

Après leur adoption, **les lois sont promulguées par le président de la République** dans un délai de quinze jours, puis publiées au *Journal officiel*[62]. Deux incidents de parcours peuvent toutefois se produire pendant le délai imparti pour la promulgation. D'une part, le président de la République, avec l'accord du Premier ministre, peut demander aux Chambres une nouvelle délibération et il est arrivé qu'un texte soit abandonné de ce seul fait[63]; mais, en avril 2006, le président Jacques Chirac a promulgué la loi instituant le «contrat de première embauche» (CPE) tout en demandant, compte tenu de l'hostilité manifestée dans l'opinion publique, qu'elle ne soit pas appliquée en attendant son réexamen par le Parlement – pratique inédite jusqu'ici en droit constitutionnel. D'autre part, comme on le verra au chapitre suivant, une loi votée peut être déférée pour examen au Conseil constitutionnel, ce qui suspend la promulgation pendant un mois.

Le contrôle de l'action gouvernementale

Soucieux de mettre fin à l'instabilité ministérielle qui caractérisait la IVe République et, plus généralement, de renforcer l'autorité des gouvernements, les Constituants de 1958 avaient fortement limité les possibilités d'investigation et de contrôle reconnues auparavant au Parlement. Cet encadrement très strict s'est cependant atténué de manière progressive, à la fois pour des raisons de principe – il s'accordait mal avec l'affirmation selon laquelle le régime mis en place demeurait parlementaire – et en raison de considérations pratiques : la discipline majoritaire qui règne à l'Assemblée nationale suffit à assurer un soutien efficace au gouvernement. Actuellement, il est toujours aussi difficile de mettre en cause la responsabilité gouvernementale, mais les procédures moins drastiques des questions et des commissions d'enquête ont été rendues plus aisées.

Les questions

Elles permettent aux parlementaires d'obtenir du gouvernement des informations ou des explications qui les mettent en mesure de mieux suivre son activité. On en distingue plusieurs sortes.

- **Les questions écrites**

Elles tendent généralement à recueillir des précisions sur l'application d'une réglementation à des cas particuliers : les parlementaires jouent ici un rôle d'intermédiaire entre leurs électeurs et les administrations. Celles-ci sont tenues d'y répondre, également par écrit, dans le délai d'un mois, et les réponses (qui fournissent souvent d'utiles indications aux juristes) sont publiées au *Journal officiel*. Ces questions sont très nombreuses – on en a compté plus de 16 000 pendant la seule année 2000 à l'Assemblée nationale – mais elles n'ont pas de portée politique.

- **Les questions orales**

Elles sont adressées aux membres du gouvernement, qui leur apportent une réponse en séance. Leur teneur

61. Sous la IVe République, l'intervention du gouvernement n'était pas nécessaire : l'Assemblée nationale pouvait statuer définitivement cent jours après la transmission du texte à la seconde Chambre (dénommée Conseil de la République).

62. Les règles concernant le mode de publication des lois ont été modifiées en 2004. Voir la partie «Droit administratif», p. 100.

63. Par exemple, une loi votée en 1983 qui décidait d'organiser à Paris une exposition universelle pour célébrer le bicentenaire de la Révolution; des difficultés de répartition des financements étant apparues, une nouvelle délibération fut demandée aux Chambres mais n'eut jamais lieu, si bien que le projet fut enterré par accord tacite.

pouvant être gênante, elles étaient à l'origine strictement réglementées : on ne leur réservait qu'une après-midi par semaine, et la conférence des présidents, dans laquelle le gouvernement est représenté, opérait un filtrage serré. Depuis la réforme de 1995, un temps plus long leur est réservé, et une séance de « *questions au gouvernement* », qui dure une heure, est organisée deux fois par semaine en présence du Premier ministre. Les questions doivent être brèves, mais ne sont pas communiquées à l'avance au gouvernement, ce qui donne lieu à des réponses plus spontanées; ces séances sont diffusées à la télévision. Par ailleurs, depuis 1993, une séance par mois est réservée à des « *déclarations d'actualité* » du gouvernement sur des points particuliers de sa politique : un débat s'instaure à la suite de ces déclarations, mais ne peut être suivi d'un vote; il n'en demeure pas moins que l'information des parlementaires et leurs possibilités de se faire entendre s'en trouvent améliorées.

Les commissions d'enquête

Ces commissions, traditionnelles depuis la IIIe République, sont constituées par les assemblées à propos d'un problème particulier tel qu'une « affaire » ou la mauvaise gestion d'un service[64]. Elles avaient été considérablement affaiblies en 1958 (leur durée était très limitée et leur pouvoir d'investigation presque inexistant), mais une loi de 1991 leur a redonné de la vigueur en leur permettant de convoquer des témoins et de se faire communiquer tous documents utiles par les administrations. Elles sont toutefois **assez peu fréquentes** : chaque groupe parlementaire n'a le droit de proposer la création d'une commission qu'une fois par an, et cette proposition doit être acceptée par la majorité de la Chambre, si bien que l'opposition a peu de chances de voir ses demandes aboutir. De plus, en vertu du principe de séparation des pouvoirs, une commission ne peut être constituée à propos de faits donnant déjà lieu à des poursuites judiciaires et, si elle avait été créée, sa mission doit prendre fin dès lors qu'une information judiciaire est ouverte : il suffit donc au gouvernement de déclencher une telle information – qui sera inévitablement longue – pour s'opposer à la création ou à la poursuite des travaux d'une commission.

L'effectif maximum des commissions est fixé par les règlements intérieurs des assemblées : il est de trente membres à l'Assemblée nationale et de vingt-et-un au Sénat. Ces membres sont désignés à la proportionnelle des groupes et la durée de leurs travaux ne peut excéder six mois, ce qui est relativement peu lorsqu'il s'agit d'un problème complexe. Le **rapport final** est rendu public, mais il ne donne habituellement pas lieu à un débat en séance, et le gouvernement peut parfaitement ne tenir aucun compte de ses conclusions : on est loin, ici, de l'influence qu'ont les enquêtes (« *hearings* ») du Congrès des États-Unis.

La mise en jeu de la responsabilité du gouvernement

Le gouvernement « **est responsable devant le Parlement** », dit l'article 20 de la Constitution. Mais cette affirmation est immédiatement suivie par les mots « *dans les conditions et suivant les procédures prévues aux articles 49 et 50* » ; et ces conditions et procédures sont suffisamment strictes pour mettre les gouvernements à l'abri d'une censure. Trois mécanismes sont décrits dans l'article 49 mais le dernier consiste plutôt en un moyen de pression aux mains du gouvernement.

• Le vote de confiance

Selon l'alinéa 1 de l'article 49, le gouvernement peut demander de lui-même un vote de confiance à l'Assemblée nationale, soit sur son programme, soit sur une déclaration de politique générale : si les votes négatifs l'emportent numériquement sur les votes positifs, l'article 50 impose au gouvernement de démissionner. Mais l'hypothèse demeure rare : les Premiers ministres successifs ont pris l'habitude de ne pas poser la question de confiance lorsque leur gouvernement a été formé, pour mieux marquer leur rattachement privilégié au président de la République; et les déclarations de politique générale assorties d'une question de confiance sont pareillement exceptionnelles et n'ont jamais abouti, jusqu'ici, à un vote de défiance.

Il faut relever que l'alinéa 2 du même article autorise également le gouvernement à demander au Sénat d'approuver une déclaration de politique générale. Quelques Premiers ministres l'ont fait, mais comme le Sénat n'a pas le pouvoir de renverser le gouvernement, cette procédure doit plutôt être considérée comme un acte de courtoisie à l'égard de la deuxième Chambre ou, si la déclaration est largement approuvée, comme un appui face à une Assemblée nationale indocile.

• La motion de censure

L'alinéa 2 de l'article 49 prévoit également, à l'inverse, une **motion de censure émanant des députés,** mais l'entoure de conditions qui rendent son adoption très difficile. La motion doit en effet être signée par un dixième au moins des députés; elle ne peut être votée que 48 heures après son dépôt; elle doit être adoptée par la majorité absolue des membres composant l'Assemblée (et non pas seulement par la majorité des votants); et sont seuls décomptés les votes en faveur de la motion, ce qui signifie que les abstentionnistes et les absents sont présumés s'être prononcés en faveur du gouvernement. De surcroît, un député ne peut signer plus de trois motions de censure au cours d'une session ordinaire, ni plus d'une pendant une session extraordinaire, ce qui protège

64. On peut citer, à titre d'exemples, celles qui ont eu pour objet les sectes, le Crédit lyonnais, ou les suites du procès pénal intervenu dans l'affaire de pédophilie d'Outreau.

le gouvernement d'un éventuel harcèlement par l'opposition. Ces conditions draconiennes expliquent que, depuis 1958, un seul gouvernement ait été renversé : celui de Georges Pompidou en 1962[65]; et la conséquence en fut la dissolution immédiate de l'Assemblée nationale, suivie dès après les élections par une nouvelle nomination de Georges Pompidou à la tête du gouvernement.

- **L'engagement de la responsabilité gouvernementale**

L'alinéa 3 de l'article 49, arme aux mains du Premier ministre au cours de la procédure législative, l'autorise à **engager la responsabilité du gouvernement sur le vote d'un texte** lorsque les députés se montrent récalcitrants à son égard : ce texte est considéré comme adopté sans qu'il y ait lieu à vote à son propos dès lors qu'une motion de censure n'a pas été déposée dans les 24 heures et adoptée suivant les modalités qui viennent d'être décrites. Cette procédure, qui constitue une sorte d'alliage de la question de confiance et de la motion de censure, entraîne deux conséquences : la première, d'ordre juridique, est qu'une loi peut entrer en vigueur sans avoir été votée par le Parlement; la seconde, plus politique, est que les députés réticents à l'égard du projet de loi devront se soumettre s'ils ne veulent pas risquer, comme en 1962, d'affronter une nouvelle campagne électorale.

On touche sans doute là aux limites du «*parlementarisme rationalisé*», d'autant que le recours à cette technique est loin d'être exceptionnel : la plupart des Premiers ministres l'ont utilisée au moins une fois[66], aussi souvent d'ailleurs pour faire cesser les dissensions au sein de leur majorité que pour contrer l'opposition.

* * *

Le «déclin des Parlements», souvent relevé, se rencontre dans de nombreux pays, même dans ceux dont les traditions politiques leur accordent un rôle éminent, comme la Grande-Bretagne. La nécessité d'élaborer rapidement des politiques d'ensemble cohérentes joue en faveur des gouvernements, mieux outillés pour les concevoir; l'avènement de la réglementation européenne minore par ailleurs le rôle de la loi, qui se trouve également restreint par la dévolution de compétences aux collectivités territoriales, si bien que le domaine réservé au Parlement se trouve grignoté à la fois par en haut et par en bas.

Mais la France s'est engagée particulièrement loin dans la dépossession du Parlement au profit du gouvernement, auquel la Constitution accorde à la fois une influence prépondérante dans la procédure législative, un champ d'action autonome par la voie du règlement, et des garanties certaines de longévité en raison de la difficulté de le censurer. La réforme de 1995 et l'interprétation souple donnée par le Conseil constitutionnel de la répartition des domaines législatif et réglementaire ont certes desserré le carcan institué en 1958, mais d'autres progrès tendant à rétablir sinon des censures systématiques du gouvernement, du moins un contrôle plus effectif de ses activités, mériteraient d'être introduits. Le Comité Vedel, dans son rapport déposé en 1993, préconisait en particulier d'accroître le rôle du Parlement dans la fixation de l'ordre du jour de ses travaux, et d'assouplir les conditions de création et de fonctionnement des commissions d'enquête, qualifiées «*d'éléments de respiration démocratique*» dans la mesure où elles accroissent la transparence de l'action publique. Il serait souhaitable que ces propositions soient suivies d'effets concrets.

65. En réalité, la motion de censure visait à travers lui la procédure choisie par le général de Gaulle pour la réforme constitutionnelle tendant à faire élire le président de la République au suffrage universel.

66. Le record semble être détenu par Jacques Chirac, alors Premier ministre, qui y a recouru sept fois en une seule année (1986). A l'inverse, Lionel Jospin n'en a jamais usé pendant les cinq années où il a été en fonction.

Chapitre 6
Les autres organes constitutionnels

La Constitution mentionne trois organes qui jouent un rôle plus ou moins important dans le fonctionnement des pouvoirs publics. Le premier contribue à garantir l'indépendance de la justice en se prononçant sur la nomination et la carrière des magistrats : c'est le Conseil supérieur de la magistrature. Les deux autres interviennent dans la procédure d'édiction des lois : le Conseil économique et social en donnant des avis, le Conseil constitutionnel en se prononçant sur la compatibilité des lois avec la Constitution.

Le Conseil supérieur de la magistrature

Les tribunaux, qui sont chargés de régler les différends entre particuliers ou entre ceux-ci et les pouvoirs publics, ont également pour mission de sanctionner les infractions et peuvent à ce titre infliger des peines parfois très lourdes. Il est donc primordial pour les libertés publiques que l'indépendance des magistrats qui les composent soit assurée à l'égard des gouvernants.

Ces magistrats se répartissent en deux catégories : ceux qui représentent les intérêts de la société au cours des procès et peuvent requérir en son nom des condamnations (ce sont les *magistrats du parquet*, en particulier les procureurs), et ceux qui prononcent les sentences (les *magistrats du siège*, c'est-à-dire les juges) qui doivent être tout particulièrement protégés contre d'éventuelles pressions du pouvoir politique. La Constitution leur assure l'inamovibilité, ce qui signifie qu'ils ne peuvent être déplacés contre leur gré, même par le biais d'un avancement. Mais il faut aussi s'assurer que leur liberté d'esprit ne soit pas compromise par des promesses d'accélération – ou, au contraire, des menaces de freinage – de leur carrière : le Conseil supérieur de la magistrature, qui existait déjà sous la IVe République, a été institué pour y veiller.

Dans le système de 1958, il n'en avait pas véritablement la possibilité : les Constituants, estimant que le président de la République échappait aux considérations politiciennes, lui avaient en effet conféré le pouvoir non seulement de présider le Conseil, mais aussi d'en nommer tous les membres ; de surcroît, les avis émis par le Conseil sur la carrière des magistrats n'avaient qu'un caractère consultatif. Ce mode d'organisation s'avéra inadapté dès lors que le Président devint le véritable chef de l'exécutif, et une réforme constitutionnelle intervint en 1993 pour renforcer la position du Conseil.

Actuellement, le Conseil comprend **deux formations**, l'une ayant compétence pour les magistrats du siège, l'autre pour ceux du parquet. Toutes deux demeurent présidées par le président de la République, mais celui-ci ne nomme plus qu'un seul de leurs douze membres : deux autres sont respectivement désignés par le président de l'Assemblée nationale et par celui du Sénat, et six sont des magistrats élus par leurs pairs ; s'y ajoutent un conseiller d'État désigné par le Conseil d'État ainsi que le ministre de la Justice, qui assure la vice-présidence. Il y a donc parité entre les représentants de la profession et les personnalités extérieures, ce qui évite aussi le corporatisme.

D'autre part, les pouvoirs du Conseil ont été renforcés pour ce qui concerne les magistrats du siège, qui ne peuvent être nommés ou promus que sur sa proposition. Pour la nomination des magistrats du parquet, toutefois, son rôle demeure consultatif, ce que l'on justifie parfois au nom de la nécessaire unité de la politique pénale : l'égalité des citoyens devant la loi se trouverait atteinte si les procureurs appréciaient librement l'opportunité d'intenter des poursuites, et ceux-ci doivent donc être plus étroitement rattachés au ministre de la Justice. Mais cet argument n'emportant pas une adhésion unanime, un nouveau projet de réforme renforçant l'indépendance du parquet fut élaboré en 1999 : voté par les deux Assemblées, il devait être soumis au Congrès mais des parlementaires de droite ayant fait savoir qu'ils souhaitaient revenir sur leur vote, le président de la République décida de ne pas convoquer le Congrès[67].

Le Conseil économique et social

De même que les Constituants de 1946, ceux de 1958 ont jugé utile d'organiser une **représentation des milieux socio-économiques** dans le processus d'élaboration de certains textes : leur approche, plus pragmatique, peut en effet compléter utilement celle des élus du peuple pour ce qui concerne les activités de production ou le

67. On constate au surplus que, depuis quelques années, les promotions de magistrats du parquet, décidées malgré l'avis défavorable du Conseil, deviennent plus nombreuses.

droit du travail. Le rôle du Conseil économique et social, chargé d'assurer cette représentation, n'est toutefois que consultatif et, le plus souvent, facultatif, ce qui ne l'apparente pas à celui d'une troisième Chambre.

Le Conseil comprend 231 membres, dont 72 représentent les entreprises et 69 les salariés (ils sont désignés par leurs organisations syndicales respectives). 27 autres membres, représentant les professions libérales, les départements ou collectivités d'outre-mer et surtout le secteur associatif, sont nommés par décret, certains d'entre eux après consultation de leurs organisations respectives; et 40 «*personnalités qualifiées dans le domaine économique, social, scientifique ou culturel*» sont nommés par décret en Conseil des ministres[68]. Leur mandat est de cinq ans et ils perçoivent une indemnité égale au tiers de celle des parlementaires.

C'est au gouvernement qu'il appartient de saisir le Conseil. Son avis peut être demandé sur des projets de loi ou de décret, et doit l'être sur «*tout plan ou projet de loi de programme à caractère économique ou social*» (article 70 de la Constitution) : il faut entendre par là des textes qui définissent des objectifs à moyen ou long terme et comportent les prévisions de dépenses correspondantes. Le Conseil peut aussi, de sa propre initiative, attirer l'attention du gouvernement sur des problèmes relevant de sa compétence.

Les délibérations du Conseil sont préparées au sein de sections spécialisées par secteurs d'activité dont les rapports, souvent très intéressants, sont soumis à l'assemblée plénière en vue de l'adoption par celle-ci des avis qu'elle rendra au gouvernement; mais ces avis reflètent la composition très hétérogène de l'assemblée et sont donc, de ce fait, souvent moins constructifs.

Le Conseil constitutionnel

Tel n'est pas le cas du Conseil constitutionnel, innovation notable de la Ve République dont on a déjà dit que le rôle s'était considérablement accru depuis sa création. Uniquement conçu à l'origine comme un contrôleur du respect par le Parlement du domaine réglementaire, il s'est progressivement transformé en censeur de toutes les atteintes que la loi – et, à travers elle, le gouvernement qui l'a voulue – pourrait porter à l'ensemble des principes posés par la Constitution.

Deux étapes principales ont jalonné cette évolution. La première, due au Conseil lui-même, a consisté en l'inclusion du Préambule dans les normes auxquelles le législateur doit se conformer : une décision de 1971 a ainsi affirmé que la liberté d'association ne peut être restreinte, parce qu'elle compte «*au nombre des principes fondamentaux reconnus par les lois de la République et solennellement réaffirmés par le Préambule de la Constitution*». La seconde étape réside dans l'élargissement des possibilités de saisine du Conseil : une réforme constitutionnelle intervenue en 1974 a accordé aux parlementaires le droit de lui déférer une loi pour examen, et les membres des oppositions successives ont largement usé de cette faculté, si bien qu'aucune loi importante n'est aujourd'hui promulguée sans que le Conseil se soit prononcé à son sujet.

La composition du Conseil, toutefois, n'a pas été modifiée et fait la part belle aux considérations politiques. Ses compétences et son mode de fonctionnement n'ont pas non plus varié, mais sa jurisprudence s'est beaucoup enrichie et les commentaires auxquels elle donne lieu sont assez contrastés.

La composition du Conseil

Le Conseil comprend **neuf membres** : trois d'entre eux sont nommés par le président de l'Assemblée nationale, trois par le président du Sénat et trois par le président de la République, qui désigne également celui des neuf membres qui présidera le Conseil. Leur **mandat est de neuf ans** et ne peut être reconduit; un renouvellement par tiers a lieu tous les trois ans. Aucune compétence juridique n'est requise pour les nominations, ce qui donne au Conseil un caractère politique assez marqué. Les anciens présidents de la République en sont membres de droit, mais très peu d'entre eux ont effectivement pris part à ses travaux.

Les fonctions de membre du Conseil constitutionnel sont incompatibles avec l'exercice d'un mandat électif national ou local, avec l'occupation d'un poste de responsabilité au sein d'un parti politique et, bien entendu, avec la qualité de membre du gouvernement. Ces fonctions sont protégées par un régime de quasi-inamovibilité : elles ne peuvent prendre fin qu'en cas de survenance d'une incompatibilité, de perte des droits civils et politiques, ou d'incapacité physique permanente; et, dans les trois cas, la démission d'office ne peut être prononcée que par le Conseil lui-même[69]. Ces règles confèrent à ses membres des garanties d'indépendance analogues à celles dont bénéficient les magistrats.

Les compétences du Conseil

Ces compétences sont variées et certaines d'entre elles ont déjà été mentionnées dans les chapitres précédents : en particulier le contrôle de la régularité des élections présidentielles et législatives, ainsi que les avis donnés au président de la République sur la mise en œuvre de l'article 16 (voir page 30). **L'appréciation de la constitutionnalité des normes demeure cependant la principale de ces compétences**; le Conseil l'exerce tantôt à titre obligatoire, tantôt à titre facultatif.

Il est **obligatoirement** saisi des lois organiques (voir page 19) et des règlements intérieurs des Assemblées, et peut l'être,

68. Certaines de ces nominations, toutefois, s'expliquent plus par des relations amicales que par de réelles compétences, et ont été pour cette raison vivement contestées.

69. L'hypothèse ne s'est encore jamais produite; toutefois, Roland Dumas, alors président, a démissionné du Conseil en 1999, car sa mise en examen pour complicité d'abus de biens sociaux rendait son maintien en fonction très délicat.

s'agissant des lois ordinaires, dans deux hypothèses visées à l'article 61 de la Constitution. La première, qui concerne d'éventuels empiétements du Parlement sur le domaine réglementaire, a été décrite à propos de la fonction législative. La seconde, plus générale, couvre tous les autres cas de non-conformité d'une loi à une disposition constitutionnelle. Il s'agit d'un contrôle *a priori*, c'est-à-dire déclenché après le vote de la loi mais avant sa promulgation.

Aux termes de l'article 54, le Conseil peut également être saisi lorsqu'un **traité auquel la France est partie** semble comporter des clauses incompatibles avec la Constitution. Le Conseil examine alors le traité pour déterminer si tel est bien le cas et, dans l'affirmative, la ratification du traité par le Parlement ne pourra intervenir qu'après une révision constitutionnelle. Il en a été ainsi, notamment, pour les traités de Maastricht et d'Amsterdam relatifs à l'Union européenne, dont le Conseil a estimé qu'ils restreignaient la souveraineté nationale en matière d'élections et de contrôle aux frontières, et qui n'ont pu être ratifiés qu'après une telle révision.

Il convient de signaler, toutefois, le cas particulier des **lois adoptées par la voie du référendum** prévue à l'article 11 de la Constitution. De telles lois ne pouvant porter que sur des domaines limitativement énumérés, elles interviennent en fait très rarement et n'ont pas, juridiquement, une autorité supérieure à celle des lois votées par le Parlement. Celui-ci pourrait donc les modifier ou les abroger ultérieurement, car l'article 11 ne le dessaisit pas de sa compétence mais prévoit seulement une procédure d'adoption concurrente. Le Conseil se refuse cependant à apprécier la constitutionnalité des lois référendaires, au motif que ces lois *« constituent l'expression directe de la souveraineté nationale »*; il en a décidé ainsi en 1962, à propos de la loi instituant l'élection du président de la République au suffrage universel (que le général de Gaulle avait préféré soumettre au référendum plutôt qu'au Parlement), et il n'a pas, jusqu'ici, modifié sa position.

La procédure

Aux personnes habilitées dès l'origine à saisir le Conseil constitutionnel (le président de la République, le Premier ministre et les présidents des deux Assemblées), s'ajoutent désormais soixante députés ou soixante sénateurs. Les lettres de saisine sont habituellement très fournies en ce qui concerne tant le nombre des dispositions contestées que celui des moyens de censure invoqués. Le Conseil y répond scrupuleusement, mais il lui arrive aussi de soulever des moyens d'office, c'est-à-dire de relever des irrégularités qui n'avaient pas été mentionnées dans les saisines[70]. La défense du texte, lorsqu'il est attaqué par des parlementaires, est assurée par le Secrétariat général du gouvernement, et les arguments développés par celui-ci sont communiqués aux auteurs des saisines, ce qui donne à la procédure un aspect contradictoire.

Les normes de référence ou « bloc de constitutionnalité »

Les normes de référence (c'est-à-dire par rapport auxquelles le Conseil apprécie les dispositions d'une loi et la procédure de son adoption) sont généralement désignées sous le nom de « bloc de constitutionnalité », car elles sont de nature et de portée différentes. Elles comprennent plusieurs éléments.

– **Le texte constitutionnel proprement dit**, dont les articles ont généralement un contenu précis. C'est par rapport à lui que peuvent être appréciées, par exemple, d'éventuelles incursions de la loi dans le domaine réglementaire, ou la nécessité du contreseing d'un ministre.

– **Deux proclamations solennelles** par lesquelles ont été posés les principes qui doivent guider et encadrer l'action des pouvoirs publics : la **Déclaration de 1789**, dans laquelle sont énumérées les principales libertés individuelles, et le **Préambule de la Constitution de 1946** qui a été « réaffirmé » en 1958 et consacre en tant que *« principes particulièrement nécessaires à notre temps »* des droits sociaux tels que le droit de grève ou le droit à la protection de la santé.

– **Les « principes fondamentaux reconnus par les lois de la République »** auxquels renvoie le Préambule : ils résultent de grandes lois votées sous la IIIe République et sont considérés comme inhérents à l'essence d'un régime démocratique. On peut citer à titre d'exemples de ces principes la liberté d'association, l'indépendance de la juridiction administrative et le respect des droits de la défense devant les juridictions répressives. Mais la liste n'est ni fixée, ni close : le Conseil les « découvre » progressivement, et peut ainsi à la fois enrichir ses normes de référence et approfondir son contrôle des lois.

– **Les « objectifs de valeur constitutionnelle »** qui, comme l'indique leur dénomination, constituent des finalités plutôt que des normes et permettent de résoudre des conflits éventuels entre les principes à respecter : ainsi la sauvegarde de *l'ordre public*, considérée comme un objectif à ne pas enfreindre, peut-elle justifier des restrictions à la libre communication des idées; et, à l'inverse, « le pluralisme des quotidiens d'information politique et générale », dont dépend la possibilité pour les lecteurs de se former une opinion éclairée, est selon le Conseil un objectif qui s'oppose à une concentration excessive des entreprises de presse.

Ces trois dernières catégories de normes de référence sont à la fois plus vagues et plus évolutives que la première, et leur utilisation fournit au Conseil un arsenal de moyens de contrôle qui est parfois contesté, soit par des juristes attachés au principe de la souveraineté de la loi, soit – plus souvent – par la majorité politique du moment, qui s'irrite de voir son œuvre censurée. Ainsi un Premier ministre (Édouard Balladur) regrettait-il devant le Congrès réuni en 1993 que le Conseil se réfère à *« des principes généraux plus philosophiques et politiques que juridiques, quelquefois contradictoires et, de surcroît, conçus à des époques bien différentes*

70. L'un des cas dans lequel il l'a fait eut un grand retentissement : saisi en 1992 d'une loi comportant, entre autres dispositions, un article selon lequel les listes de candidats aux élections municipales ne pourraient comporter plus 75 % de personnes du même sexe, le Conseil a déclaré cet article contraire à la règle constitutionnelle d'égalité des citoyens, alors que le Parlement l'avait adopté presque à l'unanimité et que la saisine n'en faisait pas mention. En raison de cette décision, le principe de l'égal accès des femmes et des hommes aux fonctions électives ne put être introduit dans notre droit que par une révision de la Constitution, qui eut lieu en 1999.

de la nôtre». Mais Robert Badinter, qui présidait alors le Conseil, eut beau jeu de lui rappeler que, de 1988 à 1993, il avait personnellement signé, en tant que député de l'opposition, dix saisines invoquant ces principes et que sept d'entre elles aboutirent à une censure au moins partielle[71]. Et il est indéniable qu'une bonne part des décisions protégeant les libertés individuelles ou collectives a été rendue sur le fondement de tels principes.

– Une place particulière doit désormais être réservée aux **directives européennes :** le nouvel article 88-1 de la Constitution posant en principe le consentement de la France à l'exercice commun de certaines compétences, une loi ne saurait être déclarée inconstitutionnelle lorsqu'elle se borne à transposer une directive, excepté dans l'hypothèse où cette directive contreviendrait à une disposition expresse de la Constitution et propre à celle-ci (ce serait le cas, par exemple, du principe de laïcité). Allant encore plus loin dans cette voie, le Conseil constitutionnel a jugé, dans une décision rendue le 30 novembre 2006, qu'une loi méconnaissant les dispositions d'une directive était de ce seul fait entachée d'inconstitutionnalité.

Les décisions

Elles sont analogues, par leur rédaction, à celles des tribunaux : des «considérants» exposant les moyens invoqués dans la saisine et l'opinion du Conseil à leur égard précèdent et fondent le dispositif, c'est-à-dire le jugement porté sur la régularité de la loi.

Pendant longtemps, ce jugement s'est limité à un constat sans nuance : ou bien la loi était conforme à la Constitution, auquel cas elle pouvait être promulguée, ou bien elle contrevenait sur certains points à l'une de ses dispositions et devait donc être amendée. A cette technique s'est récemment ajoutée celle de la déclaration de **conformité sous réserve** : la loi sera applicable, mais à condition d'être interprétée d'une certaine manière ou de ne pas aboutir à un certain résultat. Ainsi la loi de 1993 relative à l'immigration, qui interdisait de délivrer une carte de résident *«à tout étranger qui vit en état de polygamie»*, doit-elle être interprétée comme n'étant applicable *«qu'aux étrangers vivant en France en état de polygamie»*. Et la décision de 1986 relative à la loi de privatisation précise que celle-ci ne doit pas aboutir à la prise de contrôle des entreprises publiques par des groupes étrangers. Cette dernière décision, comme plusieurs autres intervenues dans des domaines différents, énonce aussi un certain nombre de principes auxquels le législateur et le pouvoir réglementaire devront se conformer dans la suite des opérations, si bien qu'elle les guide autant qu'elle les encadre.

Les décisions du Conseil doivent être rendues dans un **délai d'un mois** à compter de la date de la saisine (ce délai peut être réduit à huit jours si le gouvernement invoque l'urgence). Elles sont publiées au *Journal officiel*[72] et ne sont susceptibles d'aucun recours. Aux termes de la Constitution, elles s'imposent à tous les pouvoirs publics, y compris les juridictions : ces dernières, après quelques tentatives de résistance, se sont maintenant pliées à la règle et il n'est pas rare qu'elles infléchissent une jurisprudence pour tenir compte d'une décision du Conseil, à laquelle elles se réfèrent parfois expressément.

L'influence du Conseil

Quantitativement, qualitativement et politiquement, les conséquences des interventions du Conseil sont importantes.

– D'une part, le **nombre des décisions** qu'il rend s'élève régulièrement : on en comptait en moyenne moins d'une par an avant 1974, environ sept de 1975 à 1981, et plus de quinze ces dernières années. L'élargissement des conditions de saisine explique le premier accroissement, mais ce sont les alternances politiques qui sont à la source du second. L'opposition parlementaire a pris en effet l'habitude de déférer au Conseil toutes les lois de quelque importance qui ont été adoptées contre son gré. Il en résulte que le Conseil a eu à s'occuper de pratiquement tous les grands problèmes actuels : nationalisations puis privatisations, interruption volontaire de grossesse, statut de la presse écrite et audiovisuelle, construction européenne, Pacs, bioéthique, etc., et que les règles adoptées dans ces différents domaines ont souvent été marquées par ses observations.

– D'autre part, ses décisions traduisent à la fois le souci **d'imposer une certaine modération** aux majorités politiques successives et celui de **protéger efficacement les libertés**. Il n'a pas remis en cause les principes essentiels des réformes voulues par le législateur, par exemple à propos des nationalisations et des privatisations, mais en a gommé les aspects critiquables; la censure presque totale du projet de réforme de la loi Falloux constitue à cet égard une exception, mais ce projet était en contradiction évidente avec les principes constitutionnels et se heurtait de plus à une vive hostilité de l'opinion publique, y compris au sein d'une partie de la majorité.

Le souci de maintenir ce que l'on pourrait appeler l'**éthique démocratique** est également une constante. Il s'est ainsi traduit, au fil des décisions, par la protection des droits individuels contre la mise en place de techniques sécuritaires comme les fouilles de véhicules, les perquisitions et la vidéosurveillance[73]; par la censure de dispositions trop discriminatoires à l'égard des étran-

71. *«En accueillant ainsi l'argumentation présentée par la minorité, poursuivait Robert Badinter, que faisait alors le Conseil constitutionnel : du droit ou de la politique ?»* (*Le Monde*, 23 novembre 1993). Le mécontentement du Premier ministre s'expliquait par la nécessité où il s'était trouvé de provoquer une révision constitutionnelle parce que le Conseil avait estimé que les dispositions relatives au droit d'asile contenues dans la convention de Schengen étaient incompatibles avec les principes énoncés dans le Préambule.

72. Contrairement à celles d'autres Cours constitutionnelles, notamment la Cour suprême des États-Unis, elles n'indiquent pas à quelle majorité la décision a été adoptée et ne sont pas assorties d'éventuelles opinions dissidentes.

73. Cette protection a parfois cédé du terrain dans l'appréciation des lois «sécuritaires» édictées après les attentats survenus en septembre 2001 aux États-Unis.

gers installés en France, telles la restriction du droit au regroupement familial et l'exclusion du bénéfice de certaines aides sociales; par la sauvegarde des droits de la défense au cours des procédures répressives, et celle de la dignité de la personne humaine face aux développements possibles de la bioéthique. Dans tous ces domaines, l'apport du Conseil à la **préservation des valeurs humanistes** sur lesquelles se fondent les sociétés est incontestable. Son rôle pédagogique est particulièrement utile en période d'alternance, car les décisions rendues écrêtent souvent ce que les nouvelles lois peuvent avoir d'excessif, et contribuent ainsi à éviter de trop graves ruptures d'équilibre. Du même coup, elles confortent la pérennité des principes fondateurs : appliqués de la même manière à des majorités différentes, ils acquièrent aux yeux de la collectivité une valeur plus incontestable, en faisant apparaître ce qui doit demeurer stable par-delà les changements.

– Enfin, le Conseil est peu à peu **devenu l'une des pièces du jeu politique,** dans la mesure où il donne une nouvelle possibilité à l'opposition parlementaire de faire prendre en compte son opinion : ce qu'elle n'a pu arracher à la majorité au cours de la procédure législative – le rejet ou la modification sensible d'un projet de loi –, elle conserve une chance de l'obtenir du juge, et la saisine tend à devenir un véritable réflexe[74]. De son côté, le gouvernement compte parfois tacitement sur le Conseil pour atténuer quelques aspects excessifs d'une loi qu'il a laissés passer pour ne pas mécontenter l'aile dure de sa majorité. On ne peut certainement pas dire que le Conseil constitue une troisième Chambre; mais son intervention ajoute sans doute une sorte de mi-temps juridique à celle, politique, qui s'est déroulée au Parlement.

Cette influence modératrice ne suscite pas toujours l'enthousiasme de la majorité du moment, qui voit d'un mauvais œil les censures de son œuvre alors même qu'elle ne se privait pas de déférer au Conseil celle de ses prédécesseurs[75]. Elle n'est pas, toutefois, fondamentalement contestée; et la cote de popularité générale de la juridiction constitutionnelle dans l'opinion publique s'avère élevée, comme elle l'est d'ailleurs dans presque tous les pays qui l'ont instituée.

Les réformes envisageables

Tel qu'il est actuellement organisé, le contrôle de constitutionnalité souffre d'une insuffisance certaine : comme il ne peut être déclenché qu'avant la promulgation des lois, celles qui y ont échappé deviennent incontestables, en ce sens que les juges administratifs et judiciaires devront les appliquer, même s'ils constatent qu'elles sont contraires à la Constitution et emportent des effets nocifs que le législateur n'avait pas prévus. C'est pourquoi le comité Vedel avait proposé, en 1993, d'introduire l'**exception d'inconstitutionnalité**, en usage dans plusieurs pays européens (Italie, Espagne, Allemagne) et aux États-Unis : dans l'hypothèse où un juge, au cours d'un procès, aurait des doutes sur la constitutionnalité d'une loi dont dépend la solution de ce procès, il pourrait surseoir à statuer pour demander l'avis du Conseil. Mais cette suggestion se heurta à l'opposition d'une partie des parlementaires et ne put donc aboutir.

Une autre possibilité de réforme, plus radicale, consisterait à **donner aux particuliers le droit de saisir le Conseil** au cas où l'un de leurs droits constitutionnels se trouverait enfreint; mais un tel système, bien qu'il fonctionne en Allemagne et en Espagne, rencontrerait sans doute des résistances encore plus grandes. Enfin on propose parfois, pour limiter le caractère presque exclusivement politique de la désignation des membres du Conseil et la suspicion de partialité qui peut en résulter, de modifier leur mode de nomination, ou du moins d'imposer que les personnalités choisies aient des qualifications juridiques. Pas plus que la précédente, toutefois, cette suggestion ne semble avoir des chances d'aboutir dans un avenir prévisible, car les autorités dont dépendent les nominations ne souhaitent pas voir restreindre leur liberté de choix.

74. La presse et l'opinion publique se sont d'ailleurs tellement accoutumées à ces saisines qu'elles s'y préparent dès la fin des débats parlementaires et auraient sans doute l'impression, si elles ne se produisaient pas, d'assister à un arrêt de jeu.

75. On assiste même parfois à de spectaculaires revirements d'opinion, tels députés devenus ministres à la suite d'une alternance présentant des projets similaires à ceux qu'ils avaient combattus sous la majorité précédente : par exemple, en 2002, à propos d'une répression aggravée des excès de vitesse commis par les automobilistes.

Questions à réponse courte (QRC) sur le droit constitutionnel

Un peu de méthode

En règle générale, il convient d'apporter une attention particulière au libellé de la question qui vous est posée, pour y adapter votre réponse. L'exemple suivant est particulièrement éclairant.

– Si on vous interroge sur ***« La révision constitutionnelle sous la Ve République »***, vous serez amenés à exposer le contenu de la procédure de révision, à partir du texte de la Constitution. Vous rappellerez la différence entre projet et proposition ; vous présenterez les deux voies possibles, passant par le Congrès ou par le référendum ; vous expliciterez les conditions de majorité dans chacune des Chambres puis au Congrès. Rien ne vous interdit de souligner certains aspects liés à la pratique, par exemple le fait que la voie du Congrès a été beaucoup plus fréquemment utilisée que le vote populaire. Il faudra rappeler, en conclusion, qu'on a parfois révisé la Constitution dans d'autres conditions que celles qu'elle avait prévues (révision de 1962). Mais l'analyse essentielle reposera sur l'étude des dispositions de l'article 89 de la Constitution.

– Au contraire, si votre sujet s'intitule ***« Les révisions constitutionnelles sous la Ve République »***, vos développements devront être en partie différents. Vous insisterez plus sur la pratique constitutionnelle que sur les textes. Certes, vous soulignerez, comme dans le sujet précédent, que toutes les procédures prévues par la Constitution, que vous ne décrirez pas en détail, ont été utilisées : référendum à propos du quinquennat en 2000 ; passage par le Congrès dans la plupart des cas. Vous rappellerez qu'on a même utilisé des procédures non prévues dans le texte constitutionnel (référendum direct en 1962). Mais vous devrez surtout :

1) rappeler les principales hypothèses dans lesquelles les révisions ont eu lieu en essayant de les regrouper logiquement : par exemple, beaucoup de révisions récentes sont rendues nécessaires pour permettre les transferts de souveraineté nécessités par les engagements internationaux de la France, en particulier dans le cadre européen (1992, 1995, 2005) ;
2) opposer la relative stabilité de la Constitution entre 1958 et 1992 et la fréquence des révisions ultérieures ;
3) souligner l'inégale importance des révisions. En dehors de celles concernant l'Europe, ce sont surtout la révision du mode d'élection du président de la République et la transformation du mode de saisine du Conseil constitutionnel qui ont profondément modifié les équilibres institutionnels.

Questions / réponses

Qu'est-ce que la souveraineté nationale ?

La réponse à cette question vous amènera à vous situer successivement sur trois plans :

– un plan historique, pour rappeler que l'affirmation de cette notion a traduit la volonté des révolutionnaires de 1789 de substituer au pouvoir royal la souveraineté de la Nation, dont ils entendaient faire la source de toute légitimité, le roi et l'Assemblée n'étant que les représentants de la Nation ;
– un plan théorique, qui vous conduira à opposer la souveraineté nationale à la souveraineté populaire : la première fonde une démocratie représentative alors que la seconde introduit de nombreux éléments de démocratie directe, comme le référendum ;
– un plan pratique, en soulignant que l'article 3 de la Constitution de 1958 entend concilier les deux formes de la souveraineté, en affirmant que *« la souveraineté appartient au peuple qui l'exerce par ses représentants et par la voie du référendum »*.

Voir page 15.

Quelles sont les fonctions du président de la République sous la Ve République ?

Pour répondre à cette question, vous serez conduits non seulement à citer et à résumer les deux catégories de pouvoirs que lui accorde la Constitution (« pouvoirs propres », dispensés de contreseing, et « pouvoirs partagés », soumis au contreseing du Premier ministre et des ministres), mais aussi à rappeler que l'interprétation et l'étendue de ses pouvoirs dépendent étroitement de la situation politique. En période de cohabitation, le président rappelle les règles du jeu et peut ralentir ou entraver l'action du gouvernement : on est plus proche de la notion traditionnelle « d'arbitrage » ; lorsque la majorité parlementaire coïncide avec la majorité présidentielle, ses pouvoirs d'impulsion et de décision sont au contraire beaucoup plus forts.

Voir page 28.

La place du Sénat dans le processus législatif.

Pour répondre à cette question, il vous faudra souligner que, même si la Constitution de 1958 a voulu donner au Sénat plus d'importance qu'il n'en avait sous la IVe République, elle l'a maintenu dans une position d'infériorité par rapport à l'Assemblée nationale, son mode d'élection (suffrage indirect) ne lui donnant pas la même légitimité que celle dont bénéficie l'Assemblée.

– Le renforcement du Sénat a consisté à lui donner les mêmes pouvoirs que l'Assemblée en matière d'initiative législative : la plupart des lois peuvent être présentées en premier à n'importe laquelle des deux assemblées et elles doivent être, en principe, votées en termes identiques par chacune d'elles ; des procédures visant à faciliter leur accord (navette, commission mixte paritaire...) ont été instaurées.

– Son infériorité se traduit essentiellement sur deux points : le fait que les lois de finances ou de financement de la Sécurité sociale doivent d'abord être présentées à l'Assemblée ; le fait qu'en cas de désaccord persistant, l'Assemblée nationale aura le dernier mot, si le gouvernement souhaite voir aboutir le texte discuté.

Vous pourrez souligner, en conclusion, que le gouvernement a fait voter en 2003 une révision constitutionnelle obligeant à présenter toutes les lois concernant les collectivités locales au Sénat avant de les faire discuter à l'Assemblée nationale, et que cela traduit une volonté de revaloriser le rôle du Sénat.

Voir page 42.

Quelles sont les modalités de dissolution de l'Assemblée nationale ?

Pour souligner l'intérêt de ce sujet vous pourrez indiquer, en introduction, que le droit de dissolution est généralement, dans les régimes parlementaires modernes, une contrepartie de la responsabilité ministérielle. Dans la Constitution de 1958, il a aussi cette fonction et a été utilisé une fois, en 1962, pour «sanctionner» une assemblée qui avait renversé le gouvernement. Mais il peut aussi permettre d'en appeler au peuple pour résoudre une crise, comme ce fut le cas en 1968, ou de donner à un président de la République nouvellement élu une majorité parlementaire soutenant son programme, comme en 1981 ou en 1988. Cependant l'expérience politique montre que le peuple n'apprécie pas l'utilisation totalement discrétionnaire de cette prérogative, sans raisons politiques convaincantes, comme le montre l'échec des partisans de Jacques Chirac aux élections de 1997, après la dissolution de l'Assemblée.

Vous rappellerez également que cette décision est dispensée de contreseing : une simple consultation du Premier ministre et des présidents des deux Chambres suffit et elle ne lie pas le président de la République. Vous mentionnerez enfin le délai dans lequel doit être élue la nouvelle Assemblée (20 à 40 jours) et l'impossibilité pour le président de la dissoudre pendant l'année suivant cette élection.

Voir page 28.

Au vu de la Constitution de 1958 et de la jurisprudence administrative et constitutionnelle, quelle est la hiérarchie des normes aujourd'hui en France ?

Cette question vous situe à la croisée du droit constitutionnel et du droit administratif.

– La *Constitution* de 1958 est une Constitution rigide. Sa révision est soumise à une procédure particulière qui assure sa prééminence sur toutes les autres normes juridiques. On y assimile un certain nombre de principes généraux résultant soit de la Déclaration des droits de l'homme et du citoyen de 1789, soit du préambule de la Constitution de 1946, auxquels le Conseil constitutionnel attribue la même valeur juridique qu'à la Constitution elle-même.

– L'article 55 de la Constitution reconnaît aux *traités* régulièrement ratifiés ou approuvés une valeur supérieure à celle de la loi. La Cour de cassation, depuis 1975, et le Conseil d'État, depuis 1989, écartent donc les dispositions d'une loi, même postérieure, dont les dispositions sont incompatibles avec celles d'un traité. Une place particulière est reconnue aux *règles européennes*. Le Conseil constitutionnel a jugé, en 2006, qu'une loi contraire aux directives européennes est par là même inconstitutionnelle.

– La *loi et les principes généraux du droit* sont supérieurs à tous les actes administratifs. En exerçant le contrôle de légalité de ces actes, le Conseil d'État est souvent amené à annuler ceux qui y contreviennent, y compris les décrets.

– Il existe enfin entre les *actes administratifs* une hiérarchie qui correspond à celle qu'on rencontre entre les autorités administratives qui les émettent. Les décrets signés par le président de la République ou par le Premier ministre sont donc supérieurs aux arrêtés signés par les ministres ou par les autorités locales. De plus, un acte de portée générale l'emporte sur les actes à caractère individuel.

Voir page 49 et page 98.

Les lois référendaires ont-elles une autorité supérieure à celle des lois ordinaires ?

La possibilité de faire adopter une loi par référendum est prévue par l'article 11 de la Constitution. En principe, les lois référendaires n'ont pas une autorité supérieure à celle des lois votées par le Parlement et elles pourront donc, par la suite, être modifiées par des lois ordinaires.
Mais l'article 11 a été utilisé dans deux circonstances différentes :
– la plupart du temps, dans le cadre prévu par la Constitution. Le principe qui vient d'être affirmé s'applique donc sans difficulté ;
– exceptionnellement, pour réviser en fait la Constitution : tel a été le cas de la révision qui a modifié le mode d'élection du président de la République, prévu à l'article 7 de la Constitution. Cette loi est inconstitutionnelle. Mais le Conseil constitutionnel a affirmé, dans une décision de 1962, qu'il n'était pas compétent pour contrôler la constitutionnalité d'une loi adoptée par référendum et a donc «couvert» cette inconstitutionnalité. Il a maintenu cette position par la suite, notamment en 1992, à propos de la loi autorisant la ratification du traité sur l'Union européenne. On imagine mal que de telles lois puissent ensuite être modifiées par de «simples» lois ordinaires : elles ne pourraient l'être que par des révisions constitutionnelles. A la suite de cette jurisprudence, la loi référendaire a donc acquis, dans les faits et à l'encontre des principes juridiques, une autorité particulière.

Voir page 52.

A quel titre le président de la République intervient-il dans le processus législatif ?

La manière la plus simple de traiter cette question est de suivre l'ordre de la procédure législative.

– Le président ne dispose pas, juridiquement du pouvoir d'initiative, même si, politiquement, il peut utiliser l'influence dont il dispose sur le gouvernement quand celui-ci appartient au même camp politique que lui, pour lui suggérer de présenter un projet de loi sur telle ou telle question. En revanche, dans les domaines prévus à l'article 11 de la Constitution, il peut soustraire un projet de loi à l'examen du Parlement, en décidant de le soumettre au référendum.

– Le président n'intervient pas pendant le vote de la loi par le Parlement.

– Le président promulgue la loi votée. Mais il peut, avant de le faire, en demander une nouvelle délibération. Il peut aussi la déférer au Conseil constitutionnel, afin que celui-ci vérifie sa constitutionnalité.
A deux reprises, sous la Ve République, la demande de nouvelle délibération a eu pour objet de permettre aux Assemblées de tirer les conséquences d'une déclaration, par le Conseil constitutionnel, d'inconstitutionnalité de certains articles du projet voté.

Voir page 29 et page 43.

Droit administratif

Titre 1
L'organisation administrative

Titre 2
L'action administrative

Titre 3
Le contrôle de l'administration

Introduction

L'apparition du droit administratif

La fin de l'Ancien Régime avait été marquée par d'incessants conflits entre le pouvoir royal et les tribunaux. En usant de leur « droit de remontrance », ceux-ci, qu'on appelait alors les « Parlements », prétendaient s'opposer à l'application des édits royaux. Lorsqu'ils prennent le pouvoir, les révolutionnaires de 1789 ne souhaitent pas être exposés aux mêmes difficultés. Ils votent donc une loi, celle des 16 et 24 août 1789, qui interdit aux tribunaux ordinaires de « *troubler de quelque manière que ce soit les opérations des corps administratifs ou de citer devant eux les administrateurs pour raison de leurs fonctions* », c'est-à-dire en bref de juger l'administration.

A partir de cette loi, les litiges où l'administration est en cause ont été jugés par l'administration elle-même. Puis en 1799, avec la Constitution de l'an VIII, Bonaparte créa un Conseil d'État composé de juristes qui fut chargé, comme son nom l'indique, de conseiller le gouvernement sur toutes les questions juridiques importantes qu'il rencontrait. A ce titre, il examinait tous les recours contre l'administration et proposait au chef de l'État la solution à y apporter. La décision finale restait à ce dernier, qui était libre de suivre ou de ne pas suivre l'avis présenté.

A ce système de la justice « retenue », la loi du 24 mai 1872, prise au tout début de la IIIe République, substitua celui de la **justice « déléguée »**. La décision du Conseil d'État était désormais définitive ; elle n'avait plus à être approuvée par le chef de l'État. Rendue « *au nom du peuple français* », elle était exécutoire et le Conseil d'État est ainsi devenu un véritable juge.

Lorsqu'un particulier a un litige avec l'administration, il ne peut donc pas le porter devant le juge ordinaire, par exemple un tribunal de grande instance. Lorsqu'un fonctionnaire a un conflit du travail avec son administration, il n'ira pas présenter son recours au conseil des prud'hommes. Il existe des juges spécifiques, seuls compétents pour juger les litiges où une administration est partie. C'est le **principe** dit **de la séparation des autorités administratives et judiciaires**.

Aussi, lorsqu'en 1872 une fillette est blessée dans un accident provoqué par un wagonnet appartenant à une administration de l'État, et que son père cherche à faire reconnaître la responsabilité de celle-ci pour la réparation du dommage, le Tribunal des conflits (voir page 124) dira logiquement que c'est au Conseil d'État, et non au juge civil ordinaire, qu'il appartient de juger l'affaire. Mais il ne se contentera pas de constater cette compétence dans l'arrêt *Blanco* du 8 février 1873 : il ajoutera une affirmation d'une importance extrême, en indiquant que **le droit applicable aux litiges administratifs n'est pas le droit commun**, valable dans les rapports entre particuliers, que c'est un droit spécial, qui a ses règles propres.

Autrement dit, l'existence d'un juge spécial pour l'administration, le juge administratif, va entraîner l'existence d'un droit spécial applicable à l'administration, le **droit administratif**. Ce droit, à la différence du droit civil, par exemple, n'est pas codifié de façon cohérente dans un Code unique, il est éclaté entre de nombreux textes d'importance inégale et ce sera précisément le rôle du Conseil d'État d'en dégager les principes généraux. Le droit administratif est donc largement un **droit « jurisprudentiel »**.

En quoi consiste l'originalité du droit administratif ? Essentiellement en deux points.

1) Par rapport aux particuliers**, l'administration dispose de privilèges spéciaux**. Le plus important est le privilège du préalable, que l'on appelle aussi privilège de la décision exécutoire. Lorsqu'un particulier prétend disposer d'une créance sur un autre particulier qui la conteste, il doit saisir le juge pour la faire constater avant de pouvoir engager une action pour la recouvrer. Au contraire, l'administration n'a pas à saisir le juge ; elle prendra une décision en ordonnant le paiement et, renversement des rôles par rapport au droit privé, c'est au débiteur de saisir éventuellement le juge s'il persiste à refuser de régler sa dette.

C'est ce qui s'est par exemple passé dans le cas suivant, jugé par le Conseil d'État le 13 janvier 1961 (arrêt *Magnier*). Pour lutter contre les insectes nuisibles aux récoltes, il avait été procédé à un épandage d'insecticide sur un territoire donné pour éliminer les hannetons. L'administration avait ensuite partagé la facture entre tous les propriétaires concernés et l'un d'entre eux arguait du fait que, n'ayant rien demandé, il ne pouvait se voir imposer une charge à laquelle il n'avait pas consenti. C'est à lui qu'il a incombé de saisir le juge pour contester la décision déjà prise et le juge a rejeté son recours, en indiquant que le pouvoir de l'administration pouvait la conduire à imposer, dans l'intérêt général, certaines charges à des administrés sans le consentement de ceux-ci.

Les **actes « unilatéraux »**, qui sont exceptionnels en droit privé (par exemple, une donation ou un testament) sont au contraire le **mode d'action privilégié de l'administration** (décrets pris par le gouvernement ou arrêtés pris par un ministre, un préfet ou un maire...). Et, alors qu'ils ne peuvent, en droit privé, produire des effets qu'après leur acceptation par ceux auxquels ils s'appliquent, ils sont, en droit administratif, applicables sans le consentement de leurs destinataires. Ce sont des « **décisions exécutoires** ».

L'arrêt *Préfet de l'Eure* du 30 mai 1913 et le privilège du préalable

Un enfant tombe subitement malade chez ses grands-parents, alors que ses parents habitent une autre commune. Il a droit à l'assistance médicale et les deux communes concernées se renvoient la balle pour en régler les frais. Le préfet, hésitant, demande au Conseil d'État de lui indiquer laquelle des deux communes doit supporter la charge de l'assistance. Celui-ci répond qu'il appartient au préfet de prendre une décision, quitte à la commune désignée de la contester ensuite devant le juge. L'ordre des choses est donc clair : l'administration doit d'abord décider et c'est à celui qui subit la décision qu'il appartient de saisir le juge, postérieurement à la décision administrative.

2) L'administration est, à l'inverse, **soumise à des obligations particulières** qui vont au-delà de celles applicables aux individus ordinaires : elle est soumise à un **principe de légalité** qui ne résulte pas seulement de textes écrits, mais aussi de principes généraux qui ne s'appliquent pas en droit privé, par exemple un traitement égalitaire de toutes les personnes se situant dans des conditions comparables. Et, contrairement aux particuliers, elle est tenue de n'agir en toutes circonstances que dans des **buts d'intérêt général**. C'est au juge administratif qu'il appartient de vérifier en toutes circonstances le respect de ces obligations. Mais, pour les besoins de la vie ordinaire, les décisions prises par l'administration bénéficieront de la **présomption de légalité** (voir encadré ci-contre).

La présomption de légalité

Les particuliers ont besoin de sécurité juridique : la vie quotidienne deviendrait vite insupportable si tout devait être en permanence mis en doute et contesté. C'est pourquoi le droit recourt à des modes de raisonnement qui visent à faciliter la vie de tous. Parmi ces procédés figure la présomption.

Celle-ci consiste à *considérer comme certain*, pour les besoins de la vie juridique, *ce qui n'est que très probable*. Si vous êtes né pendant le mariage de vos parents, on considérera comme certain que c'est bien le mari de votre mère qui est votre père et vous n'aurez à en apporter la preuve pour aucun de vos actes juridiques. C'est ce qu'on appelle, en droit civil, la *présomption de paternité*.

Si quelqu'un veut contester la réalité de cette paternité, ce sera à lui d'apporter la preuve qu'elle est fausse et non à vous de prouver qu'elle est vraie. La présomption est donc une commodité de raisonnement, mais qui produit *deux effets juridiques*. En premier lieu, elle *renverse la charge de la preuve* : c'est à celui qui la conteste qu'il appartient de prouver que la présomption ne correspond pas à la réalité. En second lieu, elle *renverse la charge de la saisine du juge*. C'est à celui qui la conteste qu'il revient de saisir le juge pour faire constater son irréalité.

Les décisions de l'administration sont présumées légales. C'est donc à celui qui leur conteste ce caractère qu'il revient de saisir le juge pour lui demander de se prononcer : l'administration, comme on l'a vu, n'a pas à le faire pour savoir si sa décision est bien la bonne, puisqu'elle dispose du privilège du préalable. Et c'est au requérant que le juge demandera d'apporter les preuves de ce qu'il avance et non à l'administration qu'il demandera de prouver la légalité de sa décision.

L'organisation et les missions de l'administration

Souvent qualifiée de «*troisième pouvoir*», l'administration est subordonnée à la fois au Parlement et au gouvernement : l'un et l'autre fixent, respectivement par voie législative et réglementaire, les grandes lignes de ses structures et les domaines de son intervention. Elle est d'autre part placée sous le contrôle vigilant du juge administratif, qui a progressivement dégagé les principes auxquels son action doit se conformer, même en l'absence de textes spécifiques. Trois thèmes généraux permettent de retracer ses structures, ses tâches principales et la manière dont elle doit s'en acquitter.

Le thème de l'organisation

Les structures administratives sont devenues, au fil des décennies, de plus en plus complexes. Aux côtés des services centraux sont apparus des organismes spécialement chargés de gérer des problèmes ou des secteurs d'activité qui dépassent les compétences d'un ministère particulier : les *établissements publics administratifs* tels que l'Agence nationale pour l'emploi (ANPE) et le Centre national de la recherche scientifique (CNRS); les *établissements publics à caractère industriel ou commercial* (ainsi dénommés parce qu'ils fonctionnent sous le régime du droit privé) comme l'Agence de l'environnement et de la maîtrise de l'énergie (ADEME) ou l'Institut national de la consommation (INC); et la catégorie plus récemment apparue des *autorités administratives indépendantes* (AAI) qui échappent à toute tutelle parce que leur champ d'intervention correspond à la protection d'une liberté publique : ainsi la CNIL (Commission nationale de l'informatique et des libertés) ou le CSA (Conseil supérieur de l'audiovisuel) que l'on étudiera dans le chapitre 1 (page 68).

Une diversification analogue s'est produite **au niveau local**. La *région*, dotée de compétences non négligeables, constitue aujourd'hui une collectivité territoriale de plein exercice au même titre que la *commune* et le *département*. De ces collectivités dépendent aussi des établissements publics comme les centres communaux d'action sociale ou des services de transports en commun. Et, à l'inverse, des regroupements tels que les *syndicats de communes* et les *districts* exercent des compétences au nom des collectivités qui en font partie.

Ces nouvelles structures, très diverses par leurs statuts et leurs champs d'intervention, ont l'intérêt de permettre une gestion plus rationnelle des tâches incombant à l'administration, mais elles compliquent aussi l'organigramme et le rendent moins lisible pour l'usager, qui ne sait pas toujours à qui s'adresser pour le règlement d'un problème.

Le thème de l'action

Les **missions** qui incombent à l'administration **sont de deux sortes**. Les unes relèvent de la **réglementation** : elles consistent par exemple à assurer l'ordre public et la salubrité par l'édiction d'obligations ou d'interdictions qui s'imposent aux particuliers. Les autres consistent en des **prestations**, comme les transports publics ou les aides sociales. A la différence des premières, leur étendue peut varier suivant les conceptions des majorités politiques qui se succèdent au pouvoir : les courants d'inspiration socialiste ont tendance à confier au secteur public un grand nombre d'activités d'intérêt collectif, tandis que ceux qui se réclament du libéralisme économique ne remettent pas en cause les *fonctions* dites *régaliennes*, comme la police, mais considèrent qu'il faut laisser au secteur privé un grand nombre de fonctions de prestation qu'il pourrait, selon eux, assumer plus efficacement (les vagues successives de nationalisations puis de privatisations, entre 1981 et 1986, illustrent bien cette différence de conception)[1].

La première des deux fonctions repose principalement sur l'édiction d'actes administratifs, mais la seconde en comporte aussi : pour reprendre l'exemple précédent, le fonctionnement des transports publics suppose des décisions relatives aux structures et à l'activité des organismes qui en sont chargés, aux conditions de desserte et aux prix pratiqués. Tous ces actes sont soumis à des règles précises et contraignantes, qui ont notamment pour but d'assurer la légalité des procédures et l'égalité des usagers. Les activités prestataires, toutefois, relèvent également d'un corps de règles spécifiques, souvent d'origine jurisprudentielle, qui gouvernent le fonctionnement des services publics (voir page 109).

Le thème du contrôle

On a dit plus haut que le droit administratif était en grande partie l'œuvre du juge administratif. En posant les grands principes de ce droit, il a largement contribué à déterminer les règles auxquelles l'administration doit se conformer, et il lui revient de vérifier qu'elle les applique. Son influence s'exerce ainsi à la fois en amont et en aval des décisions, et la portée de son contrôle s'est progressivement étendue. Il ne suffit plus, par exemple, pour qu'une opération d'urbanisme soit licite, que les règles de procédure aient été scrupuleusement respectées : il faut aussi que les inconvénients qu'elle entraîne ne soient pas excessifs par rapport aux avantages que l'on peut en attendre[2]. Ce contrôle est donc autant **créateur** que « **sanctionnateur** » et il n'y a guère de différences à cet égard entre un traité de contentieux administratif et un manuel de droit administratif, sinon que le premier expose les irrégularités qui peuvent être sanctionnées, tandis que le second inverse simplement la perspective en transformant les interdictions en obligations.

1. La seconde s'inspire en grande partie des idées développées et mises en pratique par le président Ronald Reagan aux États-Unis et par Margaret Thatcher, alors Premier ministre, en Grande-Bretagne. Elle est relayée aujourd'hui par l'Union européenne.

2. Ce principe, dit du bilan coût-avantages, a été posé par le Conseil d'État dans un arrêt du 28 mai 1971 (*Ville nouvelle Est*), rendu conformément aux conclusions du commissaire du gouvernement Guy Braibant (voir page 136).

Titre 1
L'organisation administrative

Introduction
Les principes généraux de l'organisation administrative

On l'a déjà noté dans la première partie consacrée au droit constitutionnel, les conditions d'organisation d'un État sont extrêmement variables (voir page 14). Dans certains d'entre eux, la Constitution partage les compétences politiques entre plusieurs niveaux : on parlera alors de *fédéralisme,* comme aux États-Unis, en Allemagne ou en Belgique. On y constatera généralement l'existence d'organes investis des compétences législatives, exécutives, voire judiciaires, à la fois au niveau central et dans chacune des entités dont la réunion constitue l'État fédéral. Lorsqu'au contraire, comme en France, les compétences politiques sont concentrées à un niveau central unique, on dira que l'État est *unitaire*.

Mais le partage possible ne concerne pas seulement le pouvoir politique. Il peut aussi être réalisé à propos des **compétences administratives**. Un État où les compétences administratives sont toutes rassemblées aux mains des organes centraux ou d'agents placés sous leur autorité sera dit **centralisé**. Au contraire, un État où le pouvoir administratif est réparti entre le pouvoir central et des entités locales bénéficiant d'une forte autonomie à son égard sera dit **décentralisé**. Il n'y a pas de distinction tranchée entre ces différentes solutions. C'est plus une question de degré que de nature et le passage de l'une à l'autre se fait davantage insensiblement, en pente douce, que brutalement, à la manière d'un escalier.

La centralisation intégrale ne se rencontre quasiment jamais et, en tout cas, elle est impensable dans les États qui atteignent une certaine taille. On distinguera donc divers types d'organes en fonction de la nature et de l'étendue de leurs compétences. Certains les verront limitées à une ou à quelques matières clairement énumérées : on dira qu'ils ont une **compétence spéciale** et on parlera à leur propos d'administration spécialisée. D'autres les verront définies par des limites géographiques au sein desquelles ils disposeront de pouvoirs étendus : on parlera alors de **compétence générale**. L'administration spécialisée conduit à une distinction des services; l'administration générale à une distinction des circonscriptions.

Certains des services spécialisés ou certaines des circonscriptions territoriales sont dotés d'une personnalité juridique propre, d'autres non. On aboutit ainsi à la coexistence de deux modes d'organisation des rapports entre les différents niveaux d'administration : la décentralisation et la déconcentration. Toutes deux visent au même but : rapprocher le pouvoir administratif de l'administré et mettre en place des services locaux distincts des services centraux. Mais elles le font selon des principes contradictoires : la déconcentration n'est qu'une variante de la centralisation, tandis que la décentralisation en est le contraire.

Décentralisation et déconcentration

La **déconcentration** consiste à confier des pouvoirs administratifs à des autorités administratives dont la compétence se limite à une partie du territoire et qui restent étroitement soumises au pouvoir hiérarchique des autorités centrales. La **décentralisation** reconnaît, au contraire, des pouvoirs administratifs à des autorités locales qui disposent d'une forte autonomie à l'égard des autorités de l'État central.

Il y a décentralisation à partir du moment où on donnera une personnalité juridique distincte de celle de l'État, soit à une circonscription géographique déterminée (*décentralisation territoriale*), soit à un service public particulier (*décentralisation par services*). L'attribution de cette personnalité morale entraînera trois conséquences :
– l'autorité décentralisée sera administrée par des organes propres, indépendants du pouvoir central, cette indépendance se traduisant dans la plupart des cas par le fait qu'ils seront élus;
– elle aura un patrimoine propre, distinct de celui de l'État, cette indépendance patrimoniale se prolongeant par l'autonomie financière de la collectivité décentralisée;
– il y aura une distinction entre des affaires locales et celles qui relèvent de l'État central. La collectivité décentralisée aura donc des intérêts distincts de ceux de l'État et leurs intérêts respectifs pourront le cas échéant s'opposer.

Les *partisans de la centralisation* pensent qu'elle renforce la cohésion de l'État et, s'ils acceptent de la corriger par la déconcentration, c'est essentiellement pour des raisons pratiques; ils craignent que la décentralisation ne favorise le développement de féodalités locales, même si ce risque est atténué par le fait que les organes décentralisés sont élus et donc en principe contrôlés par les citoyens. Les *partisans de la décentralisation* pensent, au contraire, qu'elle est plus favorable à la prise en compte des préoccupations des administrés et à leur participation aux affaires publiques.

Pouvoir hiérarchique et tutelle

Dans les deux systèmes de la décentralisation et de la déconcentration, il existe des organes locaux et on rencontre une volonté de l'État central d'exercer un certain contrôle sur eux. Mais le contrôle exercé dans la décentralisation devra respecter l'autonomie des organes locaux et il se heurtera donc à d'importantes limites alors que, cette autonomie n'existant pas dans la déconcentration, le contrôle y sera plus étendu. On constate donc d'importantes différences entre la tutelle[3] et le pouvoir hiérarchique.

– La **tutelle comme le pouvoir hiérarchique** peuvent s'exercer d'abord sur les **personnes des agents locaux**. Nous verrons que l'autonomie des organes locaux n'interdit nullement à l'État central de prononcer la révocation ou la suspension d'un maire ou la dissolution d'un conseil local. Mais, à la différence de ce qui se passe dans la déconcentration, l'exercice de ce pouvoir ne permet pas au pouvoir central de remplacer lui-même l'organe destitué.

– Lorsqu'ils s'exercent sur les **actes des organes locaux**, tutelle et pouvoir hiérarchique n'ont pas la même signification. La première est un procédé passif qui vise à *empêcher* l'autorité décentralisée d'aller dans un sens qui n'est pas désiré par le pouvoir central, tandis que le second est un principe actif qui cherche à *imposer* à l'organe local d'agir dans un sens voulu. La tutelle est un pouvoir d'exception, qui n'existe que lorsqu'un texte l'a expressément prévu *(« pas de tutelle sans texte »)*, alors que le pouvoir hiérarchique est considéré comme étant « dans la nature des choses » s'agissant des relations entre un supérieur et ses subordonnés, et peut s'exercer même sans texte. Surtout, dans le cadre de la déconcentration, l'autorité supérieure et ses subordonnés relèvent d'une même entité, l'État central ; ils ont pour mission de défendre les mêmes intérêts et il ne saurait donc y avoir de conflits entre eux à leur propos. C'est pourquoi le subordonné n'a pas le droit d'attaquer en justice, au nom de l'intérêt du service, une décision de l'autorité supérieure ; il ne peut le faire que s'il invoque une violation de ses droits individuels et non pour défendre les droits de son administration. Au contraire, dans la décentralisation, les intérêts du pouvoir central et de l'autorité locale sont ceux de deux personnes différentes ; ils peuvent entrer en conflit et on reconnaîtra donc logiquement à la collectivité décentralisée la possibilité d'attaquer en justice une décision de l'autorité de tutelle.

3. Le mot « tutelle » a été très souvent critiqué. On lui reproche d'être le même que celui qui est utilisé en droit civil pour désigner la gestion par autrui des intérêts des mineurs et des incapables. Et on a fait remarquer qu'une différence essentielle sépare la tutelle du droit civil de celle qu'on rencontre en droit administratif. La tutelle s'exerçant sur les mineurs s'explique par l'idée qu'ils ne sont pas aptes à gérer eux-mêmes leurs affaires ; elle est donc instituée dans l'intérêt de la personne sous tutelle. Au contraire, les collectivités décentralisées ne sont pas des incapables et la tutelle est ici instaurée pour protéger les intérêts de l'État, donc du tuteur. C'est pourquoi les textes parlent désormais de « contrôle » et non plus de « tutelle ». Mais le mot continue à être utilisé dans le langage courant, quand on parle, par exemple, « d'autorité de tutelle ».

Chapitre 1
L'organisation administrative de l'État

L'administration est chargée de la mise en œuvre des pouvoirs de l'État. Lorsqu'elle peut prendre des décisions applicables à l'ensemble du territoire, on parle d'administration centrale. Lorsqu'au contraire, la compétence de certaines autorités ne s'applique qu'à des parties limitées de celui-ci, on les qualifiera de services extérieurs. Ces services extérieurs, qui sont déconcentrés, font à la fois partie de l'administration locale de la France et de l'administration de l'État. Celle-ci étant organisée hiérarchiquement, administrations centrales et services extérieurs sont placés sous la direction des membres du gouvernement et soumis à l'autorité de ceux-ci. Cependant on a vu apparaître, depuis une quarantaine d'années, l'idée que certains organismes, chargés en particulier de la gestion de domaines touchant à des droits sensibles pour les particuliers, échappent à ce pouvoir hiérarchique. On les qualifie d'autorités administratives indépendantes.

Les autorités administratives centrales

Nous allons retrouver ici certains aspects déjà évoqués, puisqu'ils se situent à cheval sur le droit constitutionnel et le droit administratif. La direction de l'action administrative est confiée aux **ministres**, chacun d'entre eux étant le chef de son département ministériel. Leur activité est coordonnée par le Premier ministre qui assure, selon l'article 21 de la Constitution, la direction d'ensemble de l'administration. Toutefois, la détermination de certaines orientations importantes est laissée au président de la République qui dispose, en vertu de l'article 13, de pouvoirs administratifs propres. Président et gouvernement constituent les autorités administratives centrales, habilitées à prendre des décisions qui produiront des effets juridiques sur l'ensemble du territoire national.

Le partage des attributions administratives entre le président de la République et le Premier ministre

Sans revenir sur des développements relevant du droit constitutionnel, on rappellera une donnée importante. La **conjoncture politique exerce une influence déterminante sur le partage des attributions** politiques et administratives **entre le président et le Premier ministre** : en période de cohabitation entre un président et un gouvernement de tendances politiques différentes, l'interprétation juridique des pouvoirs du président sera stricte et elle s'en tiendra à la lettre du texte constitutionnel. Elle sera généralement plus large et extensive au cours des périodes où il y a coïncidence politique entre le président et le gouvernement, et elle laissera davantage de pouvoirs au président.

Les attributions administratives du président de la République

Elles sont définies par l'article 13 de la Constitution, le président disposant d'un certain nombre de services qui l'aident à les exercer.

En dehors des périodes de circonstances exceptionnelles visées dans son article 16 (voir page 30), la Constitution confère **deux sortes d'attributions** au président de la République : un pouvoir réglementaire et un pouvoir de nomination. Tous les actes qu'il prend dans l'exercice de ces pouvoirs doivent être contresignés par le Premier ministre et les ministres intéressés.

- **Le pouvoir réglementaire**

Selon l'article 13, le président de la République **signe les ordonnances**, ce qui recouvre les hypothèses prévues par l'article 38 (ordonnances prises sur la base d'une habilitation temporaire, consentie par le Parlement et autorisant le gouvernement à intervenir exceptionnellement, pendant une période limitée, dans le domaine de la loi) et par l'article 47, alinéa 3 (autorisation donnée au gouvernement d'arrêter le projet de loi de finances au cas où le Parlement s'est montré incapable de le voter dans les délais prescrits par la Constitution). On a pu voir, lors des périodes de cohabitation, l'importance politique de ce pouvoir, dans la mesure où il a permis au président de s'opposer à l'utilisation de l'article 38 par le gouvernement et le Parlement (voir page 30).

Il signe également les **décrets délibérés** en Conseil des ministres.

- **Le pouvoir de nomination**

Celui-ci concerne d'abord les emplois visés à l'article 13 al. 3 de la Constitution, qui doivent être pourvus en Conseil des ministres (voir la partie « Droit constitutionnel », page 29). En application de l'alinéa 4 du même article, cette liste peut être allongée par une loi organique et elle l'a été en 1958, par exemple, aux présidents des entreprises publiques et des sociétés nationales. Le nombre d'emplois à pourvoir par décret en Conseil des ministres s'élève à environ 1 000. Divers textes ont en outre prévu la possibilité pour le président de pourvoir à *d'autres emplois* (près de 70 000) *par décret simple* (par exemple, pour les nominations des professeurs d'enseignement supérieur).

La signature des décrets a entraîné deux difficultés

– D'une part, les présidents et les gouvernements ont souvent, d'un commun accord, fait adopter en Conseil des ministres des décrets dont aucun texte n'exigeait qu'ils y passent. Une question a donc surgi à l'occasion des périodes de cohabitation. La modification de ces décrets exige-t-elle aussi le passage en Conseil des ministres et la signature du président, ce qui lui permettrait, en refusant de les signer, de s'opposer à cette modification ? Le Conseil d'État a répondu par l'affirmative dans un arrêt *Meyet*, en 1992.

– D'autre part, avec l'accord des gouvernements successifs, les présidents ont souvent signé des décrets qui n'avaient pas été délibérés en Conseil des ministres. La question s'est donc posée de savoir si ces décrets n'étaient pas illégaux, pour avoir été signés par une autorité incompétente. Dans un arrêt *Sicard* de 1962, le Conseil d'État a répondu que, dès lors que ces décrets avaient été contresignés par le Premier ministre, ils devaient être considérés comme émanant de celui-ci et que la signature du président constituait une formalité superflue. Il en résulte qu'ils peuvent être modifiés par décret signé du seul Premier ministre.

Les attributions administratives du Premier ministre

Ces attributions font de lui l'autorité administrative de droit commun, ce qui implique qu'il a compétence pour exercer toutes les attributions administratives qui n'ont pas été expressément attribuées à une autre autorité.

En vertu de l'article 21 al. 2 de la Constitution, le Premier ministre **dirige l'action du gouvernement**. Il dispose à ce titre de l'administration ; **il exerce le pouvoir réglementaire et assure l'exécution des lois**, ce qui lui donne la compétence de signer, sans intervention du président, tous les décrets autres que ceux délibérés en Conseil des ministres. Il **pourvoit à tous les emplois civils et militaires autres que ceux réservés** au président dans les conditions indiquées ci-dessus. Il peut déléguer ce pouvoir de nomination, soit aux ministres, soit à des fonctionnaires d'autorité.

L'apparition de **services propres relevant du Premier ministre** date de la fin de la IIIe République et de l'installation du chef du gouvernement à l'hôtel Matignon. Aujourd'hui, ces services comptent environ 5000 personnes. Le principal d'entre eux est le *Secrétariat général du gouvernement* (SGG, voir page 35). Le *cabinet du Premier ministre* est l'état-major politique de celui-ci (voir page 35).

Un certain nombre de *services sont rattachés au Premier ministre ou placés sous son contrôle*, soit parce qu'ils assurent des tâches relevant du domaine propre du Premier ministre, soit parce qu'ils exercent des activités exigeant un traitement interministériel. Au titre de la première catégorie, on peut citer par exemple le Secrétariat général de la défense nationale (SGDN), rattaché au Premier ministre en raison des attributions importantes qui sont les siennes en matière de défense ; ou bien les services chargés de l'information ou de la communication gouvernementale : Service d'information du gouvernement (SIG), Direction du développement des médias (DDM) ; ou ceux qui ont une mission d'information générale, comme la Direction de la Documentation française ou la Direction des Journaux officiels ; ou ceux prenant en compte les questions relatives aux droits des administrés, par exemple la Commission d'accès aux documents administratifs (CADA). Au titre de la seconde catégorie, citons la Direction générale de l'Administration et de la Fonction publique (DGAFP), les écoles de formation des fonctionnaires (ENA, Instituts régionaux d'administration) ou la Délégation interministérielle à l'aménagement et à la compétitivité des territoires (DIACT).

Enfin, à côté de ces organismes et services structurés, il existe aussi une myriade de *comités* constituant des instances très légères, par l'intermédiaire desquels le Premier ministre assure sa fonction de coordination de l'activité gouvernementale. Nombre d'entre eux interviennent dans des domaines parallèles à celui des organismes collégiaux placés auprès du président de la République (dans le secteur de la défense, par exemple, on a pris l'habitude de dénommer « comités » ceux qui sont dans l'orbite du Premier ministre et « conseils » ceux se situant dans celle du président).

La direction de l'action administrative par les ministres

En tant que membres du gouvernement, les ministres participent à l'action collégiale de celui-ci et ils jouent à ce titre un rôle politique. Mais ils sont aussi des responsables administratifs, assurant la direction de leurs départements ministériels respectifs.

Les ministres en tant que chefs d'une administration

Ils exercent les prérogatives inhérentes à cette qualité et disposent donc du **pouvoir hiérarchique** à l'égard des personnels qui relèvent de leurs services. A ce titre, même s'il ne leur appartient pas en propre, le *pouvoir de nomination* à un certain nombre d'emplois leur est fréquemment délégué par le Premier ministre ; ils affectent leurs subordonnés selon les besoins du service et exercent à leur égard, dans les conditions fixées par la loi, le *pouvoir disciplinaire* ; ils peuvent leur donner des instructions, sous la forme de circulaires ou de notes de service, ce qui leur permet d'interpréter les lois et règlements, donc d'indiquer les principes selon lesquels les fonctionnaires de leur administration doivent prendre leurs décisions, et de contrôler ensuite si ces orientations générales ont bien été respectées.

En principe, les ministres ne disposent pas du pouvoir réglementaire et ne peuvent donc créer des obligations nouvelles à l'égard des usagers ou des agents de leur administration. Sauf dans deux cas qui leur donnent en vérité une large marge d'action : celui où une loi leur a confié expressément la compétence de prendre les mesures nécessaires à son exécution ; et l'hypothèse visée par l'arrêt *Jamart*[4], où le Conseil d'État leur reconnaît la compétence de prendre toutes les mesures nécessaires au bon fonctionnement de l'administration placée sous leur autorité. A ce titre la jurisprudence a, par exemple, admis qu'ils puissent réglementer l'exercice du droit de grève au sein de leurs services. Ils sont aussi associés à l'exercice du pouvoir réglementaire par le président de la République ou le Premier ministre : d'une part, ils peuvent toujours leur proposer une mesure à prendre et participer à sa rédaction ; d'autre part, ils doivent contresigner les décrets et ordonnances signés par le président ainsi que les décrets pris par le Premier ministre, lorsque ceux-ci interviennent dans leur domaine d'activité.

Les attributions et services des ministres

Lorsqu'un gouvernement est constitué, les attributions de chacun de ses membres sont fixées par décret ; leur répartition peut être différente de celle qu'avait retenue le gouvernement précédent. De même, la détermination des **services relevant de l'autorité de chaque ministre résulte de décrets** délibérés en Conseil des ministres. Tout en relevant principalement d'un ministre déterminé, certains d'entre eux peuvent aussi être mis, si nécessaire, à la disposition d'autres ministres, de ministres délégués ou de secrétaires d'État. L'organisation interne des ministères est fixée en partie par des lois et décrets et en partie par des arrêtés ministériels. La distinction essentielle au sein des structures ministérielles est celle qui sépare le cabinet de l'administration centrale.

Le cabinet est constitué de collaborateurs personnels du ministre, librement choisis par lui et qui sont appelés à quitter leurs fonctions lorsque le ministre quitte les siennes (voir page 35).

Les directions ministérielles sont placées sous l'autorité de directeurs qui occupent des emplois à la discrétion du gouvernement, ce qui signifie qu'ils sont nommés et révoqués discrétionnairement en Conseil des ministres. Elles constituent l'élément stable au sein des services ministériels et restent donc en place après le départ du ministre[5]. Elles sont divisées en bureaux regroupés au sein de sous-directions.

4. Arrêt du Conseil d'État du 7 février 1936.

5. Si le gouvernement le juge utile, il peut modifier par décret le nombre et l'organisation des directions.

Les services déconcentrés

La déconcentration : un peu d'histoire

La signification des mesures de déconcentration a quelque peu changé au cours de l'histoire. Longtemps, la déconcentration a constitué, pour des pouvoirs politiques qui mettaient l'accent sur l'autorité de l'État, un moyen timide et peu risqué de desserrer l'emprise qu'ils exerçaient sur la vie publique. Les décrets de 1852 avaient par exemple traduit un petit début de libéralisation au cours du Second Empire. On déconcentrait pour n'avoir pas à trop décentraliser. Et il était normal qu'on fasse confiance au préfet – fonctionnaire certes étroitement soumis au gouvernement, mais qui présentait aussi l'avantage d'avoir des relations de confiance avec les notables locaux – pour utiliser au mieux les pouvoirs ainsi délégués.

Depuis une vingtaine d'années, la déconcentration est mise en relation avec l'idée de **modernisation de l'administration,** et l'objectif est davantage d'assurer l'efficacité et la cohérence de l'action gouvernementale ou l'interministérialité. On pense aussi qu'avec le développement de la décentralisation, la tâche des collectivités locales se trouvera facilitée si elles ont en face d'elles un interlocuteur local plutôt que d'avoir à remonter jusqu'au niveau du gouvernement.

Dans ce nouveau cadre, une *accélération forte de la déconcentration* s'est produite au cours des années 1990. La loi du 6 février 1992 sur l'administration territoriale de la République consacre le **principe de subsidiarité** en décidant que l'essentiel de la mise en œuvre des politiques publiques doit désormais être accompli au niveau de la région. Et le décret du 15 janvier 1997 donne aux préfets la compétence de droit commun pour prendre l'ensemble des décisions entrant dans le champ de compétences des administrations civiles de l'État. L'intervention ministérielle est ainsi devenue une exception, qui n'est possible qu'à condition d'être expressément prévue par un texte.

En général, les circonscriptions des services déconcentrés de l'État coïncident avec le périmètre des collectivités territoriales. Longtemps, les mêmes organes ont exercé à la fois des compétences relevant de l'État central et des compétences appartenant à une collectivité territoriale. C'est ainsi que, comme nous le verrons dans le chapitre suivant, le maire, organe élu de la commune et à ce titre indépendant du pouvoir central, est par ailleurs investi de certaines missions pour lesquelles il agit en tant qu'agent de l'État et se trouve donc soumis au pouvoir hiérarchique de celui-ci. Longtemps, le préfet, agent de l'État qui le nomme, a exercé aussi les fonctions d'organe exécutif du département, collectivité décentralisée, ce qui en faisait en même temps un organe de celle-ci.

Un certain nombre de textes récents ont simplifié cette situation. Si on a maintenu la dualité fonctionnelle du maire au niveau de la commune, la loi du 2 mars 1982 a clairement distingué les fonctions au niveau des départements et des régions en **n'attribuant plus aux préfets**, à ces deux niveaux, **que des fonctions d'agent déconcentré de l'État** qui s'exercent en liaison étroite avec les services extérieurs.

Le préfet de département

Il est le **personnage principal** de l'administration déconcentrée. Mais il est entouré de nombreux chefs de service départementaux placés à la tête des services extérieurs des différents ministères. La création de l'institution préfectorale remonte à la loi du 28 pluviôse an VIII et, depuis cette date, elle a connu des évolutions.

Le statut du préfet

Il a évolué au cours du temps. Sa fonction était au départ essentiellement politique. Depuis la IVe République, on a cependant essayé de doter le corps préfectoral d'un statut qui puisse donner aux préfets un minimum de garanties de carrière. Mais ce statut, **très dérogatoire** par rapport à celui du fonctionnaire « ordinaire[6] », n'a pas supprimé l'idée que le préfet se trouve « *à la discrétion du gouvernement* » (article 25 de la loi du 11 janvier 1984). A ce titre, le préfet est tenu à une **obligation de loyalisme**, ce qui non seulement le contraint à ne défendre en public et en toutes circonstances que les positions exprimées par le gouvernement en place, mais permet à celui-ci d'inscrire au dossier du préfet ses opinions politiques ou religieuses. Il ne bénéficie ni du droit syndical, ni du droit de grève et est soumis à une obligation de résidence qui nécessite une autorisation du ministre de l'Intérieur pour toute absence ou déplacement hors du département. La dépendance étroite du préfet se traduit clairement dans ses conditions de nomination et de révocation.

- **La nomination**

Elle n'a longtemps été soumise à aucune condition spéciale d'ancienneté, de services publics ou de diplôme. L'édiction d'un statut a cependant modifié cette situation et permis l'aménagement d'une carrière préfectorale. La nomination reste discrétionnaire, mais la liberté du gouvernement est limitée par le fait qu'au moins quatre préfets sur cinq doivent être choisis parmi les sous-préfets ou les administrateurs civils hors-classe, donc au sein de corps de fonctionnaires en principe issus de l'ENA[7] même si, devant la difficulté éprouvée parfois à recruter des sous-préfets, nombre d'entre eux sont nommés autrement. La liberté du gouvernement redevient totale pour le cinquième restant (le tour extérieur) et l'on a vu, par exemple, à certaines périodes, nommer d'anciens présidents de conseils généraux ou l'ancien secrétaire général d'une centrale syndicale.

- **La mutation et la révocation**

Indépendamment des sujétions particulières qui ont déjà été évoquées, le préfet peut toujours être muté discrétionnairement (principe de *mobilité*). En général, chaque changement de gouvernement entraîne d'ailleurs de vastes mouvements préfectoraux. L'avancement se fait exclusivement au choix. Le préfet peut être mis en disponibilité à tout moment, ce qui entraîne la perte des avantages de carrière et la mise à la retraite d'office au bout de cinq ans, sans que cette mesure présente un caractère disciplinaire et sans que le gouvernement ait donc une quelconque procédure particulière à respecter.

En cas de faute, le préfet peut faire l'objet de *sanctions disciplinaires* allant jusqu'à la révocation ou la mise à la retraite d'office. Contrairement à ce qui se passe pour les autres fonctionnaires, les exigences procédurales sont très réduites puisque la seule obligation à laquelle le gouvernement soit tenu est celle de la communication du dossier à l'intéressé.

Les pouvoirs du préfet

Ils se sont beaucoup accrus. « *Délégué du gouvernement dans les départements*, nous dit l'article 72 de la Constitution, *il a la charge des intérêts nationaux, du contrôle administratif et du respect des lois* ». Ces termes sont explicités par la loi du 2 mars 1982. Le préfet est le dépositaire de l'autorité de l'État dans le département, le représentant direct du Premier ministre et de chacun des ministres, et il dirige sous leur autorité les services extérieurs des administrations civiles de l'État.

Les **attributions administratives** du préfet étaient à l'origine très restreintes et il était avant tout un « agent politique » du gouvernement. Elles n'ont cessé d'augmenter et de se diversifier. En 1952, un auteur en avait dénombré 2 253 et des trains de textes datant des années 1953, 1964, 1982, 1992 ou 1999 les ont encore accrues. On peut les résumer en quelques idées simples.

– Le préfet est un **agent d'information du pouvoir central**. C'est l'aspect politique de sa fonction : il renseigne le gouvernement sur la situation politique de son département, l'état de l'opinion ; dans l'accomplissement de cette tâche, il dispose notamment du service des *Renseignements généraux*. Ce rôle, essentiel autrefois, a quelque peu décliné en raison de l'évolution technologique des moyens d'information, qui a diversifié les sources utilisables par le gouvernement.

– Il surveille l'exécution des lois et l'application des décisions du gouvernement dans le département. A ce titre, il est le **représentant du gouvernement tout entier** et non pas du seul ministre de l'Intérieur, même si c'est ce ministère qui est chargé de la gestion du corps préfectoral. C'est donc le préfet qui a été le principal bénéficiaire des mesures de déconcentration, et les textes successifs ont renforcé son emprise sur l'administration déconcentrée de la plupart des ministères civils, à l'exception de ceux de la Justice, des Finances et de l'Éducation nationale. Il est devenu, par exemple, *l'ordonnateur secondaire unique* (voir page 163) des dépenses de l'État dans le département ; il doit être informé des projets de nomination des chefs de services déconcentrés et il participe à leur notation ; il est l'intermédiaire obligé dans toute correspondance entre un ministère et ses services extérieurs ; il a seul qualité pour recevoir des délégations de compétences d'un ministre. Ce pouvoir de représentation

6. Voir titre 2, chapitre 4.

7. École nationale d'administration.

se manifeste dans divers domaines : présence dans les cérémonies publiques; exercice des pouvoirs d'action en justice au nom de l'État (lui seul peut, par exemple, «*élever le conflit*» devant les tribunaux judiciaires, voir page 125). C'est aussi à ce titre qu'il exerce un contrôle sur les collectivités locales.

– Il est titulaire d'importantes **attributions de police administrative** (voir page 103). Il dispose du pouvoir de police générale pour régler toute question dès lors qu'elle dépasse le cadre d'une seule commune; de nombreux textes lui confèrent en outre des pouvoirs de police spéciale. Dans certains gros départements et lorsque le préfet est aussi préfet de région et préfet de zone de défense (voir plus loin), il est assisté par un *préfet délégué à la sécurité et à la défense* pour l'exercice de ces attributions.

– Enfin, et ceci tend à devenir un de leurs pouvoirs les plus importants, les préfets disposent de **compétences étendues dans le domaine économique et social**, par exemple en matière d'emploi.

Les collaborateurs du préfet de département

– Le **cabinet** l'assiste essentiellement dans son *rôle politique* et est chargé de gérer toutes les affaires sensibles, dites aussi «réservées» en raison de leur incidence politique ou de leur caractère personnel (par exemple les décorations). Le directeur de cabinet aide le préfet dans le traitement des questions relatives à la sécurité publique; ce poste, dévolu à un sous-préfet, constitue un échelon de la carrière préfectorale.

– Le **secrétaire général de la préfecture**, sous-préfet qui occupe pareillement un emploi constituant un échelon de la carrière préfectorale, a une triple fonction. Adjoint direct du préfet, il est appelé dans de nombreux cas à le suppléer : son rôle est donc particulièrement important dans les préfectures qui sont à la fois de région et de département, compte tenu de la charge de travail que le cumul représente pour le préfet. Il assure plus particulièrement la *direction et la coordination de l'administration préfectorale*. Il fait enfin office de sous-préfet de l'arrondissement du chef-lieu de département. Éventuellement assisté, dans les grosses préfectures, d'un secrétaire général adjoint, il est secondé dans de nombreux départements par un sous-préfet supplémentaire chargé de la politique de la ville.

– Les **directions et les bureaux** constituent les services de la préfecture. Depuis la loi de décentralisation de 1982, les services gérant les compétences de l'État et ceux qui ont en charge les affaires propres du département ont été séparés; les services préfectoraux n'ont donc plus en charge que les attributions de l'État dans le département. Leurs *personnels* relèvent du *ministère de l'Intérieur*.

– Enfin, les **sous-préfets territoriaux** sont les délégués du préfet au niveau de l'*arrondissement*. Soumis à un statut très proche de celui du préfet, ils l'assistent dans l'exercice de ses missions et ils animent et coordonnent l'action des services de l'État dans leurs circonscriptions, notamment pour l'aménagement du territoire et le développement local. Ils participent étroitement à l'exercice du contrôle administratif et au conseil des collectivités locales.

Le préfet de région

Depuis longtemps, des services administratifs utilisaient un cadre plus vaste que celui du département. Par exemple, au ministère de l'Éducation nationale, l'académie, regroupant plusieurs départements, a toujours constitué le niveau le plus important d'administration locale. Mais les circonscriptions régionales n'étaient pas les mêmes d'un ministère à l'autre et, pour ne prendre qu'un exemple, un département comme le Cher relevait autrefois de trente-sept découpages différents. Par réformes successives on aboutit, en 1960, à une harmonisation des circonscriptions régionales quel que soit le ministère concerné, ce qui a permis, en 1964, la création du préfet de région[8].

Celui-ci est obligatoirement le préfet du département où se trouve le chef-lieu de la région. C'est donc aussi un préfet «comme les autres», soumis au même statut, tel qu'il a été décrit précédemment. En particulier, il ne dispose d'aucun pouvoir hiérarchique sur ses collègues placés à la tête des départements. Même si, bien entendu, on arrive à la tête d'une région, compte tenu de l'importance du poste, plus tard dans la carrière qu'à la tête d'un département.

Les attributions du préfet de région

Elles sont de plusieurs ordres. Il exerce d'abord celles qui lui incombent en tant que préfet de département. Au plan régional, il a un **rôle important sur le plan économique**. Le développement économique et l'aménagement du territoire ont été historiquement les premiers domaines dans lesquels des pouvoirs lui ont été conférés, notamment pour lui permettre, à partir de 1964, de participer à l'élaboration du plan national et d'en suivre l'exécution au niveau régional. A ce titre, il élabore et signe les contrats de plan État-région au nom de l'État. A la suite d'un premier décret pris en 1970, celui du 10 mai 1982 distingue parmi les investissements de l'État ceux qui sont d'intérêt national, régional ou départemental. Les premiers relèvent de la compétence des ministres concernés, mais le préfet de région est informé et consulté sur ceux qui concernent sa circonscription. Pour les deux autres, il reçoit une dotation globale de crédits. En subdéléguant les autorisations de programme aux préfets de département, il individualise chaque opération d'intérêt régional, mais leur laisse le soin de le faire pour les opérations d'intérêt départemental, en se contentant de leur attribuer une enveloppe globale, après avoir fixé la clé de sa répartition entre les départements de sa région. Depuis 1992, il a une mission de direction des préfets de département pour la mise en œuvre des politiques de développement économique et social et l'aménagement du territoire.

Sur le **plan administratif**, il exerce une **autorité directe sur l'ensemble des services civils de l'État dans la**

8. Sept préfets de région ont aussi la qualité de préfets de zone de défense; ce sont ceux du département où se trouve le chef-lieu de la zone. Ils ont des attributions très importantes en matière de défense du territoire, qu'ils exercent en collaboration avec l'autorité militaire, et en matière d'ordre public, en cas de troubles graves.

région, à laquelle n'échappent que les activités relevant de rares ministères qui jouissent d'une certaine autonomie : l'Éducation nationale, la Justice et les Finances. Il est tenu informé de l'activité de l'ensemble des services et a le pouvoir de notation de la plupart de leurs chefs. Il est *l'ordonnateur secondaire unique des dépenses de l'État dans la région* (voir page 163). Et il exerce le contrôle de légalité des actes du conseil régional et de ses établissements publics.

Les auxiliaires du préfet de région

– Le **Secrétariat général aux affaires régionales** est une sorte d'état-major composé de fonctionnaires de catégorie A, compétents dans les domaines administratifs et techniques. Ils sont placés sous l'autorité d'un Secrétaire général aux affaires régionales (SGAR). C'est une administration de mission qui n'a pas de tâches de gestion, mais est chargée de l'étude d'un certain nombre de dossiers préparant les décisions du préfet de région. Elle est en liaison constante avec la Délégation interministérielle à l'aménagement et à la compétitivité des territoires (DIACT) et joue un rôle important dans la préparation des contrats de plan.

– La **Conférence administrative régionale** (CAR) est une institution collégiale chargée de donner des *avis au préfet de région* avant que celui-ci n'exerce certaines de ses attributions. Elle réunit, sous sa présidence, des membres permanents (les préfets des départements composant la région, le secrétaire général du département chef-lieu et le trésorier-payeur général de région) et d'autres qui n'y sont appelés que lorsque sont examinées des affaires relevant de leur compétence (les chefs de services régionaux). Le préfet de région, qui la convoque, peut y inviter, à sa discrétion, toute personne qualifiée susceptible d'éclairer les travaux. Elle est obligatoirement consultée sur *l'individualisation* des investissements d'intérêt régional et la répartition des enveloppes de crédits d'investissements d'intérêt départemental. Elle l'est aussi sur la préparation des contrats de plan et, de manière générale, sur l'ensemble des orientations et programmes régionaux en matière de développement économique et social et d'aménagement du territoire.

Les autorités administratives indépendantes

Depuis l'instauration du service militaire obligatoire, il existait en France une institution, le conseil de révision, qui exerçait diverses missions liées à la conscription : c'est lui qui appréciait l'aptitude au service, mais il était aussi une instance de recours contre toutes les décisions prises par les autorités militaires en matière de refus ou de retrait de sursis d'incorporation. Traditionnellement, le Conseil d'État l'avait considéré comme une juridiction relevant de lui par la voie du recours en cassation. Il changea sa jurisprudence en 1968, considérant désormais que les conseils de révision constituaient des autorités administratives dont les décisions pouvaient être attaquées par la voie du recours en excès de pouvoir[9]. Mais compte tenu de l'impact des décisions à prendre sur des droits essentiels des citoyens, ils devaient conserver une *indépendance vis-à-vis de l'administration «ordinaire»* et n'être soumis qu'à la loi, sous le contrôle du juge. Il existe donc des entités administratives qui **ne sont pas soumises au pouvoir hiérarchique** et qui, n'ayant pas la personnalité morale, ne peuvent pas non plus être soumises à la tutelle. Elles constituent ainsi des **autorités administratives indépendantes (AAI).**

Ce terme a été expressément utilisé pour la première fois en 1978 à propos de la Commission nationale de l'informatique et des libertés (CNIL) et le nombre des AAI ne cesse depuis d'augmenter : on en compte aujourd'hui près d'une quarantaine, les plus récentes étant l'Agence française de la lutte contre le dopage et l'Agence d'évaluation de la recherche et de l'enseignement supérieur, créées en 2006. Leur qualité d'AAI résulte parfois de la qualification que le législateur leur donne à l'occasion de leur création, mais celui-ci restant souvent muet, c'est alors le juge qui sera amené à constater ce qu'elles sont. Ce qui est sûr, c'est qu'**elles doivent être créées par la loi**, celle-ci étant seule compétente pour soustraire une autorité administrative à l'autorité du gouvernement. Et qu'*elles restent bien des autorités administratives* : leur existence ne remet donc pas en cause la trilogie classique de la séparation des pouvoirs et ne révèle pas ce qui serait la naissance d'un quatrième pouvoir, distinct du pouvoir exécutif. D'où l'idée que, lorsqu'elles sont amenées à prendre des décisions, celles-ci sont susceptibles de recours devant un juge; d'où aussi l'idée que ce juge est normalement le juge administratif[10].

Les missions des AAI

L'intervention de la loi est d'autant plus importante que les missions de ces organes concernent souvent des matières qui sont essentielles pour les droits des individus. On les crée alors pour mettre *à l'abri des influences politiques* certains domaines sensibles :
– la **protection des droits individuels**, avec la Commission nationale de l'informatique et des libertés, créée en 1978 pour protéger les citoyens contre les utilisations abusives de l'informatique par la puissance publique, mais aussi par les particuliers; la Commission d'accès aux documents administratifs (CADA), créée la même année pour organiser la liberté d'accès à ces documents; le Médiateur de la République, créé en 1973 pour améliorer les possibilités de recours des citoyens contre les abus de l'administration; la Commission nationale de contrôle des interceptions de sécurité, créée en 1991

9. Arrêt du 6 décembre 1968, *Ministre des Armées c/ Ruffin.*

10. Dans certains cas, cependant, à titre exceptionnel et plus spécialement dans le domaine de la protection de l'économie de marché, le juge compétent sera judiciaire. Cette inversion des compétences ne peut être décidée que par la loi. Les recours contre les décisions du Conseil de la concurrence sont ainsi portés devant la Cour d'appel de Paris.

pour éviter l'emploi abusif des « écoutes » par les autorités publiques ;
– la **liberté d'information et de communication** avec, par exemple, le Conseil supérieur de l'audiovisuel (CSA), dernier avatar d'une longue série d'institutions, créé en 1989 en particulier pour garantir la liberté et l'indépendance de la communication audiovisuelle ; ou bien la Commission des sondages, créée en 1977 pour garantir la qualité et l'objectivité des sondages ;
– la **protection des consommateurs et la régulation de l'économie de marché**, avec la Commission des opérations de bourse (COB) instituée en 1967 et réformée en 1989, et le Conseil de la concurrence, créé en 1986. Avec l'ouverture au secteur privé, imposée par l'Union européenne, de services qui bénéficiaient auparavant d'un monopole, sont apparues de nouvelles AAI, telles l'Autorité de régulation des télécommunications (ART) et la Commission de régulation de l'électricité ; il n'est pas impossible que lorsque la concurrence aura gagné les transports ferroviaires et postaux, d'autres AAI soient créées dans ces secteurs.

Leurs statuts

Ils sont très divers [11]. La plupart des AAI ont une composition collégiale, où l'on retrouve souvent des membres du Conseil d'État, de la Cour de cassation ou de la Cour des comptes et où l'on s'efforce parfois d'assurer une représentation des professionnels des secteurs concernés ; mais d'autres sont unipersonnels, comme le Médiateur et le Défenseur des enfants. Leurs modes de désignation sont également différents : leurs membres sont parfois choisis par les corps auxquels ils appartiennent (ainsi en est-il, par exemple, pour la CNIL), parfois par le président de la République ou le Premier ministre (le Médiateur est, par exemple, nommé par le président en conseil des ministres).

Leurs pouvoirs

Ils sont aussi très divers [12]. Certaines AAI sont dotées d'un pouvoir de sanction, comme le CSA ou le Conseil de la concurrence, ou d'un pouvoir réglementaire, comme la CNIL et le CSA ; mais dans ce dernier cas, le Conseil constitutionnel a précisé que pour ne pas contrevenir à l'article 21 de la Constitution, qui confère le pouvoir réglementaire général au Premier ministre, « cette habilitation ne doit concerner que des mesures de portée limitée tant par leur champ d'application que par leur contenu ». D'autres AAI, au contraire, ne disposent que de pouvoirs de recommandation ou d'avis, comme la CADA. On englobe donc ces catégories hétérogènes sous le nom d'instances de régulation. Certaines d'entre elles peuvent dépasser parfois les considérations juridiques strictes et étroites pour proposer des solutions en équité, notamment le Médiateur.

11. L'intérêt de la structure d'AAI est illustré par le 6e rapport de la Commission nationale des comptes de campagne (2002), organisme chargé de vérifier, d'approuver ou de rejeter les comptes des candidats aux élections. Elle estimait en effet que sa transformation en AAI était la seule mesure lui permettant *« d'échapper aux contraintes d'une administration classique, particulièrement en ce qui concerne la gestion budgétaire et le recrutement de ses collaborateurs »*.

12. Ceux qui sont dévolus à la CADA, à la CNIL et au Médiateur seront décrits plus en détail p. 101 et 143.

Chapitre 2
Les collectivités territoriales

Certaines de ces collectivités sont anciennes : le cadre communal actuel a été défini juridiquement au moment de la Révolution, lorsque la loi du 14 décembre 1789 décida de transformer toutes les communautés d'habitants existant sous l'Ancien Régime en communes ; l'existence de la plupart de celles-ci remonte donc à des époques beaucoup plus anciennes, pratiquement au Moyen Age. Le département a été créé par la loi des 15 janvier-16 février 1790. D'autres collectivités sont plus récentes : la création de la région, sous sa forme actuelle, remonte aux lois du 5 juillet 1972 et du 2 mars 1982.

La décentralisation : un peu d'histoire

La création des départements et des communes, lors de la Révolution de 1789, correspondait à une volonté décentralisatrice forte, prenant le contre-pied de la centralisation qui caractérisait l'Ancien Régime. Elle se marquait en particulier par la consécration du principe de la collégialité et de l'élection pour tous les organes locaux.

Cette décentralisation a vite été remise en cause. D'une part, elle avait conduit à un grand désordre administratif et financier ; d'autre part, la nécessité de faire face aux événements intérieurs et extérieurs (menaces de sécession, guerre, etc.) incita la Convention, dès 1793, à recentraliser l'administration. Cette tendance fut confirmée par la *loi du 28 pluviôse an VIII* qui jeta les bases de notre organisation actuelle. Tout en maintenant les circonscriptions existantes, Bonaparte modifia largement la nature et les conditions de désignation des organes chargés de les administrer. En particulier, l'élection disparut et un organe exécutif unique, nommé par le pouvoir central, devint à tous les niveaux l'organe prépondérant. C'est avec cette loi qu'apparaît l'institution du *préfet*, représentant local du pouvoir central et organe exécutif du département.

L'évolution ultérieure consista à introduire progressivement plus de décentralisation dans cette structure centralisée. La monarchie de Juillet revint, en 1831 et 1833, au principe de l'élection des conseils municipaux et généraux, dont elle augmenta les compétences quelques années plus tard. La IIIe République, avec les *deux lois fondamentales du 10 août 1871 et du 5 avril 1884*, consacra définitivement le *principe de l'élection du maire* et étendra encore les pouvoirs des conseils élus.

Cette évolution explique que l'organisation française ait longtemps comporté un mélange intime de décentralisation et de déconcentration (on parlait de « *coadministration* »). Cette situation caractérisait en particulier les organes exécutifs locaux, qui cumulaient deux sortes de compétences, les unes exercées au nom de la collectivité, les autres au nom de l'État. L'un d'eux, le préfet, était même purement et simplement un agent nommé discrétionnairement par le gouvernement.

C'est à ce système que la *loi du 2 mars 1982* voulut en grande partie mettre fin. En transférant un certain nombre de compétences aux collectivités locales, elle accroît le rôle de celles-ci. Surtout, elle établit une séparation nette entre organes décentralisés et organes déconcentrés. Désormais, à tous les niveaux, les compétences exécutives sont confiées, comme les compétences délibérantes, à des organes élus. La double mission du préfet disparaît : il cesse d'être un organe du département ou de la région ; à l'égard des collectivités locales, il reste uniquement un agent de l'État exerçant, en vertu de sa mission constitutionnelle le chargeant *« des intérêts nationaux, du contrôle administratif et du respect des lois »,* des compétences de tutelle fortement réduites et modifiées par rapport au passé.

La révision constitutionnelle du 17 mars 2003, on va le voir, est allée bien plus loin dans cette voie.

Les collectivités territoriales et la Constitution

L'article 72 de la Constitution énumère les collectivités territoriales de la République : ce sont les communes, les départements, les régions, les collectivités à statut particulier et les collectivités d'outre-mer. Cette nouvelle nomenclature, issue de la réforme du 17 mars 2003, a augmenté le nombre des collectivités territoriales dont l'existence est consacrée par la Constitution. Des lois organiques doivent déterminer plus précisément le statut d'un certain nombre de collectivités ; elles n'étaient pas toutes prises au début de l'année 2007.

– Les communes, les départements et les régions constituent les **collectivités territoriales de droit commun**[13]. L'article 72 fixe les principes qui définissent leurs com-

13. Paris est un cas spécial. Il a constitué durant un certain temps une catégorie particulière. Il est rentré, avec la loi du 31 décembre 1975, dans les catégories « ordinaires », tout en formant une entité hybride puisqu'il est à la fois commune et département.

pétences. En vertu du *principe de subsidiarité*, elles exercent celles *« qui peuvent le mieux être mises en œuvre à leur échelon »*. Un *droit d'expérimentation* leur permet, par délégation législative, d'augmenter temporairement leurs compétences dans un domaine limité, sauf lorsque sont en cause les conditions essentielles d'exercice d'une liberté publique ou d'un droit constitutionnellement garanti. La loi organique du 1er août 2003 précise les conditions d'application de cette disposition.

– Certains départements, dont le territoire coïncide avec celui d'une région, sont situés outre-mer. Ce sont **la Guadeloupe, la Guyane, la Martinique et la Réunion**. En vertu de l'article 73 de la Constitution, ils bénéficient d'un statut spécifique qui permet d'apporter aux lois « métropolitaines » les *adaptations nécessitées par leurs caractéristiques et leurs contraintes particulières*. Dans certaines matières relevant du domaine de la loi, et à l'exclusion d'un certain nombre de sujets énumérés par la Constitution (règles concernant la nationalité, les droits civiques, la garantie des libertés publiques, le droit et la procédure pénale, la défense, la police, la monnaie, le crédit, etc.), où la compétence des autorités nationales reste entière, les assemblées locales peuvent bénéficier d'une habilitation législative leur permettant de fixer elles-mêmes les règles applicables sur leur territoire. Cette possibilité n'est cependant pas ouverte à La Réunion.

S'agissant de ces collectivités, département et région restent des entités distinctes. Toute fusion entre elles exigerait l'organisation, sur le territoire concerné, d'un référendum décidé par le président de la République et le consentement de la majorité des électeurs.

– L'article 74 de la Constitution institue des **collectivités d'outre-mer** qui ne constituent ni des départements ni des régions. Deux d'entre elles sont d'anciens territoires d'outre-mer (TOM), catégorie qui a désormais disparu de la Constitution : ce sont la Polynésie française et Wallis et Futuna. Les deux autres formaient ce qu'on avait appelé antérieurement des collectivités territoriales *sui generis*, créées par des lois particulières, en 1976 pour Mayotte et en 1985 pour Saint-Pierre-et-Miquelon.

Le statut de ces collectivités sera déterminé par une loi organique ; il définira leurs compétences, les conditions d'application des lois et règlements nationaux sur leur territoire, et les règles présidant à la consultation de leurs instances sur les textes comportant des dispositions qui leur sont particulières. Elles auront le pouvoir d'intervenir dans certains domaines réservés à la loi sur le reste du territoire national ; elles pourront, en particulier, coopérer avec l'État pour la réglementation des libertés publiques. Et leur autonomie sera particulièrement protégée, puisque leurs assemblées délibérantes pourront modifier elles-mêmes une loi nationale si le Conseil constitutionnel constate qu'elle empiète sur le champ de leurs compétences.

– Enfin, la Constitution a prévu l'existence de **collectivités à statut spécial**. Le statut de la Nouvelle-Calédonie est fixé par le titre XIII de la Constitution et par la loi organique du 27 février 2004 ; celui de ses composantes par celle du 19 mars 1999 ; le statut de la Corse, actuellement déterminé par une loi du 13 mai 1991 modifiée, devait être revu en 2003[14], mais le vote négatif des électeurs de Corse au référendum a renvoyé le projet de statut à plus tard. Il faudra aussi attendre la loi particulière concernant les Terres australes et antarctiques françaises (TAAF) pour savoir plus précisément de quelle catégorie elles relèvent.

Le législateur avait, en vertu de l'article 72 ancien, la possibilité de créer d'autres collectivités territoriales, *« le cas échéant en lieu et place d'une ou plusieurs autres collectivités mentionnées »* dans la Constitution. Il a utilisé cette possibilité en 1982 pour transformer la région en collectivité territoriale. Il s'est en revanche refusé à octroyer ce statut à certaines circonscriptions administratives de l'État, comme l'*arrondissement* (siège de la sous-préfecture) et le *canton* (perception et brigade de gendarmerie). Ni l'un ni l'autre *ne jouissent de la personnalité morale*. Ils ne constituent donc pas des collectivités territoriales.

La révision constitutionnelle de 2003 a ainsi confirmé l'abandon partiel d'un principe caractéristique de **l'idéologie jacobine** qui a longtemps inspiré la construction moderne de l'administration française : le principe de l'uniformité de statut des collectivités territoriales au sein d'une même catégorie. Même si la diversification touche surtout l'outre-mer, l'évolution est d'importance, et ses conséquences potentielles ne peuvent encore être évaluées.

– Selon l'article 72, *« dans les conditions prévues par la loi, les* ***collectivités [territoriales] s'administrent librement*** *par des conseils élus [...]. Le représentant de l'État a la charge des intérêts nationaux, du contrôle administratif et du respect des lois »*. Ce texte pose ainsi les trois grands principes qui régissent le statut des collectivités territoriales : l'élection de leurs organes, leur libre administration et l'existence d'un contrôle de légalité.

Les organes locaux décentralisés

L'élection et le mandat des assemblées locales

Aux termes de l'article 72 al. 2 de la Constitution, on vient de le voir, l'administration des collectivités locales est assurée par des conseils élus. Toutes les assemblées locales sont donc élues au **suffrage universel direct** : sont électeurs les citoyens français remplissant les conditions prévues par le Code électoral et, depuis le traité de Maastricht (1992), les ressortissants des États membres de l'Union européenne domiciliés en France. Mais, dans le cadre de ce principe général, en matière de mode de scrutin, la situation française recourt, on le verra plus loin, à presque tous les systèmes possibles.

14. Les deux départements existants devaient être supprimés et fusionnés en une circonscription unique.

La parité

La révision constitutionnelle de 1999 a prévu que *«la loi favorise l'égal accès des femmes et des hommes aux mandats électoraux et aux fonctions électives»*. Le principe de parité doit en conséquence être appliqué à toutes les élections locales reposant sur un scrutin de liste. S'agissant des communes, la loi du 6 juin 2000 interdit tout écart supérieur à un entre le nombre des candidats des deux sexes sur chaque liste dans les villes de plus de 3500 habitants; la parité doit y être appréciée par groupe de six candidats, pour égaliser les chances électorales. Pour les élections régionales, la loi du 11 avril 2003 impose la technique du «sandwich» en exigeant que chaque liste soit composée alternativement d'un candidat de chaque sexe.

Le conseil municipal

Il est élu au **suffrage universel direct** pour une durée de **six ans**. La commune forme en principe une circonscription unique, sauf si elle comporte plusieurs centres ou résulte d'une fusion.

Le nombre de *conseillers municipaux* varie de neuf pour les communes de moins de 100 habitants à soixante-neuf pour celles de plus de 300 000. Le mode de scrutin a beaucoup varié à travers le temps; il est désormais fixé par la loi du 19 novembre 1982, intégrée dans les articles L. 252 et suivants du Code électoral. Ces textes déterminent deux systèmes différents selon l'importance de la commune.

– **Dans les communes de moins de 3500 habitants**, le conseil municipal est élu au scrutin de liste majoritaire à deux tours. Les listes doivent être complètes dans les communes comptant entre 2500 et 3500 habitants; elles peuvent ne pas l'être dans celles qui ont moins de 2500 habitants. En outre, dans ces dernières, la déclaration de candidature n'est pas obligatoire pour être élu et le *panachage*[15] est autorisé, y compris par l'adjonction de noms de personnes non candidates. Sont élus les candidats ou les listes qui obtiennent au premier tour un nombre de voix représentant à la fois la majorité absolue des suffrages exprimés et le quart des électeurs inscrits ou, à défaut, la majorité relative au second tour.

– **Dans les communes de plus de 3500 habitants**, le principe est aussi celui du scrutin de liste majoritaire à deux tours. Mais les listes doivent être complètes et elles sont bloquées, ce qui interdit le panachage. Avant 1982, le principe majoritaire était absolu et la liste qui obtenait soit la majorité absolue des suffrages exprimés au premier tour, soit la majorité relative au second tour emportait la totalité des sièges. Ce système a été jugé peu démocratique, dans la mesure où il privait de toute représentation des minorités parfois très importantes. La loi de 1982 a donc cherché la conciliation entre deux principes opposés : garantir, grâce au principe majoritaire, l'existence de majorités municipales solides; assurer cependant la représentation des minorités en introduisant une *dose limitée de représentation proportionnelle*.

15. Système qui permet aux électeurs de choisir des candidats figurant sur des listes différentes, à condition de ne pas dépasser le nombre total de sièges à pourvoir.

Depuis cette loi, si une liste obtient la majorité des suffrages exprimés au premier tour, on lui attribue, au titre d'une première répartition, 50% des sièges à pourvoir. Les 50% restants sont ensuite répartis proportionnellement entre toutes les listes ayant obtenu au moins 5% des voix, y compris la liste gagnante.

Si aucune liste n'obtient la majorité absolue au premier tour, un second tour est organisé. Ne peuvent s'y présenter que les listes ayant obtenu au moins 10% des suffrages exprimés au premier tour. Celles-ci peuvent cependant être modifiées pour laisser place à des membres d'une autre liste qui s'était présentée au premier tour, à condition qu'elle y ait elle-même obtenu au moins 5% des suffrages. La liste qui obtient la majorité relative au second tour remporte dans un premier temps la moitié des sièges à pourvoir. Les 50% restants sont ensuite répartis entre toutes les listes ayant obtenu des voix, y compris la liste gagnante, à la représentation proportionnelle.

Paris (163 conseillers), Marseille (101 conseillers) et Lyon (63 conseillers) sont soumises à des règles particulières : les élections y sont organisées dans le cadre des arrondissements ou des secteurs qui découpent la ville.

Le scrutin de liste

L'application du scrutin de liste limite les élections partielles dans les communes de plus de 3500 habitants. Lorsqu'un siège devient vacant par décès, démission ou empêchement de son titulaire, il est immédiatement pourvu par le premier membre non élu de la liste correspondante. La loi a néanmoins prévu divers cas où une élection partielle est nécessaire. Les deux hypothèses principales sont celle où il y a lieu à réélection du maire et celle où le nombre des sièges vacants excède le tiers de l'effectif du conseil.

Les conseillers généraux

Ils sont élus au **scrutin majoritaire uninominal** à deux tours. Chaque canton élit un conseiller général pour une durée de **six ans**. Est élu au premier tour le candidat ayant obtenu un nombre de voix représentant au moins la majorité absolue des suffrages exprimés et le quart des électeurs inscrits. A défaut, la majorité relative des suffrages exprimés suffit au second tour. Les conseils généraux sont renouvelés par moitié tous les trois ans.

Le découpage cantonal entraîne généralement une *sur-représentation du milieu rural dans les conseils généraux*. Actuellement, 50% des conseillers généraux sont des représentants d'un canton rural, alors que 80% de la population nationale vit en secteur urbain. Pour y remédier en partie et tenir compte des évolutions de population d'un canton à l'autre, de nouveaux cantons sont fréquemment créés en milieu urbain. Ce redécoupage, interdit dans les douze mois qui précède un renouvellement normal, résulte de décrets en Conseil d'État et, lorsqu'il est saisi de recours contre ces décrets, le Conseil veille avec une attention soutenue à ce que ce redécoupage aille bien dans le sens d'une atténuation des disparités de population et qu'il ne conduise pas à leur augmentation.

Les conseillers régionaux

Depuis 1986, les conseillers régionaux étaient élus au suffrage universel direct et à la représentation proportionnelle, pour une durée de **six ans**. On a constaté que ce mode de scrutin n'a pas favorisé la constitution de majorités stables et a été source de difficultés politiques, illustrées par exemple par les problèmes constatés dans la région Ile-de-France. Les lois du 19 janvier 1999 et du 11 avril 2003 ont donc modifié les dispositions antérieures en s'inspirant du système applicable aux élections municipales. Deux points méritent attention : la circonscription retenue et le mode de scrutin.

– L'élection se fait **à deux tours, au scrutin de liste**, sans panachage ni vote préférentiel; elle repose sur un principe mixte, largement proportionnel, mais nuancé par l'existence d'une « prime majoritaire » pour la liste arrivée en tête. Au premier tour, la liste qui obtient plus de 50 % des suffrages se voit attribuer d'office le quart des sièges à pourvoir, avant qu'on ne procède à la répartition des autres sièges à la représentation proportionnelle. Au second tour, organisé lorsque aucune liste n'a atteint la majorité absolue des voix dès le premier tour, la même opération se réalise au bénéfice de la liste ayant recueilli le plus grand nombre de voix. A chacun des tours, seules les listes ayant obtenu au moins 5 % des suffrages exprimés ont droit à des sièges.

Seules peuvent se présenter à l'éventuel second tour les listes ayant obtenu au moins 10 % des suffrages exprimés au premier. La composition des listes peut être modifiée entre les deux tours, pour faciliter la fusion entre listes du premier tour, à condition qu'elles y aient obtenu au moins 5 % des suffrages exprimés.

– Le système juxtapose un calcul des voix et des sièges au niveau de la région et une répartition des sièges entre les départements qui la composent. Cette **répartition « départementalisée »** risque d'être particulièrement complexe et de désorienter les électeurs, d'autant qu'elle peut conduire à ce que, dans un département, une formation se voie attribuer plus de sièges qu'une autre alors qu'elle y a obtenu moins de voix. C'est pourquoi le Conseil constitutionnel, qui a été saisi de la loi, a indiqué dans sa décision du 3 avril 2003 qu'il « *incombera aux autorités compétentes de prévoir toutes dispositions utiles pour informer les électeurs et les candidats sur les modalités du scrutin* ».

– L'organisation régionale comporte une originalité par rapport aux autres niveaux de l'administration locale. Elle se caractérise en effet par une sorte de *bicaméralisme*, puisque le conseil régional est flanqué d'une seconde assemblée : le **conseil économique et social régional**. Ce bicaméralisme est cependant très inégalitaire, dans la mesure où seul le conseil régional dispose de pouvoirs de décision, les **compétences** du conseil économique et social étant **exclusivement consultatives**. Cette consultation est parfois obligatoire : il *doit* être saisi pour avis, avant leur examen par le conseil régional, de toutes les orientations relatives au budget de la région, de tous les documents relatifs à la préparation ou au compte rendu d'exécution de la planification nationale ou régionale, et de tous ceux relatifs aux schémas et programmes établis dans les domaines de la compétence régionale. Par ailleurs, il *peut* être saisi, par le président du conseil régional, d'une demande d'avis ou d'études sur tout projet à caractère économique, social ou culturel. Il peut enfin émettre un avis de sa propre initiative sur toute question entrant dans les compétences de la région.

Le nombre des membres de ces conseils économiques et sociaux, qui sont désignés pour une période de **six ans**, varie entre 40 et 110. Ceux qui représentent les entreprises et activités non salariées ou les syndicats de salariés (chacune de ces deux catégories devant constituer au moins 35 % du conseil), ou bien les organismes participant à la vie collective de la région (25 % au moins) sont désignés par les organisations qu'ils représentent; les personnalités qualifiées concourant au développement régional (5 % au plus) le sont par le préfet de région.

Le **président** du conseil économique et social est élu pour trois ans par le conseil; il est rééligible. Le règlement intérieur du conseil fixe les conditions d'élection du bureau, avec pour seule obligation de veiller à la parité en son sein du nombre de représentants des entreprises et des organisations de salariés.

La dissolution des conseils

Le mandat des assemblées locales peut être abrégé par leur dissolution. En vertu du principe « *pas de tutelle sans texte* », celle-ci ne peut être prononcée que dans les conditions et pour les motifs expressément prévus par la loi.

– En cas d'urgence, un **conseil municipal peut être suspendu**, pour une durée pouvant aller jusqu'à un mois, par arrêté préfectoral motivé. Le ministre de l'Intérieur en est immédiatement informé. Le conseil municipal peut être également **dissous**, mais par décret motivé pris en Conseil des ministres. La loi n'ayant pas précisé les motifs de la dissolution, c'est la jurisprudence qui a dû combler cette lacune. Le Conseil d'État a donc indiqué que seule l'existence de dissensions graves empêchant le bon fonctionnement du conseil pouvait justifier une telle décision. Cette possibilité a été utilisée quinze fois en 2005 et onze fois en 2006.

La dissolution s'accompagne de la mise en place d'une délégation spéciale, composée de trois à sept membres, qui ne pourra décider que des actes ordinaires et quotidiens ou des actes urgents. Les *élections doivent être organisées dans les deux mois*, sauf si le renouvellement général de l'ensemble des conseils municipaux doit intervenir dans les trois mois.

– Le **conseil général et le conseil régional peuvent être dissous** par décret motivé pris en Conseil des ministres lorsque leur fonctionnement se révèle impossible. Le Parlement doit en être informé dans les plus brefs délais. C'est le président du conseil général ou régional qui est alors chargé de l'expédition des affaires courantes jusqu'à l'élection du nouveau conseil, celle-ci devant en principe intervenir dans les deux mois. Les décisions du président ne sont exécutoires qu'avec l'accord de l'autorité préfectorale (préfet de département pour le conseil général, de région pour le conseil régional). Ces dispositions sont en grande partie théoriques : on ne connaît en effet que deux exemples de dissolution d'un conseil général depuis 1871 et un seul exemple pour un conseil régional depuis 1982.

La désignation et le mandat des exécutifs locaux

Là aussi, les principes généraux sont les mêmes pour les trois niveaux d'administration locale : les exécutifs sont élus par les assemblées. Ils se caractérisent par l'importance de leur chef, qui dispose de nombreux pouvoirs propres. Enfin, les exécutifs sont largement protégés contre la contestation politique des assemblées élues.

Le maire et ses adjoints

Depuis les débuts de la IIIe République, exception faite de la période de Vichy, **les maires sont élus en son sein par le conseil municipal**. Le maire et les adjoints, qui forment la *municipalité*, sont élus lors de la première séance suivant l'élection du conseil, au scrutin secret, à la majorité absolue aux deux premiers tours et à la majorité relative au troisième. Les **adjoints**, dont le nombre est fixé librement entre un et vingt par le conseil municipal, sans pouvoir excéder 30 % de son effectif, sont élus dans les mêmes conditions. L'élection d'un nouveau maire entraîne nécessairement une nouvelle élection des adjoints. Les *adjoints n'ont aucune attribution propre* ; ils ne tiennent leur compétence que de la volonté du maire, exprimée par une *délégation* établie selon une formulation précise, concernant soit un territoire géographique, soit un secteur d'activité déterminé. Cette délégation peut être retirée à tout moment à un, à quelques-uns ou à tous les adjoints, de façon totalement discrétionnaire. En cas d'indisponibilité du maire, les adjoints peuvent le suppléer dans l'ordre du tableau.

Le mandat du maire et des adjoints est de **six ans**. Il peut être interrompu dans deux cas : *démission*, adressée au préfet du département et qui ne devient définitive qu'une fois acceptée, ou *décès*. En cas de faute, le maire ou les adjoints peuvent être *suspendus* par arrêté ministériel motivé pour une durée au plus égale à un mois ; ils peuvent aussi être *révoqués* par décret pris en Conseil des ministres et seront en ce cas inéligibles pendant l'année qui suit, sauf en cas d'élection municipale générale.

Le maire n'est pas responsable devant le conseil municipal. Lorsqu'un conflit entre eux entraîne l'impossibilité de fonctionner (par exemple, parce que le conseil municipal refuse de façon systématique le vote du budget), la seule solution est la dissolution du conseil dans les conditions déjà évoquées.

Les exécutifs départemental et régional

Le **président du conseil général est élu en son sein par le conseil**, à la première séance suivant le renouvellement partiel, pour une durée de trois ans. Le quorum des présences à l'occasion de cette séance est fixé aux 2/3 des membres de l'assemblée. Les modalités de l'élection sont identiques à celles du maire (majorité absolue aux deux premiers tours, relative au troisième). En même temps que le président, on élit la **commission permanente** du conseil général, qui peut se voir déléguer certaines attributions par le conseil, à l'exception des compétences budgétaires.

Un temps supprimée, rétablie par la loi du 6 février 1992, la commission est composée du président, de quatre à quinze vice-présidents susceptibles d'assurer sa suppléance éventuelle en cas d'empêchement, sous réserve que leur nombre ne dépasse pas 30 % de l'effectif du Conseil, et éventuellement d'un ou plusieurs membres. Lorsqu'il existe un consensus pour la désignation des membres de la commission, ce qui implique qu'une seule candidature soit déposée pour chacun des postes à pourvoir, les désignations sont entérinées sans élection. Dans le cas contraire, les membres sont élus au scrutin de liste, à la représentation proportionnelle, sans panachage ni vote préférentiel. Ceci, pour *assurer la représentation des groupes minoritaires* au sein de l'exécutif.

Le président du conseil général a le libre choix de ceux des vice-présidents à qui il donnera *délégation* pour l'exercice de certaines attributions. Il choisira bien entendu ceux qui font partie de la majorité départementale. La réunion du président et des vice-présidents ayant reçu délégation constitue le *bureau* du conseil général.

Les dispositions concernant **la région** ont été calquées sur celles qui sont applicables au département. L'élection du président se fait donc dans des conditions identiques, et les règles concernant la commission permanente et le bureau sont les mêmes. Le nombre des vice-présidents varie entre quatre et quinze sans pouvoir excéder 30 % de l'effectif du conseil. Il n'existe aucune disposition prévoyant la révocation éventuelle du président du conseil régional, pas plus d'ailleurs que celle du président du conseil général.

Le statut des élus locaux

Des **inéligibilités** ou **incompatibilités** peuvent frapper les élus locaux. Certaines sont générales et s'appliquent à n'importe quelle élection (voir page 24). D'autres sont spécifiques à telle ou telle élection locale : ce sont toutes celles qui visent à garantir l'indépendance tant de l'élu que des électeurs. Cela explique, par exemple, l'interdiction de se présenter aux élections opposée à tous les fonctionnaires exerçant ou ayant récemment exercé une fonction d'autorité dans une circonscription englobant la commune. Mais les questions les plus importantes concernent les deux aspects suivants.

Le cumul des mandats

C'est une particularité française. En dehors des grands bouleversements politiques marqués par l'avènement de majorités différentes ou renforcées et où apparaissent de nombreux députés nouveaux (en 1962, 1981, 2002), la conquête préalable de mandats politiques locaux apparaissait souvent comme la condition d'une carrière politique nationale, et le fait de les garder comme une garantie de la longévité de celle-ci. Cette situation a cependant été souvent critiquée : on lui reproche le « mélange des genres » et l'imbrication fréquente des intérêts et des responsabilités qu'elle entraîne. La complexification croissante des problèmes à traiter, les exigences de compétence et de technicité que requiert de plus en plus l'exercice des mandats politiques à tous les niveaux exigent en outre une disponibilité que l'accumulation des charges ne permet pas toujours[16]. C'est pourquoi des lois successives et en particulier celle, modifiée, du 5 avril 2000, ont réduit, malgré les réticences manifestées par les parlementaires, le nombre des cumuls autorisés : interdiction de cumuler plus de deux des mandats électoraux qu'elles énumèrent (mandat parlementaire européen ou national, mandat dans une assemblée régionale, départementale ou dans un conseil municipal d'une commune de plus de 3500 habitants). La loi interdit en outre le cumul entre deux fonctions exécutives locales[17] mais elle n'interdit plus le cumul entre les fonctions de président d'un exécutif local et le mandat de parlementaire national ou européen.

Les moyens des élus locaux

Cette question va de pair avec une autre : si l'on attend des responsables davantage de disponibilité pour leur mandat local, il faut leur en donner les moyens. Divers articles du Code général des collectivités territoriales (CGCT) prévoient donc des possibilités d'aménagement de la vie professionnelle (autorisations d'absence, protection...) pour faciliter l'exercice du mandat local.

En principe, le mandat local n'est pas rémunéré. Mais, pour tenir compte de la réalité de la charge qu'il représente, la loi a établi un **système d'indemnités de fonction** fixées par les collectivités locales elles-mêmes, en référence à l'échelle indiciaire de la fonction publique, et dont le montant semble s'être considérablement accru depuis le début des années 2000. Il existe également une protection sociale et un régime de retraite.

Le principe de libre administration des collectivités territoriales

Les collectivités territoriales s'administrent librement par des conseils élus, dit la Constitution. La loi en tire deux conséquences : le principe représentatif et la notion d'affaires locales.

16. Lors de l'affaire dite « du sang contaminé », on avait reproché à certains ministres, parce qu'ils étaient élus locaux, de ne pas être en permanence dans leur ministère et de laisser de ce fait trop d'influence à leurs conseillers.

17. A la fin des années 1970, par exemple, le cumul par Jacques Chirac des fonctions de président du conseil général de la Corrèze et de maire de Paris a soulevé bien des polémiques.

Le principe représentatif

L'idée que l'administration est confiée à des conseils a rendu le Conseil d'État très longtemps hostile à la pratique du référendum au niveau local. Il considérait, par exemple, qu'en faisant précéder leur décision d'un référendum par le verdict duquel ils se sentaient engagés, un maire ou un conseil municipal transféraient illégalement leur pouvoir de décision à d'autres et que cela était constitutif d'une incompétence. Le développement de la décentralisation a mis fin à cette jurisprudence en autorisant, avec l'article LO 112-1 et suivants du CGCT, l'organisation de référendums locaux. L'assemblée délibérante d'une collectivité territoriale ou son exécutif peuvent soumettre à référendum local tout projet tendant à régler une affaire de leur compétence.

La loi avait cependant restreint la portée du **référendum local**, puisqu'elle subordonnait son utilisation à la condition que *« la délibération décidant la consultation indique expressément que cette consultation n'est qu'une demande d'avis »*, qui ne liait pas l'autorité compétente. Le seul cas où le référendum avait une portée décisionnelle concernait l'hypothèse des votes organisés sur les projets de fusion de communes.

Le nouvel article 72-1 de la Constitution a apporté deux novations : d'une part, le référendum a été étendu à tous les niveaux de collectivités territoriales ; d'autre part, et surtout, ces référendums ont maintenant une portée décisionnelle. La loi organique du 1er août 2003 (articles LO 1112-1 et suivants du CGCT) a déterminé les conditions dans lesquelles un référendum peut être organisé. L'adoption du projet suppose une participation au vote au moins égale à la moitié des électeurs inscrits et une majorité des suffrages exprimés. Mais cette possibilité est très rarement utilisée : depuis l'entrée en vigueur de la loi, aucun référendum n'a été organisé au niveau régional ou départemental et une petite dizaine seulement au niveau communal.

Le référendum local

Le référendum est décidé par l'organe délibérant. Seul l'exécutif peut en proposer l'organisation, s'agissant des attributions qu'il exerce. La question posée, dont le juge peut contrôler le libellé pour vérifier par exemple si elle est claire, peut porter sur tout sujet relevant des compétences de la collectivité.

Les *controverses juridiques* se sont désormais déplacées sur deux autres plans : d'une part, lorsque certaines majorités locales ont été tentées d'organiser des référendums locaux portant sur des objets relevant de la compétence de l'État (par exemple, un projet d'autoroute ou de construction d'un aérodrome), ces référendums ont été déclarés illégaux par le juge administratif. D'autre part, certaines communes ont récemment souhaité faire participer aux référendums qu'elles ont organisés des habitants qui, n'étant ni Français, ni originaires d'un État membre de l'Union européenne, n'ont pas le droit de vote aux élections locales ; là encore, cela s'est conclu par des décisions d'annulation de la part des tribunaux saisis.

Le référendum d'initiative populaire

La loi du 4 février 1995 avait reconnu la possibilité d'une initiative populaire dans le cadre communal : cette possibilité a été étendue, de façon générale, aux autres collectivités territoriales et aux EPCI (voir p. 82) par la loi du 3 août 2004. Elle permet au cinquième des électeurs inscrits dans une commune (au dixième dans un département ou une région) d'exercer un droit de pétition pour demander à l'assemblée délibérante d'une collectivité l'organisation d'un référendum sur une question relevant de sa compétence. Un même électeur ne peut pas signer plus d'une demande de référendum par an. Ce référendum d'initiative populaire n'a pas de caractère décisionnel : la loi prévoit que les électeurs sont seulement «*consultés*» pour «*une demande d'avis*» et que l'autorité compétente arrête sa décision «*après avoir pris connaissance du résultat de la consultation*».

Les attributions des collectivités territoriales

On l'a dit plus haut, la construction de l'organisation administrative française a longtemps reposé sur le principe de la **coadministration**. Si les organes délibérants étaient spécialisés dans la gestion des affaires locales, la situation des organes exécutifs était plus complexe. Un organe décentralisé, le *maire*, s'était vu attribuer, par la loi de 1884, des pouvoirs dans des matières relevant de la compétence de l'État ; et un fonctionnaire déconcentré, le *préfet*, des compétences d'exécutif départemental qui en faisaient un organe départemental. La loi de décentralisation de 1982 a partiellement mis fin à ce mélange des genres. Si elle a maintenu la situation du maire, elle a cantonné le préfet dans un rôle exclusif d'agent de l'État et a logiquement confié, au nom du principe «chacun chez soi», les fonctions d'exécutif départemental et régional aux présidents des assemblées délibérantes locales.

Le maire, agent de l'État

– En définissant les **pouvoirs du maire**, les articles L. 2122-21, L. 2122-24 et 2122-27 du CGCT distinguent **trois catégories** : ceux qu'il exerce «*sous le contrôle du conseil municipal et sous le contrôle administratif du représentant de l'État dans le département*», ceux qu'il exerce uniquement «*sous le contrôle administratif*» de celui-ci et ceux qu'il exerce «*sous son autorité*». Dans le premier cas, il agit en tant qu'organe de la commune et il exécute des décisions prises par le conseil municipal ; dans le deuxième, il a des pouvoirs «propres» et est indépendant du conseil. Dans ces deux hypothèses, il est soumis à la tutelle du préfet ; au contraire, dans l'exercice du troisième type de pouvoir, il est agent de l'État et le préfet dispose à son égard d'un pouvoir hiérarchique.

– La **commune** est donc **aussi une circonscription de l'administration d'État**, au niveau de laquelle sont réglés nombre de problèmes relevant de la compétence de celui-ci.

• Le maire est ainsi chargé de la *publication et de l'exécution des lois*. La mairie est un lieu où le *Journal officiel* peut être consulté par les administrés et un bureau de renseignements sur divers points touchant à l'application et à l'exécution de diverses lois particulières (par exemple, dans les domaines de l'assistance, de l'octroi de certaines allocations, etc.). Également chargé de l'exécution des mesures de sûreté générale, le maire s'est vu confier par les textes diverses missions spéciales, comme l'organisation des élections ou la délivrance des permis de construire.

• Il est *officier de police judiciaire*, en vertu de l'article 16 du Code de procédure pénale, mais les pouvoirs qui en résultent (possibilité de procéder à des arrestations, de recueillir des témoignages, de faire des constatations sur le lieu d'infractions, etc.) ne sont plus utilisés pour des raisons tenant autant à un manque de compétence technique et de moyens qu'à la large implantation des services de police et de gendarmerie.

• Il est *officier d'état civil*, placé sous le contrôle du procureur de la République. Même si l'établissement des actes de naissance, de mariage ou de décès ou l'inscription des mentions marginales sur les registres d'état civil sont désormais des fonctions accomplies par des employés communaux, au moins dans les communes ayant une certaine importance, c'est en son nom qu'ils les exercent. C'est lui ou les adjoints délégués qui célèbrent les mariages.

Les **fautes** commises dans l'exercice de ces missions au nom de l'État engagent la responsabilité de celui-ci et non celle de la commune.

La gestion des affaires locales : les attributions des organes locaux délibérants

Selon l'article 1111-2 du CGCT, «*les communes, les départements et les régions règlent par leurs délibérations les affaires de leur compétence*». Les lois de décentralisation avaient pour objectif de définir des blocs de compétence clairs, qui devaient interdire tout chevauchement d'attributions entre l'État et une collectivité territoriale ou entre les diverses collectivités territoriales. Ce principe avait d'autant plus d'importance que l'article L. 111-3 du même Code interdisent toute tutelle, «*sous quelque forme que ce soit*», d'une collectivité locale sur une autre.

La réalité est cependant différente : d'une part, parce que certaines lois affirment l'existence de compétences multiples dans un même domaine ; d'autre part, parce que le développement de la pratique des financements croisés, souvent décidés à la demande de l'État lui-même, amène régulièrement l'intervention de collectivités locales dans des domaines ne relevant pas en principe de leur compétence[18]. On retrouvera donc parfois, dans la définition des attributions des organes délibérants de chaque niveau, certains rapprochements.

18. Un exemple caractéristique : c'est en principe l'État qui est le seul responsable du domaine de l'enseignement supérieur ; on a pourtant vu, y compris à sa demande, de nombreux exemples d'interventions financières de collectivités locales dans le domaine de l'équipement universitaire. Il est vrai qu'en ne prévoyant un financement par chaque collectivité des projets relevant des domaines de compétences qui lui ont été dévolus par la loi que «par priorité», l'article L. 1111-4 du CGCT n'exclut pas que chacune intervienne aussi dans le domaine de l'autre.

• **Les attributions du conseil municipal**

Pour les définir, l'article L. 2121-29 du CGCT, qui reprend les termes de la loi de 1884, utilise une formule très synthétique : «*Le conseil municipal règle par ses délibérations les affaires de la commune.*» Cela recouvre trois grandes catégories de tâches.

– Le conseil municipal assure des missions de gestion importantes : en particulier, il gère et entretient le domaine public communal, et crée et gère les services publics municipaux. Il ne dispose cependant pas d'une liberté pleine et entière dans ce dernier domaine. La création de certains services publics lui est en effet **imposée par la loi**, comme le service de l'état civil ou du cadastre; celle d'autres services, ceux qui par exemple excéderaient la notion d'affaires communales, lui est **interdite.**

Mais la question la plus importante concerne la compétence du conseil municipal pour créer des services publics industriels et commerciaux risquant de faire concurrence à l'initiative privée. Le Conseil d'État avait longtemps été hostile à ce que l'on appelait le **socialisme municipal**. Les textes avaient cependant évolué, en particulier avec des décrets de 1926, puis de 1955, reconnaissant une certaine compétence aux communes pour intervenir dans le secteur économique et social. Le Conseil d'État a donc modifié sa position. Il a commencé à admettre la création de tels services lorsque, en raison d'une carence de l'initiative privée, les besoins de la population locale n'étaient pas du tout ou très insuffisamment couverts[19]. Par la suite, il a interprété cette notion d'insuffisance en termes qualitatifs et non plus seulement quantitatifs[20].

– Le conseil municipal vote le budget : les *recettes* des communes sont d'abord constituées par les *impôts*. La fiscalité locale pose cependant problème pour deux raisons. D'abord, surtout pour ce qui concerne les impôts directs, sa structure est ancienne et rigide, peu adaptée à la vie économique moderne et à l'évolution des activités communales. D'autre part, ces recettes sont très disparates d'une commune à l'autre et conduisent à des inégalités flagrantes. Les écarts dans les budgets des communes sont considérables. Selon un rapport du Commissariat général du Plan publié en janvier 2002, le rapport entre la commune la plus pauvre et celle qui dispose des ressources fiscales les plus importantes varie de 1 à 12 000. Les recettes issues des entreprises varient de 1 à 908. Et le système de péréquation que l'État s'efforce de mettre en place à travers ses **dotations aux communes**, dont un peu plus du tiers se consacre à cet objectif, est loin de corriger la situation puisqu'il ne réduit les disparités que de 30 %.

19. Il avait ainsi refusé d'admettre la légalité d'une décision créant une épicerie municipale faute d'une telle carence (30 mai 1930, *Chambre syndicale du commerce en détail de Nevers).*

20. Il a par exemple admis la création d'un cabinet dentaire par une municipalité, compte tenu non seulement de «la carence de l'équipement hospitalier et du nombre insuffisant de praticiens privés», mais aussi du fait que «ceux-ci pratiquaient en fait, pour la plupart du moins, des tarifs supérieurs aux tarifs de responsabilité de la Sécurité sociale», alors que la population locale était «constituée en grande majorité de salariés modestes» (arrêt du 20 novembre 1964, *Ville de Nanterre,* voir également page 106).

Le second poste important est constitué par des *subventions de l'État*. Depuis les lois de décentralisation, ces subventions sont de plus en plus globales, afin de faciliter l'autonomie locale : dotation globale de décentralisation, pour compenser les charges résultant des transferts de compétences en provenance de l'État, dotation globale de fonctionnement, dotation globale d'équipement[21].

– Les communes voient désormais leurs tâches s'étendre bien au-delà de la gestion courante. A partir des années soixante, puis avec les lois de décentralisation et les transferts de compétences en provenance de l'État, **leur rôle s'est considérablement accru** dans les domaines de l'urbanisme, du logement, de l'emploi et de l'aménagement des zones d'activités économiques, dans les secteurs sanitaire, social et culturel (équipements éducatifs, culturels, sportifs...). Nous en verrons plus loin les conséquences dans le domaine de la coopération intercommunale, où nous constaterons une diversification croissante des situations selon la densité du peuplement.

• **Les attributions du conseil général**

La gestion des intérêts propres du département appartient au conseil général et à son président. Créé en l'an VIII, le conseil général a reçu son organisation actuelle de la loi du 10 août 1871 qui, même modifiée à de nombreuses reprises, en a posé les bases essentielles et a définitivement établi le principe de l'élection du conseil au suffrage universel. Sa liberté d'action a été accrue par les lois de décentralisation, qui lui donnent désormais une assez large latitude d'organisation : il est tenu de se réunir au moins une fois par trimestre, mais peut accroître le nombre de ses réunions à la demande de son bureau ou du tiers de ses conseillers. Les procès-verbaux de ses séances doivent être tenus à la disposition de tout électeur ou contribuable du département.

Les attributions du conseil général ont été **fortement augmentées par les lois de décentralisation** successives. Le département constituant avant tout un échelon de gestion, elles sont essentiellement *d'ordre administratif*, même si les vœux politiques ne sont plus interdits, comme c'était le cas dans le passé. Les délibérations du conseil général ne peuvent cependant porter que sur des objets d'intérêt départemental. Le Conseil d'État a, par exemple, refusé de reconnaître ce caractère à une délibération du conseil général de l'Oise accordant une subvention destinée à la restauration du village de Colombey-les-Deux-Églises, situé dans le département de la Haute-Marne[22].

– Le conseil général vote le budget départemental : celui-ci est bien entendu fortement affecté par l'extension des compétences départementales réalisées dans le cadre de la décentralisation. En principe, en vertu du nouvel article 72-2 de la Constitution, tout transfert de compétences entre l'État et les collectivités territoriales s'accompagne de l'attribution de ressources équivalentes à celles qui étaient consacrées à leur exercice. Les

21. Les collectivités locales estiment toutefois que le montant de ces subventions n'évolue pas en proportion des nouvelles charges qui leur incombent réellement.

22. 11 juin 1997, *Département de l'Oise.*

conseils généraux dénoncent cependant souvent un transfert excessif de charges et une certaine hypocrisie de l'État qui, selon eux, ne compense pas toujours les augmentations de dépenses que ce transfert génère, en particulier parce qu'il ne tient pas compte de leur évolution. Un rapport parlementaire, présenté en décembre 2006, remarque certes que les transferts de recettes font globalement plus que compenser les augmentations de charges. Mais il souligne aussi qu'il n'y a pas coïncidence entre ceux qui bénéficient des premiers et ceux qui subissent les secondes, et que les inégalités entre départements se creusent.

Ceci explique par exemple les débats qui ont eu lieu sur le revenu minimum d'insertion (RMI), pour lequel les dépenses des départements s'élèvent à plus de 5 milliards d'euros, alors que le transfert des ressources ne dépasse guère 2 milliards; ou sur *l'aide personnalisée à l'autonomie*, destinée aux personnes âgées dépendantes et mise en place par la loi du 20 juillet 2001 qui prévoit qu'elle est financée aux deux tiers par les départements. On a fait remarquer que les dépenses des départements en la matière ont presque doublé entre 2002 et 2004 et que le taux de couverture de l'État n'a pas suivi, puisqu'il est, dans le même temps, passé de 43 à 37 % : les collectivités territoriales dénoncent donc le poids excessif que cela représente pour leurs budgets sociaux et réclament une révision de la loi.

– Il crée et gère les services départementaux dans le cadre des lois qui les réglementent : ses principales activités se situent à ce titre dans les domaines de **l'action sociale, de l'hygiène et de la santé**.

– Il gère les biens du département : il est chargé de la construction et de l'entretien de la **voirie** départementale. La loi de 2004 a, là aussi, transformé massivement des routes nationales en routes départementales (18000 km) et accru donc les charges pesant sur les départements. Il a la charge des **ports maritimes** de commerce ou de pêche. Les lois de décentralisation l'ont investi de missions importantes dans le domaine de l'enseignement (construction, entretien et fonctionnement des **collèges**) et de la **culture** (bibliothèques ou établissements d'enseignement artistique).

• Les attributions du conseil régional

La région a d'abord été imaginée dans une perspective de déconcentration et ce n'est que depuis les années soixante qu'on essaie timidement d'en faire un échelon décentralisé. Dès le départ, cependant, s'est posée une question – celle de la pertinence de l'existence de trois niveaux d'administration locale – qui ouvre une querelle entre les partisans du département et ceux de la région. Pour donner une certaine spécificité à celle-ci, on a d'abord insisté sur son rôle économique et on lui a assigné des missions de type stratégique (planification, aménagement du territoire), par opposition à l'image plus gestionnaire du département. Même si cette opposition reste globalement vraie, les lois de décentralisation l'ont cependant atténuée en transférant des compétences de gestion à la région, par exemple la responsabilité des personnels techniques, ouvriers et de service des lycées. Les attributions actuelles du conseil régional résultent de cette évolution.

– Il a pour mission de promouvoir le développement économique, social, sanitaire, culturel et scientifique de la région et l'aménagement de son territoire. Il peut donc accorder des aides ou des garanties d'emprunt à des entreprises, décider de participer au capital de sociétés, réaliser des équipements collectifs présentant un intérêt régional ou participer à leur financement.

– Il a des attributions en matière d'enseignement et de recherche : équipement, entretien et fonctionnement des *lycées*, diffusion et développement de la recherche dans la région. La gestion du secteur de l'apprentissage et de la formation professionnelle lui a été également transférée par les lois de décentralisation.

– D'autres compétences spécialisées lui ont été transférées en matière d'environnement, d'urbanisme, de pêche, etc.

– Il a d'importantes attributions en matière de **planification** : en particulier, il délibère sur le projet de **contrat de plan** conclu avec l'État; ce contrat définit les actions que l'État et la région s'engagent à mener conjointement pendant la durée du plan.

Les attributions des organes exécutifs

• Le maire

En tant qu'organe de la commune, il dispose à la fois de *pouvoirs propres*, sur l'exercice desquels le conseil municipal ne peut pas intervenir, et d'autres pouvoirs qu'il n'exerce que sous le *contrôle de ce dernier*.

– Le principal pouvoir propre du maire est celui qu'il détient en tant qu'**autorité de police administrative**. Prévu par l'art. L. 2212-1 du CGCT, il lui permet de réglementer l'exercice des libertés publiques en prenant toutes mesures propres à prévenir les troubles à l'ordre public (voir page 102) dans des domaines clairement précisés par cet article : **la sécurité, la salubrité et la tranquillité publiques**[23].

Les deux premières notions sont essentiellement techniques et n'ont guère d'implications politiques : la sécurité vise entre autres la police de la circulation et du stationnement des véhicules, la salubrité recouvre la protection de l'hygiène et de la santé publiques. En revanche, la protection de la tranquillité publique touche à des domaines politiquement très sensibles (par exemple, la liberté de réunion ou l'organisation de manifestations). C'est pourquoi une loi du gouvernement de Vichy de 1941, qui ne fut abrogée qu'en 1995, en avait en grande partie retiré l'exercice aux maires dans les villes de plus de 10000 habitants pour la confier aux préfets (régime de la police d'État). Depuis 1995, la police est étatisée dans toutes les communes chefs-lieux de département; pour implanter la police d'État dans les autres, on appréciera l'importance de leur population, permanente et saisonnière, leur situation dans un ensemble urbain et les caractéristiques de la délinquance. Lorsque l'étatisation est instaurée, le maire perd la gestion des personnels de police dans sa ville et certains de ses pouvoirs en matière de tranquillité publique.

23. L'exercice de ces pouvoirs est bien entendu soumis au contrôle du juge, qui a par exemple annulé ou atténué les arrêtés municipaux limitant la circulation des jeunes.

– **Pour accomplir ses tâches**, le maire dispose d'un **personnel municipal dont il est le chef hiérarchique** et qu'il dirige. Il est investi du pouvoir de nomination, d'affectation et de révocation, il organise leur activité et signe toutes les mesures individuelles concernant leur carrière. La gestion de ce personnel constitue également une compétence propre, qui avait souvent, dans les années suivant la loi de 1884, été utilisée dans des conditions critiquables (forte politisation). C'est pour apporter à cette gestion équité et cohérence qu'une loi de 1952, modifiée à plusieurs reprises, a établi un **statut des fonctionnaires communaux**. Celui-ci a été totalement rénové, en particulier par la loi du 26 janvier 1984 portant dispositions statutaires relatives à la fonction publique territoriale. S'il appartient aux organes délibérants de créer et de supprimer les emplois, c'est aux organes exécutifs qu'il revient d'y nommer et d'y titulariser les personnes. La loi a créé des *centres de gestion*, compétents pour les fonctionnaires de catégorie C, et un *Centre national de la fonction publique territoriale* (CNFPT) pour ceux des catégories A et B. Ces centres doivent être informés de toute vacance ou création d'emplois et organisent la publicité sur l'existence de postes à pourvoir. Cette procédure a pour but à la fois de permettre la mobilité des fonctionnaires locaux d'une collectivité à l'autre et d'apporter une plus grande homogénéité dans la gestion des carrières, en évitant les disparités entre collectivités.

La multiplicité des communes posait cependant un problème spécifique par rapport aux autres collectivités territoriales : nombre d'entre elles ignorent ce qu'est un emploi à temps complet. La loi a donc dû prévoir des dispositions particulières pour ce type de situation (par exemple, en autorisant le recrutement de contractuels).

– **La collaboration entre le maire et le conseil municipal** est celle qui s'établit ordinairement entre un exécutif et un organe délibérant. Le maire est chargé de préparer les décisions avant que le conseil municipal ne les adopte et de les exécuter une fois qu'il l'a fait. C'est en particulier à ce titre qu'il prépare et propose le budget et qu'il ordonnance les dépenses.

– **Le maire est devenu un personnage de plus en plus important** dans sa commune; il a depuis longtemps cessé d'être un simple exécutant des décisions de son conseil municipal. Depuis 1970, la loi l'autorise à bénéficier de délégations de pouvoirs du conseil municipal pour exercer en ses lieu et place de nombreuses et importantes attributions. On assiste donc, au niveau municipal, au phénomène général de **personnalisation du pouvoir** et au décalage progressif entre la nécessité d'une forte permanence et d'une technicité des fonctions exécutives et le caractère épisodique et moins « professionnel » des fonctions délibérantes. Les transformations du mode de scrutin, garantissant une majorité à l'équipe municipale, ont encore renforcé cette évolution.

En contrepartie, la **responsabilité civile et pénale du maire s'est accrue**, à la fois pour des actes relevant de l'exercice normal des fonctions (en particulier, certains délits non intentionnels) et pour des détournements de celles-ci (phénomènes de corruption, délits d'ingérence ou prises illégales d'intérêts). Certaines affaires retentissantes ont montré l'inquiétude que cette évolution soulevait chez nombre de responsables politiques locaux et provoqué une révision du Code pénal par la loi du 10 juillet 2000, avec pour effet de limiter les hypothèses de responsabilité pour délits non intentionnels.

Le maire **n'est pas politiquement responsable** devant son conseil municipal. En cas de conflit entre les deux, le conseil municipal ne peut pas renverser le maire et sa seule arme réside dans le refus éventuel de voter le budget. Si cela aboutit à un blocage de l'administration de la commune, la seule solution sera une éventuelle *dissolution du conseil*, dans les conditions qui ont été évoquées plus haut.

- **Le président du conseil général**

Il a pour mission essentielle de **préparer les réunions du conseil** : il établit le projet de budget ainsi que les rapports préalables à toute soumission d'affaires au conseil, qu'il a le pouvoir de convoquer et dont il préside les séances. Il exécute les décisions adoptées en faisant percevoir les recettes et en ordonnançant les dépenses prévues au budget, en signant les contrats approuvés par le conseil, en représentant le département en justice et il dispose pour cela *des services du département*. Indépendamment de ceux créés par le conseil général de sa propre initiative, les lois de décentralisation ont procédé à un partage des anciens services de l'État dans le département : certains ont été en grande partie transférés à celui-ci, comme ceux qui gèrent les **affaires sanitaires et sociales**; d'autres ont été partagés entre l'État et le département, comme ceux qui s'occupent de l'**équipement**; d'autres enfin sont restés à l'État, mais des conventions passées entre le préfet et le président du conseil général permettent à celui-ci de les utiliser en tant que de besoin. Les personnels des services départementaux relèvent de la *fonction publique territoriale*.

Depuis 1982, le président du conseil général dispose de pouvoirs de **police administrative** sur les biens (en particulier les routes) relevant du domaine du département. Il exerce ces pouvoirs en toute indépendance à l'égard du conseil général.

- **Le président du conseil régional**

Il a des attributions calquées sur celles du président du conseil général, à une exception près puisqu'il ne dispose pas de pouvoirs de police administrative.

Le contrôle sur les collectivités locales

Il vise à assurer le **respect de la légalité** par ces collectivités.

La tutelle sur les personnes

Les lois de décentralisation ont largement maintenu les règles traditionnelles de la tutelle sur les personnes.

– **Le maire et les adjoints** occupent une position particulière parmi l'ensemble des élus locaux : ils sont en effet les seuls à pouvoir être **suspendus** pendant une durée maximum d'un mois par arrêté ministériel motivé et **révoqués** par décret en Conseil des ministres, c'est-à-dire, dans les deux cas, par une autorité de l'État. L'existence de ce pouvoir disciplinaire s'explique par leur *dualité fonctionnelle* : organe de la commune et agent de l'État. En revanche, aucune procédure du même type n'est prévue pour les autres conseillers municipaux, ni pour les élus départementaux ou régionaux. Les mesures de suspension et de révocation, qui ne peuvent être prises qu'après que les intéressés ont été informés des griefs formulés à leur encontre et appelés à fournir des explications, écrites ou orales, s'appliquent à leurs deux fonctions. Elles sanctionnent des **fautes graves** commises dans l'exercice de celles-ci (falsification de documents, irrégularités financières), des refus d'obéir aux instructions données[24] ou des comportements contraires à l'intérêt général dont l'élu peut se rendre coupable, soit dans l'exercice de ses fonctions[25], soit en dehors de celles-ci[26].

– **Les conseillers municipaux ou généraux** peuvent être **démissionnés d'office** par décision du tribunal administratif lorsqu'ils ont refusé de remplir une mission qui leur est imposée par la loi (par exemple, la présidence d'un bureau de vote); il en va de même pour les **conseillers régionaux**, mais la décision est alors prononcée par le Conseil d'État. Ils peuvent aussi l'être s'ils deviennent inéligibles en cours de mandat : la démission d'office des élus municipaux ou régionaux est en ce cas prononcée par le préfet[27], celle des élus départementaux ne pouvant au contraire émaner que du conseil général[28].

La tutelle sur les actes

Les lois de décentralisation ont en revanche très **profondément modifié les règles anciennes de la tutelle sur les actes des organes locaux**. L'un des principaux changements qu'elles lui ont apporté est constitué par la place beaucoup plus importante que l'exercice de la tutelle laisse désormais à des organes juridictionnels.

L'annulation des actes illégaux

Les actes illégaux des organes locaux peuvent être annulés. Mais, alors qu'avant 1982 cette annulation était, dans la majeure partie des cas, prononcée par l'autorité préfectorale et que celle-ci pouvait, dans certaines hypothèses, se fonder sur de simples motifs d'opportunité, elle ne peut plus l'être depuis cette date **que par le juge administratif**, et uniquement pour des motifs de légalité.

• Deux types d'actes des organes locaux

Les actes les plus importants des organes locaux, dont la liste est donnée par la loi (ce sont principalement les délibérations des conseils, les actes de police administrative, les arrêtés réglementaires des organes exécutifs, divers contrats, à condition qu'ils aient un caractère administratif...), ne deviennent exécutoires qu'après avoir été transmis au préfet. La **transmission est donc obligatoire** pour que l'acte s'applique. La collectivité territoriale est libre de choisir le moment de la transmission, sauf pour les marchés et les actes budgétaires qui doivent être transmis dans les quinze jours. Les autres actes, ceux qui ne figurent pas sur la liste législative et qui sont les plus nombreux, n'ont pas besoin d'être transmis au préfet; ils deviennent exécutoires dès leur publication ou leur notification aux intéressés.

Le préfet a donc nécessairement connaissance des premiers. S'il découvre qu'ils sont illégaux, il peut, dans un délai de deux mois suivant leur réception, les déférer de sa propre initiative au tribunal administratif. C'est ce qu'on appelle le **déféré préfectoral**. En revanche, il n'a pas toujours connaissance des seconds; mais toute personne lésée par un tel acte pourra, dans les deux mois suivant sa publication ou sa notification, soit en demander l'annulation au tribunal administratif, soit dénoncer son éventuelle illégalité auprès du préfet. Ou bien ce dernier partagera cet avis et il déférera l'acte au tribunal administratif dans les deux mois suivant la réclamation; ou il refusera de le faire et la personne concernée pourra alors elle-même intenter un **recours pour excès de pouvoir** contre l'acte litigieux[29] (voir page 134).

• L'information par le préfet

Le préfet peut informer l'autorité décentralisée de son intention de déférer l'acte au juge et lui demander de modifier, de retirer ou d'abroger cet acte. Cette demande a pour effet de proroger le délai du déféré qui recommencera à courir, si elle est refusée, à compter de la date du refus, explicite ou implicite. Le préfet peut aussi, pour abréger l'incertitude régnant sur l'exécution de l'acte, indiquer rapidement à l'autorité décentralisée, à la demande de celle-ci, son intention de ne pas déférer l'acte au juge; cela ne l'empêche cependant pas de changer d'avis, à condition qu'il le fasse avant l'expiration d'un délai de deux mois.

24. CE 1er février 1967, *Cuny* : un maire est suspendu pour avoir refusé de pavoiser les bâtiments publics lors de la commémoration de l'appel du 18 juin.

25. CE 27 février 1981, *Wahnapo* : un maire est suspendu pour avoir tenu des propos outranciers au cours des cérémonies du 11 novembre.

26. CE 12 juin 1987, *Chalvet* : un maire est révoqué après avoir été condamné pour attentat à la pudeur sur des mineurs.

27. De département dans le premier cas, de région dans le second.

28. C'est en principe une obligation, mais elle peut parfois soulever des difficultés. En 1997, le département des Bouches-du-Rhône a, par exemple, refusé de prononcer la démission d'office de son président, devenu inéligible à la suite d'arrêts de la Cour des comptes le condamnant pour gestion de fait (sur cette notion, voir page 169).

29. Le Conseil d'État estime donc que la présentation d'une requête au préfet conserve le délai du recours pour excès de pouvoir : 25 janvier 1991, *Brasseur.* Mais cela ne concerne que les actes non soumis à transmission obligatoire. Pour les autres, la prorogation du délai est expressément interdite par la loi.

La suspension de l'exécution de l'acte

Le préfet peut assortir son déféré d'une demande de suspension de l'exécution de l'acte **(référé-suspension)**, que le juge accordera s'il estime qu'au moins un des moyens invoqués crée un **«doute sérieux» sur la légalité** de l'acte. La loi distingue cependant trois cas : dans le cas «normal», le juge dispose d'un mois pour statuer et, tant qu'il ne l'a pas fait, l'acte litigieux s'applique; en revanche, son application sera automatiquement suspendue pendant un mois s'il concerne une question d'urbanisme, de marché ou de délégation de service public et si le déféré est intenté dans un délai de dix jours; enfin, si l'acte litigieux est de nature à compromettre l'exercice d'une liberté publique ou individuelle, la loi organise une procédure d'extrême urgence : la demande de suspension sera examinée par un juge unique (le président du tribunal administratif) qui devra statuer dans un délai de 48 heures (**référé-liberté**, voir page 133).

Si le Conseil d'État est saisi d'un appel, à présenter dans les quinze jours, c'est également un juge unique (le président de la section du contentieux ou un conseiller d'État délégué) qui disposera du même délai pour se prononcer.

La substitution d'office

Les lois de décentralisation ont maintenu des pouvoirs de substitution d'office.

C'est le cas dans diverses hypothèses de **carence des autorités locales**, par exemple lorsque le maire ou le président du conseil général n'exercent pas leur pouvoir de police et qu'existe un danger pour l'ordre public; **le préfet peut alors se substituer à eux** pour prendre les mesures nécessaires, à condition de leur avoir préalablement adressé une mise en demeure restée sans résultat. Il en va de même lorsque les autorités locales n'élaborent pas ou ne modifient pas certains documents d'urbanisme pour les mettre en accord avec la loi dans un certain délai suivant une mise en demeure du préfet.

C'est aussi le cas en **matière financière**, secteur dans lequel les lois de décentralisation ont cependant créé et introduit un nouvel acteur important, la **Chambre régionale des comptes** (voir page 174).

– Une collectivité locale a l'obligation de **voter son budget en équilibre réel**. Cela implique d'abord que les recettes et les dépenses aient été évaluées de façon sincère, sans surestimation ni sous-estimation; qu'il n'y ait pas de déficit; et que l'on n'ait pas conclu de nouveaux emprunts pour assurer le remboursement de ceux qui sont en cours. Le budget doit avoir été adopté avant le 31 mars de l'année où il s'applique. Si ces conditions ne sont pas remplies (budget non voté à temps ou voté en déséquilibre), le préfet doit saisir la Chambre régionale des comptes en lui fournissant toutes les informations nécessaires à l'établissement du budget, dont la liste est fournie par la loi. La Chambre doit, après avoir entendu les explications de la collectivité, faire, dans le délai d'un mois, toutes propositions pour rectifier la situation. Le préfet règle alors le budget, soit en suivant purement et simplement les propositions de la Chambre, soit en s'en écartant; il doit, dans ce dernier cas, s'en expliquer par une décision motivée.

– Lorsqu'une autorité décentralisée **n'a pas inscrit à son budget une dépense** que la loi rend pour elle **obligatoire**[30], le préfet saisira la Chambre régionale des comptes[31]; celle-ci, après mise en demeure de la collectivité restée sans effet, demandera au préfet d'inscrire la dépense, en proposant la compensation de ce surcroît de charges. Le préfet suivra la Chambre ou, s'il préfère une autre solution, devra la justifier par décision motivée. Au cas où, après le vote du budget, la collectivité ne prend pas les dispositions nécessaires au mandatement de dépenses obligatoires, le préfet peut y procéder d'office, après lui avoir adressé une mise en demeure.

Normalement, le principe de la décentralisation **exclut toute idée d'instruction du contrôleur au contrôlé**. Pourtant, en observant la pratique administrative, on pouvait souvent constater que ce pouvoir d'instruction arrivait à se développer par deux procédés bien connus : celui de la «*carotte*» (respectez un modèle type et on vous facilitera la réalisation de l'opération souhaitée, par exemple par l'octroi de subventions) et celui du «*bâton*» (si vous ne respectez pas le modèle type, ne comptez sur aucune facilité). On voyait ainsi se développer, sans base légale, les procédés dits de «**tutelle réglementaire**» ou de «**tutelle technique**» à l'égard des collectivités territoriales. Sans les faire totalement disparaître, les lois de décentralisation se sont efforcées d'alléger ces formes de tutelle, en réduisant le nombre des normes techniques, en exigeant qu'elles ne puissent désormais résulter que de la loi et en leur enlevant fréquemment tout caractère obligatoire.

La réorganisation de l'administration communale

Le **cadre local** actuel a été maintes fois jugé **inadapté**. La France est le pays d'Europe qui compte le plus grand nombre de communes (36783 en 2007[32], dont plus de 90 % ont une population inférieure à 2000 habitants). Cet émiettement constituait souvent une gêne à la fois pour la mise en place d'équipements collectifs performants, ceux-ci ayant un coût qui dépasse les ressources d'une petite commune, ou pour la résolution des problèmes d'agglomérations urbaines qui débordent le cadre d'une seule commune.

30. Quelque exemples, parmi bien d'autres : les dépenses relatives à l'aide sanitaire et sociale pour un département, ou celles relatives au logement des instituteurs pour une commune, ou celles relatives aux actions de formation professionnelle pour une région.

31. La Chambre peut aussi être saisie par le comptable public ou un tiers intéressé.

32. Alors qu'il n'en existait que 90000 dans l'ensemble des 25 pays qui composaient l'Union européenne en 2006.

Dans le même temps, on constatait l'émergence de questions pour le traitement desquelles le cadre communal apparaissait parfois trop étendu. On a vu ainsi se développer des **structures infracommunales**. Dans le souci de développer la participation des habitants à la vie locale, diverses dispositions de la loi du 27 février 2002 relative à la démocratie de proximité (intégrée au CGCT) prévoient la création, obligatoire dans les communes de plus de 80 000 habitants, facultative entre 20 000 et 80 000, de *conseils de quartier*, susceptibles d'être consultés et associés à toutes actions concernant le quartier; les communes peuvent aussi créer des *mairies annexes* où sont installés des services municipaux de proximité.

Comme la plupart des pays développés, la France s'est donc trouvée dans l'obligation de réorganiser son administration communale mais, à la différence de ses grands voisins européens, devant la résistance des communes en place et leur refus de disparaître, elle a préféré organiser des **structures de coopération entre communes** existantes plutôt que de recourir à des solutions plus contraignantes en réduisant autoritairement leur nombre. Fondées sur le **volontariat**, leur diversité, même si elle a été réduite, donne à notre organisation locale l'allure de ce qu'on a parfois appelé un « manteau d'Arlequin ».

La coopération intercommunale

La coopération entre communes a été prévue dès avant la loi de 1884, puisque celle du 18 juillet 1837 les autorisait déjà à conclure des contrats pour la mise en place *d'ententes ou de conférences intercommunales*, chargées de la construction ou de la gestion d'installations communes.

Un tournant sera pris avec la loi du 22 mars 1890 qui, pour la première fois, permettra à un ensemble de communes de s'associer pour donner naissance à une nouvelle entité, dotée d'une personnalité morale distincte de celle des communes fondatrices, le **syndicat de communes**. En reprenant la même formule juridique, celle de l'établissement public, deux ordonnances du 5 janvier 1959 vont à la fois diversifier et développer la formule du syndicat de communes et ouvrir la voie à des structures d'agglomération : à l'institution des **districts**, créés par ces textes et qui seront supprimés en 1999, s'ajoutera celle des **communautés urbaines**, prévue par la loi du 31 décembre 1966. La loi d'orientation du 6 février 1992 relative à l'administration territoriale de la République, puis celle du 12 juillet 1999 sur le renforcement et la simplification de la coopération intercommunale, rénoveront enfin la question en instituant deux formules nouvelles censées répondre à l'ensemble des questions, puisque celle des **communautés de communes** tend à répondre aux problèmes de l'espace rural, alors que celle des **communautés d'agglomération** s'attache à ceux de l'espace urbain.

Les structures intercommunales au 1er janvier 2007

Communautés urbaines	
Nombre de groupements	**14**
Nombre de communes concernées	358
Population totale regroupée	6 251 200
Communautés d'agglomération	
Nombre de groupements	**169**
Nombre de communes concernées	2 946
Population regroupée	21 173 700
Communautés de communes	
Nombre de groupements	**2 400**
Nombre de communes concernées	30 081
Population regroupée	26 475 200

Source : Ministère de l'Intérieur, de l'Outre-mer et des Collectivités territoriales, DGCL.

Les règles communes aux établissements publics de coopération intercommunale

Le Code général des collectivités territoriales fixe désormais un certain nombre de règles communes à tous les *établissements publics de coopération intercommunale* (EPCI).

- **Leur création**

La demande de création doit émaner d'un ou plusieurs **conseils municipaux** intéressés; elle peut aussi résulter d'une initiative du ou des **préfets** des départements concernés après avis de leur(s) commission(s) départementale(s) de coopération intercommunale. Ces commissions sont composées pour 60 % d'élus municipaux – au sein desquels on recherche une représentation équilibrée entre les communes les moins peuplées et les communes les plus peuplées – et, pour le reste, de représentants d'établissements de coopération intercommunale et de conseillers généraux et régionaux. Chargées d'établir et de tenir un état de la coopération intercommunale dans leur département, compétentes pour formuler toute proposition tendant à renforcer cette coopération, ces commissions sont consultées sur tout projet de création d'un EPCI.

A la suite de cette initiative, le ou les préfets concernés dresseront la liste des communes intéressées. Ils peuvent y inclure toutes celles qui sont susceptibles d'être regroupées, même si certaines d'entre elles ont d'ores et déjà manifesté leur opposition au projet.

Les conseils municipaux des communes inscrites disposent alors d'un délai de trois mois pour faire connaître leur position, faute de quoi elle sera réputée favorable. La création exige l'accord des 2/3 au moins des conseils municipaux intéressés représentant plus de la moitié de la population totale, ou de la moitié au moins des conseils municipaux représentant les 2/3 de la population totale. Cette majorité doit obligatoirement comprendre les conseils municipaux des communes les plus importantes (celles dont la population est supérieure au quart de la population totale pour les syndicats ou les communautés de communes, celles dont la population est supérieure à la moitié de la population totale ou, à défaut, dont la population est la plus importante pour les communautés d'agglomération ou les communautés urbaines).

- **Leur administration**

Elle est assurée par un **organe délibérant** composé de délégués élus par les conseils municipaux des communes membres, et dont le mandat est lié à celui du conseil municipal qui les a désignés. Un *président*, élu par ce conseil dans les mêmes conditions que le maire l'est par le conseil municipal, constitue l'organe exécutif; il peut déléguer ses pouvoirs, sous sa surveillance et sa responsabilité, à des vice-présidents qui constituent avec lui le *bureau* du comité, ou bien au directeur de l'EPCI. Le bureau peut recevoir délégation de l'organe délibérant, à l'exception des compétences financières ou des pouvoirs de modification statutaire. Les règles concernant la tutelle sont analogues à celles applicables aux communes.

- **Leurs évolutions statutaires**

La création de l'EPCI entraîne de plein droit **le transfert à son profit des compétences** dont la loi prévoit le transfert obligatoire et de celles qui sont énumérées dans la décision constitutive. La commune de base ne peut plus intervenir dans les domaines délégués. Après la création de l'EPCI, des **modifications de son objet** peuvent être décidées et accompagnées, le cas échéant, du transfert des biens, équipements ou services nécessaires à l'exercice de ses nouvelles compétences. Ces modifications doivent être décidées par des délibérations concordantes de l'organe délibérant du groupement et de la majorité des conseils municipaux des communes membres. Ceux-ci doivent se prononcer dans les mêmes conditions que celles qui sont requises pour la création de l'établissement.

Le périmètre de l'établissement public peut être étendu, par arrêté préfectoral, par adjonction de communes nouvelles. Cette extension est décidée soit à la demande des conseils municipaux des communes candidates, soit à l'initiative de l'organe délibérant de l'établissement public, soit à l'initiative du préfet. Dans tous les cas, l'extension exige des votes concordants des conseils municipaux des communes candidates et de l'organe délibérant de l'établissement public. Les conseils municipaux des communes membres doivent être consultés dans les trois mois suivant la notification de la décision de l'organe délibérant à leur maire : l'opposition de plus du tiers d'entre eux équivaudra à un *veto*.

Le périmètre **peut également être modifié par diminution** du nombre des communes membres, sauf dans les communautés urbaines (voir page 85). Une commune peut en effet se retirer de l'établissement public avec le consentement de l'organe délibérant de celui-ci, sauf opposition de plus du tiers des conseils municipaux des communes membres. Le préfet consacrera le retrait par arrêté. Au moment du retrait, un accord amiable est recherché entre l'organe délibérant de l'établissement et la ou les communes concernées sur ses conditions, notamment financières et patrimoniales. Faute de cet accord, c'est un arrêté préfectoral qui les fixera.

Les autres modifications statutaires (par exemple, la modification de la répartition des sièges au conseil de communauté) exigent un accord entre l'organe délibérant de l'établissement et les conseils municipaux des communes membres statuant aux mêmes conditions de majorité que celles exigées pour la création de l'établissement.

La coopération de service : le syndicat de communes

Le syndicat de communes est la **forme la plus élémentaire** de coopération intercommunale. C'est un établissement public doté de la personnalité juridique et de l'autonomie financière, associant des communes pour permettre ou faciliter la création et la gestion d'un service ou d'un équipement communs à l'ensemble des communes membres.

Historique du syndicat de communes

Il a été prévu par la loi précitée de 1890 et ne pouvait avoir pour but que la *création d'un seul service* (par exemple, un réseau de distribution électrique ou d'adduction d'eau). C'est d'ailleurs pour cette raison qu'avait été retenue la formule de l'établissement public, correspondant à l'idée du service public personnalisé.

A l'époque, le syndicat repose sur l'idée de *l'égalité absolue entre communes membres*, quelle que soit leur population, et son fonctionnement est fondé sur le principe de l'unanimité. L'ordonnance de 1959 va assouplir les règles de fonctionnement de ces SIVU (syndicats intercommunaux à vocation unique), en y introduisant le principe de la majorité qualifiée. Elle autorisera aussi la création de SIVOM (syndicats intercommunaux à vocation multiple) pouvant créer et gérer plusieurs services. Une loi du 31 décembre 1970 va unifier les règles de fonctionnement de tous ces syndicats et supprimer la distinction entre SIVU et SIVOM. Enfin, la loi du 5 janvier 1988 autorisera les communes membres d'un syndicat à n'y adhérer que pour une partie des compétences de celui-ci, instituant le principe du syndicalisme à la carte.

Il existe par ailleurs, depuis 1935, des *syndicats mixtes* qui associent des collectivités territoriales de niveau différent (communes, EPCI, départements...) ou d'autres partenaires pour la gestion d'un service public. Ils sont dits « fermés » lorsque leurs membres sont exclusivement des collectivités territoriales. Lorsque des établissements publics (essentiellement consulaires : chambres de commerce et d'industrie, de métiers, d'agriculture...) figurent parmi les partenaires du syndicat mixte, on dira au contraire qu'il est « ouvert ».

- **La création du syndicat de communes**

Elle est réalisée **à l'initiative des communes** qui y appartiendront. Ou bien leur accord est unanime : le préfet constate alors cet accord par arrêté. Ou bien, après établissement par le préfet de la liste des communes intéressées, certaines communes du périmètre concerné manifestent leur désaccord : la création du syndicat exigera alors la majorité qualifiée dont il a été question plus haut. L'avis du ou des conseils généraux intéressés est demandé.

De **nouvelles communes peuvent adhérer au syndicat après sa création**, dans les conditions précédemment décrites. A l'inverse, une commune adhérente peut souhaiter se retirer du syndicat. La procédure à suivre est en principe la même : elle exige donc l'accord du comité du syndicat et celui des deux tiers au moins des conseils municipaux des communes adhérentes.

Cependant, depuis la loi du 5 janvier 1988, **une commune peut se retirer unilatéralement** dans deux cas : d'une part lorsque son adhésion est devenue sans objet à la suite de la modification d'une réglementation, d'autre part lorsqu'elle estime que les dispositions statutaires du syndicat relatives à l'organisation, aux compétences ou aux ressources de celui-ci sont de nature à compromettre de manière essentielle son intérêt à participer à l'objet syndical. Ce peut être en particulier le cas lorsque ces dispositions statutaires font l'objet d'une modification. Elle adressera alors au syndicat une demande tendant à modifier les dispositions litigieuses. Si elle n'obtient pas de décision favorable ou si elle n'obtient qu'une décision insuffisante, elle pourra demander au préfet l'autorisation de se retirer du syndicat. L'avis de la *commission départementale de la coopération intercommunale* est sollicité. Dans ce cas, celle-ci siège dans une composition restreinte, réunissant uniquement des maires (pour les trois quarts de la commission) et des représentants d'EPCI (pour le quart restant).

Enfin, depuis 1999 et dans les mêmes conditions, une commune est autorisée à se retirer d'un syndicat pour adhérer à une communauté de communes, ou à lui retirer certaines compétences pour les transférer à une telle communauté.

En fonction de la décision de création du syndicat, celui-ci aura une **durée** indéterminée ou un terme précis. Il est **dissous** de plein droit à l'expiration du terme fixé ou à l'achèvement de l'opération projetée, ou si ses attributions sont reprises par un autre établissement public de coopération intercommunale. Il peut aussi être dissous avec le consentement de tous les conseils municipaux intéressés. La loi de 1982 a ajouté deux nouvelles hypothèses : la dissolution par arrêté préfectoral à la demande motivée de la majorité des conseils municipaux intéressés, après avis de la commission permanente du conseil général; ou la dissolution par décret pris sur avis conforme du conseil général concerné et du Conseil d'État. Enfin, la loi de 1988 en ajoute une dernière : la *dissolution d'office* du syndicat qui n'aurait eu aucune activité depuis deux ans (par exemple, celui dont les instances ne se sont plus réunies). Dans tous les cas, l'acte de dissolution détermine les conditions de la liquidation des actifs et des biens, sous réserve des droits des tiers, créanciers du syndicat.

- **L'administration du syndicat**

Le principe initial était celui de la **confédération** : le syndicat était donc administré par un comité composé de deux représentants par commune, désignés par leur conseil municipal en son sein ou non. On a cependant admis après 1959, puis davantage encore après 1988, que cette égalité soit contredite par les statuts adoptés lors de la décision institutive et que ceux-ci tiennent compte de l'importance, notamment démographique ou financière, de chaque commune. La loi de 1988 a même admis que, dès lors qu'une commune n'adhère au syndicat que pour une partie des compétences de celui-ci (syndicalisme « à la carte »), ses délégués puissent ne pas participer aux discussions et aux votes portant sur des affaires qui ne les concernent pas.

- **Les compétences du syndicat**

Elles sont déterminées par la décision institutive ou incluses dans ses modifications ultérieures. Les communes jouissent d'une très grande liberté dans la détermination des compétences confiées au syndicat. Le juge administratif exerce un contrôle sur le caractère suffisant de la précision dans la définition de l'objet du syndicat. Celle-ci a en effet deux conséquences juridiques importantes : elle prive les communes adhérentes de toute possibilité d'intervenir dans les domaines délégués au syndicat; et elle interdit au syndicat de déborder les compétences définies dans ses statuts.

Pour exercer ses compétences, le syndicat bénéficiera de **ressources propres**. Il n'a, en principe et sauf exception, pas de ressources fiscales. Le principe général est que son budget est d'abord alimenté par les **contributions des communes membres**, le pourcentage à acquitter par chacune d'entre elles résultant des statuts. Ces contributions constituent pour chacune des communes concernées des dépenses obligatoires qui pourront être inscrites d'office à leur budget. Le syndicat peut cependant, le cas échéant, percevoir les **taxes ou redevances** correspondant aux services ou ouvrages dont il assure la gestion (par exemple, la taxe sur l'enlèvement des ordures ménagères, s'il est chargé de la gestion de ce service).

Le nombre des syndicats de communes diminue régulièrement au profit des autres formes de coopération intercommunale. Au 1er janvier 2007, il existait 16282 syndicats et la très grande majorité d'entre eux (12 023) étaient des SIVU (syndicats à vocation unique).

La coopération de projet

Le principe du syndicat de communes était « *l'union fait la force* » : on se met à plusieurs pour mieux résoudre les problèmes de chacun et y trouver une réponse qui serait beaucoup plus difficile à donner si chacun restait isolé. Lorsque, pour faciliter la gestion globale de l'espace urbain dans les grosses agglomérations, la loi du 31 décembre 1966 a créé une nouvelle sorte d'établissement public territorial, la **communauté urbaine**, l'idée est différente : on s'unit parce que c'est le *seul moyen de résoudre les problèmes collectifs de l'ensemble des partenaires* de l'agglomération qu'ils constituent. On franchit ainsi un pas important vers l'intégration forte des structures communales de base au sein d'ensembles plus larges. La loi crée d'ailleurs d'autorité les quatre premières communautés urbaines pour la gestion des agglomérations de Bordeaux, Lille, Lyon et Strasbourg. Dix autres communautés urbaines seront créées ultérieurement par association volontaire de la majorité des communes concernées.

Par la suite, un mouvement dont la dernière étape est constituée par la loi du 12 juillet 1999 relative au renforcement et à la simplification de la coopération intercommunale étendra les mêmes principes à d'autres contextes. Pour la renforcer, elle **réduit le nombre des formes d'EPCI** et les ramène **à quatre catégories** : les deux dont il vient d'être question (syndicats et communautés urbaines) et deux nouvelles, apparues au cours de la décennie quatre-vingt-dix : les communautés de communes et les communautés d'agglomération. Les trois dernières s'appliquent à trois situations distinctes – celle des très grosses agglomérations organisées autour d'une ville centre, celle du tissu urbain plus diffus et celle du secteur rural – en y faisant correspondre trois types différents de communautés. Pour simplifier la coopération, la loi unifie les règles de création, d'organisation et de fonctionnement de l'ensemble des EPCI.

La construction de cet ensemble marque une volonté de développer ce qu'on appelle **l'intercommunalité de projet**. L'objectif n'est plus simplement de faciliter la résolution commune du problème de chacun, il est d'associer des communes en vue de la réalisation d'un projet commun de développement et d'aménagement, qui soit autre chose que la juxtaposition et l'addition des intérêts de chaque commune membre. A ce titre, les EPCI créés au nom de l'intercommunalité de projet peuvent être dotés d'une **fiscalité propre**, ce qui leur permet non seulement de percevoir certains impôts aux lieu et place des communes membres, mais aussi de bénéficier de dotations directes de l'État.

Districts, communautés et problèmes d'agglomération

L'une des questions lancinantes, dans les années 1950, était le décalage existant entre besoins et ressources, illustré par la situation de ce que l'on appelait les «*communes-dortoirs*». Souvent une grande partie des activités économiques d'une agglomération se concentrait dans les villes centres, cependant qu'avaient été rejetés à la périphérie les grands ensembles de logement, en particulier sociaux. Ceux-ci généraient des besoins importants d'investissements liés au cadre de vie (équipements scolaires, culturels, sportifs et sociaux, par exemple), auxquels les ressources des communes concernées avaient du mal à faire face, cependant que, plus riche, la commune centre connaissait moins ce type de besoins. Et cela impliquait aussi une gestion de problèmes qui ne pouvaient être traités que dans le cadre global de l'agglomération (aménagement de son territoire, transports et circulation, etc.) D'où la nécessité d'imaginer des *structures d'ensemble*, comme les districts ou les communautés urbaines.

Une ordonnance du 5 janvier 1959 avait prévu la création de districts urbains, destinés à résoudre les problèmes des agglomérations urbaines. Avec l'évolution des structures de coopération, cette formule du district devint superflue et la loi du 12 juillet 1999 imposa finalement la *transformation de tous les districts existants en communautés de communes*, au plus tard le 1er janvier 2002.

• Les communautés urbaines

On touche avec elles aux limites de l'utilisation de la formule de l'établissement public pour l'organisation de la coopération intercommunale. En premier lieu, ce qui les caractérise essentiellement, c'est la **définition d'un territoire** et non la détermination d'un service à gérer. Ensuite, la liste des services dont la gestion est confiée aux communautés est d'une telle importance et d'une telle longueur qu'on peut davantage parler de **compétence générale** que d'application du principe de spécialité.

– La création et la dissolution de la communauté urbaine : constituée sans limitation de durée, la communauté urbaine doit regrouper plusieurs communes formant un territoire d'un seul tenant et sans enclave, qui s'associent au sein d'un espace de solidarité «*pour élaborer et conduire ensemble un projet commun de développement urbain et d'aménagement de leur territoire*» (article L. 5215-1 du CGCT). Depuis la loi du 12 juillet 1999, cet ensemble doit regrouper **au moins 500000 habitants**. Ces conditions ne sont cependant pas applicables aux communautés existant à la date de la loi.

La création de la communauté urbaine résulte d'un arrêté préfectoral pris après accord des communes intéressées. Les avis favorables doivent obligatoirement comprendre celui du conseil municipal de la commune dont la population serait supérieure à la moitié de la population totale ou, à défaut, de celle dont la population est la plus importante. La dissolution de la communauté urbaine, qui doit être prononcée par décret en Conseil des ministres, exige les mêmes conditions.

– Les compétences de la communauté urbaine : la loi du 12 juillet 1999 distingue les communautés créées avant la date de sa promulgation de celles qui l'ont été après. Dans les deux cas, la **liste** des compétences qui leur sont transférées de plein droit est **très importante** et elle traduit une intégration extrêmement poussée des communes membres. Pour les communautés anciennes, certaines compétences supplémentaires ont pu être transférées par simple décision du conseil de communauté, sans accord des conseils municipaux de base. Pour les communautés futures, certains des transferts prévus seront subordonnés à la reconnaissance de leur intérêt communautaire : cette reconnaissance résulte d'une décision prise par le conseil de la communauté à la majorité des deux tiers.

• Les communautés de communes et les communautés d'agglomération

Avec ces formes plus récentes, la loi généralise deux idées force qui caractérisaient la structure des communautés urbaines : elle impose à ces EPCI d'exercer certaines compétences aux lieu et place des communes membres et elle les dote pour cela de moyens spécifiques.

– **Leurs compétences :** la **communauté de communes** a été instituée en 1992. Elle est destinée à faire coopérer sur une base volontaire des communes «*d'un seul tenant et sans enclave*» (article L. 5214-1 du CGCT). La constitution de la communauté entraîne de plein droit le transfert des compétences relatives à l'aménagement de l'espace et au développement économique. La loi lui impose, en outre, d'exercer des compétences aux lieu et place des communes membres dans au moins un des quatre groupes suivants : politique de l'environnement, du logement, de la voirie ou de l'enseignement et de la culture.

La **communauté d'agglomération** a été créée en 1999 pour faire coopérer des communes limitrophes formant un ensemble d'un seul tenant et sans enclave **de plus de 50000 habitants**, regroupées autour d'une **commune**

centre de plus de 15000 habitants. Outre les transferts déjà évoqués pour les communautés de communes, elle bénéficie de plein droit des compétences concernant la politique du logement et la politique de la ville. Elle doit, en outre, se voir transférer au moins trois compétences à choisir parmi les cinq suivantes : voirie et stationnement ; assainissement ; politique de l'eau ; environnement et élimination des déchets ; équipements sportifs et culturels.

– **Leurs moyens :** la caractéristique essentielle de ces formes de regroupement réside dans le fait qu'elles bénéficient d'une **fiscalité propre**. Celle-ci peut revêtir soit la forme d'une superposition (une colonne supplémentaire dans la feuille d'impôts locaux envoyée à chaque contribuable), soit celle d'une substitution, la communauté prélevant alors la taxe professionnelle à la place des communes membres.

La réorganisation communale : les fusions de communes

Dans la **plupart des pays européens**, les transformations économiques et sociales (urbanisation, transformations de l'agriculture, politique de développement des équipements collectifs, évolution des transports, etc.) ont entraîné une évolution en deux temps. A partir des années 1950 on a assisté, comme en France, au développement des structures de coopération entre les circonscriptions de base. Mais très vite, cette solution est apparue insuffisante pour répondre aux enjeux en cause et on est donc passé, dans la décennie suivante, à une réorganisation complète de la carte administrative par une **réduction drastique du nombre des communes**.

La France a fait complètement exception à cette tendance générale. Certes, le principe de la fusion de communes était prévu depuis la loi municipale de 1884 ; avec l'évolution de la société rurale traditionnelle vers une société plus urbanisée et axée sur la production et la consommation de services, des mesures incitatrices ont été mises en place, en particulier sur le plan financier, pour favoriser les fusions. Mais le mouvement, qui se heurtait à la répugnance des communes existantes, était resté extrêmement lent et le législateur, préoccupé par cette situation, a essayé de l'accélérer en votant la loi du 16 juillet 1971. Cette loi reposait sur deux idées force. La première s'inspirait des exemples étrangers : la recherche d'une certaine cohérence dans le mouvement de fusion par l'élaboration, département par département, d'un plan global pour sa réalisation. La seconde s'en écartait, en refusant le recours à des procédés autoritaires de fusion et en privilégiant l'incitation pour la réalisation du plan. Les plans globaux n'ont donc donné que des résultats mitigés (un peu moins de 900 fusions entre 1972 et 1977, intéressant un peu plus de 2000 communes sur les 36678 que compte notre pays[33]) et la France garde sa spécificité en Europe en restant un des rares pays où les formules de regroupement sont privilégiées par rapport aux fusions.

Certaines des dispositions de la loi de 1971, qui relevaient de la seconde idée, ont été intégrées dans les articles L. 2113-1 et suivants du CGCT. Elles réaffirment clairement que la fusion ne peut être que volontaire. Et elles visent à rendre l'opération de fusion la moins douloureuse possible en l'entourant de multiples garanties et d'incitations fortes.

Le principe du volontariat

La loi de 1971 a introduit une grande nouveauté en prévoyant d'une part la possibilité de recourir à un **référendum communal** pour décider la fusion, d'autre part, et surtout, le principe selon lequel ce référendum aurait une **portée décisionnelle**.

Le référendum peut être demandé soit par la moitié des conseils municipaux représentant les deux tiers de la population totale ou les deux tiers des conseils municipaux représentant la moitié de la population, soit par le préfet. Il ne peut pas y avoir plus d'une consultation entre deux renouvellements généraux des conseils municipaux. L'accord pour la fusion exige la réunion de la majorité absolue des suffrages exprimés correspondant à un nombre de voix au moins égal au quart des électeurs inscrits dans l'ensemble des communes concernées. Si ces chiffres sont atteints, la fusion est prononcée par arrêté préfectoral, sauf en ce qui concerne les communes où le principe de la fusion aurait été refusé par les deux tiers des suffrages exprimés représentant au moins la moitié des électeurs inscrits.

La régularité des opérations électorales peut être contestée par le préfet et par tout électeur inscrit devant le juge administratif. Celui-ci appréciera en particulier si des irrégularités ont été de nature à fausser la sincérité du scrutin.

Les garanties et les incitations

La **première des garanties** réside dans le droit, pour les conseils municipaux intéressés, de **choisir entre deux formes de fusion** : la fusion simple et la fusion-association. La seconde formule laisse subsister certaines institutions au sein des communes associées : un maire délégué, une mairie annexe – garantissant la proximité de certains services aux usagers – et un conseil consultatif élu à la même date que le conseil municipal.

La **seconde garantie** réside dans la possibilité pour les communes fusionnées de retrouver leur **indépendance**. Celle-ci, qui n'avait pas été prévue par la loi de 1971, a cependant été admise par le Conseil d'État : elle peut se réaliser en recourant aux procédures de modification des limites territoriales des communes, prévues par le CGCT. Elle a été utilisée dans 53 cas entre 1975 et 1985.

La loi a maintenu des **incitations financières** en faveur des fusions de communes : principalement une majoration des subventions d'équipement pendant les cinq années suivant la fusion. Est également prévue, pour la même durée, une aide financière de l'État destinée à favoriser l'intégration fiscale des communes fusionnées, donc à calmer les inquiétudes des contribuables et à compenser le coût de cette intégration.

33. En 2007, pour près de 63 millions d'habitants. A titre de comparaison, pour une population proche (58,8 millions d'habitants), l'Italie compte un peu plus de 8000 communes, le même chiffre que l'Espagne (pour 43,8 millions d'habitants). L'Allemagne a un peu plus de 13100 communes pour 82,4 millions d'habitants.

Chapitre 3
L'administration spécialisée

Le procédé de la décentralisation par services *consiste à octroyer la personnalité morale à un certain nombre de services publics en vue de les individualiser. Il peut s'agir indifféremment de services nationaux ou locaux, à qui l'on souhaite donner une large autonomie tant sur le plan financier que sur celui de la gestion administrative. Ils seront ainsi rattachés à une collectivité publique mais bénéficieront à son égard d'une certaine indépendance. Ce procédé est utilisé depuis longtemps pour la création des établissements publics, qui constituent l'un des modes classiques de gestion du service public. Dans sa conception traditionnelle, l'établissement public correspondait à une définition rigoureuse qui entraînait l'application d'un régime juridique précis. Cette cohérence s'est cependant affaiblie.*

La définition de l'établissement public

L'établissement public est une personne morale. Ceci implique la possession d'un *patrimoine propre* ainsi que l'existence d'un *budget* et d'une *comptabilité* individualisés, donc **l'autonomie financière**. Cette personnalité est de droit public. Il en résulte que seule une personne publique peut constituer un établissement public. Les personnes privées qui poursuivent un but d'intérêt général (par exemple, certains organismes de bienfaisance) ne peuvent constituer que des établissements d'utilité publique.

La distinction entre les deux catégories avait déjà été faite en 1856 par la Cour de cassation à propos des Caisses d'épargne. Mais, même ancienne, elle n'est pas toujours facile à opérer. Le critère déterminant de la distinction est constitué par l'intention du texte qui a créé l'établissement. Lorsqu'il l'a exprimée nettement, ce qui est heureusement le cas le plus fréquent, la réponse est évidente. Parfois, cependant, cette intention n'apparaît pas clairement. Le juge a alors recours à ce qu'il appelle la théorie du *faisceau d'indices*, en combinant divers critères (initiative de la création, but poursuivi, existence ou non de prérogatives de puissance publique, conditions d'organisation, statut du personnel, origine des ressources, règles de comptabilité, contrôle exercé par l'État...) pour rechercher, selon le mot d'un commissaire du gouvernement, la « densité respective » des règles de droit public et de droit privé appliquées à l'établissement. Aucun de ces critères n'est suffisant : c'est leur réunion qui emporte la décision. Cette technique a bien sûr deux inconvénients : d'une part, l'incertitude qui règne sur le statut de l'établissement tant que le juge ne s'est pas prononcé et, d'autre part, le risque que les tribunaux administratifs et judiciaires aient des interprétations divergentes à propos du même type d'organisme.

L'exemple des fédérations de sociétés de chasse : l'arrêt du Conseil d'État du 4 avril 1962, *Chevassier*

Cet exemple illustre parfaitement le caractère ténu de la distinction entre établissement public (EP) ou d'utilité publique (EUP), ainsi que les préoccupations d'opportunité qui peuvent prévaloir dans la position du juge. Les fédérations, créées par une loi, sont chargées de réprimer le braconnage et de constituer des réserves de chasse pour faciliter la protection et la reproduction du gibier. Dans ses conclusions, le commissaire du gouvernement Braibant soulignait le caractère « impressionnant » des indices en faveur du caractère public de ces fédérations : l'existence de missions de service public ; la nature des prérogatives dont elles disposent (monopole, exercice de pouvoirs de police, etc.) et l'importance des sujétions auxquelles elles sont soumises (statuts-type, nomination et révocation de leurs présidents par le ministre, contrôle étroit du ministère sur leur activité et leurs finances...) ; l'alimentation de leur budget par des ressources fiscales. Et pourtant, il concluait, comme le fera le Conseil d'État dans son arrêt, au caractère privé des fédérations de chasse : pour éviter d'alourdir leur gestion, d'appliquer à leurs agents le statut de fonctionnaire, de les soumettre aux règles de la comptabilité publique et du Code des marchés publics ; et, surtout, pour ne pas séparer le statut des fédérations de chasse de celui des fédérations de sociétés de pêche qui, elles, ont expressément été qualifiées d'EUP par la loi qui les a créées.

On disait autrefois que l'établissement public était un service public personnalisé, que c'était une personne publique gérant un service public. Ce n'est plus tout à fait vrai, et on notera la dissociation croissante entre la notion d'établissement public et celle de service public. Chacune des deux notions déborde l'autre. Il y a en effet des établissements publics qui ne gèrent pas de service public : par exemple, les associations syndicales de propriétaires qui n'agissent que dans l'intérêt, certes collectif mais privé, de leurs membres ; ou certaines entreprises publiques dont l'activité est celle d'un commerçant ou d'un industriel ordinaire. Et des services publics dont la gestion est confiée à des personnes morales privées ne se sont pas vu reconnaître la qualité d'établissement public, comme les ordres professionnels. Enfin, on a vu apparaître depuis vingt ans de nouvelles catégories de personnes publiques gérant des services publics. C'est le cas du groupement d'intérêt public (GIP), association de personnes publiques et éventuellement privées, chargée d'exercer une activité de service public.

Le régime juridique de l'établissement public

La complexité de la notion d'établissement public retentit sur le régime juridique applicable à ces établissements : les règles gouvernant leur création et leur mode de fonctionnement sont placées sous le signe de la diversité.

Les règles de création

Elles résultent de l'article 34 de la Constitution qui réserve à la loi la création des **catégories d'établissement public**. Lorsqu'un établissement public constitue à lui seul une catégorie particulière, il doit donc être créé par la loi ; lorsqu'il entre dans une catégorie déjà existante, un décret suffira. Le Conseil constitutionnel a dû, pour fixer la frontière, définir la notion de catégorie d'établissements publics et il le fait à partir de deux éléments.

1) Il prend d'abord en compte le **rattachement territorial de l'établissement public**. La plupart d'entre eux sont rattachés à une collectivité territoriale, et l'on distingue entre établissements publics nationaux et locaux, ces derniers pouvant être régionaux, départementaux ou communaux. Cette notion de rattachement est en partie obscure. En principe, elle devrait signifier que l'activité de l'établissement public entre dans les attributions de la collectivité de rattachement ; mais il existe des établissements publics locaux, comme les collèges (départementaux) ou les lycées (régionaux) qui assurent un service dépendant de l'État (l'enseignement). Elle pourrait signifier que l'établissement a été créé par la collectivité de rattachement. Or, pour reprendre le même exemple, lycées et collèges sont créés par une autorité de l'État (le préfet). Elle pourrait enfin impliquer que le contrôle exercé sur l'établissement le soit par la collectivité de rattachement ; mais les lycées et collèges sont en grande partie soumis à un contrôle administratif et financier de services de l'État, les rectorats. En l'espèce, le rattachement aux collectivités territoriales implique simplement l'obligation pour celles-ci de pourvoir aux dépenses d'investissement et de fonctionnement des établissements concernés.

2) Il s'attache ensuite à **l'objet de l'établissement public** en rangeant dans la même catégorie tous les établissements qui ont une spécialité analogue.

– Les établissements publics sont ainsi soumis au **principe de spécialité**. Même si celui-ci est applicable à toutes les personnes publiques autres que l'État, il est interprété de façon plus stricte pour les établissements publics. Ceux-ci ne disposent en effet que de **compétences d'attribution**, c'est-à-dire qu'ils ne peuvent faire que ce qui leur est expressément autorisé, alors que les collectivités territoriales ont des *compétences de droit commun* : elles peuvent faire tout ce qui ne leur est pas expressément interdit. L'objet d'une caisse des écoles[34] est ainsi de faciliter la fréquentation des écoles publiques ; elle ne peut l'étendre à l'enseignement privé. A l'inverse, le principe de spécialité constitue aussi une protection pour l'établissement public : le Conseil d'État a rappelé, par exemple, qu'après avoir créé un bureau de bienfaisance (ces bureaux sont devenus depuis les centres communaux d'action sociale), une commune ne peut le concurrencer en distribuant elle-même des secours.

– La spécialité est cependant **définie de façon de plus en plus large** : on a vu, par exemple, que les établissements publics de regroupement communal, telles les communautés urbaines, disposaient d'un nombre très important d'attributions. Et les établissements industriels et commerciaux ne peuvent certes avoir d'activités sans rapport avec leur objet. Mais ils peuvent développer des *activités annexes* dès lors que celles-ci améliorent et facilitent la gestion de leur objet principal (par exemple, la gestion d'hôtels pour une entreprise de transports).

– Complétant la Constitution, le Conseil constitutionnel a précisé quelques points supplémentaires concernant le partage entre compétence législative et compétence réglementaire en matière d'établissements publics. La **loi est seule compétente pour fixer les règles constitutives** régissant chaque catégorie. C'est elle qui doit définir le cadre de la mission impartie à la catégorie concernée, les règles gouvernant ses relations avec la collectivité de rattachement, les dispositions dérogatoires qui distinguent la catégorie par rapport aux autres, les groupes de personnes à représenter dans les conseils d'administration et les proportions à respecter entre eux. Tout le reste relève du règlement : le nombre et le mode de désignation des membres du conseil, etc.

La définition des catégories d'établissement public : des exemples opposés

L'ANPE ne constitue pas à elle seule une catégorie d'établissement public, puisqu'elle partage la même spécialité (les questions d'emploi) que d'autres établissements, tels l'Office national d'immigration. En revanche, en 1964, la Radiodiffusion-Télévision française, établissement public industriel et commercial (elle a aujourd'hui éclaté en plusieurs entités aux statuts très divers), ne pouvait être créée que par une loi dans la mesure où n'existait aucun autre établissement public de l'État ayant pour objet l'information et la diffusion de la pensée. Elle constituait donc une catégorie à elle seule.

34. CE 22 mai 1906, *Caisse des écoles du 6e arrondissement de Paris*.

Les règles d'organisation et de fonctionnement

La diversité des établissements publics a fait éclater la cohérence de leur régime : d'un établissement à l'autre, on peut relever des **différences considérables de situation**. Certains ont gardé un pur statut de droit public; d'autres sont soumis à des règles qui s'en écartent de façon très variable et qui vont de l'application majoritaire du droit public, corrigé par quelques dérogations empruntées au droit privé, à la situation inverse : un régime très proche du droit privé, simplement atténué par le rappel de quelques règles administratives.

La distinction essentielle sépare les **établissements publics à caractère administratif** (EPA) et les **établissements publics à caractère industriel et commercial** (EPIC). Pour les distinguer, la jurisprudence utilise trois critères qu'elle combine :
– *l'objet du service* : l'activité pourrait-elle être assurée par une personne privée ou est-elle de nature à relever uniquement de la puissance publique?
– *l'origine des ressources* : selon qu'elles proviennent de redevances payées par les usagers en rémunération de services rendus ou de sources publiques (subventions ou taxes revêtant un caractère obligatoire);
– *les modalités d'organisation et de fonctionnement* : selon qu'elles sont semblables à celles d'une entreprise privée ordinaire ou qu'elles traduisent le recours à des procédés que seule la puissance publique peut utiliser.

Le principe est que lorsqu'ils sont à caractère administratif, les établissements publics se voient appliquer un régime de droit public, alors que c'est un régime majoritairement de droit privé qui régit l'établissement public à caractère industriel et commercial.

La difficulté vient cependant de ce que la dénomination officielle de l'établissement ne correspond pas toujours à son activité réelle. Des décrets ont parfois qualifié d'établissement public à caractère industriel et commercial un établissement dont l'activité a exclusivement un caractère administratif. En pareil cas, le juge rétablit la réalité et il soumet l'activité de l'établissement au droit public (voir encadré ci-dessous). Par ailleurs, il existe des établissements publics «à double visage» : ils sont pour partie chargés d'une mission de type administratif et, pour partie, de fonctions à caractère industriel et commercial. Le juge soumet donc l'établissement, selon l'activité concernée, tantôt au droit public, tantôt au droit privé.

Restent quand même des **règles communes** s'appliquant à **tous les établissements publics**. Ils ont tous la *personnalité morale*; ils visent tous un *objet d'intérêt général*; en tant que personnes publiques, ils sont tous soumis au moins à un *minimum de règles de droit public* s'agissant de leur organisation (création, dissolution, élaboration et modification de leurs statuts, interdiction de recourir à leur égard aux procédures d'exécution forcée, etc.). C'est surtout à propos de leur fonctionnement que des différences apparaissent. Enfin, ils sont tous soumis à la *tutelle d'une autorité publique*, même si les modalités de celle-ci sont très variables selon les établissements.

Un exemple de dissociation entre la dénomination de l'établissement et la nature de l'activité : le Fonds d'orientation et de régularisation des marchés agricoles et l'arrêt du Tribunal des conflits du 24 juin 1968, *Société d'approvisionnements alimentaires*

Aujourd'hui disparu, le FORMA était un EP qualifié par le décret qui l'avait créé d'industriel et commercial. Une société qui n'avait pas respecté les prix fixés à l'occasion d'une opération d'exportation se vit infliger une amende et présenta un recours contre cette décision. Le Tribunal des conflits constata que le FORMA ne poursuivait aucune action propre : il se contentait de mettre en œuvre des objectifs qui lui avaient été assignés par l'État, et pour lesquels il n'utilisait aucun autre moyen que ceux que l'État mettait à sa disposition. Malgré sa qualification, le FORMA exerçait donc une action purement administrative et le contentieux généré par son activité relevait de la compétence du juge administratif.

Un exemple d'établissement public à double visage : l'Office national des forêts et l'arrêt du Tribunal des conflits du 9 juin 1986, *Commune de Kientzheim*

Un vol de bois ayant eu lieu dans une forêt communale, la société exploitante victime du vol intente une action en responsabilité contre l'Office national des forêts en accusant de négligence l'un de ses agents chargé de la surveillance. Le Tribunal des conflits constate que cet office exerce deux sortes d'attributions : des activités de gestion et d'équipement de la forêt, qui présentent un caractère industriel et commercial; et des activités de protection, de conservation et de surveillance qui ont un caractère administratif. La négligence ayant été commise à l'occasion de cette seconde catégorie d'activités, c'est au *juge administratif* qu'il reviendra de juger l'action en responsabilité.

Titre 2
L'action administrative

L'administration réglemente, autorise, interdit, gère, achète, subventionne, construit... Son action est multiforme par les domaines dans lesquels elle intervient et les mesures auxquelles elle donne lieu. Deux de ces domaines méritent toutefois une attention particulière, car ils incarnent l'essentiel des missions qui lui incombent : ce sont les activités de police administrative et le fonctionnement des services publics. Mais comme ils impliquent l'édiction d'un grand nombre d'actes juridiques – de même, d'ailleurs, que les autres secteurs d'intervention – on décrira au préalable le régime auquel ces actes sont soumis.

Chapitre 1
Les actes administratifs

L'administration prend différentes catégories d'actes qui sont soumis à un régime juridique particulier, dominé par le principe de légalité. Mais certains d'entre eux peuvent être particulièrement lourds de conséquences pour leurs destinataires et obéissent donc à des règles protectrices renforcées.

Les principales catégories d'actes administratifs

Le pouvoir de l'administration s'exprime par le droit de **prendre unilatéralement des décisions** modifiant l'ordonnancement juridique et s'imposant à la collectivité. Ces actes sont de nature et de contenu très divers : ils peuvent être pris pour l'exécution de lois ou en vertu d'un pouvoir réglementaire autonome, accorder des autorisations ou infliger des sanctions, s'appliquer à toute une catégorie de personnes ou seulement à un individu déterminé. Mais l'administration peut aussi, pour l'accomplissement des missions qui lui incombent, **conclure des contrats**. Certains de ces contrats ne se différencient guère de ceux que passent entre eux les particuliers (par exemple, un contrat d'acquisition de fournitures de bureau) et sont donc généralement placés sous le *régime du droit privé*. D'autres, en revanche, interviennent dans des domaines qui constituent l'essence même de l'activité administrative (par exemple, la concession de la gestion d'un service public) : ils relèvent en conséquence *du droit public*, et leur régime comporte pour l'administration des prérogatives qui n'appartiennent jamais aux particuliers.

Les actes unilatéraux

Ils se divisent en deux catégories : la première regroupe ceux qui ont une portée générale, c'est-à-dire les règlements; la seconde est celle des décisions individuelles, qui ne concernent qu'une personne physique ou morale déterminée même si elles peuvent parfois avoir des conséquences sur la situation d'autres personnes (par exemple, l'interdiction de vente d'un périodique).

Les règlements

De même que les lois, les règlements sont applicables à l'ensemble de la collectivité, comme l'interdiction des stupéfiants, ou à une catégorie entière de personnes, comme le Code de la route. Les autorités ayant compétence pour édicter des règlements sont soit énumérées par la Constitution ou par des lois spéciales, soit investies d'au moins une partie de cette compétence par les règles générales qui gouvernent l'organisation administrative.

- **Le pouvoir réglementaire du Premier ministre**

La Constitution, on l'a dit (voir la partie « Droit constitutionnel », chapitres 3 et 4), attribue dans son article 21 le **pouvoir réglementaire général au Premier ministre**, mais *« sous réserve des dispositions de l'article 13 »* : cet article vise les décrets et ordonnances délibérés en Conseil des ministres qui doivent être *signés par le président de la République*. Il en résulte que le pouvoir réglementaire, en ce cas, est partagé et qu'un décret ainsi édicté ne peut être abrogé ou modifié sous la seule signature du Premier ministre. En revanche, si le président de la République décidait d'apposer sa signature sur un décret du Premier ministre pris en application de l'article 21, cette signature apparaîtrait comme superfétatoire et ne serait donc pas requise pour l'abrogation ou la modification du texte. On rappellera également que **tous les décrets**, qu'ils soient pris sur le fondement de l'article 21 ou de l'article 13, **doivent être contresignés par les ministres** chargés de leur exécution.

- **Le pouvoir réglementaire des maires, des préfets et des AAI**

Le **maire** a compétence pour prendre par arrêtés, sur le territoire de sa commune, les mesures générales nécessaires au maintien de l'ordre public et de la salubrité. Les **préfets de département** disposent également d'un pouvoir de police; ils ont par ailleurs, en vertu de l'article 72 de la Constitution, *« la charge des intérêts nationaux, du contrôle administratif et du respect des lois »*, ce qui leur confère des attributions importantes, notamment pour la mise en œuvre de la planification économique et de l'aménagement du territoire. Et plusieurs **autorités administratives indépendantes** ont été investies par leurs textes constitutifs d'un pouvoir réglementaire pour le secteur dont elles s'occupent : ainsi la CNIL (Commission nationale de l'informatique et des libertés) régit-elle la constitution des fichiers informatisés et les conditions dans lesquelles les particuliers peuvent y avoir accès, tandis que le CSA (Conseil supérieur de l'audiovisuel) régule l'activité des stations publiques et privées de radiotélévision[35].

35. La révision constitutionnelle du 17 mars 2003 a ajouté à cette liste les collectivités territoriales, qui disposeront *« d'un pouvoir réglementaire pour l'exercice de leurs compétences »*, mais *« dans les conditions prévues par la loi »* : aussi longtemps que cette loi ne sera pas intervenue, on ne connaîtra pas l'étendue exacte des pouvoirs ainsi conférés.

- **Le pouvoir réglementaire des ministres**

Les ministres bénéficient d'un pouvoir réglementaire étendu, qu'ils peuvent exercer en vertu de deux sources d'habilitation différentes. La première est la **délégation de compétence** qui leur est souvent accordée par des lois ou des décrets pour la mise en œuvre des dispositions qu'ils édictent : ainsi, la loi du 26 janvier 1984 sur l'enseignement supérieur (dite loi Savary) donne-t-elle au ministre de l'Éducation nationale le pouvoir de réglementer les études conduisant à des diplômes nationaux, ainsi que les conditions d'obtention de ceux-ci.

La seconde habilitation résulte de leur qualité de **chef d'une administration** et n'a donc pas besoin d'être prévue par un texte particulier. Elle comprend la faculté d'organiser, généralement par arrêtés, les structures et le mode de fonctionnement de cette administration, mais aussi celle d'indiquer aux agents qui la composent de quelle manière ils devront comprendre et appliquer les textes dont il leur revient d'assurer la mise en œuvre. Ces textes sont fréquemment, en effet, rédigés de manière abstraite et doivent donc être transposés en directives opératoires : lorsqu'il est prévu, par exemple, qu'une aide ou une autorisation peuvent être accordées dans certains cas, les agents qui auront à traiter les demandes doivent être au clair sur les pièces justificatives à fournir et les délais à respecter.

Ces indications leur sont habituellement données par **circulaires**, catégorie de textes hybride : elles demeurent en principe **internes aux administrations**, mais ont des répercussions sur la situation des usagers ; elles doivent, également en principe, se borner à préciser le sens et les modalités pratiques d'application d'une règle de rang supérieur, mais certaines posent des conditions que celle-ci ne prévoyait pas. Dans ce dernier cas, le juge les qualifie de « réglementaires » et les annule lorsqu'il en est saisi, alors qu'il ne censure pas celles qu'il considère comme purement interprétatives ; mais il adopte une conception plutôt large des circulaires interprétatives, si bien que le pouvoir d'organisation des opérations qui appartient aux ministres n'a pas une portée exclusivement interne car il entraîne des effets au-delà de leur administration.

- **L'administration est tenue d'édicter des textes réglementaires**

Le **pouvoir réglementaire**, comme tous les pouvoirs dont dispose l'administration, est finalisé, en ce sens qu'il **n'existe que dans l'intérêt général** : autant qu'une prérogative, il constitue donc une mission dont l'administration ne peut se dispenser, et dans certaines hypothèses un **devoir**. Ainsi en est-il pour *l'édiction des textes réglementaires nécessaires à la mise en œuvre d'une loi ou d'un décret*. L'administration est tenue de les prendre dans un délai raisonnable afin que les dispositions prévues ne restent pas lettre morte, et sa responsabilité peut être engagée en cas d'inaction prolongée. Ce fut notamment le cas dans l'affaire *Dame veuve Renard*, jugée par le Conseil d'État le 27 novembre 1964 : les mesures d'application d'un décret prévoyant l'octroi de pensions n'avaient pas été prises, si bien que depuis des années les intéressés ne percevaient pas les sommes dont ils auraient dû bénéficier ; l'administration fut donc condamnée à leur verser des indemnités compensatrices.

L'exercice du pouvoir réglementaire est pareillement **obligatoire** en matière de **police administrative** lorsque la sécurité ou la salubrité publiques l'exigent, par exemple s'il faut mettre en place des dispositifs de surveillance des baignades ou faire supprimer des dépôts d'ordures « sauvages ». Pendant longtemps, le juge a estimé que la responsabilité de l'administration ne pouvait être engagée que si son inaction avait constitué une faute lourde, mais il est revenu sur cette position en admettant qu'une faute simple est suffisante[36].

Les décisions individuelles

Ce sont celles qui concrétisent les règles générales par leur application à des cas particuliers. Le mot « *individuelles* », toutefois, ne doit pas être pris à la lettre, car il englobe aussi des décisions qui concernent plusieurs personnes, comme un tableau d'avancement ou la liste des candidats reçus à un concours : elles ont un caractère collectif, mais sont néanmoins rangées dans la catégorie des décisions individuelles car les personnes en cause sont nommément désignées. A l'inverse, d'ailleurs, un arrêté ministériel déterminant les compétences du chef d'une division est considéré comme réglementaire, car il vise non seulement le titulaire du poste mais aussi ses successeurs. Et il existe des décisions que le juge considère comme n'étant ni réglementaires, ni individuelles, par exemple un décret prononçant la dissolution d'un conseil municipal, ou bien la décision de classement d'un site. Ces incertitudes nuisent à la clarté du droit, et peuvent avoir des conséquences concrètes dommageables, notamment lorsqu'il s'agit de déterminer le juge compétent pour connaître d'un recours[37].

Les contrats

Parallèlement aux actes unilatéraux, l'administration passe des contrats, et avec le développement des missions qui lui incombent, ces contrats se font de plus en plus nombreux : les services de l'État et les collectivités locales constituent aujourd'hui la plus grande part de la clientèle des entreprises privées. Il existe des domaines dans lesquels le recours au contrat est impossible, par exemple le recrutement de fonctionnaires, mais ils peuvent cependant intervenir dans des secteurs et pour des objets très divers. On en distingue **deux catégories** : les *contrats administratifs*, soumis au *droit public*, et les *contrats de droit privé* ; mais, de même que pour les actes réglementaires ou individuels, les frontières sont parfois imprécises alors que les régimes juridiques sont très différents.

Les critères du contrat administratif

Il n'y a pas de difficulté pour qualifier un contrat lorsque cette **qualification résulte de la loi** : ainsi les marchés de

36. Sur cette distinction, voir p. 138.

37. On verra par exemple, dans le chapitre consacré au contrôle contentieux, que les actes individuels des ministres relèvent des tribunaux administratifs, mais que le Conseil d'État est compétent en premier ressort pour ce qui concerne leurs actes réglementaires.

travaux publics et les conventions comportant une occupation du domaine public sont-ils toujours des contrats administratifs. Dans les autres cas, la nature du contrat est déterminée par **le juge** ; les grandes lignes de la classification sont les suivantes : ont en principe le caractère administratif les contrats qui sont conclus entre deux personnes publiques ; il en va pareillement de ceux qui ont pour objet l'exécution même d'un service public ou qui comportent des clauses exorbitantes du droit commun.

• Le premier critère résulte de la qualité des cocontractants

C'est sans doute le moins ferme, car il comporte deux exceptions relativement importantes. La règle dégagée par le Tribunal des conflits[38] est en effet qu'un **contrat conclu entre deux personnes publiques *« revêt en principe un caractère administratif »***, mais pas lorsqu'il *« ne fait naître entre les parties que des rapports de droit privé »* : c'est le cas, par exemple, lorsqu'un ministre ou un maire conclut avec EDF un contrat de fourniture d'électricité. A l'inverse, si deux personnes privées ne peuvent passer ensemble que des contrats de droit privé, il en va différemment lorsque l'une d'entre elles peut être considérée comme agissant, même indirectement, « pour le compte » d'une personne publique.

Un exemple de contrat administratif passé entre deux personnes privées : l'arrêt *Société entreprise Peyrot* (Tribunal des conflits, 8 juillet 1963)

L'État avait concédé la construction et l'exploitation d'une autoroute à une société d'économie mixte, personne privée. Celle-ci passa un marché pour une partie des travaux avec une entreprise également privée, mais des difficultés d'exécution surgirent et l'entreprise demanda une réparation à la société. Les juridictions civile et administrative s'étant successivement déclarées incompétentes, le Tribunal des conflits fut saisi de l'affaire. Il trancha en faveur de la compétence administrative, au motif que la construction des routes nationales, donc des autoroutes, *« appartient par nature à l'État »* et qu'il n'y a pas lieu de distinguer selon que cette construction est assurée par lui ou par un concessionnaire, même privé, agissant pour son compte. Le contrat passé entre la société et l'entreprise avait donc un caractère administratif.

• Le second critère s'attache à l'objet du contrat

Il repose sur la **notion de service public** : un contrat passé entre une personne publique et un particulier est administratif **s'il vise l'exécution du service**. C'est ainsi que les époux Bertin, qui avaient accepté verbalement en 1944 d'assurer le ravitaillement de réfugiés russes hébergés dans un camp de regroupement, ont conclu sans le savoir un contrat administratif parce qu'on leur avait confié *« l'exécution même du service public alors chargé d'assurer le rapatriement des réfugiés de nationalité étrangère se trouvant sur le territoire français »*[39]. La même solution s'applique aux agents non titulaires travaillant pour le compte d'un service public à caractère administratif : leur contrat de recrutement est administratif et ils relèvent ensuite du droit public, quel que soit leur emploi.

• Le troisième critère tient aux clauses du contrat

Si l'administration l'a conclu comme l'aurait fait un particulier, par exemple pour la fourniture de marchandises, le contrat sera réputé de droit privé ; si, au contraire, elle y a inséré des clauses exorbitantes du droit commun (c'est-à-dire des prérogatives qu'elle se réserve et qu'on ne trouverait pas dans une convention passée entre des particuliers), le contrat est administratif.

Un exemple de contrat réputé de droit privé : l'arrêt *Société des granits porphyroïdes des Vosges* (Conseil d'État, 31 juillet 1912)

La ville de Lille avait conclu avec cette société un marché de fourniture de pavés et lui imposa une pénalité en raison de retards constatés dans la livraison. La société intenta un recours pour obtenir le remboursement de cette pénalité, mais le Conseil d'État se déclara incompétent, car *« le marché (...) avait pour objectif unique des fournitures à livrer selon les règles et conditions des contrats intervenus entre particuliers »*. Cette solution, en raison de la liaison qui existe entre la compétence du juge administratif et l'application du droit public, équivalait à admettre que le marché constituait un *contrat de droit privé.*

Un exemple de contrat réputé administratif : l'arrêt *Société du vélodrome du Parc des Princes* (Tribunal des conflits, 16 janvier 1967)

La Ville de Paris avait loué l'édifice à la société pour y organiser des spectacles, mais s'était réservé le droit de s'opposer à des représentations non expressément prévues dans la convention, de contrôler les résultats financiers de l'exploitation, et de résilier unilatéralement le contrat après une simple mise en demeure. Eu égard à l'existence de ces prérogatives, le Tribunal des conflits considéra qu'il s'agissait d'un *contrat administratif* et que les litiges le concernant relevaient donc de la juridiction administrative.

38. Dans l'arrêt *UAP* rendu le 21 mars 1983.

39. Conseil d'État, 20 avril 1956, *Époux Bertin*. Ces derniers avaient saisi le juge parce que l'administration leur imposait de servir un supplément de nourriture, mais sans contrepartie financière.

Le régime juridique des contrats

Il comporte pour l'administration des prérogatives, mais aussi des sujétions.

- **Les sujétions**

Il existe d'abord des **règles de compétence** d'application stricte : les autorités habilitées à engager l'État ou les collectivités locales sont limitativement énumérées par les textes (ce sont le ministre ou le préfet dans le premier cas[40], le maire pour la commune, le président de l'assemblée délibérante pour le département ou la région), et une autorisation préalable est parfois requise (par exemple celle du conseil municipal, s'agissant de la commune). D'autre part, des **règles de procédure** pareillement strictes encadrent le choix du cocontractant, dans le double but de prévenir le favoritisme et de ménager les deniers publics : pour les contrats dépassant un certain montant, la mise en concurrence, la publicité des opérations et l'octroi de la priorité au « mieux disant » sont obligatoires.

Le **Code des marchés publics**, modifié en 2004, prévoit **deux modes de passation** des contrats. Le premier est le **marché négocié**, qui implique une certaine publicité préalable mais laisse l'administration libre de s'adresser au cocontractant de son choix : il n'est autorisé que dans certains cas prévus par le Code, en particulier les contrats d'études ou d'expérimentations, et ceux qui mettent en cause des secrets protégés. Le second mode est **l'appel d'offres**, qui peut être ouvert à tous les candidats éventuels ou restreint à une liste établie par l'administration ; celle-ci est tenue, après examen des dossiers déposés, de choisir l'offre qui lui semble présenter le meilleur rapport qualité/prix. Il existait un troisième mode de passation des contrats, l'adjudication, qui ne se distinguait de l'appel d'offres que par l'obligation faite à l'administration de donner la préférence au candidat qui proposait le prix le plus bas, mais il a été supprimé par la réforme de 2004.

- **Les prérogatives de l'administration à l'égard de son cocontractant**

Elles ne sont pas moins importantes que les sujétions auxquelles elle est soumise et s'expliquent pareillement par le fait qu'elle est en charge de l'intérêt général. Elle peut ainsi exercer un **contrôle sur l'activité du cocontractant**, notamment s'il s'agit d'un marché de travaux publics, et lui donner des « ordres de service » assortis éventuellement de sanctions pécuniaires en cas d'inexécution[41]. Elle bénéficie également du pouvoir de **résilier unilatéralement le contrat**, soit pour faute commise dans son exécution, soit lorsqu'elle estime qu'il ne correspond plus aux besoins du service (le cocontractant, dans cette hypothèse, a le droit d'être indemnisé). Enfin, elle peut **imposer une modification des clauses** du contrat si les circonstances ont changé depuis la date de sa conclusion : le juge lui a notamment reconnu le droit d'obliger le concessionnaire d'un service d'éclairage public à substituer l'électricité au gaz[42], et de contraindre la compagnie de tramways chargée d'un service de transports collectifs à mettre en service un plus grand nombre de rames[43]. Dans ces hypothèses, l'administration doit indemniser le cocontractant pour le surcroît de charges qu'elle lui impose ; mais s'il refuse de continuer à exécuter le contrat dans les nouvelles conditions, elle pourra le résilier et le confier à une autre entreprise.

L'équilibre entre les deux parties n'est toutefois pas entièrement rompu. En vertu de la jurisprudence dite de *l'imprévision*, s'il advient que des faits que l'on ne pouvait pressentir lors de la conclusion du contrat bouleversent l'économie générale de ses clauses au détriment du cocontractant, celui-ci est en droit d'obtenir de l'administration qu'elle couvre le déficit. Le Conseil d'État appliqua notamment ce principe en 1916 à une entreprise qui assurait l'éclairage public : le prix du charbon avait en effet triplé en un an par suite de la guerre[44].

Les règles applicables aux actes administratifs

Quelle que soit la nature des actes que l'administration est amenée à prendre, le régime juridique auquel ils sont soumis comporte d'importantes caractéristiques communes : chacun de ces actes doit respecter les normes de niveau supérieur mais aussi des règles de procédure et de fond qui tendent à protéger l'intérêt public ou, plus souvent, les droits des citoyens.

La hiérarchie des normes

La notion même de droit implique qu'une règle ne puisse être contredite par un acte de rang moins élevé : s'il en allait autrement, la Constitution, par exemple, pourrait être enfreinte par une loi – d'où l'institution du contrôle de constitutionnalité – et une règle générale pourrait n'être pas appliquée à certains cas particuliers, ce qui porterait atteinte à l'égalité des citoyens. Pendant longtemps, le respect obligatoire de la hiérarchie des normes a été dénommé **principe de légalité**, car c'est à la loi seule que l'administration devait conformer son action. Mais cette appellation n'est plus tout à fait exacte, car d'autres normes de référence sont progressivement apparues : la *Constitution*, en particulier son *Préambule* ; un corps de règles que l'on pourrait qualifier de déontologiques, dégagées par le Conseil d'État et dénommées *principes*

40. Des délégations de signature au profit des personnels de leurs services sont toutefois possibles.

41. Le bien-fondé de ces sanctions est toutefois contrôlé, sur recours, par le juge administratif qui peut condamner l'administration à des dommages-intérêts s'il estime qu'elle n'était pas en droit de les prononcer.

42. Conseil d'État, 10 janvier 1902, *Compagnie nouvelle du gaz de Deville-lès-Rouen*.

43. Conseil d'État, 21 mars 1910, *Compagnie générale française des tramways*. Les dates auxquelles ont été rendus ces deux arrêts montrent que la solution est acquise depuis très longtemps.

44. Arrêt *Compagnie générale d'éclairage de Bordeaux*, rendu le 30 mars 1916.

généraux du droit ; enfin, plus récemment, les *conventions internationales* que la France a ratifiées. Les sources de la « légalité » se sont donc multipliées ; mais la signification du principe et la manière dont le juge en fait assurer le respect demeurent inchangées.

Les principales normes qui s'imposent à l'administration sont au nombre de quatre.

La Constitution

Les actes administratifs doivent respecter les règles contenues dans les différents articles du texte : est ainsi irrégulier un décret empiétant sur le domaine réservé à la loi, ou auquel manque le contreseing de l'un des ministres chargés de son exécution. Mais ils doivent également se conformer aux **principes posés dans le Préambule**, qui lui-même renvoie à ceux qu'avait proclamés la **Déclaration de 1789**. Certains de ces principes énoncent des objectifs plutôt que des règles précises, tel celui qui dispose que «*chacun a le droit d'obtenir un emploi*», dont on ne saurait inférer, par exemple, qu'il oblige l'administration à déclarer admis tous les candidats qui se présentent à un concours. Mais l'article 6 de la Déclaration de 1789 pose, dans un domaine voisin, un autre principe qui a une portée plus concrète : «*Tous les citoyens [...] sont également admissibles à toutes dignités, places et emplois publics, selon leurs capacités et sans autre distinction que celle de leurs vertus et de leurs talents.*» Le Conseil d'État en a déduit deux conséquences : d'une part, l'administration ne peut refuser aux femmes d'accéder à un emploi de la fonction publique que dans les cas où les « exigences spéciales du service » paraissent l'imposer ; d'autre part, elle ne peut pas non plus interdire à des candidats de se présenter au concours d'entrée à l'ENA sur le seul fondement de leurs opinions : cette dernière règle, posée en 1954 dans le célèbre arrêt *Barel*, est d'autant plus remarquable qu'elle a été formulée à propos de candidats communistes au temps de la guerre froide.

Une autre application du Préambule doit être mentionnée, car elle marque la césure entre la jurisprudence antérieure à 1946 et celle qui a suivi l'entrée en vigueur de la Constitution : elle concerne le **droit de grève dans la fonction publique**. Avant 1946, les fonctionnaires ne bénéficiaient pas de ce droit, car la législation en vigueur n'en faisait pas mention[45] ; mais l'arrêt *Dehaene*, rendu en 1950 alors qu'aucune loi n'était intervenue à ce sujet, se réfère expressément au Préambule pour décider que la grève doit être considérée comme licite sous les seules réserves qu'implique la nécessité d'assurer la continuité du service public.

Les principes généraux du droit

Ces principes, dégagés par le Conseil d'État, se confondent parfois avec ceux qu'énonce le Préambule, car les arrêts se réfèrent régulièrement aux «*principes généraux du droit résultant notamment du Préambule de la Constitution*». Leur liste est toutefois plus longue, car « notamment » ne signifie pas « exclusivement » et plusieurs principes généraux ont plutôt pour source la tradition démocratique et républicaine. On peut citer à cet égard les *droits de la défense*, qui doivent être respectés dans les procédures administratives, et le *droit à une vie familiale normale*, que l'administration ne peut refuser aux étrangers (voir encadré ci-dessous).

Deux applications des principes généraux du droit

– Le principe des **droits de la défense** : l'arrêt *Dame veuve Trompier-Gravier,* du 5 mai 1944

Cette dame, qui vendait des journaux dans un kiosque du boulevard Saint-Denis à Paris, se vit retirer par le préfet l'autorisation de le faire parce qu'elle était suspectée d'avoir extorqué des fonds à son gérant. La décision fut annulée, car l'intéressée n'avait pas été informée de ses raisons et se trouvait donc dans l'impossibilité de se défendre : «*Eu égard [...] à la gravité de cette sanction, une telle mesure ne pouvait légalement intervenir sans que la dame veuve Trompier-Gravier eût été mise en mesure de discuter les griefs formulés contre elle.*»

– Le droit des étrangers à **mener une vie familiale normale** : l'arrêt *GISTI,* du 8 décembre 1978

Alors que le droit au séjour en France était reconnu de façon libérale aux familles des immigrés régulièrement installés, un décret de 1977 restreignit ce droit à celles qui ne demandaient pas d'accéder au marché de l'emploi. Le décret fut annulé en vertu du principe général du droit selon lequel «*les étrangers résidant régulièrement en France ont, comme les nationaux, le droit de mener une vie familiale normale ; ce droit comporte, en particulier, la faculté pour ces étrangers de faire venir auprès d'eux leur conjoint et leurs enfants mineurs*». Le gouvernement ne pouvait donc interdire par voie générale aux membres de ces familles d'occuper un emploi.

Les lois

Les lois votées par le Parlement **s'imposent** évidemment **à l'administration**, de même que les **ordonnances** prises par le gouvernement en vertu de l'article 38 de la Constitution et qui ont acquis valeur législative[46]. Mais si le juge administratif peut censurer un acte administratif qui leur serait contraire, il n'a pas le pouvoir de considé-

45. Sauf pour déclarer punissable «*tout concert de mesures contraires aux lois pratiqué par la réunion d'individus ou de corps dépositaires de quelque partie de l'autorité publique*» ; mais cette règle, inscrite dans le Code pénal, n'avait été appliquée qu'une seule fois.

46. Ces ordonnances, qui interviennent dans des domaines relevant de la loi, sont prises sur le fondement d'une habilitation du Parlement. Elles entrent en vigueur dès leur publication, mais deviennent caduques si le gouvernement ne dépose pas un projet de loi de ratification avant une date limite fixée par la loi d'habilitation (il n'est pas nécessaire que le Parlement ratifie expressément ces ordonnances : le simple dépôt du projet suffit à leur donner valeur législative). Le nombre des ordonnances tend à s'accroître : en 2004, on en a compté près d'une centaine.

rer comme inapplicable une loi qui contreviendrait à la Constitution, et donc d'annuler pour ce motif les règlements pris pour son exécution (on dit habituellement que la loi « fait écran » entre la Constitution et les décisions administratives). Cette règle peut avoir des conséquences fâcheuses parce que les lois ne sont pas toutes soumises à l'examen du Conseil constitutionnel et que certaines d'entre elles contiennent des dispositions que le Conseil aurait écartées, s'il en avait été saisi. Le juge administratif s'efforce donc, en ce cas, d'interpréter l'intention du législateur de telle manière que les conséquences les plus nocives du texte puissent être évitées.

Cette méthode a été notamment employée dans l'arrêt *dame Lamotte*, rendu le 17 février 1950 : alors qu'une loi de 1943 avait expressément déclaré insusceptible de « tout recours administratif ou judiciaire » les décisions par lesquelles les préfets pouvaient concéder les parcelles de terrain abandonnées ou incultes depuis plus de deux ans (y compris, donc, lorsque leurs propriétaires avaient été déportés), le Conseil d'État estima que la loi *« n'a pas exclu le recours pour excès de pouvoir [...], ouvert même sans texte contre tout acte administratif, et qui a pour effet d'assurer, conformément aux principes généraux du droit, le respect de la légalité »*. Cette interprétation audacieuse, qui fait de la loi ce qu'elle devrait constitutionnellement être plutôt que ce qu'elle est, a été également appliquée à propos du recours en cassation. Elle aboutit à mettre en échec la volonté du législateur, mais constitue un instrument efficace de contrôle des pouvoirs publics comme de protection des citoyens.

Les conventions internationales

La Constitution de 1958, comme l'avait fait celle de 1946, dispose dans son article 55 que les traités ou accords régulièrement ratifiés *« ont une autorité supérieure à celle des lois »*, et cet article prend une importance accrue avec le développement de l'internationalisation. La **France** est désormais **partie à de multiples traités**, intervenus dans des domaines aussi divers que l'extradition, le commerce, la protection des consommateurs ou celle des droits individuels, et on a déjà mentionné le rôle grandissant des traités et normes **résultant de la construction européenne**.

Il a été admis sans difficulté que les actes administratifs autonomes (c'est-à-dire non édictés pour l'application d'une loi) ne devaient pas contrevenir à des engagements internationaux : appelé par le gouvernement à donner un avis sur la possibilité d'interdire à des jeunes filles musulmanes le port d'un foulard dans les établissements d'enseignement, le Conseil d'État a visé, dans cet avis, pas moins de quatre engagements internationaux, dont la convention de l'ONU sur les droits de l'enfant (voir encadré page 127). Un problème se pose en revanche pour les actes pris en exécution d'une loi elle-même contraire à un traité : annuler de tels actes revient en effet, pour le juge, à contester la loi.

Jusqu'à une date assez récente, il ne s'en est pas reconnu le pouvoir, et laissait donc prédominer sur les traités des lois postérieures à ceux-ci mais comportant des dispositions incompatibles avec les leurs. Il a abandonné cette position dans l'arrêt *Nicolo*, rendu le 20 octobre 1989 à propos du traité de Rome qui fondait l'Union européenne : **désormais, une loi contraire à un traité est considérée comme irrégulière** et les règlements ou actes individuels pris pour son application seront donc annulés. Ce contrôle, dit « de conventionnalité », s'est ultérieurement étendu au droit dérivé du traité, c'est-à-dire aux règlements et directives (voir page 49). Il a été complété par le pouvoir que le Conseil d'État s'est reconnu à peu près au même moment d'interpréter lui-même les dispositions d'un traité : auparavant, lorsqu'elles ne lui paraissaient pas suffisamment claires, il demandait au ministre des Affaires étrangères d'en préciser le sens et la portée ; aujourd'hui, il se livre lui-même à cette analyse, comme il le fait pour toutes les autres normes constituant les sources de la légalité, et les engagements internationaux en font donc incontestablement partie.

Il convient de mentionner, parmi les engagements internationaux les plus importants, la **Convention européenne des droits de l'homme** et ses **pactes additionnels** : signée le 4 novembre 1950, elle lie une quarantaine d'États appartenant au **Conseil de l'Europe**[47] (à ne pas confondre avec le Conseil de l'Union européenne) et son respect est placé sous la surveillance d'une Cour comportant des représentants de chacun de ces États. Telle qu'elle est interprétée et appliquée par la Cour, la Convention exerce une *influence incontestable* sur les législations, réglementations et jurisprudences nationales : c'est ainsi que l'encadrement des écoutes téléphoniques a été renforcé, que le principe de liberté de réunion est désormais considéré comme impliquant pour les autorités administratives l'obligation de prendre toutes les mesures nécessaires pour assurer le déroulement pacifique des manifestations, et que le principe du droit à l'instruction les contraint à organiser *« sous une forme ou une autre, la reconnaissance officielle des études accomplies »*.

Les autres sources

On ne doit pas oublier **deux séries de normes** auxquels les actes administratifs doivent se conformer. La première résulte du fait que la hiérarchie des normes suit celle des autorités habilitées à les édicter : le *décret* l'emportera donc sur *l'arrêté ministériel*, qui lui-même s'imposera aux *règlements* pris par des autorités déconcentrées comme les préfets ou les inspecteurs d'académie. Par ailleurs, les actes de portée générale ne peuvent être méconnus par des décisions individuelles, sans qu'il y ait lieu de distinguer suivant qu'elles ont un contenu plus favorable ou plus restrictif. L'administration ne pourra ainsi délivrer un permis de construire à un édifice dépassant la hauteur maximale imposée par les règlements d'urbanisme. Elle ne peut pas, à l'inverse, exclure du bénéfice d'une prestation une personne qui remplit les conditions requises pour l'obtenir ni, bien entendu, infliger à un fonctionnaire une sanction non prévue par les règles statutaires. Dans toutes ces hypothèses s'applique l'adage qui remonte au droit romain : *« Tu patere legem quam fecisti »* (« Respecte la règle que tu as toi-même édictée »).

La seconde source est constituée par la **jurisprudence**. Les décisions juridictionnelles s'imposent évidemment à

47. Créé en 1949 pour instaurer un lieu de concertation entre les pays européens de l'Ouest et de l'Est, le Conseil de l'Europe n'a pas de pouvoir exécutif, ce qui le cantonne dans un rôle d'études et de propositions. Son influence juridique, notamment au travers de la Convention, est néanmoins importante.

l'administration, qui est tenue d'abroger ou de modifier les règlements déclarés illégaux, de ne pas reprendre une décision individuelle analogue à celle que le juge a annulée, et de réparer éventuellement les dommages que celle-ci a pu causer. Il lui faut également se conformer, dans l'ensemble de son action, à l'interprétation donnée par le juge d'un texte de portée générale, ainsi qu'aux principes généraux par lesquels il encadre les décisions qu'elle peut être amenée à prendre.

L'encadrement juridique des actes

Les règles applicables à l'édiction des actes administratifs, qu'elles émanent du législateur ou du juge, sont beaucoup plus nombreuses et détaillées aujourd'hui qu'elles ne l'étaient autrefois. Depuis les années soixante-dix s'est fait jour un double mouvement. D'une part le souci de protéger les particuliers, au-delà des traditionnels droits de la défense, s'est traduit par un renforcement des exigences imposées aux procédures administratives. D'autre part le souhait d'instaurer une plus grande transparence des processus de décision a entraîné l'obligation pour l'administration d'y associer dans maints domaines des représentants des personnes intéressées, et d'autoriser l'accès aux documents qu'elle détient. *L'attention ainsi portée à la manière dont l'administration prend ses décisions* et non plus seulement au contenu de celles-ci se retrouve aussi bien dans les règles de procédure qui s'appliquent à la généralité des actes que dans celles qui ont un objet plus spécifique, par exemple les opérations d'aménagement du territoire.

Les principes généraux de la procédure administrative

- **Les autorités compétentes**

Quelles que soient les décisions, il est d'abord évident qu'elles ne peuvent être prises que par les autorités habilitées à cet effet : tout empiétement de l'une d'elles sur un domaine échappant à ses attributions constitue une **incompétence**. Cette incompétence s'apprécie de trois manières différentes : par rapport à *l'objet de l'acte* (un directeur départemental de l'agriculture ne peut accorder à la place de l'inspecteur d'académie une dispense d'âge à un enfant pour son entrée à l'école) ; par rapport au *lieu* où il produira ses effets (le préfet des Hauts-de-Seine ne peut édicter un règlement de circulation applicable à Paris) ; et par rapport à la *date* à laquelle il est pris (lorsqu'un décret prévoit que des autorisations pourront être accordées pendant deux mois, il n'est plus possible d'en délivrer ultérieurement)[48].

- **Le processus d'élaboration des décisions**

Il obéit à de **nombreuses règles**, les unes destinées à assurer la qualité de ces décisions par l'obtention d'avis émanant d'organismes techniquement compétents ou de représentants des milieux concernés, les autres à rendre le processus plus contradictoire qu'unilatéral.

La première de ces préoccupations s'exprime par l'obligation fréquemment imposée à l'administration de **solliciter un avis préalable**. Cet avis peut être d'ordre *juridique*, comme celui que donne le Conseil d'État sur certains projets de décret ou sur les ordonnances prévues à l'article 38 de la Constitution. Il peut aussi avoir un caractère plus *technique*, par exemple lorsque l'Académie de médecine est consultée sur la délivrance d'un visa d'exploitation à des produits pharmaceutiques renfermant des substances vénéneuses. Ou bien il peut tendre à une *gestion concertée* avec les organisations représentatives, comme en matière de fonction publique, où de nombreuses décisions ne peuvent être prises qu'après avis des commissions administratives paritaires (CAP, voir page 118).

La nature et les conséquences de ces avis sont variables. Lorsqu'une loi exige un avis conforme – hypothèse assez peu fréquente – l'administration est tenue soit de le suivre, soit de renoncer à prendre la décision ; lorsqu'il est obligatoire, l'administration doit le demander, mais n'est pas contrainte de le faire sien ; s'il est simplement facultatif, elle peut s'en dispenser. Dans l'ensemble, cependant, *les avis exercent une influence certaine*, car l'administration a tout intérêt à ce que ses décisions paraissent à la fois mûrement réfléchies et dépourvues d'autocratisme. Et, en toute hypothèse, des obligations sont imposées pour que la consultation réponde effectivement au but recherché : particulièrement en ce qui concerne la composition de l'organisme qui sera saisi, le délai dans lequel le dossier doit lui être transmis, et le quorum requis pour l'obtention de l'avis[49].

- **Le caractère contradictoire de la procédure**

Il a été récemment renforcé, y compris en palliant les désagréments que les particuliers pourraient subir du fait de la complexité des circuits et mécanismes administratifs. Les principaux textes intervenus en ce domaine sont le décret du 28 novembre 1983 et la loi du 12 avril 2000 relative aux droits des citoyens dans leurs relations avec les administrations, qui en a étendu les dispositions aux collectivités territoriales[50]. Des avancées incontestables en ont résulté.

L'une d'elles est l'obligation désormais faite aux services de **réorienter** vers celui d'entre eux qui est compétent les dossiers qui leur ont été adressés par erreur, au lieu, comme auparavant, de les classer sans suite ou de les retourner sans indication précise (et parfois longtemps après) à leur expéditeur. Cette obligation est complétée par celle qui est faite au service compétent **d'accuser réception** des demandes en indiquant à leur auteur le délai dans lequel il lui sera ou non donné suite, ainsi que le nom de l'agent chargé d'instruire le dossier. En l'absence de cet accusé de réception, les délais de recours contentieux sont suspendus (voir page 133).

48. Ces trois formes d'incompétence sont connues sous leur dénomination latine (*ratione materiae*, *ratione loci* et *ratione temporis*). Il est clair, par ailleurs, qu'aucune autorité administrative ne peut prendre un acte, même dans son domaine d'attributions, si la compétence pour l'édicter relève d'une autorité de rang supérieur, excepté lorsque celle-ci lui a accordé une délégation expresse de compétence.

49. Une partie de ces règles résulte du décret du 28 novembre 1983 dont les dispositions ont été reprises par la loi du 12 avril 2000, une autre partie résulte de la jurisprudence.

50. L'article 72 de la Constitution disposant que ces collectivités «*s'administrent librement par des conseils élus et dans les conditions prévues par la loi*», il avait paru impossible en 1983 de les soumettre aux règles édictées par le décret.

Par ailleurs, les **décisions défavorables aux intéressés** telles que les mesures de police, les retraits d'autorisation ou les sanctions administratives, ne peuvent légalement intervenir sans que les intéressés aient été au préalable mis à même de présenter leurs *observations*. Un délai suffisant doit leur être imparti à cette fin, et il est précisé qu'ils peuvent demander à être reçus par l'agent chargé du dossier en se faisant éventuellement assister par une personne de leur choix. Il y a dans cette dernière disposition un progrès notable pour ceux qui sont peu habitués au langage administratif ou éprouvent des difficultés à s'exprimer par écrit. Et, de manière générale, l'approfondissement du caractère contradictoire de la procédure sert en même temps les intérêts des particuliers et la qualité des actes pris par l'administration : les premiers ne sont plus pris au dépourvu par une décision qui les dessert, la seconde gagne en information utile à la pertinence d'une telle décision et limite ainsi les risques d'annulation contentieuse.

• **Les décisions doivent être écrites, datées et signées de leur auteur**

On admet cependant aujourd'hui qu'un fax répond à ces conditions. Mais il arrive que l'administration saisie d'une demande garde le silence à son sujet : pour éviter l'incertitude qui résulte de ce silence, la loi du 17 juillet 1900 a décidé qu'après l'expiration d'un délai de quatre mois, il serait transformé en *décision implicite de rejet attaquable au contentieux*, et la loi du 12 avril 2000 a réduit ce délai à deux mois. Dans certaines hypothèses, toutefois, des textes ont institué un régime inverse, le silence valant acceptation de la demande : il existe, par exemple, des permis tacites de construire ou de démolir et des autorisations tacites de création d'établissements sanitaires.

• **Les décisions individuelles défavorables doivent être motivées**

Cette règle importante a été posée par la loi du 11 juillet 1979 : les décisions doivent **indiquer les raisons de droit et de fait** qui ont conduit leur auteur à les prendre. Elle facilite le contrôle du juge, qui peut plus aisément déceler les erreurs éventuellement commises; elle contraint aussi l'administration à prendre des décisions véritablement adaptées aux circonstances; et elle constitue une garantie précieuse pour les destinataires de ces décisions : substitut de la procédure contradictoire au temps où celle-ci n'avait pas encore été systématisée, elle en est aujourd'hui le complément, dans la mesure où elle leur permet de savoir si leurs observations en défense ont été prises en compte.

Initialement réservée aux cas dans lesquels les décisions sont prises à l'initiative de l'administration, l'obligation de motiver a été étendue par la loi du 17 juillet 1986 aux **refus d'autorisation**, c'est-à-dire à des demandes présentées par les particuliers. Dans les deux cas, le juge administratif a précisé divers points : les décisions qui entrent dans les catégories définies par la loi; les indications que doit comporter la motivation (les formules stéréotypées sont considérées comme insuffisantes : par exemple, l'extradition d'un étranger au motif qu'il constitue *« une menace pour l'ordre public »*, sans que soit précisé en quoi consiste cette menace); enfin, le délai dans lequel il lui faut intervenir : si elle n'est pas incluse dans la décision, mais indiquée après coup dans le seul but de régulariser *a posteriori* la procédure, le juge la considérera comme irrégulière.

Des **exceptions** sont cependant prévues **à l'obligation de motiver**. Les unes résultent de la volonté expresse du législateur, qui en a exclu les cas d'urgence et ceux dans lesquels l'indication des motifs porterait atteinte à un secret juridiquement protégé. Une autre tient à la nature des choses : les décisions implicites de rejet d'une demande, par définition, ne peuvent comporter d'indication des motifs. Les intéressés ont néanmoins le droit d'en solliciter la communication et, si celle-ci ne leur est pas accordée dans un délai d'un mois, ils peuvent demander au juge d'annuler la décision.

• **Les actes administratifs doivent être portés à la connaissance des intéressés**

Les **actes réglementaires** ayant une portée très générale sont, comme les lois, **publié**s au *Journal officiel.* Depuis la IIIe République, ils devenaient exécutoires un jour franc après cette publication, mais une ordonnance du 20 février 2004 a admis qu'ils pourraient fixer eux-mêmes la date de leur entrée en vigueur; à défaut, ils acquerront force exécutoire au lendemain de leur publication. Par ailleurs, la version imprimée du *JO* a été supprimée, sa version électronique subsistant seule : l'accessibilité du droit n'en est pas facilitée pour les personnes financièrement désavantagées. Les actes réglementaires dont le champ d'application est plus limité en raison de leur auteur ou de leur objet sont publiés dans des bulletins administratifs : c'est le cas des arrêtés ministériels ou municipaux[51].

Les **décisions individuelles** sont **notifiées personnellement** à leurs destinataires. Depuis le décret du 28 novembre 1983, la notification doit comporter, si la décision est défavorable, l'indication des voies de recours possibles et des délais dans lesquels ces recours doivent être formés; en l'absence de ces indications, les délais sont suspendus.

L'obligation de transparence

L'administration a très longtemps vécu sous le signe – et la protection – du secret. En tant que dépositaire de l'intérêt collectif, on considérait qu'elle devait être à l'abri des pressions individuelles, et qu'elle n'avait pas de comptes à rendre aux citoyens sur la manière dont elle se déterminait. Excepté lorsqu'un texte exprès le prévoyait (par exemple, la loi du 22 avril 1905 sur la communication de leur dossier aux fonctionnaires avant la prise d'une sanction), personne d'autre que les organes de contrôle ne pouvait donc accéder aux documents qu'elle produisait ou détenait. La situation changea à la fin des années soixante-dix, sous l'influence de deux courants d'idées convergents : d'une part la prise de conscience des risques que le développement de l'informatique et l'interconnexion des fichiers pouvaient entraîner pour les libertés individuelles; d'autre part le souci plus général de démocratiser la gestion publique en lui donnant un

51. Certaines décisions réglementaires, comme celle d'ouvrir une enquête publique, peuvent être publiées dans la presse ou par voie d'affichage.

caractère plus transparent. Deux lois adoptées en 1978 répondirent à ces préoccupations.

• La loi du 6 janvier 1978 «relative à l'informatique, aux fichiers et aux libertés»

Cette loi a posé une *série de règles* applicables à la *constitution et au contenu des fichiers automatisés*, ainsi qu'au droit d'obtenir la *communication des données* qui y figurent. Elle a également créé un organe de surveillance : la Commission nationale de l'informatique et des libertés **(CNIL)**, première en date des autorités administratives indépendantes (voir page 68). Désormais, tous les traitements automatisés d'informations nominatives par des collectivités publiques ou une personne privée agissant pour leur compte doivent être décidés par la voie d'un acte réglementaire précisant les informations qui seront enregistrées et pris après avis de la CNIL.

Dans le système originel, si cet avis était défavorable, le gouvernement ne pouvait passer outre que par décret pris sur avis conforme du Conseil d'État. Mais la loi du 6 août 2004, modifiant celle de 1978, a apporté un changement notable pour ce qui concerne les traitements mis en œuvre pour le compte de l'État et concernant la sûreté nationale, la sécurité publique, ou la recherche et la constatation des infractions pénales : ces traitements peuvent désormais être autorisés par un simple arrêté ministériel, auquel est seulement joint l'avis défavorable de la CNIL.

Les fichiers ne doivent contenir aucune donnée nominative faisant apparaître, directement ou indirectement, les **origines raciales** d'une personne, ses **opinions**, ses **mœurs** ou ses **appartenances syndicales**. Et la nouvelle loi précise, dans son article 10, qu'aucune décision administrative *«produisant des effets juridiques à l'égard d'une personne ne peut être prise sur le seul fondement d'un traitement automatisé de données destiné à définir le profil de l'intéressé ou à évaluer certains aspects de sa personnalité»* [52].

En vue, notamment, de s'assurer que cette obligation est respectée, **toute personne** qui en fait la demande a le droit d'accéder aux informations la concernant, ainsi que celui d'obtenir la suppression ou la rectification des informations inexactes. Si ce droit lui est refusé par le service détenteur du fichier, elle peut saisir la CNIL qui procèdera à une enquête et enjoindra au service de se conformer à ses obligations. La CNIL peut également, de sa propre initiative, entreprendre les vérifications qu'elle juge utiles, adresser des avertissements aux services, et dénoncer les infractions qu'elle constate au Parquet. Elle établit un rapport annuel qui est rendu public.

Dans son rapport pour 2006, la CNIL attire toutefois l'attention sur la faiblesse actuelle de ses moyens, qui l'empêche de contrôler suffisamment le contenu des fichiers existants [53] et de satisfaire en temps voulu les demandes d'accès. Elle relève aussi le gigantisme et les erreurs de certains fichiers de police : le STIC (Système de traitement des infractions constatées) recense ainsi 4750000 personnes mises en cause et 2250000 victimes, mais mélange parfois les deux catégories, et contiendrait au total plus de 20 % d'informations erronées.

• La loi du 17 juillet 1978 sur la liberté d'accès aux documents administratifs

Cette loi organise l'accès aux **documents administratifs de caractère non nominatif**, ainsi qu'aux informations nominatives non informatisées. La première catégorie est minutieusement détaillée par le texte, qui vise entre autres les dossiers, rapports, notes, comptes rendus et statistiques, y compris lorsqu'ils *«revêtent la forme d'enregistrements sonores»* ou sont contenus dans des fichiers automatisés. Des exceptions sont cependant prévues dans deux cas : d'une part lorsque la communication porterait atteinte à des secrets juridiquement protégés, qu'il s'agisse des délibérations du gouvernement, de la sécurité publique, de la vie privée ou du secret industriel ou commercial; d'autre part lorsque le document n'a pas un caractère «achevé», c'est-à-dire s'il est encore à l'état de projet [54].

De même que la loi du 6 janvier, cette loi s'applique à **toutes les collectivités publiques** et aux **personnes privées** agissant pour leur compte. Elle accorde également le droit d'accès à toutes les personnes qui en font la demande; mais celles-ci n'ont pas la possibilité, s'agissant d'informations nominatives, de demander des suppressions ou des rectifications de données : elles peuvent seulement faire annexer des observations au document, qui ne pourra pas être utilisé ultérieurement en les omettant.

La loi du 17 juillet crée, elle aussi, une autorité administrative indépendante chargée de veiller au respect de la liberté d'accès : la **CADA** (Commission d'accès aux documents administratifs). Cette commission peut être saisie par les personnes auxquelles une communication a été refusée, et son activité est importante : ses rapports révèlent en effet qu'elle reçoit plus de 3000 demandes chaque année et qu'elle donne une interprétation libérale du droit d'accès puisqu'elle n'estime infondées que 10 % de ces demandes. Ses avis favorables à la communication ne lient pas en droit l'administration, mais sont en fait presque toujours suivis; si tel n'est pas le cas, les intéressés peuvent intenter un recours devant le juge administratif.

La **coexistence de ces deux lois**, intervenues en ordre dispersé, **posait quelques problèmes** aux personnes souhaitant obtenir la communication d'un document nominatif, car elles ne savaient pas toujours si ce document était ou non informatisé et s'il leur fallait donc saisir la CADA ou la CNIL en cas de difficulté. La loi du 12 avril 2000 a amélioré la cohérence du dispositif en donnant compétence à la CADA pour connaître de ces demandes; mais elle ne lui a pas accordé le pouvoir d'ordonner, comme la CNIL peut le faire, la suppression des informations erronées ou dont la collecte est interdite; sur ce point subsiste donc une différence qui peut jouer au profit de la saisine de la CNIL.

---

52. La loi de 1978 avait une portée moins générale, puisqu'elle visait tous les traitements «donnant une définition du profil ou de la personnalité» de l'intéressé.

53. Elle n'a pu en examiner que 120 en un an alors que son homologue espagnol en contrôlait 600 dans le même temps. Un «plan de rattrapage» progressif, décidé en 2006, devrait la rapprocher en quatre ans de la moyenne européenne.

54. Cette seconde exception, qui résultait de la jurisprudence, a été reprise par la loi du 12 avril 2000.

Chapitre 2
La police administrative

Simple dans son principe, la notion de police administrative s'avère néanmoins complexe dans certaines de ses implications. Il n'est pas toujours aisé en effet de distinguer entre police administrative et judiciaire, ni entre les pouvoirs respectifs des diverses autorités compétentes en la matière. Ces pouvoirs sont étendus, car ils conditionnent dans une large mesure les possibilités d'existence collective («La garantie des droits de l'homme et du citoyen nécessite une force publique»*, reconnaissait déjà la Déclaration de 1789). Mais ils portent en germe des risques d'atteintes aux libertés : c'est pourquoi leur exercice est encadré par maintes règles protectrices.*

Le domaine de la police administrative

Ce domaine couvre les activités destinées à assurer le **maintien de l'ordre public**. Celui-ci, d'après les lois déjà anciennes qui ont déterminé les titulaires du pouvoir général de police (voir plus loin), comprend trois composantes : **la sécurité, la salubrité et la tranquillité publiques**. Il s'agit donc de prévenir à la fois les risques d'accidents, par exemple en matière de circulation routière, les désordres portant atteinte à la quiétude des habitants, comme les tapages nocturnes, et les dommages à la santé qui peuvent résulter d'installations ou de produits dangereux, tels les immeubles malsains ou les denrées alimentaires contaminées. Mais, comme toujours, sont apparues par la suite des activités n'entrant pas véritablement dans ces cadres et cependant susceptibles d'engendrer des troubles, si bien que le Conseil d'État a élargi la trilogie traditionnelle à des éléments relevant de ce qu'il dénomme la **moralité publique**. Sans faire sienne la conception rétrograde et dangereuse pour les libertés de «l'ordre moral» tel que le concevait notamment le régime de Vichy, il a néanmoins considéré comme licites l'interdiction de certains combats de boxe qui avaient «un caractère brutal et parfois sauvage», ou d'affichages publicitaires en faveur de «messageries roses»; et, plus récemment, il a inclus dans la notion d'ordre public celle du respect obligatoire de la personne humaine.

Les activités de maintien de l'ordre public ont des natures très différentes. Certaines sont d'ordre *juridique*, comme les interdictions qui viennent d'être mentionnées ou les obligations imposées aux restaurants en vue d'y assurer l'hygiène. D'autres sont d'ordre *matériel*, comme celles des policiers qui règlent la circulation aux carrefours. Mais, pour ce second type d'activités, il est important de **distinguer entre police administrative et police judiciaire**.

Une extension récente de la notion d'ordre public : l'arrêt *Commune de Morsang-sur-Orge*, du 27 octobre 1995

Une discothèque offrait comme attraction des «lancers de nains» : ces derniers, utilisés comme projectiles précisément par suite de leur handicap, se prêtaient à cette pratique contre rémunération, et des mesures de protection avaient été prises pour assurer leur sécurité. Le maire de la commune interdit cependant l'attraction et le Conseil d'État lui donna raison au motif que *«le respect de la dignité de la personne humaine est une des composantes de l'ordre public»*, et que *«par son objet même, une telle attraction porte atteinte à (cette) dignité»*.

La différence est théoriquement claire : la police administrative tend à **prévenir les atteintes** à l'ordre public, tandis que la police judiciaire a pour but de **les réprimer**[55]. Et la conséquence de cette distinction est logique : par suite du principe constitutionnel de séparation des pouvoirs, la police judiciaire relève de l'autorité et des tribunaux judiciaires. Mais en pratique, la distinction des deux activités est souvent délicate (voir aussi encadré page 125). D'abord par qu'elles sont menées par les mêmes personnes : les policiers et les gendarmes, mais aussi les maires, sont à la fois des autorités administratives et des officiers ou agents de police judiciaire. Ensuite parce qu'il n'est pas toujours facile d'étiqueter ces activités : la police administrative peut parfois non seulement prévenir, mais aussi réprimer une atteinte à l'ordre public, par exemple en dispersant une manifestation ou en faisant expulser du territoire un étranger en situation irrégulière; à l'inverse, il arrive à la police judiciaire de prévenir des infractions, comme lorsqu'elle organise la surveillance d'individus dont elle présume qu'ils ont l'intention de commettre un délit. Enfin parce qu'il existe des opérations dites polyvalentes, en ce sens qu'un même agent, au cours d'une telle opération, peut agir successivement au nom des deux polices : ainsi lorsqu'un agent assurant la fluidité de la circulation (police administrative) relève l'identité d'un contrevenant ou demande l'enlèvement d'un véhicule en stationnement gênant (police judiciaire).

55. Suivant la définition qu'en donne le Code de procédure pénale, elle a pour mission de «constater les infractions à la loi pénale, en rassembler les preuves et en rechercher les auteurs tant qu'une information n'est pas ouverte».

De ces enchevêtrements naissaient des **problèmes inextricables** pour les particuliers lorsqu'il leur fallait déterminer la juridiction compétente pour obtenir la réparation d'un dommage survenu par suite d'une opération de police. Aussi quelques simplifications ont-elles été introduites : le Conseil d'État a décidé qu'une activité relevait de la police administrative chaque fois qu'elle ne se rapportait pas à une infraction pénale déterminée – mais une personne autre que l'auteur de cette infraction est-elle toujours en mesure de le savoir ?[56] –; et une loi du 10 juin 1983, insérée ensuite dans le Code pénal, a soumis tous les contrôles d'identité à la surveillance des magistrats du Parquet, donc à la compétence des tribunaux judiciaires. Il n'en demeure pas moins que, dans l'ensemble, un domaine aussi sensible que celui de la police ne devrait pas donner lieu à tant de subtilités.

Les titulaires du pouvoir de police administrative

Il en existe presque autant que de niveaux territoriaux d'administration. Les **préfets** ont été investis de ce pouvoir dans leur département pendant la Révolution et les **maires** l'exercent dans leur commune depuis la loi de 1884, reprise dans le Code général des collectivités territoriales[57]. Par ailleurs, le Conseil d'État a admis en 1919 que le **président de la République** dispose du même pouvoir au niveau national (depuis la Constitution de 1946, ses compétences en la matière ont été transférées au chef du gouvernement).

Le pouvoir de police au niveau national :
l'arrêt *Labonne*, du 8 août 1919

Un décret de 1899, ancêtre de notre Code de la route, avait rendu obligatoire pour tous les conducteurs d'automobiles un « certificat de capacité », qui pouvait leur être retiré par le préfet en cas d'infraction grave aux règles de circulation. Saisi par un contrevenant auquel cette mésaventure était arrivée, le Conseil d'État déclara le décret légal au motif *« qu'il appartient au chef de l'État, en dehors de toute délégation législative et en vertu de ses pouvoirs propres, de déterminer celles des mesures de police qui doivent en tout état de cause être appliquées dans l'ensemble du territoire »*.

L'exercice de ces différentes compétences ne va pas sans quelques complexités. En premier lieu, si la police est municipale dans les petites et moyennes communes, elle est étatisée dans les villes : les personnels font alors partie de la police nationale et une partie des pouvoirs dévolus au maire pour assurer la tranquillité publique est transférée au préfet. En second lieu, certains domaines sont partagés entre plusieurs autorités : ainsi la sécurité de la circulation sur les routes nationales relève-t-elle des préfets, mais les présidents des conseils généraux sont compétents pour les routes départementales, et les maires pour les portions des deux catégories de routes qui traversent leur commune[58]. Enfin, le pouvoir de police est, logiquement, attribué au préfet pour les mesures qui dépassent le cadre d'une commune, comme le déclenchement du plan Orsec ou les décisions restreignant la consommation d'eau en période de sécheresse.

Par ailleurs, il y parfois **coexistence**, ou au contraire **cumul**, des **pouvoirs de police**. D'une part, en effet, ont été instituées des *polices dites spéciales* : celle des gares et aérodromes, par exemple, appartient au préfet et non au maire, de même que celle des établissements « classés », c'est-à-dire dangereux ou insalubres; la police des associations ayant le caractère de « groupes de combat » relève du gouvernement, et celle des publications présentant un danger pour la jeunesse est confiée au ministre de l'Intérieur. Une police spéciale prend normalement le pas sur la police générale, mais si des mesures qui relèvent de la première ne sont pas prises alors qu'elles s'avèrent nécessaires, la seconde reprend ses droits : ainsi le maire peut-il, en cas de péril, prendre à la place du préfet des mesures concernant un établissement classé.

D'autre part, il peut y avoir **cumul des pouvoirs de police générale**. Le principe est qu'une autorité locale n'a pas le droit de prendre des mesures plus libérales que celles qui ont été décidées au niveau national (par exemple, en autorisant un débit de boissons à s'installer plus près d'une école que la réglementation ne le prévoit), mais qu'elle a la possibilité, si les circonstances locales, précisément, le justifient, d'édicter des dispositions plus rigoureuses. Deux exemples classiques illustrent cette possibilité. Le premier, toujours actuel, est l'abaissement de la vitesse maximale imposée aux véhicules pour la traversée des agglomérations. Le second, moins fréquent aujourd'hui, concerne le cinéma : à plusieurs reprises, des maires ont interdit la projection de films qui avaient pourtant reçu le visa ministériel d'exploitation, parce qu'ils craignaient que leur caractère soit jugé intolérable par une partie de la population et qu'il en résulte des manifestations; les tribunaux administratifs, dès lors que ce risque leur paraissait réel, ont validé les interdictions. Celles-ci deviennent très rares, mais le débat relatif aux « circonstances locales » a rebondi avec l'interdiction faite aux enfants, dans certaines communes, de circuler seuls la nuit.

56. Ainsi une personne blessée par balle au cours d'une opération devra s'adresser pour obtenir réparation aux tribunaux judiciaires si les policiers poursuivaient un malfaiteur, mais aux tribunaux administratifs s'ils effectuaient une visite domiciliaire en période de troubles...

57. A Paris, il est partagé entre le maire et le préfet de police.

58. Mais ils peuvent être dessaisis de cette compétence au profit des préfets pour les routes dites à grande circulation. Ils demeurent, en revanche, toujours compétents pour la voirie communale.

Les conditions d'exercice de la police administrative

Cette police, en raison de son objet, obéit à un régime ambivalent : parce qu'elle est indispensable à la vie sociale, les autorités qui l'exercent disposent de larges pouvoirs; mais parce que les actes par lesquels elle se concrétise sont, plus que d'autres, susceptibles de porter atteinte aux libertés, le législateur et le juge les ont encadrés par des conditions strictes de régularité.

Les prérogatives attachées à la police

Elles sont particulièrement importantes. L'administration peut prononcer des fermetures d'établissements, des interdictions de vendre ou de circuler, voire des réquisitions de locaux, par exemple pour héberger des personnes évacuées à la suite d'un sinistre. Elle est également en droit d'ordonner l'exécution forcée des mesures qu'elle décide, par exemple en faisant procéder à l'enlèvement de véhicules ou à la saisie de journaux. Et comme ces mesures ne sont pas considérées comme des sanctions, leur régularité sera appréciée au regard des textes applicables le jour où elles ont été prises et non celui où se sont produits les faits qui leur ont donné lieu, même si ces textes sont devenus entre temps moins sévères : elles échappent donc au principe de rétroactivité des textes supprimant ou allégeant des sanctions qui est applicable dans les procédures pénales ou disciplinaires.

Les droits des personnes qui font l'objet de ces mesures sont protégés

Ces mesures doivent naturellement être conformes aux règles générales de fond et de procédure gouvernant les actes administratifs (voir page 99 et suivantes), bien que l'urgence puisse être plus souvent invoquée par l'administration pour s'en dispenser. Mais elles doivent également obéir à des principes spécifiques, et ceux qui ont été dégagés par le juge administratif pour l'ensemble des actes sont appliqués ici avec une particulière vigilance.

Il est, d'une part, **des décisions que l'administration n'a pas le droit de prendre** : par exemple, soumettre une activité à autorisation ou déclaration préalable en dehors des cas où une loi le prévoit expressément (il en est ainsi, notamment, pour les manifestations, dont les organisateurs doivent informer les autorités de police du trajet et de l'horaire envisagés) ; ou bien prescrire autoritairement les moyens par lesquels une personne doit faire cesser un trouble à l'ordre public[59].

D'autre part, plus que dans d'autres domaines de l'activité administrative, le juge exige que les **mesures prises soient à la fois nécessaires et proportionnées** à la situation : on verra dans le chapitre consacré au contrôle que de nombreux arrêts ont déclaré illégales des interdictions de réunions publiques ou des fermetures d'établissements de loisirs lorsque la tranquillité du voisinage ne l'exigeait pas absolument; de même, si l'autorité de police peut interdire aux photographes-filmeurs d'exercer leur profession dans une zone particulièrement encombrée (en l'espèce, les abords du Mont Saint-Michel), elle n'a pas le droit d'étendre cette interdiction à tout le territoire communal. Le contrôle contentieux s'exerce ainsi de façon particulièrement approfondie : l'appréciation de la légalité des décisions contestées inclut des éléments d'opportunité et l'existence d'une voie de fait est assez souvent reconnue, notamment à propos de l'exécution forcée des mesures décidées[60].

Par ailleurs, la police administrative s'analyse non seulement comme un pouvoir, mais aussi comme un **devoir**. Les préfets comme les maires sont tenus de veiller à l'application des réglementations qu'eux-mêmes ou les autorités supérieures ont édictées, par exemple pour les terrains de camping ou la sortie des poubelles. Mais ils ont également l'obligation de prévenir ou faire cesser les incidents en l'absence d'une telle réglementation : ainsi en est-il pour la sécurité d'un chemin piétonnier, d'une piste de ski ou d'une fête. S'ils ne s'acquittent pas de cette obligation et qu'un préjudice en résulte, la responsabilité de l'administration sera engagée (voir page 138 et suivantes).

---

59. Par exemple en ordonnant de supprimer les nuisances résultant d'un chenil par la limitation du nombre des animaux, alors que d'autres moyens auraient pu être tout aussi efficaces.

60. Ainsi pour les saisies de journaux (Tribunal des conflits, 8 avril 1935, *Action française*). L'exécution forcée est en effet irrégulière lorsque des textes spéciaux prévoient une procédure juridictionnelle. Sur l'ensemble de la notion de voie de fait, voir page 130.

Chapitre 3
Les services publics

La notion de service public est l'une des plus importantes du droit administratif français, mais aussi l'une des plus complexes. Son histoire est en effet émaillée de périodes d'ascension rapide et de recul relatif, tant sur le plan des idées et des faits que sur celui de la théorie juridique.

Limité à l'origine aux fonctions régaliennes de l'État, le service public s'est progressivement étendu à des activités que l'on estimait jusqu'alors réservées à l'initiative privée, et il a longtemps constitué la « pierre angulaire » du droit administratif, dont il déterminait à la fois le domaine et la finalité. Plus tard, la notion s'est distendue par l'apparition de formes de gestion très diversifiées ; par ailleurs, son champ d'application a été contesté par des majorités politiques proches du libéralisme économique et surtout, aujourd'hui, par les conceptions sur lesquelles s'appuie la construction européenne. Il n'en demeure pas moins qu'elle est au cœur des missions dévolues à la puissance publique, dont elle fonde en grande partie la légitimité, et que par-delà les subtilités qui affectent parfois la détermination de la nature et du régime des différentes formes du service, la logique qui la sous-tend est à la fois perceptible et explicable.

L'évolution de la notion

On peut dater de **l'arrêt Blanco**, rendu le 8 février 1873 par le Tribunal des conflits, sinon les premières apparitions du service public, du moins sa consécration en tant que notion clé du droit administratif et de la compétence de la juridiction administrative : à propos de l'accident causé à une enfant par le wagonnet d'une manufacture exploitée par l'État, l'arrêt déclare que *« la responsabilité qui peut incomber à l'État n'est ni générale, ni absolue [...] ; elle a ses règles spéciales qui varient suivant les besoins du service »*, et le juge administratif est seul compétent pour en connaître.

Plus tard, les interventions de l'État, mais aussi des collectivités locales, se sont multipliées dans des domaines très divers, y compris le secteur économique, et presque à chaque fois le juge a considéré que même lorsque ces interventions n'étaient pas prévues par une loi et même lorsque leurs auteurs n'avaient pas eu conscience de créer un service public, c'était bien d'un tel service qu'il s'agissait. Il en a été jugé ainsi pour un département qui octroyait des primes aux chasseurs de vipères[61], ou à propos des époux Bertin, déjà rencontrés, auxquels il avait été demandé d'assurer le ravitaillement de réfugiés (voir page 95). Et l'affirmation la plus nette des critères d'existence d'un service public est donnée par **l'arrêt Thérond** : en chargeant l'intéressé par contrat de capturer les chiens errants et d'enlever les bêtes mortes, *« la ville de Montpellier a agi en vue de l'hygiène et de la sécurité de la population et a eu, dès lors, pour but d'assurer un service public »*[62].

Cette construction fut presque unanimement considérée par les juristes de l'époque comme la **clé de voûte du droit administratif,** et comme la justification même de la puissance publique et des prérogatives dont elle dispose : Duguit, en particulier, ne voyait dans l'État qu'une *« coopération de services publics »* et Hauriou, bien que plus réservé quant à l'extension du domaine de ces services, y voyait le moyen d'inciter l'État *« à n'obéir qu'à l'utilité publique »* par une *« autolimitation objective »* de son pouvoir. A la fois simple, socialement utile et facteur de démocratie, le critère du service public paraissait ainsi s'imposer en tant que **délimitation et légitimation de l'action administrative**.

Plus tard, les deux dernières de ces caractéristiques, qui correspondaient à l'idéologie née de la Résistance, inspirèrent les rédacteurs du Préambule de la Constitution de 1946 dans lequel figure cette affirmation : *« Tout bien, toute entreprise dont l'exploitation a ou acquiert les caractères d'un service public national ou d'un monopole de fait doit devenir la propriété de la collectivité. »* En revanche, la première caractéristique – celle de la simplicité – s'atténua considérablement. Le service public était, originellement, défini comme une **activité d'intérêt général exercée par une personne publique sous le régime du droit administratif**. Mais on vit apparaître des services assurés par des collectivités publiques et relevant cependant du droit privé (les services publics industriels et commerciaux, voir page 107), ainsi que des services confiés à des particuliers et néanmoins soumis à certaines règles du droit public : la délimitation des frontières devint alors délicate. De surcroît, *l'expression est polysémique*, en ce sens qu'elle désigne aussi bien une activité que l'organisme qui en a la charge (la fourniture d'électricité *et* EDF, la protection de la santé *et* les hôpitaux), et que ces organismes peuvent être de nature juridique très diverse (établissements publics, entreprises nationales, sociétés privées ou d'économie mixte, offices, etc.), ce qui ne contribue pas à la clarté du dispositif.

D'autre part, on a déjà relevé que le champ des services publics (et du secteur public au sens large) dépend en grande partie des conceptions politiques et connaît

61. Conseil d'État, 6 février 1903, *Terrier*.

62. Conseil d'État, 4 mars 1910.

donc des coups d'accordéon[63] : il a connu une extension notable après 1946, puis en 1981, mais la majorité parlementaire issue des élections de 2002 l'a plutôt réduit. Les incidences de la construction européenne doivent être également rappelées : fondée sur le principe de libre concurrence, elle n'est pas compatible avec le service public dit « à la française », financé au moins pour partie par l'impôt et bénéficiant d'un monopole de droit ou de fait. D'où le **mouvement de dérégulation et de privatisation** qui, conformément aux directives de Bruxelles, s'est amorcé dans divers secteurs (transports aériens, télécommunications, énergie) et en affectera prochainement d'autres. La Cour de justice des Communautés a certes reconnu que la poste belge constituait un « service d'intérêt économique général » dont le traité de Rome prévoit qu'il peut, dans certaines conditions, bénéficier d'un monopole[64], et cette notion a été reprise par le projet de Constitution européenne. De son côté, la Commission a admis qu'était compatible avec le traité l'existence d'un *« service universel »*, défini comme un *« service de base, offert à tous, dans l'ensemble de la Communauté, à des conditions tarifaires abordables et avec un niveau de qualité standard »*. Mais cette définition n'autorise que des prestations minimales, contrairement à la tradition du service public « à la française », et interdit de surcroît l'offre de prestations annexes qui contribuent à l'équilibre financier des services[65] : elle pourrait, par là même, susciter leur dépérissement.

Les différentes catégories de services publics

Les services publics sont aussi divers par les domaines dans lesquels ils interviennent que par les formes qu'ils revêtent.

Les domaines d'intervention

Les fonctions régaliennes

Elles sont apparues les premières et n'ont jamais été contestées, car elles apparaissent comme inhérentes à la notion même de souveraineté. Le service s'y confond parfois avec les réglementations, voire les actes d'autorité, mais il n'en est pas absent dans la mesure où la poursuite d'une fin d'intérêt collectif peut se concrétiser par des prestations en quelque sorte immatérielles. Il en est ainsi au premier chef pour la **justice** et le **maintien de la tranquillité publique**, mais également pour la **défense nationale** et même le **recouvrement des impôt**s : de ce recouvrement dépend en effet le fonctionnement de l'État et de l'ensemble des services publics.

Les services relevant de ce secteur se sont multipliés : à ceux qui tendaient à assurer la salubrité et ont donné lieu aux arrêts *Terrier* et *Thérond*, se sont par exemple ajoutés les comités d'organisation qui, pendant la Seconde Guerre mondiale, devaient s'efforcer de limiter les effets de la pénurie[66], puis les ordres chargés de contrôler l'exercice de certaines professions (médecins, experts-comptables) et, dans un domaine voisin, les fédérations sportives ou de chasse.

Le secteur sanitaire et social

Il a connu un développement analogue avec les hôpitaux, les services d'aide sociale relevant de l'État ou des collectivités locales, les offices publics d'HLM, la Sécurité sociale et des organismes plus récemment apparus comme l'ANPE ou l'Agence française du sang. C'est dans ce secteur qu'a pris naissance, au cours des premières décennies du XXe siècle, ce qui fut dénommé le « *socialisme municipal* » : certaines communes ayant mis en place des équipements principalement destinés à des habitants peu fortunés (bains-douches, lavoirs, colonies de vacances), le Conseil d'État jugea leur action licite parce qu'elle permettait de satisfaire des besoins sociaux auxquels l'initiative privée ne répondait pas.

Le domaine économique

Les interventions dans ce domaine suscitèrent d'abord des réticences, car elles se heurtaient au principe de la liberté du commerce et de l'industrie. Au début du XXe siècle, le Conseil d'État ne les estimait justifiées qu'en cas de circonstances exceptionnelles ; trente ans plus tard, il considéra que *« des circonstances particulières de temps et de lieu »* suffisaient à les légitimer ; il admet aujourd'hui de façon très large que la **création de services publics ne constitue pas une concurrence illégale au secteur privé** dès lors qu'elle correspond à un intérêt général : depuis l'éclairage public jusqu'aux consultations juridiques gratuites, les services mis en place par les collectivités locales ont pu ainsi se multiplier. Quant aux services publics nationaux, dont la création relève en principe du législateur, le problème n'est pas de savoir s'ils sont licites, mais s'ils ont ou non un caractère obligatoire en vertu de la Constitution : comment le pays aurait-il pu se développer si l'État n'avait pas pris en charge les infrastructures, l'énergie, les transports, les télécommunications ?

---

63. Ceux-ci se reflètent même dans la dénomination des membres des équipes gouvernementales successives : en 1981 avait été désigné un secrétaire d'État à l'extension du secteur public, en 1986 un ministre de l'Intérieur et des privatisations.

64. Arrêt *Corbeau,* du 11 mai 1993. La même solution a été adoptée un an plus tard pour la fourniture d'électricité (arrêt *Commune d'Almelo*, rendu le 27 avril 1994).

65. La Poste, par exemple, se voit contester à Bruxelles ses activités bancaires.

66. Selon l'arrêt *Monpeurt* (Conseil d'État, 31 juillet 1942), ces comités, *« bien que le législateur n'en ait pas fait des établissements publics, sont chargés de participer à l'exécution d'un service public, et les décisions qu'ils sont amenés à prendre dans la sphère de ces attributions [...] constituent des actes administratifs »*.

Le secteur éducatif et culturel

Il a connu une évolution pour partie analogue. La création par la loi du service public de **l'enseignement** n'a jamais été fondamentalement contestée et le Préambule de la Constitution l'a rendu obligatoire *(« L'organisation de l'enseignement public gratuit et laïque à tous les degrés est un devoir de l'État »)* : il scolarise aujourd'hui plus de dix millions d'élèves et d'étudiants et emploie plus d'un million de personnes. Il est prolongé par la **recherche,** qui s'effectue soit dans les universités, soit dans des centres qui lui sont dédiés, comme le CNRS (Centre national de la recherche scientifique) et l'INSERM (Institut national de la santé et de la recherche médicale).

Les services **culturels et de loisirs**, en revanche, ont été considérés à l'origine comme empiétant sur le domaine réservé à l'initiative privée : ainsi, en 1916, le Conseil d'État avait-il jugée illicite l'ouverture d'un théâtre par une commune; mais il revint sur cette position en 1944, admettant qu'un théâtre municipal constituait un service public dès lors qu'il offrait des représentations de qualité et faisait ainsi *« prédominer les intérêts artistiques sur les intérêts commerciaux de l'exploitation »*. Ce critère a été appliqué par la suite de façon très large puisqu'il couvre aujourd'hui les fêtes, les manifestations sportives, le cinéma et les concerts; parfois même il inclut des éléments relatifs au développement touristique et économique de la région : ainsi le festival de Cannes, comme celui de la bande dessinée et même un casino municipal ont-ils successivement bénéficié du label de service public.

La classification juridique

Elle repose sur une distinction binaire entre les **services publics administratifs (SPA)** et ceux qui ont un **caractère industriel ou commercial (SPIC)**. Cette distinction a un fondement historique, les SPA étant apparus les premiers; mais elle ne répond plus aujourd'hui à une logique très claire, car certains services combinent des éléments des deux catégories, et il arrive même que la qualification donnée à un service par le texte qui l'institue soit ultérieurement contestée par le juge.

Les services publics administratifs (SPA)

Ils constituent la catégorie théoriquement la plus « naturelle », ce qui leur vaut d'être parfois appelés *« services publics proprement dits »*. Ils sont créés par une personne publique dans le but de satisfaire un intérêt collectif et relèvent du droit administratif. La qualification de certains d'entre eux ne fait pas de doute : c'est le cas par exemple de la **police**, mais aussi de l'**enseignement** et d'organismes tels que l'**ANPE**. D'autres sont reconnaissables en vertu d'un faisceau d'indices : gestion directement assurée par une personne publique, financement en tout ou en partie par l'impôt (ce qui les décharge de tout objectif de rentabilité, et entraîne le plus souvent la gratuité des prestations qu'ils dispensent), octroi de prérogatives de puissance publique. Toutefois, ces critères ne sont pas absolus car il existe des SPA gérés par des organismes privés (par exemple, la **Sécurité sociale**) et d'autres – ou les mêmes – passent des actes qui sont soumis au droit privé. Il en résulte, si insatisfaisant que cela puisse paraître du point de vue de la logique juridique, qu'on a parfois tendance à les définir, de manière négative, comme *des services qui ne sont pas industriels ou commerciaux*.

Les services publics à caractère industriel et commercial (SPIC)

Ils sont d'origine plus récente, et leur développement date de celui de l'interventionnisme des pouvoirs publics. Ils ont pareillement pour but de satisfaire un intérêt collectif, mais interviennent **dans les mêmes domaines que les entreprises privées** et dans des conditions analogues. La première consécration jurisprudentielle de tels services date de 1921 : elle est intervenue à propos du bac d'Eloka, installé et exploité par la colonie de Côte d'Ivoire pour la traversée d'une lagune[67]. Depuis lors, les SPIC ont fleuri dans de multiples secteurs. Pour leur accorder cette qualification, et donc les distinguer à la fois des SPA et des entreprises privées, le juge s'attache à **trois critères cumulatifs**.

– D'abord celui de leur **objet** : il doit s'agir de production ou de vente de biens, ou encore de prestations de services, mais présentant un intérêt collectif. Sont ainsi des SPIC les services de transports comme la **SNCF**, de fourniture d'énergie (**EDF**) ou de **chauffage urbain**. Les **parcs de stationnement** des aéroports le sont également, alors que le guidage du trafic aérien est, par son objet, un SPA. Inversement, toujours en raison de leur objet, la Loterie nationale et le PMU ne sont pas des SPIC.

– Le second critère est celui du **mode de financement** du service : si ses ressources proviennent essentiellement non pas d'un budget public, mais des *redevances payées par les usager*s en contrepartie de la prestation dont ils bénéficient, il s'agira en principe d'un SPIC et non d'un SPA. Mais ce critère n'est pas d'une sûreté absolue, car il existe des SPA dont l'utilisation est subordonnée au paiement d'un prix, comme les cantines scolaires, les ponts à péage et de nombreux équipements communaux (crèches, garderies); le juge se prononce alors au cas par cas sur la qualification, en s'attachant à la fois aux parts respectives du financement public et de la redevance, et à la nature de la prestation offerte.

– Le dernier critère est relatif aux **modalités d'organisation et de fonctionnement** du service : si elles se rapprochent de celles des entreprises privées, le juge considèrera que le service n'est pas administratif. Son appréciation se fondera notamment sur la recherche d'un équilibre financier de l'exploitation, sur la nature des relations établies avec les usagers (les abonnements tels que ceux d'EDF ou de France Télécom ne diffèrent guère de ceux des compagnies d'assurances privées), et aussi sur la volonté manifestée par la collectivité qui a créé le service : lorsqu'elle a prévu que le personnel sera placé sous un statut de droit privé, que la comptabilité relèvera des *« règles applicables aux entreprises du commerce »* et que l'activité du service sera régie par le droit commun, la qualification de SPIC ne fera guère de doute.

67. Arrêt *Société commerciale de l'Ouest africain*, rendu par le Tribunal des conflits le 22 janvier 1921.

Le régime juridique des services publics

Quelle que soit leur nature, les services publics peuvent être gérés par des organismes très dissemblables. Leurs modalités de fonctionnement diffèrent également, la variable essentielle étant leur soumission au droit public ou au droit privé. On retrouve cependant un élément d'unité dans les principes qui gouvernent leur activité, et qui s'expliquent par l'obligation où ils se trouvent de **servir au mieux l'intérêt général**.

L'organe de gestion

Il peut s'agir d'une collectivité publique, d'un organisme public qui en émane ou d'une personne privée.

La gestion directe par une collectivité publique

Si cette collectivité (État ou collectivité locale) gère elle-même un service, on dit que celui-ci fonctionne **en régie**[68]. Il est inclus dans les structures de cette collectivité et ne possède donc pas la personnalité morale; des biens meubles et immeubles lui sont affectés pour l'accomplissement de sa mission, mais il **ne bénéficie pas de l'autonomie financière** en ce sens que ses dépenses et ses recettes figurent dans le budget de la collectivité, excepté lorsque celle-ci choisit de les retracer dans un budget annexe.

La formule de la régie est utilisée aussi bien pour des SPA (justice, impôts, enseignement primaire) que pour des SPIC (Mobilier national). Elle présente l'avantage d'assurer une *maîtrise totale du service par la collectivité* dont il dépend, mais aussi l'inconvénient d'une certaine lourdeur, due pour l'essentiel au fait que le service ne dispose d'aucune autonomie de gestion. C'est pourquoi le choix des collectivités se porte assez souvent sur la formule plus souple de l'établissement public.

L'établissement public

C'est une **personne morale de droit public** rattachée à l'État ou à une collectivité locale et faisant fonctionner à leur place un service public. Il en existe des milliers, la catégorie se subdivisant en **établissements publics administratifs** (EPA) ou **industriels et commerciaux** (EPIC). Comme exemples des premiers, on peut citer d'une part l'ANPE et les Chambres de commerce ou d'industrie, qui sont rattachées à l'État, d'autre part les établissements d'enseignement du second degré et les centres d'action sociale, qui relèvent des collectivités locales. Parmi les EPIC se trouvent notamment, pour l'État, EDF et la SNCF, et pour les collectivités locales de multiples organismes chargés de gérer les transports publics ou la distribution d'eau. Il faut observer à ce propos que la dénomination des organismes est indépendante de leur qualification d'établissement public : il existe des agences, offices, sociétés, voire entreprises, qui font incontestablement partie de la catégorie.

Par rapport à la régie, l'établissement public offre plusieurs avantages. D'abord une plus **grande souplesse** : doté de la personnalité morale et d'un **budget propre**, il peut plus aisément s'adapter à la spécificité du service dont il a la charge ainsi qu'à l'évolution de ses besoins – c'est pourquoi la formule est parfois dénommée « décentralisation par services ». Ensuite une relative **autonomie** par rapport au pouvoir en place (particulièrement précieuse pour les établissements d'enseignement et de recherche), et la possibilité de faire participer aux décisions des représentants des usagers et des personnels, qui siègent généralement dans les **conseils d'administration**. La collectivité de rattachement n'en perd pas pour autant son pouvoir de direction, qui s'exprime à la fois en amont, par des directives (par exemple, selon les cas, pour les programmes et horaires scolaires ou pour les politiques tarifaires), et en aval par un *contrôle de légalité* ; mais il s'agit d'un pouvoir de tutelle et non d'une subordination hiérarchique, et il est donc moins pesant.

La gestion déléguée à un organisme privé

Ce cas n'est pas rare : on le rencontre dans la plupart des domaines d'intervention des services publics, excepté lorsqu'en raison de leur nature ces services sont considérés comme devant relever exclusivement d'une collectivité publique (le maintien de l'ordre public et le recouvrement des impôts, bien entendu, mais aussi la surveillance des élèves dans les établissements scolaires et l'hébergement des malades dans les hôpitaux). La délégation peut résulter de la loi, comme pour les caisses de Sécurité sociale, ou d'un contrat. Dans ce dernier cas, elle consiste parfois en une **concession du service**, formule qui confie à l'organisme privé l'exploitation de ce service mais également, au préalable, la construction des ouvrages nécessaires (par exemple, pour les autoroutes); ou bien il s'agira d'un **affermage**, qui se réduit à la seule exploitation.

On a vu au chapitre 1 que **les contrats de délégation d'un service public sont toujours des contrats administratifs**, et que la collectivité qui les conclut est tenue de respecter une procédure tendant à assurer la publicité de son offre et la mise en concurrence des candidats. Il faut ajouter ici qu'elle dispose, dans l'intérêt du service qu'elle a délégué, de **plusieurs prérogatives** à l'égard du concessionnaire : celle de fixer avec lui les tarifs applicables aux usagers, celle de lui imposer des avenants au contrat, voire une résiliation anticipée si le service perd son utilité, celle d'obtenir régulièrement des rapports retraçant les activités et les comptes financiers du service. Le concessionnaire est par ailleurs tenu de se conformer aux principes généraux gouvernant le fonctionnement des services publics, qui seront étudiés plus loin.

---

68. Ce terme est parfois utilisé à tort par les pouvoirs publics eux-mêmes : ainsi la Régie Renault ne fonctionnait-elle pas en régie et n'était d'ailleurs même pas un service public, mais une entreprise nationalisée après la Libération à titre de sanction contre sa direction plutôt qu'à raison de son objet.

La gestion par un organisme privé peut sembler paradoxale, voire anormale, par rapport à la notion même de service public : si la nature d'une prestation est telle qu'elle paraît devoir être assurée par une collectivité publique, comment celle-ci peut-elle s'en décharger au profit du secteur privé que l'on souhaitait précisément évincer? Le phénomène s'explique parfois par des **raisons d'ordre éthique** : le souhait de pérenniser des structures nées d'une initiative privée tendant à servir un intérêt général, comme la Sécurité sociale et d'autres organismes mutualistes, ou bien celui de confier une responsabilité aux milieux intéressés, comme pour les ordres professionnels. Mais il a généralement des **motivations plus prosaïques**, en particulier la volonté de soustraire une activité aux règles de la comptabilité publique; il en résulte en certains cas des abus que la Cour des comptes a plusieurs fois dénoncés : inefficacité du contrôle exercé par la collectivité de tutelle, démembrement de l'administration, voire constitution de sociétés fantômes qui servent simplement de paravent à une collectivité qui continue à gérer, mais en s'affranchissant des contraintes légales.

Il faut relever pour conclure que **les collectivités publiques sont libres**, sauf texte contraire, **de choisir la forme de gestion qui leur paraît préférable** à un moment donné : les services de transports ou de distribution d'eau, par exemple, sont exploités aussi bien en régie communale que par des établissements publics ou des entreprises privées. La distinction entre les différents types d'organismes ou de gestion n'est pas toujours aisée[69], et le juge doit parfois se livrer à des analyses minutieuses : il se fonde bien entendu sur des critères juridiques, mais parfois aussi sur des considérations d'opportunité, en ce sens qu'il fera prévaloir le droit public lorsque l'intérêt du service et de ses usagers lui paraît l'imposer.

Le droit applicable

En fonction de leur nature et de l'organe qui les gère, les services sont régis soit par le droit public, soit par le droit privé, avec éventuellement une combinaison de ces deux droits. Il faut principalement distinguer ici entre d'une part les services publics administratifs et les services publics industriels ou commerciaux gérés par une collectivité publique, d'autre part les services dont le fonctionnement est assuré par un organisme privé.

Les SPA

Ils sont presque totalement **soumis au droit administratif**. Ce sont des règles de droit administratif qui déterminent leur organisation, le régime des actes qu'ils prennent et celui des biens qui leur sont affectés. Les personnels qu'ils emploient sont soit des fonctionnaires, soit des agents qui ne sont pas titulaires mais ont néanmoins la qualité d'agents publics. Les relations qu'ils entretiennent avec leurs usagers – les élèves d'un collège aussi bien que les automobilistes en stationnement irrégulier – sont régies par le droit administratif, et c'est également selon ce droit qu'est appréciée la responsabilité qu'ils encourent lorsque leur activité cause un dommage.

Il existe toutefois **des exceptions** à ce rattachement. Les unes résultent de textes législatifs, qui ont prévu par exemple que les relations des offices publics d'HLM avec leurs locataires seraient soumises au droit privé, et qu'il en irait de même pour la réparation des préjudices causés par les accidents de la circulation imputables à des véhicules administratifs. D'autres exceptions ont été apportées par la jurisprudence : on sait, depuis l'arrêt *Société des granits porphyroïdes des Vosges* (voir page 95), que les contrats passés par un SPA dans les mêmes conditions que le ferait un particulier sont pareillement soumis au droit privé.

Les SPIC

Pour eux, le **régime est mixte**. Comme il s'agit de services publics, leur statut et leurs biens relèvent du droit administratif, de même que leurs dirigeants et comptables. Mais comme leur activité est de type industriel ou commercial, c'est le droit privé qui régit leurs autres personnels, leurs relations avec les usagers et la responsabilité qu'ils encourent s'ils provoquent un dommage. Les contrats qu'ils passent sont également de droit privé, mais le juge a apporté à cette règle une exception inverse de la précédente : si le contrat a pour objet l'exécution de travaux publics, ou contient des clauses exorbitantes du droit commun, il sera considéré comme administratif.

Les services gérés par des organismes privés

Très logiquement, ils échappent en principe au droit administratif. Y sont seuls soumis les rapports qu'ils entretiennent avec leur collectivité de tutelle, les actes unilatéraux que leur statut les habilite parfois à prendre (par exemple, les autorisations d'exercer la profession de médecin accordées par l'Ordre ou les sanctions qu'il prononce), et les travaux immobiliers qu'ils effectuent pour le compte du service lorsqu'ils en sont concessionnaires. Là encore, le juge a ajouté à cette liste les contrats par lesquels ils chargent d'autres personnes privées d'exécuter une partie de ces travaux[70].

Les « lois » du service public

Excepté dans les cas où l'existence des services publics est rendue obligatoire par la Constitution (enseignement, justice, police), ou par le Parlement en ce qui concerne plus particulièrement les collectivités territoriales (aide sociale, lutte contre l'incendie), la création de ces services est laissée à l'initiative des pouvoirs publics. Ceux-ci ont également le pouvoir de les supprimer, soit lorsque

69. Il n'est pas facile non plus de faire la différence entre une délégation de service public et une simple autorisation d'occuper le domaine public pour y exercer une activité qui ne constitue pas un service.

70. Arrêt *Société entreprise Peyrot*, cité page 95.

les circonstances qui les justifiaient n'existent plus[71], soit lorsqu'ils impliquent une charge financière qui paraît trop lourde par rapport à leur utilité : c'est ainsi que disparaissent, dans les zones rurales, des hôpitaux, des écoles ou des antennes locales de services qui n'ont plus que très peu d'usagers. Mais tant que les services sont en activité, et quel que soit leur mode de gestion, ils sont soumis à des principes de fonctionnement qu'on appelle «*lois de Rolland*», du nom de l'enseignant de droit public qui les a systématisés à partir des années 1930. Ces principes sont au nombre de trois : la continuité, l'adaptation et l'égalité de traitement des usagers.

Le principe de continuité

Il est **inhérent à la vocation même des services** : dès lors que la puissance publique les a reconnus comme indispensables à la satisfaction d'un besoin collectif, ils doivent fonctionner sans à coups. Cette obligation est d'une intensité variable suivant les services : particulièrement forte, par exemple, pour ceux qui assurent la sécurité, elle s'atténue à l'égard des musées nationaux; elle peut même varier à l'intérieur d'un même service : dans les hôpitaux, l'accueil des urgences implique davantage de permanence que les opérations esthétiques.

Les contraintes qui en résultent s'appliquent aux collectivités publiques qui gèrent directement le service, mais aussi à celles qui l'ont délégué, car elles sont tenues de faire respecter le principe par le concessionnaire et leur responsabilité peut être engagée en cas de carence : cette règle a été posée par le Conseil d'État à propos d'un préfet qui n'avait pas usé de son pouvoir de tutelle pour assurer le fonctionnement régulier d'un service de tramways[72].

L'obligation de continuité est *à l'origine de plusieurs dispositions du droit public*. Elle explique par exemple qu'un gouvernement appelé à cesser ses fonctions demeure chargé des affaires courantes jusqu'à la constitution du gouvernement suivant. Elle fonde aussi la théorie du «fonctionnaire de fait» et du «collaborateur occasionnel» du service : en cas de circonstances exceptionnelles, les actes juridiques pris pour faire face à la situation par un agent public agissant en dehors de sa sphère de compétence, ou même par un particulier, seront validés; et lorsqu'un particulier apporte de sa propre initiative une aide bénévole au service, par exemple pour lutter contre une calamité naturelle, les dommages qu'il peut causer ou subir seront réparés par application des règles plus favorables de la responsabilité sans faute (voir page 139).

L'aménagement du **droit de grève des fonctionnaires** est une concrétisation particulièrement nette du principe de continuité. Ce droit est reconnu par la Constitution «*dans le cadre des lois qui le réglementent*». La loi est effectivement intervenue pour interdire la grève à certaines catégories d'agents comme les policiers et les CRS, ainsi que les agents chargés de surveiller les installations nucléaires. Elle a par ailleurs rendu obligatoire en certains cas un «service minimum», par exemple pour le contrôle du trafic aérien ou pour la radio-télévision. Mais c'est le juge qui a précisé le contenu de ce service minimum et qui a, pour les services à propos desquels le législateur n'est pas intervenu, déterminé si les interdictions de faire grève (voire les réquisitions de personnels) décidées par le gouvernement correspondaient à la fois au principe de la licéité de la grève et à celui de la continuité du service.

A la suite de l'arrêt *Dehaene*, qui validait une interdiction visant les chefs de bureau des préfectures[73], ont été ainsi jugées licites des mesures similaires concernant les responsables de services douaniers ou les personnels des PTT assurant les liaisons indispensables à l'action gouvernementale. Mais ont été, à l'inverse, annulées des interdictions visant tous les agents employés dans un service sans tenir compte de la nature de leurs fonctions, ainsi que l'obligation faite aux personnels de l'ORTF[74], dans le cadre du service minimum, de diffuser un film après le bulletin d'informations du soir. C'est donc au cas par cas, en vertu du principe de continuité mais aussi de ses limites, que sont appréciées les décisions du gouvernement relatives à la grève.

Le principe d'adaptation

Il peut être défini comme **l'obligation faite au service d'être toujours en état de satisfaire au mieux l'intérêt collectif** auquel il correspond. Cette obligation implique que ses modalités évoluent en fonction et au rythme des changements de circonstances. Il peut s'agir de *circonstances de fait*, comme un accroissement de la population desservie qui justifie une augmentation parallèle des moyens du service (par exemple, l'ouverture de nouvelles classes dans les écoles ou la mise en service d'un plus grand nombre d'autobus), ou bien de *l'apparition de nouvelles techniques* procurant plus de sécurité ou de célérité : c'est ce qui a provoqué notamment la substitution de l'électricité au gaz pour l'éclairage public, ou la mise en place de distributeurs automatiques de billets.

De même que le principe de continuité, le principe d'adaptation s'applique à toutes les formes de gestion des services. Il permet aux usagers d'attaquer les refus de prendre les mesures à défaut desquelles le service ne fonctionnerait plus de manière satisfaisante : par exemple, la modification des horaires d'ouverture d'un bureau de poste, ou l'octroi à une université d'un nombre d'enseignants proportionnel à l'extension de ses effectifs. S'il s'agit d'un service public concédé, la collectivité publique de tutelle peut et doit exiger du concessionnaire qu'il prenne de telles mesures, éventuellement en modifiant

71. Par exemple, le service de rapatriement des réfugiés auxquels participaient les époux Bertin (voir page 95) n'a pas survécu longtemps à la fin des hostilités.

72. Arrêt *Syndicat des propriétaires et contribuables du quartier Croix de Seguey-Tivoli*, rendu le 21 décembre 1906. En l'espèce, la responsabilité du préfet n'a pas été retenue, mais seulement parce que le tronçon de ligne que la compagnie concessionnaire avait supprimé n'était pas inclus dans le réseau concédé. Par ailleurs, on a vu plus haut qu'en vertu du principe de continuité, la collectivité publique peut imposer au concessionnaire le maintien d'un contrat devenu pour lui déficitaire, à condition de l'aider à combler ce déficit.

73. Conseil d'État, 7 juillet 1950. Dans ses conclusions demeurées célèbres, le commissaire du gouvernement Gazier avait déclaré : «*Admettre sans restriction la grève des fonctionnaires, ce serait [...] consacrer effectivement la notion d'un État à éclipses.*»

74. Office de la radio-télévision française.

unilatéralement son contrat s'il refuse de le renégocier; dans l'hypothèse où elle s'abstiendrait de le faire, les usagers pourraient contester son inaction au contentieux.

Il arrive toutefois que la mise en œuvre du principe tourne au *désavantage de certains usagers*, parce que les moyens dont disposent les services ne sont pas indéfiniment extensibles : c'est ainsi que la SNCF ferme des petites gares pour mieux desservir les banlieues très peuplées, ou que les émissions télévisées sur la définition de 441 lignes ont été supprimées avant le terme fixé parce que la réception sur le standard de 819 lignes s'était généralisée[75]. Mais dans l'ensemble, la notion de service public et les avantages qu'elle emporte pour la collectivité s'en trouvent utilement complétés.

Le principe d'égalité des usagers devant le service public

Qu'il s'agisse de prestations ou au contraire de contraintes, ce principe se rattache directement à celui d'égalité des citoyens devant la loi proclamé en 1789 et réaffirmé par le Préambule de la Constitution. Sa position dans la hiérarchie des normes est éminente, puisque le Conseil d'État y voit un **principe général du droit** et le Conseil constitutionnel un **principe de valeur constitutionnelle**.

Ce principe constitue une **garantie contre l'arbitraire**, dans la mesure où il interdit les traitements discriminatoires : le bénéfice des prestations du service doit être reconnu à tous, sans que puissent être introduites des différences injustifiées. C'est ainsi qu'ont été annulées des mesures inspirées de la «*préférence nationale*», comme le refus par quelques communes d'accorder certaines aides sociales aux travailleurs immigrés; également un refus de dérogation à la carte scolaire alors que de telles dérogations étaient accordées, dans le même temps et pour des raisons analogues, à d'autres familles; et même la procédure d'inscription en université par voie télématique, car lorsque les capacités d'accueil étaient limitées, elle ne permettait pas aux candidats ne disposant pas d'un modem d'acheminer leur appel en temps utile[76].

Toutefois, lorsque les usagers ne se trouvent pas dans des situations analogues, il est licite de leur appliquer des traitements différenciés : une commune est ainsi en droit d'imposer des tarifs plus élevés pour les cantines scolaires aux enfants qui ne résident pas sur son territoire, puisque les cantines sont subventionnées par les impôts locaux; et l'utilisation du pont qui dessert l'île d'Oléron est facturée moins cher aux habitants de l'île qu'aux «continentaux».

Dans ces hypothèses prévalent des considérations économiques ou d'aménagement du territoire. Mais il en est d'autres, aussi nombreuses, qui sont fondées sur la *vocation sociale du service* et tendent à le rendre accessible aux personnes qui n'en auraient pas autrement les moyens : on peut citer à cet égard les tarifs dégressifs des crèches en fonction des ressources familiales, les cartes de transport à prix réduit pour les chômeurs, les contrats de ville qui mettent à la portée de tous les équipements culturels ou sportifs. Le rôle de péréquation sociale que joue alors le service est conforme à sa philosophie originelle. Les «libéraux» le contestent parfois, mais des institutions telles que les zones d'éducation prioritaires (ZEP), créées dans les quartiers défavorisés et bénéficiant de moyens spécifiques, ne rencontrent plus guère d'opposition; et il est symptomatique que la loi de 1998 relative à la lutte contre les exclusions, de même que la loi de 1999 sur l'aménagement du territoire, se réfèrent expressément aux services publics comme à un facteur d'égalisation des chances.

Un exemple d'application du principe d'égalité par le Conseil d'État : l'arrêt *Société des concerts du Conservatoire*, 9 mars 1951

Deux musiciens de l'orchestre du Conservatoire avaient été sanctionnés par la société gestionnaire pour avoir, au lieu d'assurer leur service, participé à un concert organisé par la Radiodiffusion française. Celle-ci décida alors de fermer pendant un certain temps son antenne à la société. Le Conseil d'État annula cette décision au motif qu'elle «*a méconnu le principe d'égalité qui régit le fonctionnement des services publics et qui donnait à la société requérante, traitée jusqu'alors comme les autres grandes sociétés philharmoniques, vocation à être appelée, le cas échéant, à prêter son concours aux émissions de la radiodiffusion*».

Un exemple d'application du principe d'égalité par le Conseil constitutionnel : la décision relative à la modification de la loi Falloux, rendue le 13 janvier 1994

La loi votée par le Parlement autorisait les collectivités territoriales à accorder désormais aux établissements d'enseignement privés sous contrat des aides aux investissements. Le Conseil constitutionnel déclara cette disposition contraire à la Constitution, car doublement contraire au principe d'égalité : d'une part, les aides auraient pu différer par leur montant selon les collectivités, donc «*n'être pas les mêmes sur l'ensemble du territoire*»; d'autre part, les établissements d'enseignement public se trouvaient désavantagés par la réforme, car ils sont soumis à des contraintes (obligation d'accueillir les élèves, gratuité) qui ne s'imposent pas aux établissements privés : le législateur aurait donc dû «*prévoir les garanties nécessaires pour prémunir les établissements d'enseignement publics contre les ruptures d'égalité à leur détriment au regard des obligations particulières que ces établissements assument*».

---

75. La légalité de cette suppression a été admise dans l'arrêt *Vannier*, rendu le 27 janvier 1961, parce que l'émetteur à moyenne définition, qui devait encore fonctionner pendant deux ans, se trouva gravement endommagé par un incendie : compte tenu du faible nombre d'usagers qui en bénéficiaient encore, le Conseil d'État estima que sa remise en état ne se justifiait pas.

76. On a vu, en étudiant les règles générales applicables aux actes administratifs (voir page 97) que le principe d'égalité joue également en faveur des agents du service : l'administration ne peut pas, par exemple, écarter des candidats à un concours en raison de leurs opinions politiques. De plus, le juge veille à ce que tous les fonctionnaires appartenant à un même corps soient soumis à un traitement analogue, par exemple pour les conditions de rémunération et d'avancement.

Chapitre 4
La fonction publique

L'existence de la fonction publique et celle du régime particulier auquel elle est soumise sont indissociables de la notion de service public : parce que ces services, en raison de leur importance sociale, sont rattachés à une collectivité publique et échappent au droit commun des activités privées, il a paru logique que les agents qui les font fonctionner soient également soumis à des règles dérogatoires au droit du travail. Tous les pays n'admettent pas au même degré cette différenciation : en Grande-Bretagne et en Allemagne, par exemple, relèvent seuls d'un droit spécifique les « fonctionnaires d'autorité », c'est-à-dire les personnels affectés à des postes importants qui les investissent de prérogatives de puissance publique. Et la France, malgré la prégnance du principe, lui apporte également quelques exceptions : de même que la gestion de certains services publics relève du droit privé, il est des agents qui sont employés par des collectivités publiques sans avoir la qualité de fonctionnaires.

Coexistent ainsi plusieurs catégories de personnels, depuis le « noyau dur » de ceux qui sont soumis au statut général de la fonction publique jusqu'aux agents non titulaires, dont certains travaillent sous le régime du droit privé. Il existe également plusieurs sous-ensembles de fonctionnaires, des distinctions étant parfois établies entre eux suivant la collectivité qui les emploie ou les fonctions qu'ils exercent. Mais on constate de nombreuses similitudes, à la fois dans le déroulement de leur carrière et dans les droits et obligations qui sont les leurs.

Les différentes catégories de personnels

La règle est claire : **sauf dérogation** prévue par une disposition législative, **les emplois civils permanents de l'État, des collectivités locales et des établissements publics doivent être occupés par des fonctionnaires**. Mais l'application stricte de cette règle pose parfois des problèmes : ainsi lorsqu'il faut faire face à des besoins nouveaux qui nécessitent le recrutement massif et rapide d'agents (par exemple dans l'enseignement, pour suivre un accroissement inopiné de la population scolaire), ou lorsqu'il s'avère difficile de pourvoir des emplois parce que les diplômes requis sont de niveau élevé et les rémunérations, au contraire, plutôt basses; dans les deux cas, en dépit de la règle, **l'administration est conduite à recruter des agents non titulaires**[77]. Elle le fait également pour des tâches temporaires ou à temps partiel et, parfois, lorsqu'elle estime que le nombre d'emplois que lui accorde la loi de finances ne suffit pas à couvrir ses besoins (les personnels ainsi recrutés sont alors rémunérés sur des crédits d'autres chapitres[78], ce qui est tout à fait irrégulier). Périodiquement, le gouvernement et le Parlement s'émeuvent de cette situation et adoptent des plans de titularisation pour résorber les emplois précaires, mais le nombre de ceux-ci augmente à nouveau quelques années plus tard.

Les différences de conditions, sur le plan juridique et matériel, entre les fonctionnaires et les non-titulaires sont importantes.

Les agents non titulaires

Ils sont **recrutés par contrat**, parfois *intuitu personae*, plus souvent à la suite d'une appréciation de leurs compétences faite par des personnes ou des commissions relevant du service dans lequel ils seront employés. Suivant la nature de ce service, mais aussi celle de leurs fonctions, ils seront soumis au droit public ou au droit privé.

Pendant longtemps, ont été considérés comme **relevant du droit public** les non-titulaires qui, selon la formule utilisée par les arrêts, participaient à l'exécution même du service public. Cette solution, logique au regard des principes, aboutissait cependant à des distinctions frisant la préciosité, certains agents aux fonctions composites pouvant être déclarés soumis, selon les cas, à l'un ou l'autre régime[79]. L'arrêt *Berkani*, rendu par le Tribunal des conflits le 25 mars 1996, apporta une heureuse simplification en décidant que « *les personnels non statutaires travaillant **pour le compte d'un service public administratif** sont des agents contractuels de droit public quel que soit leur emploi* ». Le législateur, toutefois, peut

77. Une hypothèse analogue a été légitimée par la loi en 1987 : s'il n'existe pas de corps de fonctionnaires aptes à remplir des tâches nouvelles et supposant des compétences techniques (ce fut le cas, par exemple, pour les informaticiens), l'administration est autorisée à recruter des contractuels.

78. Le ministère de l'Équipement, par exemple, utilisait des crédits de matériel pour embaucher des cantonniers contractuels, ce qui a valu aux intéressés le surnom de « tas de cailloux ».

79. Ainsi une dame employée dans une école maternelle avait-elle été jugée soumise au droit public lorsqu'elle s'occupait des enfants, mais au droit privé lorsqu'elle rechargeait la chaudière, et la réparation de l'accident qu'elle avait subi dépendait donc du moment où il s'était produit (Tribunal des conflits, 25 novembre 1963, *Dame veuve Mazerand*).

déroger à cette règle : il l'a fait, par exemple, en 1997 à propos des «*emplois jeunes*» qui répondaient pour la plupart à ce critère, mais étaient néanmoins régis par le droit privé.

A l'inverse, les agents travaillant dans des services publics industriels ou commerciaux (à l'exception des dirigeants et comptables), de même que les personnels employés par la Sécurité sociale, sont soumis au **droit privé**. Il subsiste cependant des fonctionnaires dans certains services qui ont changé de nature par suite de la réglementation européenne sur la suppression de monopoles publics : à La Poste comme à France Télécom, les fonctionnaires en service à la date du changement ont pu, si tel était leur souhait, conserver leur statut.

La **situation** des agents non titulaires est **globalement moins favorable** que celle des fonctionnaires : si l'on excepte les contractuels dits de haut niveau, qui occupent des fonctions importantes, leur rémunération, à conditions d'emploi équivalentes, est généralement moindre et, surtout, ils ne bénéficient ni de possibilités de carrière, ni même de la garantie de conserver leur emploi. Leur *protection sociale* a été longtemps lacunaire car, par définition, le statut de la fonction publique ne leur est pas applicable, mais le Code du travail ne l'est pas non plus aux contractuels de droit public. Le Conseil d'État a pallié quelques déficiences particulièrement graves en considérant comme des principes généraux du droit l'interdiction de licencier une femme enceinte et l'obligation d'accorder à tous les non-titulaires une rémunération au moins égale au SMIC. Plus tard, des décrets ont posé à leur intention un **ensemble de règles** que l'on peut considérer comme un rudiment de statut, mais elles sont loin d'être aussi avantageuses que celles dont bénéficient les fonctionnaires.

Les fonctionnaires

La définition du fonctionnaire

Elle comprend **deux éléments fondamentaux** : c'est un agent qui est nommé dans un **emploi** permanent et titularisé dans un **grade**. La distinction entre les deux éléments est importante : l'emploi est un poste de travail permanent reconnu comme nécessaire à l'accomplissement des missions dévolues à un service, et donc inscrit au budget; le grade est un titre juridique, lié à la possession de diplômes, qui donne vocation à occuper certains emplois : par exemple, les titulaires du grade d'administrateur civil, obtenu à la sortie de l'ENA, peuvent devenir directeurs d'administration centrale. Tous les fonctionnaires sont intégrés dans des **corps** qui comportent **plusieurs grades**, et il existe une correspondance entre chacun de ces grades et les emplois auxquels il donne accès. Le plus souvent, les grades sont eux-mêmes subdivisés en *échelons*, chacun de ceux-ci correspondant à une rémunération déterminée.

En gros, les corps et les emplois sont *répartis en trois catégories,* définies suivant le niveau de recrutement des agents et la nature des fonctions exercées : A (diplômes de l'enseignement supérieur), B (baccalauréat) et C (brevet des collèges)[80]. Un fonctionnaire est *propriétaire de son grade*, en ce sens qu'il ne peut en être privé qu'en cas de faute grave reconnue à la suite d'une procédure disciplinaire (hypothèse peu fréquente), *mais pas de son emploi* : non seulement il peut demander une mutation, mais l'administration est en droit de la lui imposer si l'intérêt du service le justifie[81]; toutefois, lorsqu'un emploi est supprimé, son titulaire doit être reclassé dans un emploi de rang équivalent.

Le statut des fonctionnaires

A l'inverse de celle des agents non titulaires, la situation des fonctionnaires n'est jamais de nature contractuelle : ils se trouvent en «**situation statutaire et réglementaire**», ce qui signifie que leurs droits et obligations de toutes sortes sont déterminés par des lois et des règlements. Le texte essentiel est un **statut général** dont l'origine n'est pas très ancienne, mais qui a connu plusieurs avatars. Un premier statut avait été élaboré en 1941, mais il était marqué par les conceptions autoritaristes du régime de Vichy[82] et fut déclaré nul à la Libération. Lui succéda le statut de 1946, qui reconnaissait le droit syndical et organisait la participation des fonctionnaires à la gestion des personnels et des services par l'intermédiaire d'organismes paritaires qui seront décrits plus loin. En 1959, fut élaboré un nouveau texte : conformément aux articles 34 et 37 de la Constitution, il ne conservait que les dispositions de nature législative, mais limitait aussi la participation en rendant dans certains cas facultative et non plus obligatoire la consultation des organismes paritaires. L'alternance politique de 1981 entraîna l'adoption des textes actuellement en vigueur, qui forment un *ensemble de quatre lois constituant autant de titres du statut général* : le premier est relatif aux droits et obligations de tous les fonctionnaires, les trois autres concernent respectivement les fonctions publiques d'État, territoriale et hospitalière.

Les personnels exclus du statut et les dérogations au statut

Ce statut ne couvre cependant pas toutes les catégories de fonctionnaires : en sont exclus les **personnels militaires**, **ceux des assemblées parlementaires** et les **magistrats de l'ordre judiciaire** (les premiers parce qu'ils sont soumis à une discipline plus rigoureuse, les autres, au contraire, étant considérés comme devant échapper à l'autorité hiérarchique du gouvernement au nom du principe de séparation des pouvoirs). D'autre part, les

80. Il existait initialement une catégorie D, de rang inférieur, mais dans le cadre d'une politique de revalorisation des fonctions, les agents qui en faisaient partie ont été progressivement reclassés dans la catégorie C.

81. Certains corps, notamment les magistrats du siège, bénéficient cependant de l'inamovibilité, car leurs fonctions justifient une indépendance renforcée.

82. La grève, en particulier, était sévèrement sanctionnée et, conformément aux conceptions allemandes, n'étaient fonctionnaires que les agents occupant des emplois d'autorité. De surcroît, en vertu de lois adoptées en 1940 et 1941, l'accès à la fonction publique était interdit aux israélites.

différents corps ont très souvent des *statuts particuliers* qui précisent, en ce qui les concerne, les règles du statut général ou leur apportent des dérogations : c'est par exemple le cas des enseignants, en raison de leurs horaires de travail, ou des corps de la haute fonction publique, à laquelle on a voulu en certains cas donner des garanties d'indépendance (membres du Conseil d'État) ou à l'inverse imposer un devoir d'obéissance plus strict (préfets). Au total, *près de la moitié des fonctionnaires sont ainsi régis*, en tout ou en partie, par des règles qui ne sont pas contenues dans le statut général.

Toutes catégories confondues, les **agents employés dans le secteur public ou parapublic sont très nombreux :** on compte en effet près de *cinq millions* de fonctionnaires dans les trois fonctions publiques et un peu moins d'un million de non-titulaires, soit plus du quart du total des salariés, et environ neuf agents pour cent habitants. Ces pourcentages sont parmi les plus élevés d'Europe (la France n'y est dépassée que par les pays scandinaves). Les statistiques, toutefois, doivent être utilisées avec prudence, d'abord parce que le nombre des non-titulaires est instable et plutôt mal connu, ensuite parce qu'il n'est pas assuré que les enquêtes successives, nationales ou internationales, prennent en compte des données identiques[83]. Un débat récurrent n'en existe pas moins à ce sujet, les partisans du libéralisme économique estimant que le nombre des fonctionnaires constitue une charge trop lourde pour les finances publiques, et devrait donc être réduit, en ne remplaçant, par exemple, qu'une partie des fonctionnaires partant en retraite.

83. En France, par exemple, certaines de ces enquêtes comptabilisent les enseignants des établissements scolaires sous contrat ou les personnels de La Poste, alors que d'autres ne le font pas. Et tous les pays, on l'a vu, n'adoptent pas une conception identique de la fonction publique : ainsi la Grande-Bretagne n'y inclut-elle pas les enseignants.

Effectifs des agents de l'État par ministère et par statut et pourcentage de femmes au 31 décembre 2005

Ministères	Rappel 2004	2005					% de femmes
	Total	Titulaires	Non-titulaires	Ouvriers d'État	Militaires (1)	Total	
Affaires étrangères	19 442	9 583	9 097	0	369	**19 049**	42,6
Affaires sociales	28 398	24 423	4 381	0	3	**28 807**	70,5
Santé	*17 028*	*14 335*	*2 629*	*0*	*3*	***16 967***	*71,0*
Emploi	*11 370*	*10088*	*1752*	*0*	*0*	***11 840***	*69,8*
Agriculture	37 708	32 332	4 564	24	0	**36 920**	53,2
Culture	13 915	12 192	1 670	0	0	**13 862**	52,9
Défense	423 236	42 353	7 691	38 832	348 490	**437 366**	18,5
Économie	194 217	182 082	10 791	543	33	**193 449**	59,3
Éducation nationale	1 203 800	1 102 451	90 585	1	0	**1 193 037**	64,6
Enseignement scolaire	*1 051 129*	*976 715*	*62 133*	*0*	*0*	***1 038 848***	*67,3*
Enseignement supérieur	*142 125*	*125 733*	*17 867*	*1*	*0*	***143 601***	*46,5*
Recherche (2)	*10 546*	*3*	*10 585*	*0*	*0*	***10 588***	*43,1*
Équipement	115 539	97 184	7 209	9 439	585	**114 417**	28,5
Hors Aviation civile	*102 903*	*86 256*	*6 460*	*8 372*	*578*	***101 666***	*28,3*
Aviation civile	*12 636*	*10 928*	*749*	*1 067*	*7*	***12 751***	*30,2*
Intérieur	177 039	170 166	5 410	1 418	0	**176 994**	31,8
Police nationale	*136498*	*134641*	*1358*	*1279*	*0*	***137278***	*22,0*
Hors Police nationale	*40 541*	*35 525*	*4 052*	*139*	*0*	***39 716***	*65,5*
Jeunesse et Sports	8 029	5 728	2 108	0	0	**7 836**	39,6
Justice	73 151	69 445	5 596	0	1	**75 042**	53,9
Outre-Mer	3 346	696	423	21	1 366	**2 506**	33,3
Services du Premier ministre	3 529	1 590	1 239	583	0	**3 412**	51,5
Total hors enseignants	**1 427 855**	**898 270**	**118 771**	**50 861**	**350 847**	**1 418 749**	**41,7**
Total	**2 319 813**	**1 750 225**	**150 764**	**50 861**	**350 847**	**2 302 697**	**50,2**

DGAFP, bureau des statistiques, des études et de l'évaluation.
Source : Insee, exploitation des fichiers de paie.

Champ : hors emplois-jeunes. Emplois principaux. Métropole, Dom, autres Com, étranger.

L'appellation des ministères est générique, donc stable, pour éviter la multiplicité des libellés qui peuvent varier selon les années de référence. Y compris budgets annexes.
Enseignants : y compris élèves enseignants ; hors chercheurs, directeurs d'établissement, inspecteurs, personnels d'orientation et de surveillance.

(1) Y compris 17 219 volontaires militaires au ministère de la Défense.
(2) Allocataires de recherche.

Les règles applicables aux fonctionnaires

Les conditions d'emploi dans la fonction publique sont bien plus encadrées que celles du secteur privé, particulièrement en ce qui concerne les modes de recrutement et le déroulement des carrières : l'expression « situation statutaire et réglementaire » prend ici tout son sens.

Le recrutement

Il se fait par concours, excepté dans des cas limitativement prévus par la loi. Ces cas visent surtout la *haute fonction publique* : certains emplois auxquels il est pourvu en Conseil des ministres (ambassadeurs, recteurs, préfets) sont dits « à la discrétion du gouvernement » et leurs titulaires peuvent être révoqués de la même manière; d'autre part, il existe un **tour extérieur** dans certains grands corps de contrôle (Conseil d'État, Cour des comptes, inspections générales) : le gouvernement peut y nommer une certaine proportion de personnes de son choix, à condition toutefois qu'elles possèdent les capacités requises par la fonction[84]. Il existe également, dans la catégorie C, des **emplois dits réservés**, auxquels peuvent être nommées des personnes considérées comme méritant une attention particulière (pensionnés ou veuves de guerre, travailleurs handicapés). Mais ces deux séries d'exceptions ne concernent qu'un très petit nombre de personnes.

L'admission à concourir est **soumise à certaines conditions** : les unes sont particulières à chaque concours (âge, diplôme requis), d'autres, énumérées par le statut, sont d'application générale. Il faut être de *nationalité française*, réserve faite des emplois *« ne comportant aucune participation directe ou indirecte à l'exercice de prérogatives de puissance publique »* qui sont ouverts, conformément au traité de Rome, aux ressortissants des autres pays de l'Union européenne. Il faut également avoir la *jouissance de ses droits civiques* et remplir les *conditions d'aptitude physique* exigées pour l'exercice de la fonction. Et, malgré le principe constitutionnel d'égal accès de tous les citoyens aux emplois publics, il n'existe pas de véritable droit à concourir, car l'administration peut lui imposer certaines restrictions dans l'intérêt du service : si celles qui visaient les femmes ont pratiquement disparu, subsiste la possibilité d'écarter un candidat dont le comportement présent ou passé peut faire craindre qu'il ne présente pas les garanties de neutralité requises (cette appréciation, qui ne saurait se fonder uniquement sur des opinions politiques ou philosophiques, est naturellement soumise au contrôle du juge).

Le **principe d'égalité** reprend ses droits avec la réglementation des concours, qui est particulièrement minutieuse. L'**impartialité du jury** doit être totale : s'il comprend, par exemple, une personne apparentée à l'un des candidats ou ayant déclaré antérieurement que l'emploi à pourvoir ne devrait pas être occupé par une femme, le concours peut être annulé au contentieux. Le jury doit également être, dans la mesure du possible, *unique*; s'il lui faut se subdiviser en groupes d'examinateurs par suite du grand nombre des candidats, une péréquation doit être opérée lorsque les séries de notes sont trop disparates. Et le classement final des candidats lie l'administration : elle n'est pas tenue de nommer tous les candidats reçus, mais doit impérativement suivre l'ordre de mérite décidé par le jury[85].

Il existe **deux sortes de concours** : l'un, dit *externe* (ou concours étudiant) est ouvert aux candidats satisfaisant aux conditions de diplômes; l'autre, dit *interne* (ou concours fonctionnaires) est réservé aux agents (qu'ils soient fonctionnaires ou non titulaires) ayant une certaine ancienneté de services, mais dispensés de la possession de ces diplômes; souvent, une préparation à ce concours leur est proposée par l'administration. Les deux concours coexistent fréquemment, y compris pour l'agrégation et l'entrée à l'ENA. Et récemment est apparu un **troisième type** de concours, dit *spécial*, destiné à faciliter l'intégration d'agents non titulaires (maîtres auxiliaires, emplois jeunes) dans la catégorie des fonctionnaires.

Les candidats reçus à un concours feront certainement de bons fonctionnaires, mais ils ne sont pas encore opérationnels : c'est pourquoi une période de formation à l'emploi est généralement prévue, pendant laquelle ils auront la qualité de **stagiaires**. La titularisation intervient à l'issue de cette période pour la presque totalité d'entre eux, mais peut être refusée s'il apparaît qu'un stagiaire, malgré son succès au concours, n'a pas les qualités requises pour occuper la fonction.

Effectifs de la fonction publique d'État*, par statut et par catégorie, au 31 décembre 2004

	Catégorie A en %	Catégorie B en %	Catégorie C en %	Total
Titulaires	54,8	15,3	29,9	1 835 214
Non-titulaires	38,1	36,7	25,2	302 227
Ouvriers d'État	0,1	14,7	85,3	56 640
Total agents civils	**51,3**	**18,0**	**30,7**	**2 194 081**
dont enseignants	*91,9*	*8,1*	*0*	*915 374*
Militaires et volontaires militaires	11,7	55,2	33,1	349 031
Total fonction publique d'Etat	45,8	23,2	31,1	**2 543 112**

* Ministères et Epa (établissements publics administratifs).

Source : DGAFP, bureau des statistiques, des études et de l'évaluation.

84. Cette condition a été posée par la décision du Conseil constitutionnel relative à une loi de 1984 qui étendait les possibilités de recrutement au tour extérieur. Elle a été reprise par le Conseil d'État dans un arrêt annulant une nomination qui apparaissait comme dictée par le favoritisme plutôt que par les compétences de l'intéressé (16 décembre 1988, *Association générale des administrateurs civils c. Dupavillon*).

85. De son côté, le jury n'est pas obligé de déclarer admis autant de candidats qu'il y a de postes à pourvoir si les prestations de certains candidats lui paraissent insuffisantes. A l'inverse, l'habitude s'est prise, lorsque tous les postes peuvent être pourvus, d'établir une liste complémentaire : celle-ci permet de pallier d'éventuels désistements de candidats reçus, et de recruter des fonctionnaires plutôt que des non-titulaires si des vacances de postes apparaissent dans l'année qui suit le concours.

Le déroulement de la carrière

Il est également réglementé, en ce qui concerne aussi bien les positions dans lesquelles peuvent se trouver les fonctionnaires que leur avancement et leur cessation de fonctions.

Les positions des fonctionnaires

Déterminées par le statut général, elles sont au nombre de cinq[86]. La première est la position d'**activité** : le fonctionnaire exerce effectivement l'un des emplois correspondant à son grade, habituellement à temps complet, mais *parfois à temps partiel* (par exemple, s'il – ou plus souvent elle – demande à ne pas travailler le mercredi pour s'occuper de ses enfants). Il arrive aussi que des fonctionnaires soient « prêtés » à une autre administration qui ne dispose pas d'emplois budgétaires correspondant à des fonctions qu'elle doit cependant accomplir : lorsqu'une telle procédure, dénommée *mise à disposition*, est utilisée, l'agent demeure juridiquement rattaché à son administration d'origine et rémunéré par elle.

La deuxième position est le **détachement** : l'agent est pareillement prêté pour un temps à une autre administration[87] mais il est rémunéré par celle-ci, intégré dans un autre corps et soumis aux règles de la fonction qu'il exerce; il conserve toutefois ses droits à avancement dans son administration d'origine. La position **hors cadre**, troisième de la liste, amplifie en quelque sorte le détachement, car le fonctionnaire peut demander à bénéficier des droits à avancement et à la retraite de son nouveau corps s'ils lui paraissent plus avantageux; mais il peut aussi demander à être réintégré dans son ancien corps.

La quatrième position est la **disponibilité**, qui place le fonctionnaire hors de son administration d'origine en lui faisant perdre ses droits à l'avancement et à la retraite (réserve faite des points qu'il a déjà acquis). Elle peut être prononcée soit d'office, lorsque l'intéressé, à l'expiration de congés de maladie successifs, n'est pas en état de reprendre son activité, soit sur sa demande, c'est-à-dire *pour convenances personnelles*. La cinquième position est le **congé parental**, qui peut être accordé à l'un ou l'autre des parents pour élever son enfant; sa durée maximum est de trois ans.

La notation

Faite annuellement (ou de façon plus espacée) par le supérieur hiérarchique, elle comprend une **note chiffrée** allant théoriquement de 0 à 20, et une **appréciation générale** sur la manière de servir. L'une et l'autre étant communiquées à l'intéressé, elles sont, excepté en cas de manquements avérés, rarement défavorables. De plus, les fonctionnaires et leurs organisations syndicales étant très attachés à l'égalité de traitement, ils ont tendance à privilégier l'avancement à l'ancienneté plutôt qu'au mérite. Il en résulte que les notes augmentent régulièrement avec le temps, ne serait-ce que d'un vingtième de point, et qu'il est pratiquement assez difficile de récompenser ou de sanctionner par la notation la qualité plus ou moins satisfaisante d'un travail, d'autant que les notes font l'objet d'une péréquation entre les fonctionnaires d'un même grade, voire d'un même corps, et que les intéressés peuvent les contester devant la commission administrative paritaire (CAP), qui sera décrite plus loin, et au contentieux.

Pour donner à la notation un caractère plus contradictoire et désamorcer les conflits éventuels, un **entretien d'évaluation** entre le fonctionnaire et son supérieur hiérarchique avait été institué dans certains services (en particulier à France Télécom); il a été généralisé à *l'ensemble de la fonction publique d'État* par le décret du 29 avril 2002, mais sa périodicité et son contenu peuvent être différents selon les corps.

L'avancement

En partie lié à la notation, il se fait d'échelon en échelon et de grade en grade. L'un et l'autre interviennent de façon continue, c'est-à-dire par franchissements successifs de chacun des degrés, et dépendent à la fois de l'*ancienneté* et de la *valeur professionnelle*. Mais l'avancement d'échelon implique seulement une augmentation de traitement, les attributions de l'agent demeurant identiques, tandis que l'avancement de grade a également une signification fonctionnelle, son bénéficiaire se voyant normalement confier des attributions plus importantes. C'est pourquoi tous les fonctionnaires bénéficient d'avancements d'échelon, alors que les *avancements de grade sont contingentés* et généralement soumis soit à la procédure de l'inscription au tableau d'avancement, établi après avis de la CAP, soit à la réussite à un examen professionnel.

Dans certains corps, ou pour l'occupation de certains emplois, la **mobilité** est une condition préalable à l'avancement de grade : qu'elle ait lieu d'une fonction publique à une autre ou, au sein d'une même fonction publique, dans un corps différent, elle diversifie en effet l'expérience professionnelle et, à ce titre, le statut la considère comme recommandable pour les titulaires d'emplois d'encadrement. D'autre part, lorsqu'un avancement de grade s'accompagne de la nomination dans un emploi impliquant une mobilité, l'intéressé est tenu d'accepter cet emploi sous peine d'être radié du tableau d'avancement.

La cessation de fonction

Elle intervient normalement lorsque le fonctionnaire atteint la **limite d'âge** : 65 ans en règle générale, mais les statuts particuliers prévoient parfois un âge inférieur ou supérieur[88]; et

86. Il existait à l'origine une sixième position qui correspondait à l'accomplissement du service national, mais elle n'a plus aujourd'hui qu'un intérêt historique.

87. Ce peut être aussi une entreprise publique, voire une organisation internationale. Un fonctionnaire élu au Parlement ou devenant membre du gouvernement est également placé en position de détachement.

88. 60 ans, par exemple, pour les enseignants, 68 ans pour certains membres des grands corps de contrôle (Conseil d'État, Cour des comptes). Par ailleurs, les fonctionnaires peuvent demander à partir dès l'âge de 60 ans s'ils ont accompli au moins quinze ans de service. Une loi en vigueur depuis le 1er janvier 2004 allonge la durée de fonction nécessaire pour l'obtention d'une pension complète (de 150 trimestres nécessaires avant 2004 à 160 trimestres nécessaires en 2008).

les agents peuvent demander, lorsqu'ils atteignent 55 ans, à être placés en *cessation progressive d'activité*, ce qui leur permet, sous certaines conditions, de travailler à mi-temps tout en conservant 80 % de leur rémunération.

Il existe trois autres causes de cessation de fonction : la *démission* ; le *licenciement*, qui peut intervenir soit lorsqu'un emploi est supprimé et que son titulaire refuse successivement trois propositions de reclassement, soit lorsque l'agent ne remplit plus les conditions nécessaires pour entrer dans la fonction publique (par exemple, s'il est déchu de ses droits civiques) ; enfin la *révocation,* qui est la plus grave des sanctions disciplinaires (voir plus loin).

Les droits et les obligations

La spécificité de la fonction publique se marque également dans les droits reconnus aux fonctionnaires et les obligations auxquelles ils sont astreints : plus avantageuse sur certains points que celle des travailleurs du secteur privé, moins favorable sur certains autres, leur situation est en tous cas différente, car indissociable des principes du service public auquel ils appartiennent.

Les droits

- **Les droits liés à l'occupation d'un emploi**

C'est naturellement le cas de la **rémunération**, qui est déterminée de manière rigide par la *grille indiciaire* : valable pour tous les fonctionnaires, cette grille fait correspondre des indices équivalant à une certaine rémunération avec des emplois, des corps, des grades et des échelons. Au sein d'un même corps, tous les agents se trouvant à un stade identique de leur carrière professionnelle perçoivent le même traitement, et il est presque impossible d'augmenter la rémunération de l'un des corps car l'opération aurait des répercussions sur l'ensemble de la grille.

A la rémunération s'ajoutent **diverses primes**. Les unes sont *fixes*, comme le supplément familial de traitement, l'indemnité de résidence, ou celle qui compense les sujétions propres à un emploi[89]. D'autres sont *modulables*, telles les primes de rendement et la nouvelle bonification indiciaire (NBI), attribuée depuis 1991 aux fonctionnaires qui occupent des emplois impliquant une responsabilité spécifique, par exemple la direction d'un établissement d'enseignement. Quelques-unes, enfin, sont plus ou moins *officieuses*, car instituées non pas par une loi ou un décret, comme l'impose le statut, mais par une décision interne à un ministère[90]. On a dénombré au total près de mille primes différentes, certaines étant très substantielles, d'autres minimes : l'administration y voit souvent le moyen d'étoffer des rémunérations sans toucher à la grille, et parfois la possibilité d'éviter le « pantouflage[91] », voire d'attirer dans la fonction publique des personnes dont les qualifications lui sont utiles, mais auxquelles le secteur privé offre des rétributions supérieures. Si justifiées que puissent paraître ces raisons, il n'en demeure pas moins que le système est à la fois compliqué, opaque, et d'une régularité quelquefois douteuse.

Appartiennent également à cette catégorie le droit à des **avantages sociaux**, tels le régime des *congés de maladie*, qui est plutôt plus favorable que dans le secteur privé[92], ainsi que le droit à la **formation continue**, y compris pour préparer un concours donnant accès à un grade supérieur, et des **prestations sociales** comme les restaurants administratifs à prix réduit et les aides au logement : sur ces deux derniers points, les régimes public et privé se sont nettement rapprochés.

Il faut mentionner enfin la **protection fonctionnelle** des agents, qui est spécifique à la fonction publique. D'une part, lorsqu'un agent fait l'objet de menaces par suite d'un fait survenu dans l'exercice de ses fonctions, l'administration doit lui venir en aide, éventuellement par la voie d'une action pénale, afin que ces attaques cessent et que le préjudice qu'elles ont causé soit réparé ; cette protection doit être accordée même si l'agent a commis une erreur ou une maladresse. D'autre part, le régime de la *responsabilité civile des fonctionnaires* est particulièrement favorable, puisque s'ils commettent une faute qui peut être qualifiée (hypothèse très fréquente) de faute de service et non pas de faute personnelle, c'est l'administration qui réparera les dommages résultant de cette faute (voir page 137).

- **Les droits qui se rattachent aux libertés publiques**

Ces droits sont parfois contrebalancés par les principes généraux qui gouvernent le fonctionnement des services publics. Ainsi la **liberté d'opinion et d'expression** est-elle reconnue aux fonctionnaires, ce qui interdit notamment de faire figurer dans leur dossier des indications relatives à leurs appartenances politiques, religieuses ou syndicales. Mais cette liberté doit être conciliée avec les *principes de neutralité et de réserve*. Un fonctionnaire doit bien entendu traiter de manière égale les usagers du service, mais il lui faut aussi s'abstenir de manifestations extérieures révélant ses convictions (le port du voile islamique dans les établissements scolaires, par exemple, est depuis longtemps interdit aux enseignantes[93]). Et il ne peut, surtout en dehors du service, critiquer de façon trop acerbe ses supérieurs hiérarchiques, ni la politique du gouvernement : cette règle s'applique de manière particulièrement stricte aux fonctionnaires de responsabilité, mais elle s'atténue lorsque les intéressés sont élus au

89. Ces primes comprennent aussi bien l'indemnité de chaussures accordée aux cantonniers que les frais de représentation alloués aux diplomates.

90. Le ministère des Finances est spécialiste des primes de cette sorte.

91. On appelle ainsi le départ de fonctionnaires occupant souvent des postes élevés vers le secteur privé, qui leur offre des conditions plus attractives.

92. Le régime des pensions de retraite était également plus favorable, mais la loi du 21 août 2003 a partiellement gommé cette différence, en portant à 160 trimestres au lieu de 150 la durée d'activité nécessaire pour bénéficier d'une pension à taux plein.

93. Il était autorisé, sous certaines conditions, aux élèves, mais la loi du 15 mars 2004 leur a étendu cette interdiction.

Parlement en qualité de membres de l'opposition (selon l'une des dispositions du statut, les critiques qu'ils formulent à l'égard des dirigeants, à la tribune de l'assemblée ou au cours des campagnes électorales, ne peuvent porter préjudice à leur carrière).

Le **droit de grève** est également reconnu, depuis 1946, mais on sait que son exercice peut être soumis à certaines limites en raison du principe de continuité du service public (voir page 110). Le **droit syndical**, en revanche, est admis sans restriction et constitue un vecteur de participation des agents à la gestion – au sens large – des services. D'une part, les organisations syndicales les plus représentatives (c'est-à-dire celles qui ont obtenu le plus de voix aux élections professionnelles) sont les partenaires du gouvernement dans les négociations salariales instituées en 1968. D'autre part, leurs délégués siègent dans les organismes paritaires de concertation, auxquels le statut accorde des compétences d'avis ou de décision importantes. Ces organismes sont les suivants :
– les *commissions administratives paritaires* (CAP), constituées dans chacun des corps de la fonction publique[94] : elles sont obligatoirement consultées sur *«les décisions individuelles intéressant les membres du corps»*, en particulier les avancements, les mutations et les sanctions disciplinaires ; pour les agents non titulaires ont été instituées, dans le même esprit, des *commissions consultatives paritaires* (CCP) ;
– les *comités techniques paritaires* (CTP), qui sont beaucoup moins nombreux (il en existe un par ministère ou par grand service) : ils traitent de questions générales relatives à l'organisation ou au fonctionnement du service ;
– les *comités d'hygiène et de sécurité* (CHS), qui sont en nombre sensiblement égal à celui des CTP ;
– enfin, le *Conseil supérieur de la fonction publique*, présidé par le Premier ministre ou son représentant (généralement le ministre chargé de la fonction publique) : il est obligatoirement consulté sur les projets de statuts particuliers ou de classement indiciaire des grades et des emplois, et il peut être saisi à titre facultatif de toutes les questions à propos desquelles un tiers de ses membres ou le Premier ministre jugent utile qu'il se prononce ; il joue également le rôle d'une instance de recours contre les sanctions ou les avancements décidés par l'administration après avis d'une CAP (il n'a pas le pouvoir de les annuler, mais peut émettre des recommandations à leur sujet).

Les **avis formulés** par ces différentes instances influent généralement de manière assez forte sur les décisions qui seront prises, à la fois parce que le principe de participation est bien ancré, et parce que l'administration sait qu'une décision qui a reçu l'aval – ou du moins n'a pas suscité d'opposition – des organismes paritaires a toutes chances de ne pas provoquer de contestations ultérieures.

94. Si les corps sont très importants, comme celui des enseignants des écoles, il existe une CAP nationale et des CAP locales, généralement compétentes pour un département.

Les obligations

• Les trois obligations fondamentales imposées par le statut

Elles s'ajoutent aux contraintes résultant des principes de fonctionnement des services publics.

Il s'agit d'abord de **l'obligation de se consacrer à sa fonction**. Les agents ne peuvent exercer une autre activité professionnelle lucrative, à l'exception des enseignements et des activités littéraires ou artistiques. Dans la même logique, ils sont soumis à un «**devoir de probité**» qui leur interdit d'avoir, directement ou par personne interposée, des intérêts dans une entreprise soumise au contrôle de l'administration à laquelle ils appartiennent ou ayant des relations avec celle-ci : ils ne sauraient, par exemple, négocier ou passer un contrat avec une entreprise dont ils sont actionnaires. Et ce devoir de probité subsiste après la cessation des fonctions : pendant cinq ans, un fonctionnaire qui était chargé du contrôle d'une entreprise ne peut prendre une participation dans celle-ci.

Vient ensuite **l'obligation de discrétion professionnelle et de secret**. Un fonctionnaire ne doit pas dévoiler les informations qu'il détient en raison de son activité et qui sont couvertes par le secret professionnel, par exemple dans le domaine médical ou fiscal. De manière générale, il ne doit pas non plus divulguer les faits ou documents dont il a connaissance, sauf si sa hiérarchie l'y autorise. Mais cette règle est battue en brèche par le *droit d'obtenir communication des documents administratifs* reconnu au public par la loi du 17 juillet 1978 (voir page 101), et la CADA comme le juge doivent parfois opérer de subtiles conciliations entre les deux textes.

Enfin, est imposée **l'obligation d'obéissance hiérarchique**. Tout fonctionnaire, conformément au principe de la hiérarchie administrative, est tenu de se conformer aux instructions qu'il reçoit de ses supérieurs sous peine d'être taxé d'insubordination. Une *exception* a été toutefois apportée à cette obligation, d'abord par la jurisprudence, ensuite par le statut : le fonctionnaire n'est pas tenu – et doit même refuser – d'obéir à un ordre *«manifestement illégal et de nature à compromettre gravement l'intérêt public»*, par exemple en inscrivant irrégulièrement une personne sur les listes électorales.

• Les manquements aux obligations des fonctionnaires

Ils peuvent donner lieu à des **sanctions disciplinaires**. En certains cas, tels que les violences ou les malhonnêtetés, ces manquements constituent aussi des *infractions pénales* susceptibles de faire l'objet de poursuites judiciaires, mais les deux procédures sont indépendantes l'une de l'autre. D'une part, contrairement à l'adage «*non bis in idem*», une même faute peut être sanctionnée à la fois par l'une et l'autre voies. D'autre part, l'administration n'est pas liée par la décision juridictionnelle (excepté pour ce qui concerne la constatation de l'existence matérielle d'un fait) : elle peut prononcer une sanction en dépit d'un acquittement[95] et, à

95. On peut citer à cet égard l'exemple d'une enseignante qui avait giflé deux de ses élèves : acquittée au pénal, elle a néanmoins subi une sanction disciplinaire.

l'inverse, ne pas engager de procédure disciplinaire alors qu'il y a eu condamnation; elle doit toutefois tirer les conséquences d'une condamnation entraînant la perte des droits civiques, c'est-à-dire révoquer l'intéressé.

- **La procédure disciplinaire**

Elle est aménagée de manière à proscrire l'arbitraire et les injustices. En premier lieu, *la liste des sanctions possibles est fixée par le statut* et divisée en quatre groupes de gravité croissante :
- le premier groupe comprend l'avertissement, qui ne fait pas l'objet d'une inscription au dossier du fonctionnaire, et le blâme;
- le deuxième inclut la radiation du tableau d'avancement, l'abaissement d'échelon, une exclusion temporaire de fonctions qui ne peut excéder quinze jours et le déplacement d'office;
- le troisième comprend la rétrogradation et une exclusion temporaire allant de trois mois à deux ans;
- le quatrième prévoit la mise à la retraite d'office et la révocation.

L'administration dispose par ailleurs du droit de prendre une mesure conservatoire qui ne constitue pas une sanction : lorsqu'un fonctionnaire semble avoir commis une faute grave et que son maintien en fonction jusqu'au terme de la procédure disciplinaire s'avère préjudiciable à la bonne marche du service, il peut être *suspendu* pendant une durée maximum de quatre mois; la suspension peut cependant être prolongée, si des poursuites pénales sont parallèlement engagées, jusqu'au prononcé du jugement.

Le processus disciplinaire, de son côté, est très **protecteur des droits de l'intéressé**. Celui-ci doit être avisé de l'éventualité d'une sanction et mis à même de prendre connaissance de l'intégralité de son dossier. Puis, excepté pour les sanctions du premier groupe, la CAP est saisie de l'affaire : l'intéressé a le droit d'assister à la séance et de se faire accompagner d'une ou plusieurs personnes de son choix (collègues de travail, syndicalistes ou, de plus en plus souvent, avocats). La CAP rend ensuite un avis motivé qui est transmis à l'autorité hiérarchique compétente pour prononcer la sanction : celle-ci n'est pas liée par l'avis, mais si elle s'en écarte, elle doit informer la CAP de ses raisons.

- **Les voies de recours ouvertes aux agents**

L'agent dispose à son choix – ou cumulativement – de trois voies de recours contre la sanction : devant le supérieur hiérarchique de l'auteur de celle-ci, devant le Conseil supérieur de la fonction publique et devant le juge administratif. Ce dernier (voir page 135) exerce sur l'ensemble de la procédure disciplinaire un contrôle qui va en s'approfondissant : il accepte désormais de connaître des sanctions de faible importance, qu'il considérait auparavant comme des mesures d'ordre intérieur non susceptibles de recours, et vérifie la proportionnalité des sanctions prononcées à la nature des fautes commises. L'agent est ainsi protégé contre les mesures pouvant nuire à sa carrière à la fois par l'intervention de ses pairs et par l'action du juge.

* * *

Depuis un siècle, la fonction publique s'est considérablement étoffée et diversifiée, en raison de l'extension des missions dévolues aux pouvoirs publics, mais aussi du progrès social : l'accroissement du nombre des enseignants, qui forment les gros bataillons de fonctionnaires, de même que celui des personnels hospitaliers, s'expliquent par le fait que l'accès à l'enseignement secondaire et aux établissements de soins est aujourd'hui sans commune mesure avec ce qu'il était auparavant.

Dans le même temps, les caractéristiques du système ont évolué. D'une part, sous l'influence des idéaux démocratiques qui prévalaient à la Libération, les sujétions considérées comme inhérentes au service de l'État se sont atténuées : le droit de grève et le droit syndical ont été reconnus aux fonctionnaires, et le rôle des syndicats a pris dans maints domaines une importance notable. D'autre part, du point de vue de la condition professionnelle, un certain rapprochement s'est opéré avec les salariés du secteur privé, par exemple pour le droit à la formation continue ou à des avantages sociaux. Deux différences importantes et en quelque sorte symétriques subsistent toutefois : les fonctionnaires bénéficient de la sécurité de l'emploi, tandis que les salariés du secteur privé, surtout dans les emplois élevés, perçoivent généralement des rémunérations supérieures.

Par ailleurs, le système n'est pas exempt de toute imperfection. La *gestion prévisionnelle des effectifs* y est très lacunaire, ce qui explique en grande partie les coups d'accordéon du recrutement, puis du licenciement (ou de l'intégration) des agents non titulaires. Les rigidités induites par la *grille indiciaire* sont également critiquables, dans la mesure où l'administration est obligée de recourir à la voie détournée des primes pour conserver ou attirer les personnels dont elle a besoin. Enfin, est apparu au milieu des années soixante-dix le phénomène de la **politisation de la haute fonction publique** : lorsque la majorité issue des élections change, elle remplace à plus ou moins brève échéance les titulaires des emplois dits à la discrétion du gouvernement. S'il est normal que les membres des cabinets, collaborateurs personnels des ministres, quittent leurs fonctions en même temps qu'eux, on peut juger excessif qu'un gouvernement tienne à choisir parmi ses partisans l'ensemble des directeurs d'administration centrale, recteurs, préfets et dirigeants d'entreprises publiques. Dans d'autres pays, notamment la Grande-Bretagne, les hauts fonctionnaires traversent les alternances sans heurt et sans dommage pour l'intérêt général; on peut penser qu'il n'en irait sans doute pas différemment en France, et que l'image d'impartialité de l'administration serait renforcée si l'on ne pouvait plus dire que «l'État PS» succède à «l'État RPR» – et vice-versa.

Titre 3
Le contrôle de l'administration

Tout pouvoir doit être contrôlé : c'est une loi fondamentale de la démocratie, et l'administration ne saurait y échapper. D'abord parce que son action – ou son inaction – peut avoir des conséquences considérables pour le devenir de la collectivité comme pour les droits et intérêts des citoyens. Ensuite parce que les règles auxquelles elle a été progressivement soumise demeureraient lettre morte si des instances indépendantes ne veillaient pas à ce qu'elle les respecte. Pour toutes ces raisons, les formes de contrôle qui s'exercent sur elle se sont multipliées et diversifiées au fil du temps : il existe des contrôles principalement axés sur la régularité et d'autres qui s'attachent surtout à l'efficacité, des contrôles internes (par exemple, celui des inspections générales) et externes ; ils peuvent être spécifiques à un secteur, comme celui qui revient aux autorités administratives indépendantes, ou très généraux, notamment le contrôle contentieux. C'est ce dernier type de contrôle qui a la plus grande importance.

Chapitre 1
L'organisation de la justice administrative

La compétence des tribunaux et le droit qu'ils appliquent sont en principe indissociables. Comme l'administration est généralement soumise au droit public, mais que certains de ses actes – on l'a vu dans un chapitre précédent – relèvent du droit privé, elle peut être jugée par l'un ou l'autre des deux ordres de juridictions. Il convient donc de décrire les grandes lignes de l'organisation juridictionnelle avant d'aborder le fonctionnement de la justice administrative, dont le rôle l'emporte sur celui des tribunaux judiciaires en ce qui concerne l'activité de l'administration.

L'organisation juridictionnelle

Il existe en France **deux ordres de juridictions** : les juridictions **judiciaires**, coiffées au sommet par la Cour de cassation, et les juridictions **administratives**, placées sous le contrôle du Conseil d'État. Les premières sont chargées de régler les litiges entre particuliers, auxquels elles appliquent en principe les règles du droit privé. Les secondes jugent les litiges auxquels l'administration est partie et elles leur appliquent en principe les règles du droit administratif.

La distinction des contentieux

La séparation des autorités administratives et judiciaires est une illustration du principe de séparation des pouvoirs. Le Conseil constitutionnel a jugé à plusieurs reprises qu'il constituait un principe fondamental reconnu par les lois de la République : si le législateur peut, en le mettant en œuvre, déplacer la limite qui sépare les domaines de compétence des deux ordres de juridiction, il ne pourrait pas décider purement et simplement la suppression de la juridiction administrative. Ce serait inconstitutionnel. Et le Conseil constitutionnel a aussi jugé que tous les recours visant à faire annuler les décisions prises par les autorités publiques ou les organismes publics placés sous leur autorité ne pouvaient relever, en vertu d'un principe constitutionnel, que de la justice administrative (voir encadrés ci-dessous).

Un exemple de transfert autorisé d'un « bloc de compétences » d'un ordre juridictionnel à l'autre : les accidents de véhicule

En analysant les décisions de justice rendues, on avait constaté que la réparation des accidents de voiture créait des injustices évidentes. Les tribunaux judiciaires, compétents pour juger de l'indemnisation des dommages créés par les accidents entre particuliers, se montraient dans l'ensemble plus généreux, à la fois pour la définition des préjudices acceptés et pour la fixation du montant des indemnités, que les tribunaux administratifs, compétents pour réparer les dommages créés par des véhicules administratifs. Si vous aviez la malchance d'être renversé par une voiture, mieux valait donc que ce soit par celle de votre voisin que par un véhicule des Ponts et Chaussées.

Pour éviter ces disparités choquantes, le législateur a décidé, par la loi du 31 décembre 1957, que, désormais, le juge judiciaire serait compétent pour juger toutes les actions en responsabilité liées à un accident de véhicule, que celui-ci appartienne à une administration ou à un particulier.

Un exemple de transfert interdit : la décision du Conseil constitutionnel du 28 juillet 1989

Lorsqu'un étranger est entré en France de façon irrégulière et qu'il est arrêté par la police, il peut faire l'objet d'une décision de reconduite à la frontière, prise par le préfet et qui autorise l'administration à le renvoyer *manu militari* à l'étranger. Celle-ci peut aussi le « retenir » dans un local clos et donc le priver de sa liberté, pendant le temps nécessaire à l'exécution de la mesure. La décision de reconduite est une *décision administrative*, dont le contentieux relève normalement du juge administratif. En revanche, en vertu de l'article 66 de la Constitution, qui réserve à l'autorité judiciaire la garantie de la liberté individuelle, le contrôle de la « rétention » a été confié par la loi au juge judiciaire. Si l'étranger veut contester les deux, ce qui est fréquent, il devra saisir deux juges différents. Le législateur avait donc pensé simplifier les choses, en 1989, en décidant de confier l'ensemble du contentieux (décision de reconduite et mise en rétention) au juge judiciaire.

Le Conseil constitutionnel a déclaré la loi inconstitutionnelle sur ce point : la décision de reconduite est une décision prise par une autorité publique dans le cadre de prérogatives de puissance publique. Son contentieux ne peut donc appartenir qu'au juge administratif. Et il a fallu continuer à saisir deux juges différents.

Simple dans son principe, la **distinction** entre les domaines du juge administratif et du juge judiciaire s'avère cependant **source de complications** dans la réalité. Pour des raisons multiples. Certaines sont d'origine historique : pendant très longtemps, le Conseil d'État est apparu comme très lié à l'administration et on le suspectait d'être plus sensible à son point de vue qu'aux droits des particuliers. On hésitait donc à lui confier la compétence de juger les affaires où étaient en cause la liberté individuelle ou le droit de propriété, et il reste des traces de cette méfiance ancienne, même si elle n'était plus justifiée au XXe siècle : par exemple, la fixation des *indemnités d'expropriation*, déterminées au terme d'une procédure complexe où le juge administratif est compétent pour juger les recours susceptibles d'être intentés à l'occasion de toutes les phases antérieures, reste, actuellement encore, de la *compétence du juge judiciaire*. De même, on l'a vu, c'est à l'autorité judiciaire que l'article 66 de la Constitution actuelle confie la garantie de la liberté individuelle, même lorsque l'atteinte à cette liberté est portée par des autorités administratives. Il a donc fallu interpréter le sens de cette disposition pour fixer la ligne exacte de partage entre les compétences des deux ordres de juridiction, et cela a donné lieu à une jurisprudence très subtile et souvent compliquée.

Par ailleurs, le développement de **l'interventionnisme économique** a entraîné une extension considérable des pouvoirs de l'administration et celle-ci a parfois choisi de ne pas les exercer elle-même, mais d'en confier l'exercice à des personnes privées. Par exemple, les *fédérations sportives* (football, basket, etc.) sont des associations de *statut privé*. Elles peuvent cependant, par délégation de l'État, prendre des décisions unilatérales très graves pour ceux qui en sont l'objet (radiation ou suspension pour dopage, qui sont des sortes d'interdictions professionnelles, temporaires ou définitives ; rétrogradation de clubs dans les divisions inférieures, qui entraîne des conséquences financières très importantes pour les clubs concernés...). Le juge administratif a donc considéré que ces décisions ne pouvaient pas constituer une forme ordinaire de relations entre particuliers et que, analogues aux décisions exécutoires dont on a parlé plus haut, elles constituaient une *forme d'exercice de la puissance publique* (voir encadré ci-contre) ; cela l'a conduit à affirmer sa compétence pour juger les recours intentés contre ces décisions, alors même qu'ils ne mettent en présence que des personnes privées (une fédération et un sportif professionnel, par exemple).

Les **limites entre les compétences** des deux ordres de juridiction sont donc **souvent floues** et il n'est pas toujours évident de les préciser de façon claire. On a parfois essayé de les simplifier, comme on l'a vu plus haut avec l'exemple des accidents de véhicule. Mais la simplification a fait naître de nouvelles complications. Depuis le début du XIXe siècle, les accidents liés aux opérations de travaux publics sont de la compétence du juge administratif. Supposons donc un bulldozer (c'est un véhicule) occupé à des travaux de réparation d'une route (qui sont des travaux publics) et qui, à cette occasion, percute une voiture circulant sur la route. Devra-t-on dire qu'il s'agit d'un accident de véhicules, entraînant la compétence judiciaire, ou un accident de travaux publics, ce qui justifierait la compétence administrative ?

Un exemple de délégation de prérogatives de puissance publique à une personne privée : l'arrêt *Magnier* du 13 janvier 1961

Dans cet exemple, c'est à une association, personne privée, que l'administration avait délégué l'organisation de la lutte contre les insectes ennemis des cultures. Mais cette association disposait de prérogatives inhabituelles : l'adhésion de tous les propriétaires agricoles dont les exploitations se situaient dans le département était obligatoire, alors que d'ordinaire, au nom de la liberté d'association, personne ne peut être obligé d'adhérer à une association. Et elle avait le pouvoir de délivrer des états exécutoires, c'est-à-dire des *commandements de payer*, ce qui est d'habitude réservé au pouvoir fiscal. Saisi par un des propriétaires adhérents, M. Magnier, qui contestait qu'on puisse lui imposer le paiement d'une partie d'une dépense à laquelle il n'avait jamais consenti personnellement, le juge administratif a estimé que cette association disposait de *prérogatives de puissance publique*, et que cela entraînait deux conséquences : bien que le litige ne mette en présence que deux personnes privées (l'association et l'agriculteur), le recours présenté relevait de sa compétence ; et le règlement du litige exigeait *l'application du droit administratif*.

On voit donc qu'il est nécessaire de trouver un **arbitre** qui puisse régler ces « conflits » éventuels de compétence entre ordres juridictionnels. Cet arbitre existe depuis la loi du 24 mai 1872. Il s'agit du Tribunal des conflits.

Le Tribunal des conflits

C'est un tribunal **paritaire** composé de **huit membres titulaires**, élus pour moitié parmi les conseillers à la Cour de cassation et pour moitié parmi les conseillers d'État.

Le risque d'un nombre pair, c'est évidemment l'impossibilité éventuelle de dégager une majorité au sein du Tribunal. Il est effectivement parfois arrivé qu'on s'y retrouve quatre contre quatre et qu'il faille aller chercher une neuvième personne pour départager les deux camps. Cette personne, c'est le président en titre du Tribunal des conflits, le garde des Sceaux, **ministre de la Justice**. Celui-ci ne siège donc presque jamais, sauf pour les séances purement protocolaires (installation du Tribunal après une nouvelle élection de ses membres, par exemple) et dans les cas où il faut « *vider le partage* ». Ces cas où le ministre de la Justice est associé à la prise d'une décision juridictionnelle sont très rares (une dizaine au total en 130 ans) et ils n'ont jamais posé problème, sauf dans la dernière hypothèse en date.

En 1997, en effet, il a fallu décider quel ordre était compétent pour juger des recours contre les décisions par lesquelles l'administration interdisait à des étrangers, passagers clandestins de navires, d'entrer sur le territoire français, et les « consignait » à bord du navire pour les obliger à repartir avec celui-ci. Fallait-il admettre la compétence administrative, au motif que la décision était prise par une autorité administrative, ou la compétence judiciaire, au nom de l'idée que la décision constituait une atteinte à la liberté individuelle et qu'elle justifiait l'application de l'article 66 de la Constitution ? Le Tribunal s'étant partagé en deux, le garde des Sceaux est venu trancher en faveur de la compétence administrative : cela a déclenché une polémique publique et provoqué, pour la première fois, la démission d'un membre du Tribunal qui souhaitait protester contre ce qu'il considérait comme une intrusion du pouvoir politique dans le fonctionnement de la justice[96].

En principe, le Tribunal des conflits est un tribunal particulier, dans la mesure où il ne juge presque jamais les affaires qui lui arrivent. Il doit simplement trancher *les conflits d'attributions*, c'est-à-dire décider quel ordre de juridiction doit juger l'affaire qui lui est soumise. Ce n'est donc que très exceptionnellement qu'en réglant *les conflits de décisions*, il est amené à juger une affaire au fond[97].

Les conflits d'attributions de compétence

Ils sont de deux sortes.

- **Le conflit positif d'attributions**

C'est un conflit **entre l'administration et un juge judiciaire** à propos de la compétence de ce dernier. Il surgit lorsqu'un tribunal judiciaire a été saisi d'un recours et que l'autorité administrative estime que l'affaire ne relève pas de la compétence judiciaire. C'était le cas dans l'arrêt *Blanco*, en 1872 : le père de la petite Agnès avait intenté un recours devant un tribunal civil à la suite de l'accident, et le préfet a saisi le Tribunal des conflits pour lui demander de constater que le wagon responsable de l'accident appartenant à l'administration, c'était à un tribunal de l'ordre administratif de juger.

C'est donc normalement l'administration qui initie la procédure de conflit. Le *préfet* du département où siège le tribunal judiciaire saisi intervient en adressant au ministère public un « déclinatoire de compétence » demandant au tribunal de se déclarer incompétent. Si le tribunal rejette le déclinatoire, ce qui signifie qu'il se considère comme compétent, il doit surseoir à statuer pendant quinze jours, pour laisser au préfet le temps de prendre, s'il continue à penser que le tribunal a tort, un « arrêté de conflit » motivé. Le garde des Sceaux saisit alors le **Tribunal des conflits** qui, statuant dans un délai d'un mois, « **annule** » l'arrêté de conflit (ce qui permet à la juridiction judiciaire de reprendre l'examen de l'affaire) **ou le « confirme »** (ce qui oblige le requérant à saisir la juridiction administrative dans les deux mois suivant l'arrêt du Tribunal des conflits).

- **Le conflit négatif d'attributions**

Il **oppose les deux ordres de juridiction** entre eux. Il n'est donc *pas le contraire du conflit positif* qui, on l'a dit, oppose un juge judiciaire à l'administration.

Un plaideur a saisi successivement de la même question un tribunal administratif et un tribunal judiciaire. Chacun d'entre eux s'est déclaré incompétent, en indiquant qu'à son sens, l'affaire relevait de la compétence de l'autre ordre de juridiction. Le plaideur saisit alors le Tribunal des conflits pour lui demander de constater qu'une des deux déclarations d'incompétence est erronée. Le Tribunal annule l'une des deux et renvoie le plaideur devant la juridiction qui l'avait rendue.

Pour accélérer les choses et faciliter la tâche du plaideur, le décret du 25 juillet 1960 a institué ce qu'on appelle deux « procédures de renvoi ». La première est obligatoire : lorsqu'un tribunal d'un premier ordre, par exemple judiciaire, a déjà rendu un jugement d'incompétence et qu'à la suite de ce jugement, un tribunal de l'autre ordre (dans notre exemple, un tribunal administratif) a été saisi de la même affaire, il ne peut plus rendre un deuxième jugement d'incompétence : **il doit saisir lui-même le Tribunal des conflits** pour lui demander de désigner l'ordre juridictionnel compétent. Cette obligation pèse sur toutes les juridictions, quel que soit le degré où elles se situent (première instance, appel ou cassation). Elle fait donc *disparaître les hypothèses de conflit négatif* qu'on ne rencontre plus désormais que dans des cas très exceptionnels.

La seconde procédure de renvoi est facultative et elle n'est applicable que par la Cour de cassation ou le Conseil d'État : lorsqu'une question soulève une difficulté sérieuse de compétence, l'une de ces juridictions **peut saisir le Tribunal des conflits** pour lui demander de trancher cette question.

Le conflit de décisions

A deux ou trois reprises, après 1872, on a pu constater une faille dans la procédure juridictionnelle. Un plaideur saisit un premier tribunal, par exemple judiciaire. Ce tribunal ne rend pas un jugement d'incompétence mais, jugeant l'affaire au fond, déboute le plaideur. Celui-ci s'adresse alors à un second tribunal, appartenant à l'autre ordre, donc à l'ordre administratif. Ce second tribunal, s'étant à son tour considéré comme compétent, juge le litige et rejette à son tour le recours. On a ainsi une succession de jugements rendus par au moins deux tribunaux appartenant aux deux ordres juridictionnels : ces jugements sont contradictoires et ils privent le plaideur de la possibilité d'obtenir réparation. Cela constitue un **déni de justice**.

Pour remédier à cette situation, illustrée par l'affaire *Rosay* (voir encadré p. 126), le législateur a voté la loi du 20 avril 1932. Cette loi autorise, en pareil cas, le plaideur à **demander au Tribunal des conflits de juger l'affaire au fond** et, pour sortir de la contradiction, de rendre lui-même la décision qui tranchera définitivement son cas. Une telle hypothèse s'est rencontrée six fois depuis 1932.

---

96. Arrêt *Préfet de police* du 12 mai 1997.

97. Au total, il rend chaque année une cinquantaine de décisions.

Un exemple de procédure de renvoi facultatif : l'affaire *Société Le Profil*

On l'a vu, les autorités et les agents de police cumulent souvent deux sortes d'attributions : une mission de protection, de *prévention*, destinée à empêcher les accidents et les troubles à l'ordre public avant qu'ils ne se produisent (par exemple, l'agent de police qui règle et organise la circulation au carrefour) ; et une mission de *répression*, où ils constatent que des individus ont commis des infractions pour les poursuivre éventuellement devant les tribunaux pénaux (par exemple, le même agent qui siffle un automobiliste ayant grillé un feu rouge et lui dresse un procès-verbal).

La première mission, de prévention, constitue *la police administrative* et les litiges la concernant sont de la compétence de la *justice administrative*. La seconde, de répression, constitue *la police judiciaire* et, comme elle est inséparable de l'activité des tribunaux pénaux, qui appartiennent à *l'ordre judiciaire*, les litiges la concernant relèvent des tribunaux de cet ordre (voir page 129).

En décembre 1972, les agents de la société « Le Profil » se rendent à la banque pour y retirer des sommes très importantes destinées à la paye du personnel. A leur demande, une voiture de police surveille l'opération. Au sortir de la banque, la personne qui porte la valise contenant les fonds est « braquée » par des gangsters qui réussissent à disparaître avec l'argent et qu'on ne retrouvera pas.

La société demande à l'État le remboursement des fonds perdus en invoquant sa responsabilité du fait de l'inefficacité de la police. Un tribunal administratif rejette son recours en mars 1976 et la société fait appel devant le Conseil d'État. La question qui se pose est alors la suivante : le manque d'efficacité de la police résulte-t-il de la mauvaise organisation de la prévention du risque avant et pendant le retrait des fonds (une seule voiture, des policiers qui ne sont pas intervenus, etc.) ou de son action postérieure aux faits (l'incapacité de pister, puis de retrouver les malfaiteurs) ? Dans le premier cas, il y aurait compétence administrative, dans le second, compétence judiciaire.

Le Conseil d'État estima en mars 1978 qu'il y avait un doute sérieux sur la compétence et saisit donc le Tribunal des conflits qui trancha pour la compétence administrative dans un arrêt du 12 juin 1978. Par la suite, le Conseil d'État jugea l'affaire au fond, le 27 avril 1979, et rejeta le recours. En ne faisant pas usage de leurs armes sur une place noire de monde un jour de marché, les policiers n'avaient pas commis de faute lourde.

Cette affaire est **révélatrice sur deux points** : 1) pour se prononcer sur la compétence, le Tribunal des conflits est souvent amené à s'intéresser à des questions de fond (ici, quel est le fait qui a engendré le dommage ?) ; 2) dès qu'il y a des problèmes de compétence, cela rallonge évidemment le délai de jugement des affaires (ici, sept ans).

L'affaire *Rosay*

En 1925, le passager d'une voiture privée est blessé dans une collision avec un véhicule militaire. Il saisit un juge civil qui rejette son action en estimant que la responsabilité de l'accident incombe au conducteur militaire. Il se tourne alors vers le juge administratif qui rejette à son tour sa demande en déclarant que le responsable de l'accident est le conducteur civil. Or, au moins un des deux conducteurs était nécessairement responsable et au moins un des deux juges s'est trompé. Les deux jugements contradictoires ont donc privé la victime de toute possibilité d'obtenir réparation.

L'affaire, qui souleva une forte émotion publique, fut à l'origine du vote de la loi. Elle revint ensuite devant le Tribunal des conflits qui jugea que les deux conducteurs étaient co-responsables de l'accident et condamna l'État et le conducteur privé à payer chacun la moitié du dommage.

La structure de la juridiction administrative

Comme on l'a dit, le **Conseil d'État** a été créé par la Constitution de l'an VIII, qui tirait les conséquences du coup d'État bonapartiste du 18 brumaire. Il était conçu comme un *corps d'experts*, chargé de conseiller le gouvernement sur toutes les questions juridiques. Il a survécu à cette Constitution et est resté, depuis cette époque, l'une des institutions françaises les plus importantes.

Il a **deux fonctions essentielles**, très liées entre elles et dont on retrouve la traduction dans son organisation : une fonction **consultative,** qui conduit le gouvernement à le consulter sur tous les problèmes juridiques importants qu'il rencontre, et qui amène le Conseil d'État à donner des **avis** ; et une fonction **juridictionnelle**, dans laquelle il rend des **arrêts**. Pendant très longtemps, il a été saisi du plus grand nombre des litiges mettant en cause l'administration. A la suite de deux réformes importantes, en 1953 puis en 1987, qui ont créé d'abord les tribunaux administratifs puis les cours administratives d'appel, son rôle a fortement changé. L'organisation et le fonctionnement de la justice administrative sont maintenant fixés par le Code de justice administrative, édicté par une ordonnance et des décrets du 4 mai 2000.

L'organisation du Conseil d'État

Les membres du Conseil

Le Conseil d'État comprend un peu plus de 300 membres[98]. Certains d'entre eux y font toute leur carrière. Recrutés à la sortie de l'ENA comme auditeurs, ils deviennent ensuite maîtres des requêtes. Le quart des emplois vacants de maîtres des requêtes peut cependant donner lieu à un *recrutement au tour extérieur* en faisant appel, comme le nom l'indique, à des personnes extérieures au Conseil, âgées de trente ans au moins et ayant au moins dix ans de services publics, ce qui permet de diversifier le recrutement.

Les maîtres des requêtes deviennent conseillers d'État en service ordinaire au fur et à mesure que des postes se libèrent. Au Conseil d'État, *tout l'avancement se fait à l'ancienneté*, dans l'ordre du tableau, et cette situation est considérée comme une garantie d'indépendance à l'égard du pouvoir politique. Un tiers des postes vacants de conseillers peut être pourvu au tour extérieur, par des personnes ayant atteint au moins l'âge de 45 ans. S'ajoutent à ces membres *ordinaires* douze conseillers d'État *en service extraordinaire*, nommés en raison de leur compétence, pour quatre ans et par décret en Conseil des ministres.

Les formations du Conseil

Présidé en théorie par le Premier ministre (qui ne vient que pour les séances protocolaires), en fait par le vice-président, nommé par décret en Conseil des ministres et choisi parmi les conseillers d'État en service ordinaire, le Conseil d'État se compose de **cinq formations administratives** (sections) qui sont chargées d'exercer la *fonction consultative* : intérieur, finances, travaux publics, sociale, section du rapport et des études. S'y ajoute **une formation contentieuse** : la section du contentieux, qui exerce la plus grande partie de la *fonction juridictionnelle*. Tous les membres ordinaires du Conseil d'État sont répartis entre les six sections. Cependant, les conseillers en service extraordinaire ne peuvent pas participer à la fonction juridictionnelle. Lorsqu'une question présente une importance particulière, elle est soumise soit à l'**Assemblée générale** du Conseil[99] soit, en cas d'urgence, à une formation plus restreinte, la **Commission permanente**.

- **Les formations administratives**

Leurs attributions sont **consultatives**. La consultation est **obligatoire** pour tous les projets de lois ou d'ordonnances préparés par le gouvernement (articles 38 et 39 de la Constitution). L'**avis** rendu n'est pas public, mais les progrès de la transparence administrative font qu'on en connaît de plus en plus souvent les conclusions ; il n'engage pas le gouvernement, qui reste libre de le suivre ou de ne pas le suivre, mais ne peut faire adopter un texte qui n'aurait pas été intégralement soumis à l'avis du Conseil[100].

La consultation est également **obligatoire** pour les projets de décret, soit lorsque la Constitution l'impose[101], soit lorsque la loi l'exige. Les décrets pris à la suite d'une

Un exemple d'avis donné à la demande du gouvernement : l'affaire du foulard islamique

Depuis plusieurs années, les établissements scolaires avaient parfois constaté le port d'un voile par certaines de leurs élèves de confession musulmane. En 1989, un chef d'établissement décida de faire éclater cette situation au grand jour en donnant une grande publicité à sa décision d'interdire le port du foulard. Le ministre de l'Éducation nationale, très ennuyé du retentissement médiatique de cet incident (qui était en grande partie le but recherché), résolut de consulter le Conseil d'État et lui posa trois questions : 1) Le port du foulard (comme des autres signes d'appartenance religieuse) par des élèves au sein d'un établissement scolaire constitue-t-il une violation du principe constitutionnel de la laïcité ? 2) L'administration a-t-elle le droit de l'interdire ? Dans quels cas ? 3) Au cas où elle peut l'interdire et où il est quand même porté, de quels pouvoirs de sanction dispose-t-elle ?

L'Assemblée générale du Conseil d'État rendit un long avis où, au terme d'une analyse minutieuse des textes constitutionnels, internationaux et législatifs applicables, elle conclut qu'au nom de la liberté d'expression des convictions religieuses, le port du foulard par les élèves était, en principe, licite et qu'il ne pouvait être interdit que lorsqu'il revêtait un caractère ostentatoire, manifestant une volonté de propagande ou de prosélytisme, ou lorsqu'il s'accompagnait d'actes de pression portant atteinte à la liberté des autres membres de la communauté éducative, ou lorsqu'il mettait en danger le bon fonctionnement du système éducatif.

Le ministre rendit *l'avis public* et prit une circulaire s'en inspirant largement. Ces règles s'appliquèrent pendant une quinzaine d'années. Mais en 2004, une loi, votée à l'instigation du président de la République et du gouvernement de l'époque, renversa le principe en interdisant le port de tout signe ostensible d'appartenance religieuse dans les établissements d'enseignement.

98. En 2007, il compte 199 conseillers, maîtres des requêtes et auditeurs en service au Conseil et 133 en service à l'extérieur.

99. Celle-ci se compose soit de tous les conseillers d'État dans la formation plénière, soit d'une partie d'entre eux, dont les six présidents de section, dans la formation restreinte.

100. C'est pourquoi le Conseil constitutionnel a déclaré, dans sa décision du 3 avril 2003, que l'un des articles du projet de loi concernant l'élection des conseillers régionaux n'était pas conforme à la Constitution.

101. Il en est ainsi dans le cas où le gouvernement souhaite modifier par décret une loi portant sur des questions qui relèvent du domaine réglementaire (voir page 41).

consultation obligatoire du Conseil sont des *décrets en Conseil d'État* ; le gouvernement ne peut plus modifier profondément son texte après la consultation et il ne peut retenir, sur chaque disposition, que son texte initial ou celui proposé par le Conseil d'État. L'absence de consultation est considérée comme très grave (elle constitue une *incompétence*, voir page 134).

Par ailleurs, le gouvernement est toujours libre, même en l'absence d'obligation constitutionnelle ou législative, de consulter **facultativement** le Conseil sur n'importe lequel de ses *projets de décret*. Il peut enfin le consulter sur *toute question juridique* au sujet de laquelle il souhaite avoir un avis expert. Là encore, l'avis n'est, en principe, pas public, mais le gouvernement en autorise de plus en plus la publication, surtout lorsqu'il veut faire savoir qu'il entend bien agir selon la loi.

- **Les formations contentieuses**

La section du contentieux est quantitativement la formation la plus importante du Conseil. Elle est divisée en dix *sous-sections* qui sont chargées de l'instruction des affaires, sous la responsabilité d'un rapporteur. Une fois l'instruction terminée, les affaires sont jugées par une formation dont la détermination dépend de leur importance et de leur complexité : la sous-section d'instruction pour les affaires les plus simples puis, dans l'ordre croissant, deux sous-sections réunies, la section du contentieux (on parle alors *d'arrêt de section)*, ou l'assemblée du contentieux (on parle *d'arrêt d'assemblée)*.

La répartition des compétences

Les réformes du contentieux

La justice administrative a été victime de son succès. Longtemps, le Conseil d'État a été le *juge de droit commun en matière administrative* et la plupart des affaires allaient directement devant lui[102]. Le résultat a été un engorgement considérable de la justice : les plaideurs attendaient souvent cinq ans pour voir juger leur affaire et, dans un exemple caricatural, le Conseil d'État avait rendu, en 1948, un arrêt à propos de faits remontant à 1914... pour se déclarer incompétent et obliger le plaideur à recommencer la procédure devant un autre tribunal. Le décret-loi du 30 septembre 1953 a donc institué un **premier degré de juridiction**, en faisant des **tribunaux administratifs** (actuellement au nombre de 37 et couvrant toute la France métropolitaine et la quasi-totalité de l'outre-mer) les juges de droit commun de premier ressort en matière administrative. Le Conseil d'État devenait principalement un juge d'appel. La réforme avait apporté une amélioration sensible, mais les mêmes causes produisant les mêmes effets, l'engorgement a recommencé (voir encadré ci-dessous) d'autant que, dans la société actuelle, les particuliers ont une propension croissante à saisir le juge. Une loi du 31 décembre 1987 a donc procédé à une nouvelle réforme du contentieux administratif en créant un **nouveau degré de juridiction**, les **Cours administratives d'appel** (actuellement au nombre de huit) et en faisant du Conseil d'État principalement un juge de cassation.

102. Les autres étaient portées devant des juridictions dont la compétence était limitée ou spécialisée, comme la Cour des comptes.

En 2005, les tribunaux administratifs ont enregistré environ 157 000 affaires nouvelles, les Cours d'appel 20 200 et le Conseil d'État 11 200. Ils en ont jugé à peu près le même nombre, mais le stock des affaires pendantes représente un an de jugement au Conseil d'État et près d'un an et demi dans les Cours d'appel et les tribunaux administratifs, ce qui explique en grande partie les lenteurs signalées plus haut.

Un exemple de lenteur de la justice administrative

Une justice lente est une justice inefficace. En voici un exemple, heureusement extrême. Un étudiant a été recalé au DESS en 1988. Il conteste cette décision en invoquant une erreur commise à son détriment dans le report de trois de ses notes. Le tribunal administratif rejette son recours en 1990 et, après appel, le Conseil d'État lui donne raison en 1996. La longueur de la procédure a donc privé l'étudiant de son diplôme pendant huit ans. Rien ne peut réellement réparer un tel préjudice.

Nous verrons plus loin que, pour accroître l'efficacité de la justice administrative, les réformes récentes ont développé les *procédures d'urgence* devant le juge administratif (voir page 133).

L'organisation de la justice administrative ressemble donc désormais fortement à celle de la justice judiciaire. En règle générale, les tribunaux administratifs jugent en première instance, les Cours administratives d'appel sont juge d'appel, et le Conseil d'État est juge de cassation. Toutefois, alors que la Cour de cassation est exclusivement un juge de cassation, le **Conseil d'État** a gardé, par exception, un certain nombre de **pouvoirs de juge de premier ressort ou de juge d'appel**.

Les attributions du Conseil d'État, juge administratif

– Le Conseil d'État a toujours été juge des **recours en cassation** contre les décisions des juridictions administratives de dernier ressort. C'était par exemple le cas de la *Cour des comptes* ou des *conseils supérieurs de l'éducation nationale* siégeant en matière disciplinaire, ou encore des *conseils supérieurs de discipline* des ordres professionnels. La loi du 31 décembre 1987 a ajouté à la liste de ces juridictions les Cours administratives d'appel et a donc fortement accru ce rôle du Conseil d'État.

En tant que juge de cassation, sa fonction essentielle consiste à **vérifier la conformité au droit des décisions rendues** par ces juridictions. Il n'est donc en principe pas juge des questions de fait. Mais alors que la Cour de cassation ne peut que casser les arrêts des juridictions inférieures et doit, en cas de cassation, leur renvoyer l'affaire pour qu'elles la rejugent, le Conseil d'État peut, s'il estime que cela est justifié par *« une bonne administra-*

tion de la justice », ne pas renvoyer l'affaire et décider de la juger lui-même, après avoir cassé l'arrêt déféré. Cette pratique est destinée à faire gagner du temps.

– Normalement, on l'a vu, les juges administratifs de premier ressort sont les tribunaux administratifs. Mais le législateur a laissé au Conseil d'État, par exception, certains pouvoirs de **juge en premier ressort**. Ceci s'explique par des raisons pratiques évidentes. Par exemple, c'est directement devant lui que seront portés les recours en annulation contre les décrets, les actes réglementaires des ministres ou celles des jurys des examens ou concours nationaux. Toutes ces décisions sont en effet importantes et il est normal d'en attribuer le contentieux à la juridiction suprême. En outre, elles sont d'application nationale et mieux vaut confier l'examen des recours dirigés contre elles à la seule juridiction dont le ressort territorial couvre l'ensemble du territoire national. Ou bien encore, c'est le Conseil d'État qui est compétent pour connaître des litiges nés à l'étranger. Dans tous ces cas, il rend des **décisions définitives qui ne sont susceptibles d'aucun recours**.

– De même, l'appel contre les décisions des tribunaux administratifs est porté en principe devant les Cours administratives d'appel. Mais le Conseil d'État a gardé une compétence de **juge d'appel** contre certaines décisions des tribunaux administratifs, essentiellement pour les **recours contre les élections municipales ou cantonales**. En réduisant le nombre des degrés de juridiction à deux pour les recours contre ces élections, le législateur a surtout voulu éviter que les litiges en la matière ne s'éternisent. L'intervalle entre deux élections étant de six ans, mieux vaut qu'ils soient définitivement jugés bien avant la fin du mandat litigieux.

Le juge d'appel réexamine l'ensemble des arguments invoqués en premier ressort (questions de droit et de fait) et s'il estime que le juge de premier ressort a mal jugé l'affaire, il a le pouvoir de substituer sa propre décision à celle de ce dernier.

Le premier rôle du juge administratif est donc de faire **respecter le principe de légalité**, c'est-à-dire l'idée que l'administration ne peut agir que conformément à la loi et, de façon plus générale, aux règles qui s'imposent à elle.

La compétence du juge judiciaire à l'égard de l'administration

En principe, seul le juge administratif est compétent pour juger l'administration. Nous avons cependant déjà rencontré plusieurs hypothèses où cette règle connaît des exceptions. En dehors des cas où ces exceptions résultent de la loi, notamment en matière de responsabilité de la puissance publique (voir page 123), il en est d'autres qui s'expliquent par diverses raisons.

Des raisons d'ordre constitutionnel

Le principe de **séparation des pouvoirs** s'oppose ainsi à ce que le juge administratif ait compétence pour juger du **fonctionnement du service public judiciaire**[103]. Il est, à ce titre, incompétent pour apprécier non seulement la validité des jugements rendus par les juridictions judiciaires (actes juridictionnels proprement dits), mais aussi celle de tous les actes qui les préparent et de ceux qui les exécutent. Lorsque ces actes ont été accomplis dans des conditions irrégulières, constitutives d'une faute éventuelle des services, la responsabilité de l'administration ne pourra être engagée que devant les juridictions judiciaires.

– A ce titre, le **juge administratif se déclare incompétent** pour connaître d'une action en responsabilité intentée à l'occasion d'une **opération de police judiciaire**, engagée pour rechercher les coupables d'une infraction et pouvoir ainsi les déférer à la justice pénale. Lorsque, par exemple, pendant une descente de police dans un café signalé comme susceptible d'être fréquenté par les auteurs d'un hold-up commis quelques jours auparavant, un individu prend la fuite à la vue des policiers et est abattu par ceux-ci, l'action en responsabilité ne relève pas du juge administratif[104].

Les conditions dans lesquelles le juge judiciaire engage la responsabilité de l'administration à l'occasion d'une opération de police judiciaire : l'arrêt de la Cour de cassation du 23 novembre 1956, *Trésor public c/ Dr Giry*

Les problèmes de compétence juridictionnelle entraînent parfois des troubles dans l'application des règles de fond. Les patrons d'un hôtel ayant été découverts morts par asphyxie, un médecin est appelé par la police pour élucider les causes du décès. Au moment où il entre dans l'immeuble, une explosion de gaz se produit et il est gravement blessé. L'accident étant survenu alors qu'il participait à une enquête réalisée dans le cadre d'une opération de police judiciaire, seuls les tribunaux judiciaires étaient compétents pour juger l'affaire. Pour faciliter l'indemnisation du médecin, la Cour de cassation indiqua qu'en pareil cas et exceptionnellement, ceux-ci pouvaient appliquer les règles du droit public.

103. Lorsque la question posée concerne au contraire leur *organisation,* le juge administratif redevient compétent. Voir par exemple l'arrêt du 27 novembre 1952, *Préfet de la Guyane* : l'administration n'avait pas pourvu de nombreux postes de magistrats et cela avait provoqué l'arrêt de l'activité des tribunaux en Guyane, causant un préjudice à plusieurs professions judiciaires, ainsi qu'aux justiciables. La mise en jeu de la responsabilité de l'administration devait dans ce cas être engagée devant le juge administratif.

104. CE, 11 mai 1951, *Baud*.

– Constitue par exemple un **acte préparatoire** ne relevant pas du juge administratif celui par lequel un accusé est déféré devant une juridiction appelée à juger ses crimes[105]. Parmi les **actes d'exécution** relevant de la compétence du seul juge judiciaire, on citera une décision de grâce prise par le chef de l'État, qui permettra à un condamné de ne pas effectuer tout ou partie de sa peine; ou la décision d'un juge d'application des peines de révoquer une mesure de libération conditionnelle accordée à un détenu.

– La compétence judiciaire ne vaut cependant que pour les mesures résultant directement des actes juridictionnels. Lorsqu'il n'y a pas de lien ou que le lien est indirect, on dira que les décisions que l'administration prend constituent des **actes détachables** de la procédure judiciaire et le contentieux redeviendra administratif. Ainsi lorsqu'au cours de l'accomplissement de sa peine, un détenu s'expose par sa conduite à des mesures disciplinaires, tel que le placement en «cellule de punition», c'est à la juridiction administrative que reviendra la compétence d'apprécier la légalité de la sanction.

Les exceptions résultant de la jurisprudence

Nous avons déjà dit que la jurisprudence écarte de la compétence du juge administratif et de l'application du droit administratif la majorité du contentieux né de l'activité des **services publics industriels et commerciaux** (voir page 109), au motif que l'administration les gère dans les mêmes conditions que n'importe quel entrepreneur privé. Elle a également posé les principes de répartition dans d'autres domaines importants, relatifs aux droits essentiels des individus.

Toutes les **questions relatives à l'état des personnes** relèvent du juge judiciaire. Celui-ci est donc compétent pour trancher les questions d'état civil (nom, filiation, situation matrimoniale...), de nationalité et, de façon générale, celles concernant la qualité d'électeur. Lorsqu'elles sont soulevées devant le juge administratif, elles sont toujours **préjudicielles** (voir plus loin). Cela signifie que le juge administratif, incompétent dans ces matières, doit renvoyer l'examen de la question devant le juge judiciaire.

Le juge judiciaire est également compétent pour assurer la protection du **droit de propriété**. Pour appliquer ce principe, le Tribunal des conflits a construit la **théorie de l'emprise**. Il y a emprise quand un particulier est dépossédé par l'administration d'un bien immobilier (par exemple, l'administration s'est emparée d'un terrain lui appartenant et elle a construit dessus)[106].

L'emprise peut être *régulière* quand elle est autorisée par la loi (par exemple, l'expropriation); elle est *irrégulière* dans le cas contraire. Dans le premier cas, son contentieux sera administratif, à moins que la loi n'en ait décidé autrement; ce n'est que dans le second cas que le juge judiciaire sera compétent. Mais d'une part, il n'a pas lui-même le pouvoir de constater le caractère irrégulier de l'emprise : cette question constitue pour lui une *question préjudicielle* (voir page 131). D'autre part, il ne pourra pas faire cesser l'emprise, en invitant par exemple l'administration à évacuer les lieux et à remettre le terrain dans son état initial; ses pouvoirs se résumeront à fixer le montant de l'indemnité qui doit être versée au propriétaire irrégulièrement dépossédé.

Enfin, le juge judiciaire bénéficie d'un important domaine de compétence dans le domaine de la **protection des libertés fondamentales**. Ceci se fonde en partie sur l'application de certains textes (l'article 66 de la Constitution qui fait de l'autorité judiciaire «*la gardienne de la liberté individuelle*»; ou l'article 136 du Code de procédure pénale affirmant la compétence judiciaire dans les actions en responsabilité liées à des atteintes à la liberté individuelle; ou certaines lois spécifiques, comme celle relative à l'hospitalisation d'office des personnes aliénées[107]). Mais cela se fonde aussi sur la **théorie jurisprudentielle de la voie de fait.**

La théorie jurisprudentielle de la voie de fait

Pour qu'il y ait voie de fait, *deux conditions doivent être réunies*. Il faut d'une part qu'il y ait une atteinte grave à la propriété privée[108] ou à une liberté fondamentale. Il faut d'autre part que cette atteinte résulte d'une irrégularité grave de l'administration, qui implique souvent une certaine violence. Celle-ci peut prendre deux formes. Dans la première, l'administration a agi alors qu'aucun texte ne lui permettait de le faire (le «manque de droit») : par exemple, elle a posé des scellés sur la porte de l'appartement qu'un militaire occupait dans une caserne, l'empêchant ainsi de rentrer chez lui[109].

Pour préciser la deuxième forme, il faut souligner que l'administration n'a pas toujours le droit d'exécuter elle-même ses décisions. Ce n'est pas parce que celles-ci sont exécutoires qu'elles sont «exécutables». Pour qu'elles le soient, il faut en principe qu'un texte l'autorise. Lorsque tel n'est pas le cas, l'administration doit faire constater que sa décision n'est pas exécutée et faire condamner le récalcitrant par un juge pour, seulement ensuite, faire

105. En l'espèce, une juridiction spéciale appelée à juger les coupables des crimes commis par l'OAS pendant la guerre d'Algérie : CE, 11 mai 1962, *Salan*.

106. La théorie de l'emprise est strictement limitée à la dépossession de la propriété immobilière et ne s'applique donc pas aux biens meubles (par exemple, une voiture).

107. L'application de ce texte montre les subtilités des règles de compétence. Si le juge judiciaire est compétent pour apprécier le bien fondé d'une mesure d'hospitalisation d'office d'un aliéné et en réparer les conséquences, le juge administratif peut seul en apprécier la régularité. Cela oblige parfois les internés ou leurs familles à multiplier les actions en justice.

108. Une dame avait clôturé sa propriété, mais, ce faisant, elle avait empiété sur le chemin communal. Le maire fait intervenir un agent municipal pour replacer la clôture au bon endroit. Il n'y a pas voie de fait, car il n'y a pas atteinte à la propriété privée : CE, 8 avril 1961, *Dame Klein*.

109. CE, 13 juillet 1966, *Guigon*. Il y avait là une atteinte à l'inviolabilité du domicile privé.

procéder à l'exécution par la force publique. Or il arrive que l'administration, qui avait bien le droit de prendre une décision mais n'était autorisée par aucun texte à la faire exécuter, passe quand même à l'acte («le manque de procédure») : par exemple, si elle a le pouvoir de demander à quelqu'un de quitter son logement de fonction, cela ne signifie pas nécessairement qu'elle ait celui de procéder elle-même à l'expulsion[110].

Les *deux ordres de juridiction ont compétence pour constater la voie de fait*. En revanche, les tribunaux judiciaires sont seuls compétents pour la *réparer* et, donc, accorder les dommages et intérêts réclamés par la personne qui l'a subie. Leurs pouvoirs sont très étendus, puisqu'ils peuvent en outre prendre toutes les mesures propres à faire cesser la voie de fait, par exemple ordonner sous peine d'astreinte à l'administration de mettre fin à ses errements.

Les rapports entre emprise et voie de fait

Les deux notions constituent des *ensembles en intersection*. Il y a en effet des cas où elles coïncident : par exemple si l'administration porte atteinte à la propriété immobilière par un acte non susceptible de se rattacher à un texte. Mais une voie de fait peut exister sans qu'il y ait emprise (dans les cas d'atteinte à une liberté fondamentale ou au droit de propriété mobilière). Et il y a des situations, enfin, où il y a emprise sans voie de fait (l'administration porte atteinte au droit de propriété immobilière, mais son acte est susceptible de se rattacher à un texte).

Les cas où la solution à un litige dépend d'une autre question

Lorsqu'une question est posée à un juge, il arrive souvent que sa solution dépende de celle d'une autre, incidente, mais qui doit être réglée d'abord pour permettre de résoudre la question principale. Si par exemple, un droit est réservé aux nationaux, celui qui se plaint d'en être privé devra peut-être faire d'abord trancher la question de sa nationalité pour prouver qu'il peut en bénéficier. Si quelqu'un est poursuivi devant le juge pénal pour une infraction à la réglementation sur le stationnement, il pourra chercher à faire d'abord constater que ce règlement a été pris dans des conditions illégales pour échapper à sa condamnation.

Il existe **deux sortes de questions de ce type** : lorsqu'elles peuvent être réglées par le juge saisi de la question principale, on dira que ce sont des **questions préalables**. Lorsqu'au contraire, elles ne peuvent être réglées que par un autre juge, on dira qu'elles sont **préjudicielles.** Dans le premier cas, le juge saisi tranche en même temps la question principale et la question préalable. Dans le second cas, il devra au contraire *surseoir à statuer*, renvoyer la question préjudicielle devant le juge compétent, et attendre sa réponse pour trancher le problème qui lui est posé.

La jurisprudence fait une distinction entre **deux sortes de tribunaux** judiciaires. Le **juge civil** peut interpréter les actes réglementaires, mais il n'a compétence ni pour interpréter les actes individuels, ni pour juger de la légalité des actes administratifs, qu'ils soient réglementaires ou individuels. Le **juge pénal** peut au contraire toujours apprécier la légalité des actes administratifs dont dépend la solution des questions posées devant lui, qu'ils soient individuels ou réglementaires. Il peut donc, par exemple, écarter l'application d'une réglementation qu'il estime illégale (c'est ce qu'on appelle *l'exception d'illégalité*) et relaxer celui qui est poursuivi sur son fondement.

110. Le plus souvent, les deux formes se rencontreront en même temps : mécontente de la manière dont un architecte avait commenté la reconstruction de la cathédrale de Chartres, l'administration des Beaux-Arts lui interdit un jour d'y entrer et saisit son appareil photographique pour en voiler les plaques. Il y a en même temps manque de droit et de procédure : CE, 18 novembre 1949, *Carlier.*

Chapitre 2
Le fonctionnement de la justice administrative

Le juge administratif peut être saisi de divers recours : par exemple contre le déroulement d'une élection municipale, qui appartient au contentieux électoral, ou contre le calcul d'un impôt direct, qui relève du contentieux fiscal. Les deux plus importants sont toutefois le recours en annulation d'un acte, habituellement dénommé recours pour excès de pouvoir, et le recours tendant à l'octroi d'une indemnité lorsque la responsabilité de l'administration peut être mise en cause.

Les règles générales de la procédure contentieuse

La procédure devant le juge administratif est **très peu formaliste** en ce qui concerne le **dépôt des requêtes** : elles peuvent consister en une simple lettre et le recours à un avocat n'est que rarement obligatoire[111]. L'intérêt pour agir est apprécié de façon très large, et la procédure est inquisitoriale, en ce sens que le juge mène une instruction approfondie de l'affaire et vient souvent, ce faisant, à l'aide des requérants. Il existe cependant des conditions, notamment de délai et de formulation des demandes, auxquelles les requérants doivent se conformer.

L'introduction de l'instance

Les requêtes doivent comporter des moyens et des conclusions

Cela veut dire qu'elles doivent indiquer d'une part en quoi l'administration a agi de manière irrégulière ou fautive, d'autre part ce qui est précisément demandé au juge. Lorsqu'un requérant n'invoque pas un motif d'illégalité déterminé, le juge ne le fera pas à sa place, excepté s'il s'agit d'un **moyen dit d'ordre public**, c'est-à-dire considéré comme suffisamment grave pour être relevé d'office : par exemple, l'incompétence de l'auteur de l'acte, le caractère rétroactif de la règle qu'il a appliquée, ou le fait que cette règle avait été auparavant annulée au contentieux.

Mais le juge n'exige pas que le requérant produise des preuves irréfutables à l'appui de sa demande, car ces preuves sont parfois difficiles à réunir, notamment lorsqu'elles sont détenues par l'administration. C'est principalement dans cette hypothèse que joue la *procédure inquisitoriale* : le juge s'adresse à l'administration pour en obtenir des explications et, si elles ne lui sont pas données ou lui paraissent insuffisantes, il considère la requête comme fondée. L'affaire *Barel*, déjà citée, offre un bon exemple de cette procédure : pour savoir si les requérants avaient été effectivement empêchés de se présenter au concours d'entrée à l'ENA en raison de leurs convictions politiques, le Conseil d'État, « *usant du pouvoir qui (lui) appartient d'exiger de l'administration compétente la production de tous documents susceptibles d'établir la conviction du juge et de permettre la vérification des allégations des requérants* », demanda que lui soient communiqués les dossiers des candidats ; ces dossiers étant pratiquement vides, il admit que « *le motif allégué par les auteurs du pourvoi doit être considéré comme établi* »[112].

Les recours doivent être dirigés contre une décision

Suivant la formule consacrée, le contentieux ne peut être « lié » que par une **décision préalable**. Il n'y a pas de difficulté à cet égard lorsque l'administration a pris elle-même l'initiative de cette décision, comme dans le cas d'un texte réglementaire publié au *Journal officiel* ou du retrait, notifié à l'intéressé, d'une autorisation individuelle. Dans les autres hypothèses, notamment lorsque le litige provient d'un acte matériel ou d'une abstention d'agir, le requérant devra *provoquer une décision* en saisissant l'administration d'une demande à cette fin, c'est-à-dire d'une réclamation. Deux cas peuvent alors se présenter : ou bien l'administration rejette cette réclamation par une décision expresse, qui pourra donc être attaquée, ou bien elle n'y répond pas pendant deux mois et son silence sera assimilé à une décision de rejet, contre laquelle le recours contentieux est possible.

---

111. Il ne l'est pas pour les recours en annulation (bien que l'assistance d'un avocat puisse parfois être fort utile), ni, de manière générale, pour les affaires portées devant les juridictions de première instance. Il l'est, en revanche, pour une partie des appels et pour tous les recours en cassation.

112. Conseil d'État, 28 mai 1954. La même procédure fut appliquée à propos d'une assignation à résidence qui, selon l'intéressé, était fondée sur des faits matériellement inexacts, et du procès-verbal de la délibération d'un jury dont un candidat contestait la véracité.

Les conditions de recevabilité des recours

L'intérêt pour agir

Il est très **libéralement apprécié** : il peut être matériel ou moral, immédiat ou prévisible, individuel ou collectif. Toute personne physique ou morale est évidemment en droit de contester une mesure qui lui est défavorable, même si elle n'en est pas la destinataire directe, et le cercle des « intéressés » a été constamment élargi par le juge : en font partie, par exemple, les contribuables d'une commune lorsque la municipalité prend une mesure pouvant accroître les charges locales, un fonctionnaire lorsqu'une nomination dans son corps lui paraît contestable, un hôtelier d'une station thermale lorsque la date des vacances scolaires réduit le nombre des semaines de cure.

De plus, les syndicats peuvent attaquer les décisions susceptibles de porter atteinte aux intérêts collectifs de leurs membres, et les associations sont admises à contester les mesures qu'elles jugent défavorables à la cause qu'elles défendent, qu'il s'agisse de la protection de l'environnement ou de la lutte contre l'alcoolisme. En définitive, ce cercle est devenu si large qu'il ne comporte pratiquement plus qu'une seule exclusion : être assujetti à l'impôt sur le revenu ne donne pas qualité pour contester une dépense pouvant grever le budget de l'État.

Le délai de recours

Il est en règle générale de **deux mois** à compter de la notification de la décision individuelle – ou de la publication de l'acte réglementaire – que conteste le requérant. Cette durée est relativement brève; aussi le juge admet-il que puisse être déposée avant son expiration une requête sommaire, qui sera développée par la suite. Mais il existe deux hypothèses, résultant du décret du 28 novembre 1983 et reprises par la loi du 12 avril 2000, dans lesquelles le délai ne court pas : d'une part, lorsque la notification d'un acte individuel n'indique pas les voies de recours ouvertes contre cet acte et les délais impartis pour le contester; d'autre part, si l'administration n'accuse pas réception de la demande de décision préalable et garde ensuite pendant deux mois le silence à son sujet, le recours sera ouvert contre sa décision implicite de rejet sans condition de délai.

La procédure d'examen des recours

Cette procédure est **écrite et contradictoire** : elle comporte, pendant la phase d'instruction et sous l'égide du juge, un échange de mémoires entre le requérant et l'administration, chacune des deux parties connaissant ainsi les arguments invoqués par l'autre. A l'issue de cette phase, un membre de la juridiction rédige à l'intention de la formation de jugement un *mémoire* qui analyse les données de fait et de droit de l'affaire. Celui-ci est alors examiné en séance publique, au cours de laquelle les parties et leurs avocats peuvent intervenir oralement [113], mais seulement pour développer ou préciser les arguments qu'ils avaient déjà présentés au cours de l'instruction.

Est ensuite entendu le *commissaire du gouvernement*, mal nommé parce qu'il ne représente en aucune manière le gouvernement : il s'agit d'un membre de la juridiction autre que le rapporteur, qui présente en toute indépendance des conclusions, c'est-à-dire une analyse juridique et factuelle du dossier, assortie d'une proposition de solution [114]. L'affaire est alors mise en *délibéré* (cette phase est secrète), puis la **décision** est rédigée et rendue publique.

Traditionnellement, le commissaire du gouvernement assiste au délibéré, sa connaissance très complète du dossier lui permettant d'éclairer, le cas échéant, les membres de la juridiction; il ne prend toutefois pas part au vote. Mais la Cour européenne des droits de l'Homme a estimé, dans un arrêt *Kress c/ France* rendu le 7 juin 2001, que sa seule présence peut *« exercer une certaine influence sur le contenu du délibéré »* et que la procédure suivie jusqu'ici devant les juridictions administratives n'est pas conforme à l'esprit de la Convention européenne. Un projet de décret prévoit donc que le commissaire du gouvernement – dont l'appellation serait également modifiée – ne pourra assister au délibéré que si les parties ne s'y opposent pas. Mais il n'est pas assuré que cet assouplissement suffira à satisfaire la Cour européenne.

L'effet des recours

Les **requêtes n'ont pas d'effet suspensif**, c'est-à-dire qu'elles n'empêchent pas l'exécution de la décision contestée, même si elle est lourde d'effets comme dans le cas de l'expulsion d'un étranger. Jusqu'à une date récente, il était possible de demander au juge d'ordonner un *sursis à exécution*, mais celui-ci était rarement accordé car des conditions très strictes devaient être réunies (il fallait en particulier démontrer que surviendrait à peu près certainement un *préjudice irréparable*). La loi du 30 juin 2000 a donc remplacé le système du sursis par celui du **référé** : si la demande lui en est faite, le président de la juridiction saisie [115] peut ordonner que l'exécution de la décision soit suspendue jusqu'au prononcé du jugement, soit en cas d'urgence, soit pour la *« sauvegarde d'une liberté fondamentale »* (dans la première hypothèse, il s'agit d'un *référé-suspension*; dans la seconde, d'un *référé-liberté*). Le risque que les délais de jugement ne rendent une décision administrative pratiquement irréversible est ainsi opportunément réduit.

Les **effets des décisions** juridictionnelles, en revanche, sont importants et immédiats : elles ont ce que l'on appelle **l'autorité de la chose jugée**, à laquelle l'administration doit se plier. Les décisions annulées, qu'elles soient individuelles ou réglementaires, seront privées d'effets; les indemnités

113. Devant le Conseil d'État, seuls les avocats sont admis à prendre la parole.

114. Pour renforcer le caractère contradictoire de la procédure, une directive interne du Conseil d'État prescrit aux commissaires du gouvernement d'indiquer aux parties, avant l'audience, le sens général de leurs conclusions.

115. Pour le Conseil d'État, il s'agit du président de la section du contentieux.

accordées devront être versées; et, pour éviter que l'administration tarde à s'exécuter, le juge dispose de divers moyens de pression. En premier lieu il peut, dans son arrêt, lui enjoindre d'en tirer les conséquences à une date déterminée et la soumettre à des *astreintes*, c'est-à-dire à des *pénalités* pour chaque jour de retard[116]. En second lieu, lorsque le requérant se heurte pendant trois mois à une inertie manifeste de l'administration, voire à sa mauvaise volonté, il peut s'adresser à la juridiction qui a rendu la décision pour lui demander une *aide à exécution* : celle-ci se concrétise soit par une *injonction*, éventuellement assortie d'une astreinte, soit, s'il s'agit du versement d'une somme d'argent, par une procédure de paiement forcé[117].

Le recours pour excès de pouvoir

Ce recours est un instrument de contrôle dont peu de pays possèdent l'équivalent : ouvert à tous ceux qui y ont intérêt – et on a vu à quel point cet intérêt est largement apprécié – il peut être intenté contre pratiquement tous les actes administratifs et pour des motifs très divers. C'est souvent à l'occasion des affaires dont ils ont eu à connaître par cette voie que le Conseil d'État dans ses arrêts et les commissaires du gouvernement dans leurs conclusions ont posé les principes qui gouvernent l'action de l'administration, et contribué par là même à créer le droit administratif.

Le champ du recours

Il est **particulièrement vaste**, puisqu'il couvre les actes unilatéraux des plus hautes autorités de l'État comme ceux des petites collectivités, les règlements aussi bien que les décisions individuelles, les affaires qui présentent un intérêt financier considérable comme celles qui n'ont qu'un intérêt symbolique. Deux catégories de décisions en sont cependant exclues.

D'abord les **actes dits «de gouvernement»** : cette exclusion est logique puisqu'il ne s'agit pas de décisions pouvant être rattachées à l'action administrative. Entrent dans ce groupe d'une part les actes pris dans le domaine des relations internationales, comme la conclusion et la signature des traités ou la conduite des relations diplomatiques, d'autre part les rapports du président de la République et du gouvernement avec le Parlement (dépôt ou retrait d'un projet de loi, dissolution de l'Assemblée nationale, etc.)[118].

Ensuite les «**mesures d'ordre intérieur**», qui concernent en général les usagers d'une institution et n'ont pas pour eux de conséquences graves (l'exemple classique en est l'interdiction de porter le pantalon faite en 1954 à ses élèves par la directrice d'un lycée de jeunes filles). Certaines de ces mesures pouvaient néanmoins être très désagréables, notamment les sanctions, même légères, infligées à des détenus ou à des appelés du contingent. C'est pourquoi le juge en a notablement réduit la liste : sont désormais considérés comme «faisant grief», donc susceptibles de recours pour excès de pouvoir, un blâme dans l'armée, les règlements intérieurs des établissements scolaires, et la décision – bien qu'assortie du sursis – de placer un détenu dans une cellule de punition pendant une semaine.

Il faut enfin réserver le cas des **contrats**, qui sont des actes bilatéraux et relèvent pour ce qui concerne leur contenu d'un contentieux particulier. Toutefois, le juge admet la recevabilité des recours pour excès de pouvoir dirigés contre les *actes détachables* de ces contrats, par exemple la décision par laquelle l'administration refuse de passer ou d'approuver un contrat, ou une procédure de passation qui paraît irrégulière, ou encore le refus de contraindre le concessionnaire d'un service public à assurer la pleine exécution des obligations qui lui incombent[119].

Les moyens d'annulation

On distingue traditionnellement, parmi les irrégularités qui peuvent être invoquées dans les recours, celles qui concernent la **régularité externe** de l'acte et celles qui ont trait à sa **régularité interne**.

Les irrégularités externes

Celles-ci – **l'incompétence** de l'auteur de l'acte et le **vice de forme ou de procédure –** résultent de la méconnaissance d'obligations qui ont été décrites dans les développements consacrés à l'encadrement juridique des actes administratifs (voir page 99). Il faut simplement préciser ici que les vices de procédure n'entachent une décision d'illégalité que s'il s'agit de *formalités substantielles*, c'est-à-dire qui peuvent avoir une influence sur l'édiction ou la teneur de l'acte : par exemple, l'obligation de recueillir au préalable un avis ou un rapport motivé, ou bien le respect de la procédure contradictoire avant la prise d'une décision défavorable. A l'inverse, l'omission d'une formalité qui s'avère en l'espèce inutile (comme une tentative d'accord amiable, lorsque la personne en cause a déclaré auparavant qu'elle ne l'accepterait en aucun cas), ou impossible (comme dans le cas d'un organisme consultatif dont les membres ont délibérément refusé de siéger) n'entraîne pas l'annulation de l'acte.

Les irrégularités internes

Elles tiennent soit à l'absence de fondement juridique d'un acte, soit à une erreur de fait commise par son auteur, soit à la poursuite par celui-ci d'une fin qui n'est

116. Le pouvoir de prononcer des astreintes a été conféré au Conseil d'État en 1980 puis, en 1995, aux autres juridictions administratives. Le pouvoir d'injonction, qui n'existait pas auparavant, a été introduit à cette même date.

117. Pour l'État, ce paiement sera effectué au vu du jugement par le comptable public compétent; pour les collectivités locales, l'autorité de tutelle (généralement le préfet) procèdera d'office au mandatement.

118. Les rapports entre les trois pouvoirs ont été décrits dans la partie de l'ouvrage consacrée au droit constitutionnel.

119. Arrêt *Croix de Seguey-Tivoli*, précité.

pas conforme à l'intérêt général, ce qui constitue un détournement de pouvoir.

– **L'absence de fondement juridique**, dite aussi «**manque de base légale**», se rencontre lorsque l'administration s'appuie sur un texte qui n'existe pas encore (par exemple, un plan d'urbanisme communal non encore publié, donc non opposable), ou qui n'existe plus parce qu'il a été soit abrogé, soit annulé par décision juridictionnelle, ou qui est lui-même irrégulier. En certains cas, cependant, le juge fait prévaloir une logique analogue à celle qu'il applique pour les formalités non substantielles : si l'auteur d'un acte par ailleurs régulier s'est par erreur fondé sur une règle inapplicable en l'espèce, l'arrêt opèrera une substitution de base légale et rejettera le recours[120].

– L'**erreur de fait** comporte deux aspects différents, mais complémentaires. D'une part, l'administration ne doit pas fonder une décision sur des *faits matériellement inexacts* : un agissement qui ne s'est pas produit, une inaptitude physique qui n'existe pas, une demande qui n'a pas été formulée. D'autre part, elle ne doit pas donner aux faits qu'elle retient une *qualification inexacte*, par exemple en considérant à tort qu'un site est une *«perspective monumentale»*[121], qu'une publication présente un caractère licencieux, ou qu'une réunion constitue une telle menace pour l'ordre public qu'elle est en droit de l'interdire. Il existe cependant deux domaines dans lesquels le juge se refuse à mettre en cause la qualification retenue par l'administration : les appréciations de nature technique, comme la toxicité d'un produit, et celles qui sont portées sur les prestations des candidats par les jurys d'examens ou de concours.

– Le **détournement de pouvoir** vise, autant que l'objet de l'acte, l'intention réelle de son auteur. Les pouvoirs sont finalisés, c'est-à-dire conférés aux agents publics dans un but déterminé : ceux-ci ne peuvent donc les utiliser ni à des fins personnelles (par exemple, pour favoriser un membre de leur famille ou au contraire pour assouvir une vengeance), ni même dans un but d'intérêt général autre que celui pour lequel ils ont été institués ; un préfet ne peut ainsi prendre une mesure de police à l'égard d'établissements dangereux ou insalubres à seule fin de ménager les finances de l'État, pas plus qu'un ministre ne peut modifier le statut d'une institution pour n'avoir pas à réintégrer son responsable, dont la révocation avait été annulée par le Conseil d'État[122].

Les cas d'annulation d'un acte pour détournement de pouvoir sont relativement rares : habituellement, plutôt que de rechercher les intentions véritables de son auteur, le juge préfère prononcer une censure pour défaut de base légale ou pour erreur manifeste d'appréciation, ce qui aboutira au même résultat ; mais il n'hésite pas à qualifier de détournement de pouvoir des errements volontaires particulièrement graves.

L'intensité du contrôle

Tous les actes administratifs ne sont pas contrôlés au même degré. Dans certains cas, la compétence de l'administration est liée par la loi et le contrôle du juge le sera dans la même mesure : il en va ainsi lorsqu'en présence d'une situation donnée, l'administration est obligée de prendre une décision d'une certaine nature (l'hypothèse classique est celle de la délivrance du permis de chasse, qui ne peut être refusée lorsque l'intéressé remplit les conditions légales pour l'obtenir). Le juge vérifiera alors que les faits retenus par l'administration sont exacts, mais ne recherchera pas s'il existe un autre motif d'annulation, par exemple un vice de forme[123], puisque de toute manière, la teneur de la décision ne pouvait légalement être différente.

Lorsque la compétence de l'administration n'est pas liée par la loi, le contrôle du juge variera en fonction des pouvoirs dont l'administration dispose. Le juge vérifiera dans tous les cas que l'administration a respecté les exigences de la légalité externe ; que les faits qu'elle invoque sont matériellement exacts (contrôle de l'**exactitude matérielle des faits**) ; qu'elle n'a pas commis d'erreur de droit ; et qu'elle ne s'est pas rendue coupable d'un détournement de pouvoir.

C'est à propos des relations entre les faits invoqués et la décision prise que le contrôle va varier. Dans certains cas, le juge se refuse purement et simplement à apprécier ou à qualifier les faits : c'est le **contrôle minimum.** On a vu que les décisions ayant un caractère technique et celles qui sont prises par les jurys d'examen font ainsi l'objet d'un contrôle très réduit.

Dans d'autres cas, le juge se contentera de vérifier qu'il n'y a pas de disproportion manifeste entre la gravité de la décision prise et l'importance des faits qui la motivent : c'est le contrôle **de l'erreur manifeste d'appréciation**, auquel le juge se livre quand l'administration dispose d'une compétence discrétionnaire qui lui permet de choisir en opportunité entre plusieurs solutions possibles, toutes légales, celle qui lui paraît être la mieux adaptée à la situation visée. Le juge respecte cette liberté d'appréciation de l'administration. Son **contrôle restreint** ne permet donc pas de censurer tous les « à peu près », mais seulement les erreurs qui lui paraissent à la fois graves et évidentes[124].

---

120. Par exemple, dans le cas d'un maire qui avait ordonné l'exécution de travaux dans un immeuble insalubre en vertu d'une loi accordant cette compétence au préfet, alors que le Code des communes lui donnait un pouvoir analogue (Conseil d'État, 10 mars 1954, *Dame veuve Picard*).

121. Il s'agissait en l'occurrence de la place Beauvau, où est installé le ministère de l'Intérieur (Conseil d'État, 4 avril 1914, *Gomel*).

122. L'institution en question était la Comédie française (Conseil d'État 27 octobre 1961, *Bréart de Boisanger*). Quant à la décision du préfet, elle a donné lieu au premier arrêt dans lequel le Conseil d'État a reconnu l'existence d'un détournement de pouvoir (26 novembre 1875, *Pariset*).

123. Si le requérant (il s'agit le plus souvent d'un tiers) a invoqué un tel motif, son recours sera rejeté parce que fondé *« sur un moyen inopérant »*.

124. Par exemple, en matière disciplinaire, l'administration a la possibilité de choisir entre plusieurs sanctions bénignes (par exemple, l'avertissement ou le blâme) pour sanctionner une faute légère ; ou entre plusieurs sanctions sévères pour sanctionner une faute grave ; prononcer une sanction sévère pour réprimer une faute bénigne serait une erreur manifeste d'appréciation.

La notion d'erreur manifeste d'appréciation est de plus en plus utilisée. Le juge a ainsi annulé plusieurs opérations de remembrement rural, la modification des taux de remboursement de certains médicaments, un transfert massif d'emplois d'une université à une autre sans rapport avec leur nombre respectif d'étudiants, l'expulsion d'un étranger prétendument *« dangereux pour l'ordre public »*, et des interdictions de vente frappant des publications présumées être de provenance étrangère.

Ces deux derniers arrêts sont d'autant plus remarquables qu'ils concernent la « haute police », domaine dans lequel le Conseil d'État hésitait auparavant à s'immiscer. La multiplication des annulations pour erreur manifeste a cependant progressivement dénaturé cette notion, le juge en faisant usage dans des cas où le caractère « manifeste » de l'erreur n'est plus très évident. Le contrôle restreint se rapproche ainsi du **contrôle normal** dans lequel, on l'a vu, le juge vérifie que l'administration ne donne pas aux faits qu'elle retient une *qualification inexacte*.

L'audace du juge fragilise – ou dilue – l'opposition traditionnelle entre la légalité d'une décision, que le juge peut et doit contrôler, et son opportunité, qui échappe en principe à l'appréciation contentieuse : si une décision apparaît totalement illogique, voire aberrante, c'est à la suite d'un examen qui porte autant sur son adéquation à une situation, donc son opportunité, que sur le respect de son encadrement juridique. Cette perméabilité des frontières est encore plus marquée dans des hypothèses où le contrôle est particulièrement approfondi (certains auteurs le qualifient de maximal), car il porte aussi sur la **proportionnalité** des mesures adoptées. L'une des applications les plus notables de ce type de contrôle concerne les opérations d'urbanisme, à propos desquelles a été dégagé le principe dit du bilan coûts-avantages.

L'application par le Conseil d'État du bilan coûts-avantages : l'arrêt *Ville nouvelle Est* du 28 mai 1971

Le gouvernement avait décidé, en 1966, de créer à l'est de Lille une ville nouvelle de 20 000 habitants, ainsi qu'un ensemble universitaire. Mais ce projet impliquait de démolir une centaine d'habitations, dont certaines avaient été récemment construites, et se heurta donc à de vives oppositions. Le Conseil d'État prononça l'annulation de la décision, sur le fondement d'un principe ainsi formulé : *« Une opération ne peut être légalement déclarée d'utilité publique que si les atteintes à la propriété privée, le coût financier et éventuellement les inconvénients d'ordre social qu'elle comporte ne sont pas excessifs eu égard à l'intérêt qu'elle présente. »*

Ce **principe de proportionnalité** fut ultérieurement repris dans d'autres domaines, en particulier la fonction publique : les sanctions sont maintenant appréciées sous cet angle (par exemple la révocation, jugée disproportionnée, d'un agent qui avait distribué un tract critiquant son supérieur hiérarchique). Il s'applique aussi, conformément à la Convention européenne des droits de l'homme, aux décisions de reconduite d'un étranger à la frontière, dont le juge vérifie si elles ne constituent pas *« une atteinte disproportionnée aux buts »* qu'elles poursuivent, eu égard notamment à la situation familiale des intéressés.

Les conséquences des recours

Un arrêt de **rejet du recours** bénéficie de **l'autorité relative** de la chose jugée : le demandeur ne pourra pas intenter un nouveau recours fondé sur les mêmes motifs[125]. En revanche, pour un arrêt d'**annulation**, cette autorité est dite **absolue** : en principe, la décision disparaît de l'ordonnancement juridique et cette conséquence est rétroactive, puisque la décision se trouvait entachée d'illégalité dès l'origine. Toutefois, l'administration éprouve parfois des difficultés pour rétablir la situation antérieure : comment faire, par exemple, lorsqu'un concours est annulé plusieurs années après la proclamation des résultats et que les candidats reçus occupent depuis cette date un emploi dans la fonction publique ? Lorsqu'une décision est annulée pour *vice de forme ou de procédure*, l'administration pourra la reprendre en se conformant, cette fois, aux règles prescrites ; mais s'il s'agit d'un *vice de fond*, une telle mise en conformité *a posteriori* est impossible. D'où la pratique, souvent usitée dans le passé, de la validation législative : le gouvernement demande au Parlement d'adopter une loi validant les conséquences de l'acte annulé (par exemple, les nominations de fonctionnaires qui viennent d'être évoquées). Mais le Conseil constitutionnel a affirmé en 1980 *« qu'il n'appartient ni au législateur ni au gouvernement de censurer les décisions des juridictions »*, autrement dit de les priver d'effet pratique, et il a précisé en 1999 qu'une loi de validation n'est licite que si elle est justifiée par un « intérêt général suffisant », un intérêt simplement financier n'étant pas considéré comme tel.

Le Conseil d'État, qui était à l'origine de la règle de l'effet rétroactif des annulations, en a donc atténué la portée : il a admis en 2004 que, dans le cas où cet effet serait *« de nature à emporter des conséquences manifestement excessives »*, les juridictions administratives pourront décider que les conséquences de l'acte annulé devront être considérées, en tout ou en partie, comme définitives[126].

125. Il pourrait théoriquement introduire un nouveau recours fondé sur des motifs différents, mais se heurterait en pratique à l'expiration du délai de deux mois. Il n'est pas impossible toutefois qu'une autre personne ait, en même temps que lui, formé un recours en invoquant des motifs que le juge a retenus (quelquefois en joignant les deux requêtes) : il bénéficiera alors également de l'annulation prononcée.

126. Arrêt *Association AC!* du 11 mai 2004. En l'occurrence, l'annulation rétroactive d'un arrêté ministériel, pris selon une procédure irrégulière, aurait pu, constate l'arrêt, *« affecter profondément le régime d'assurance chômage »*.

Le contentieux de la responsabilité

Pendant longtemps, conformément à l'adage suivant lequel le roi – puis le peuple souverain – ne peut mal faire, l'administration n'a pas été tenue pour responsable des conséquences dommageables de ses actes, excepté lorsqu'une loi le prévoyait expressément. A la fin du XIXe siècle, cette immunité parut à la fois anormale et injuste, et l'arrêt *Blanco* proclama le principe inverse, en affirmant toutefois que la responsabilité de l'État et de ses services publics *« n'est ni générale, ni absolue »*, et qu'elle a *« ses règles spéciales »* qui la différencient de celle qui peut incomber aux particuliers. Aujourd'hui, la seconde partie de la phrase demeure exacte, mais la première ne l'est plus : la responsabilité de l'administration a été en effet reconnue dans un nombre croissant d'hypothèses et selon des modalités de plus en plus extensives, si bien qu'il n'est guère de préjudices qui ne puissent être réparés.

En dehors des cas dans lesquels l'action administrative est soumise au droit privé, soit en raison de sa nature (services publics industriels et commerciaux, ou gérés par des organismes privés), soit du fait d'une loi (responsabilité des instituteurs), les **contestations relèvent du droit administratif et de la juridiction administrative**. Deux questions principales se posent à leur égard : d'une part le fondement de la responsabilité, c'est-à-dire les cas dans lesquels elle peut être invoquée ; d'autre part les conditions de sa mise en œuvre, qui ont trait à la nature du dommage subi et aux modalités de sa réparation.

Les fondements de la responsabilité

Comme en droit civil, l'existence d'une faute ayant provoqué un préjudice entraîne une obligation de dédommagement. Mais beaucoup plus largement que ne le fait le droit civil, le droit administratif admet aussi qu'un préjudice puisse être réparé en l'absence de toute faute.

La responsabilité pour faute

La faute est entendue ici en un sens tout différent de celui qu'elle a en droit pénal, mais peu éloigné des conceptions du droit civil : elle ne dépend pas nécessairement, ni fréquemment, d'une intention délictueuse, et peut consister en un acte ou une abstention, même involontaires, en un défaut d'organisation ou de fonctionnement d'un service, voire en une simple maladresse. Mais le problème est de savoir à qui cette faute doit être imputée : à l'agent qui l'a commise ou à la collectivité au nom de laquelle il agit ? Les complications post-opératoires qu'a subies un malade résultent-elles de la négligence d'une infirmière ou des insuffisances du service de réanimation de l'hôpital ? L'arrêt *Blanco* indiquait que la responsabilité devait être appréciée en tenant compte *« de la nécessité de concilier les droits de l'État avec les droits privés »* : l'évolution ultérieure a été favorable aux usagers, dans la mesure où l'administration, par définition solvable, voit le plus souvent sa responsabilité engagée, soit à la place de ses agents, soit concurremment avec eux.

• Les fautes qui peuvent être retenues à l'encontre des agents

Elles sont de deux ordres différents : on distingue en effet la faute personnelle et la faute de service. Suivant la définition, demeurée classique, qu'en a donnée le commissaire du gouvernement Laferrière, la **faute personnelle** est celle qui révèle *« l'homme avec ses passions, ses faiblesses, ses imprudences »* et peut donc être laissée à la charge de son auteur. Il y a **faute de service**, au contraire, *« si l'acte dommageable est impersonnel, s'il révèle un administrateur plus ou moins sujet à erreur »*, autrement dit s'il est imputable à la fonction plutôt qu'au titulaire de celle-ci ; l'équité veut alors que l'agent n'en supporte pas les conséquences.

En pratique, la **faute personnelle** est d'une part celle qui est commise **en dehors du service** et sans lien avec lui : ainsi, lorsqu'un policier blesse une personne avec son arme à feu en dehors de toute mission, ou lorsqu'un chauffeur cause un accident en se servant pour une visite privée de la voiture qui lui est affectée. La faute peut d'autre part être commise **à l'occasion du service**, mais soit révéler une **intention de nuire** (comme chez ce maire qui faisait régulièrement déposer des ordures sur un terrain appartenant à un habitant de la commune, en prétendant faussement que le terrain faisait partie de la décharge publique), soit être d'une **gravité inadmissible**, comme les violences physiques, les propos injurieux ou diffamatoires, voire les rackets. Dans les cas de ce genre, il est normal que les agents supportent les conséquences dommageables de leurs actes, et même que des sanctions disciplinaires leur soient par ailleurs infligées.

La **faute de service** est celle qui est commise par un agent individualisé, mais **dans le cadre de ses fonctions** et n'engageant pas sa responsabilité personnelle. Elle est plus facilement invoquée et retenue que la faute personnelle, parce qu'elle permet à la fois de mieux assurer l'indemnisation des victimes et de protéger les agents contre des attaques injustifiées. Suivant les cas, ce type de faute peut consister en un acte juridique, tel le retrait illégal d'une autorisation, ou en un agissement matériel, comme l'utilisation de denrées avariées pour la préparation des repas dans une cantine scolaire, ou encore en une simple méprise, comme la délivrance d'un certificat d'urbanisme comportant des indications erronées. C'est alors le service ou la collectivité où l'agent est employé qui devra réparer les dommages causés par cette faute.

Pour protéger plus complètement les personnes lésées, le juge a admis qu'il pouvait y avoir **cumul de fautes**, le dommage résultant à la fois d'une faute personnelle et d'une faute de service. Puis il a considéré qu'un fait commis par un agent peut entraîner un **cumul de responsabilités** : celle de l'agent, mais aussi celle de l'administration si les conditions de son fonctionnement ont rendu possible que ce fait soit commis.

Un exemple de cumul de fautes :
l'arrêt *Anguet*, du 3 février 1911

La porte d'accès du public à un bureau de poste ayant été prématurément fermée, un usager fut prié de sortir par un local dans lequel travaillaient des agents. Ceux-ci, non prévenus et croyant peut-être qu'il s'agissait d'un malfaiteur, l'expulsèrent si violemment qu'il tomba et se brisa une jambe. Le Conseil d'État jugea que les agents avaient commis une faute personnelle, mais que la responsabilité de l'administration était également engagée parce que le bureau avait été fermé avant l'heure légale.

Un exemple de cumul de responsabilités :
l'arrêt *Époux Lemonnier*, du 26 juillet 1918

L'une des attractions de la fête organisée par une commune était un tir sur des cibles flottantes. Le maire avait été averti que certains tirs étaient imprécis, donc dangereux, mais n'avait pas pris les mesures de sécurité appropriées, et une promeneuse fut blessée par une balle. Le Conseil d'État jugea *«que la circonstance que l'accident éprouvé serait la conséquence d'une faute d'un agent administratif préposé à l'exécution d'un service public»* (en l'occurrence le maire) *«ne saurait avoir pour conséquence de priver la victime de l'accident du droit de poursuivre directement, contre la personne publique qui a la gestion du service incriminé, la réparation du préjudice souffert»*. La responsabilité de la commune fut donc parallèlement retenue.

Dans ses conclusions – dont la teneur est toujours valable – sur l'arrêt *Lemonnier*, le commissaire du gouvernement Léon Blum avait déclaré : «*La faute se détache peut-être du service, mais le service ne se détache pas de la faute.*» Le cumul de responsabilités existe ainsi dès lors que le service a fourni à un agent les moyens, ou simplement l'occasion, de commettre la faute : un véhicule qui a pu être utilisé parce qu'il n'était pas suffisamment surveillé, une escroquerie à l'égard d'un contribuable qui a été rendue possible par l'autorisation donnée à l'employée d'une perception de se rendre à son domicile, engagent la responsabilité de l'État car la faute n'est pas, suivant la formule consacrée, dépourvue de tout lien avec le service. Dans ces hypothèses, toutefois, l'administration dispose d'une *action récursoire* qui lui permet de demander à l'agent le remboursement des sommes correspondant à sa quote-part de responsabilité et qu'elle a versées à sa place.

La réciproque est également vraie : un agent condamné à verser des dommages et intérêts peut se retourner contre l'administration, pour lui en demander le remboursement total ou partiel. C'est ce qu'a fait Maurice Papon en 2002. Le Conseil d'État l'a jugé coupable d'une faute personnelle inexcusable, parce qu'il avait à plusieurs reprises organisé, «*avec le maximum d'efficacité et de rapidité*», la déportation de nombreuses familles israélites, parfois même en «*devançant les instructions reçues de ses supérieurs hiérarchiques*». Mais l'administration, constate l'arrêt, avait également commis des fautes manifestes, en ouvrant des camps d'internement et en prêtant son concours aux arrestations, puis à l'organisation des convois. Le montant des condamnations a donc été partagé par moitié.

• Les fautes exclusivement imputables à l'administration

Elles sont dénommées **fautes du service**. Le service n'agissant que par l'intermédiaire d'agents, c'est évidemment parmi eux que se trouve l'origine du dommage, mais les responsabilités précises sont parfois difficiles à déterminer : quel membre d'un service a égaré un dossier ou provoqué un retard de paiement, et ne s'agit-il pas plutôt d'une responsabilité collective ou d'un défaut d'organisation ? L'affaire du sang contaminé a montré que les torts pouvaient être partagés entre ceux qui ont procédé à des transfusions dangereuses et ceux qui ne les ont pas interdites suffisamment tôt. En de telles circonstances, l'intérêt des victimes demandant réparation impose que le **service soit leur interlocuteur unique**, les agents s'effaçant en quelque sorte derrière lui.

Ce caractère **anonyme** de la faute est reconnu dans des hypothèses aussi diverses que le mauvais fonctionnement d'un service de secours, un retard excessif dans l'exécution d'une décision juridictionnelle ou dans l'édiction des textes d'application d'une loi, et toutes sortes d'omissions ou négligences : il a été jugé, par exemple, qu'une commune qui n'avait pas créé de service de lutte contre l'incendie et avait dû faire appel à celui d'une commune voisine était, du fait de sa carence, responsable de l'accident causé par l'un des pompiers.

Que la responsabilité de l'administration soit entière ou partagée, se pose le problème de la **gravité de la faute** qui peut lui donner lieu. Pendant longtemps, le juge a estimé que pour certaines activités une faute lourde, voire «d'une particulière gravité», était nécessaire[127] : c'était notamment le cas pour la police, y compris les services de secours, et pour les établissements hospitaliers. Mais peu à peu, cette exigence s'atténua en intensité comme en étendue. Disparut d'abord la nécessité de la faute d'une particulière gravité; puis la faute lourde elle-même ne fut plus requise que lorsque l'action administrative s'exerce dans des conditions difficiles; et, récemment, les cas dans lesquels une *faute simple est suffisante* se sont multipliés. En ce qui concerne la police, par exemple, le juge continue à estimer que pour certaines opérations de maintien de l'ordre comme la dispersion des manifestations, doit être prouvée l'existence d'une faute lourde, mais il se contente désormais d'une faute simple pour les dispositifs de sécurité mis en place sur les plages ou en montagne. La faute simple suffit également, aujourd'hui, pour les services de lutte contre l'incendie, pour le fonctionnement des hôpitaux, et même pour les actes médicaux ou chirurgicaux (une succession d'er-

127. Sans doute parce qu'ayant posé de sa propre initiative le principe de la responsabilité de l'État, il souhaitait faire preuve de prudence dans son application. Peut-être aussi pouvait-on redouter que si leur responsabilité était facilement engagée, les services hésitent à prendre des initiatives.

reurs étant, dans ce dernier cas, assimilée à une faute). On pourrait caractériser cette évolution en disant que le juge s'attache moins, maintenant, à la gravité d'une faute qu'à celle de ses conséquences.

La responsabilité sans faute

Cette notion est sans doute l'une des plus originales et des plus progressistes du droit administratif. Elle consiste à admettre qu'une personne ayant subi un dommage puisse être en certains cas indemnisée sans avoir à démontrer l'existence d'une faute, et même si l'administration prouve au contraire qu'elle n'en a pas commis : un simple *lien de causalité entre le dommage et le fait qui s'est produit* suffit pour obtenir réparation. La responsabilité sans faute est reconnue dans deux hypothèses : le risque que font encourir certaines situations ou activités et la rupture de l'égalité devant les charges publiques.

• La responsabilité pour risque

Elle existe lorsque l'administration entrepose ou utilise des engins dangereux : par exemple, dans le cas de la déflagration d'un stock d'explosifs, ou lorsqu'un passant est blessé par une arme à feu au cours d'une opération de police[128]. Elle est également admise dans des situations présumées dangereuses qui résultent d'une politique menée par des institutions relevant de l'administration, telles la rééducation d'enfants délinquants en milieu ouvert et les permissions de sortie accordées à des personnes internées pour troubles mentaux. Et elle a été récemment étendue, s'agissant des hôpitaux, aux traitements ou procédés thérapeutiques nouveaux lorsqu'ils ont entraîné des conséquences dommageables pour les malades auxquels ils ont été appliqués.

Le législateur a ajouté à ces cas celui des attroupements et rassemblements, car ils font courir un « risque social » aux personnes qui passent ou demeurent à proximité : si un préjudice leur est causé, elles-mêmes ou la compagnie d'assurances qui les a indemnisées pourront en demander réparation à l'État. Il sera ultérieurement loisible à ce dernier de se retourner contre la commune, dans l'hypothèse où le maire n'aurait pas prévenu les incidents en prenant les mesures de police appropriées.

• La responsabilité pour rupture de l'égalité devant les charges publiques

Elle s'applique lorsqu'une personne subit, par suite d'une décision cependant régulière et en l'absence de tout accident, un préjudice spécifique : il y a là, pour le Conseil constitutionnel comme pour le Conseil d'État, une règle qui se rattache directement au *principe d'égalité des citoyens* posé par la Déclaration des droits de 1789. On en trouve un exemple dans le refus d'un préfet d'ordonner l'exécution forcée d'une décision de justice parce qu'elle provoquerait un trouble grave à l'ordre public[129] ou, pour la même raison, de faire rompre un barrage routier. Sera également indemnisé un industriel à qui des autorisations de licenciement avaient été refusées en raison de « *la perturbation grave dans la vie économique locale* » que ces licenciements auraient entraînée.

Cette responsabilité peut être pareillement engagée lorsqu'un acte réglementaire impose à un particulier un préjudice grave : ainsi lorsque le détournement d'une route nationale tarit la clientèle d'un restaurant fréquenté par les camionneurs. Et, de manière plus étonnante, la même solution est admise s'agissant d'une loi.

> **Un exemple de la responsabilité du fait des lois :** l'arrêt *Société anonyme des produits laitiers « La Fleurette »*, du 14 janvier 1938
>
> Une loi ayant interdit la commercialisation de crème ne provenant pas exclusivement du lait, la société requérante, dont l'activité essentielle se trouvait être la production d'une telle crème, dut fermer ses portes. Le Conseil d'État, après avoir relevé que cette crème ne présentait aucun danger pour la santé publique, estima « *que rien ne permet de penser que le législateur a entendu faire supporter à l'intéressée une charge qui ne lui incombe pas normalement ; que cette charge, créée dans un intérêt général, doit être supportée par la collectivité* », et que l'État devait donc indemniser la société.

Les conditions de mise en œuvre de la responsabilité

Les conditions de fond

Elles tiennent principalement à la **nature du préjudice** subi. Il doit être **direct**, c'est-à-dire suffisamment lié au fait attaqué pour que celui-ci puisse être considéré comme sa cause déterminante : ainsi l'administration est-elle tenue pour responsable des dommages causés par un jeune délinquant pendant ses périodes de semi-liberté, mais ne le sera plus s'il s'évade et commet une infraction quelques années plus tard.

Le juge exige également que le préjudice soit **certain** ; cela signifie qu'il doit être réel, mais pas nécessairement réalisé : il peut n'être que *futur* (par exemple, des séquelles prévisibles d'un accident), ou même consister en la *perte d'une chance sérieuse* (ainsi un candidat à un concours, empêché de s'y présenter par suite d'un accident de la circulation imputable à un véhicule admi-

128. On peut assimiler à ces cas celui des ouvrages publics dangereux (comme une conduite de gaz) et, plus généralement, celui des travaux publics : les personnes qui subissent un préjudice de leur fait, par exemple celles qui habitent à proximité d'un barrage qui s'est rompu, seront indemnisées sur le fondement du risque.

129. Arrêt *Couitéas*, du 30 novembre 1923 : il s'agissait, en Tunisie, d'expulser « *de nombreux indigènes de terres dont ils s'estiment légitimes occupants depuis un temps immémorial* », mais dont l'État français, puis le tribunal de Sousse, avaient reconnu la propriété au sieur Couitéas. La même solution a été ultérieurement appliquée, en France, à l'expulsion de locataires ou d'ouvriers grévistes occupant une usine.

nistratif, subit-il un préjudice certain si son succès à ce concours était probable, mais seulement un préjudice éventuel, donc non indemnisable, dans le cas contraire).

Le préjudice doit enfin être **évaluable en argent**. Pendant longtemps, le juge a considéré que seul le préjudice matériel répondait à cette condition (il faisait sien l'adage selon lequel « les larmes ne se monnayent pas »), mais il a admis en 1961, c'est-à-dire bien après les tribunaux judiciaires, que le **préjudice moral** pouvait également être réparé : il accorde désormais une indemnisation plus ou moins forfaitaire en cas de préjudice esthétique, d'atteinte à la réputation, et même de perte d'un proche parent.

Les conditions de procédure

Elles concernent en premier lieu la **détermination du créancier**. Si le requérant se trompe sur l'identité de la collectivité responsable du dommage, il sera débouté de sa demande même si « l'administration » au sens large a bien commis une faute. Or, il est souvent difficile de distinguer entre police d'État et police municipale, comme entre service public concédé ou en régie, et un non-juriste différencie mal les cas dans lesquels un maire agit au nom de la commune ou en tant que représentant de l'État. L'assistance d'un avocat étant obligatoire pour les recours en responsabilité, on peut penser que les requérants seront utilement conseillés ; mais les honoraires d'avocat ne sont pas remboursés, si bien que lorsque le dommage est de relativement faible importance, les victimes hésitent souvent à saisir la justice. Il est regrettable que les solutions libérales qui prévalent quant à l'étendue de la responsabilité administrative soient ainsi contrecarrées par des difficultés pratiques de mise en œuvre.

Les autres règles de procédure sont les mêmes que pour le reste du contentieux, à l'exception de celle qui a trait au **délai de recours** : il est ici de quatre ans, par application de la règle de déchéance quadriennale des créances sur l'État. Cette disposition fait du recours en responsabilité un complément utile du recours en annulation : lorsque celui-ci perd de son intérêt parce que la mesure contestée est déjà exécutée, l'intéressé pourra, au lieu d'en demander l'annulation, réclamer une indemnité fondée sur son caractère illégal.

L'indemnisation accordée par le juge

Elle couvre en principe **l'intégralité du préjudice** subi, mais elle ne peut dépasser l'évaluation qu'en a faite le requérant (les tribunaux ne peuvent statuer *ultra petita*, c'est-à-dire au-delà de la demande). Cependant, s'il apparaît après la décision de première instance que le préjudice était en réalité plus important, notamment dans le cas où l'état d'une personne accidentée se détériore, il est possible de demander en appel une réévaluation de l'indemnité accordée.

Mais **aucune indemnité n'est due** lorsque le dommage est **imputable à une force majeure**, c'est-à-dire un événement imprévisible et irrésistible (par exemple, une inondation ou un cyclone [130]). Et la responsabilité de l'administration peut être écartée ou atténuée lorsqu'il apparaît que le dommage résulte, au moins pour partie, de la faute du requérant ou d'une tierce personne.

130. Toutefois, dans de tels cas, des indemnités sont généralement versées aux victimes par d'autres voies que celle du contentieux.

Chapitre 3
Les autres formes de contrôle

Elles ne sont pas aussi spectaculaires que le contrôle juridictionnel, ni pareillement efficaces en pratique, mais sans être pour autant dépourvues d'intérêt. Certaines d'entre elles s'exercent à l'intérieur de l'administration, d'autres ont été confiées à des organes extérieurs.

Les contrôles internes

Ce sont les plus anciens. Les détenteurs du pouvoir ont toujours souhaité vérifier que l'action de leurs subordonnés était conforme aux directives qu'ils avaient données ou à la ligne générale qu'ils entendaient suivre. Ils se sont donc très tôt réservé un droit de regard sur les actes pris aux échelons inférieurs, et ils ont consenti parallèlement à ce que les particuliers les saisissent de réclamations contre ces actes : satisfaire les doléances qu'ils estimaient fondées leur permettait à la fois d'être informés d'éventuels errements et de les redresser. Ce pouvoir de dire le dernier mot trouve son origine dans le pouvoir hiérarchique : il est en effet la sanction – ou le substitut – du pouvoir d'instruction. Son exercice est facilité par l'existence des inspections générales, qui sont des corps spécialement chargés d'évaluer l'activité des services et d'en rendre compte aux ministres.

Les recours administratifs

Les personnes qui souhaitent contester une décision peuvent à leur gré intenter un recours administratif ou juridictionnel, voire les deux à la fois : les deux procédures sont indépendantes l'une de l'autre (excepté dans les cas, relativement rares, où le recours administratif est un préalable obligatoire du recours contentieux[131]) ; leur seul point de rencontre est que le dépôt d'un recours administratif prolonge les délais du recours contentieux. Les caractéristiques du recours administratif sont toutefois quelque peu paradoxales : il est très largement ouvert et fort peu formaliste, mais ses effets s'avèrent souvent décevants pour l'intéressé.

Les conditions d'ouverture du recours

Elles sont particulièrement extensives. Le recours peut en effet être formé contre n'importe quelle décision individuelle ou réglementaire, et pour des raisons très diverses : le requérant est en droit de se fonder aussi bien sur des motifs d'opportunité, voire d'équité, que de légalité; il demandera par exemple le réexamen d'une décision à la lumière d'un élément qui ne lui semble pas avoir été suffisamment pris en compte, ou l'échelonnement d'un paiement qui lui est imposé; parfois même, il sollicitera simplement la bienveillance de l'administration dans une circonstance pour lui difficile.

Le recours peut être adressé soit à l'auteur de la décision, et est alors dit *gracieux*, soit à l'autorité supérieure (recours *hiérarchique*). Dans l'un et l'autre cas, il doit être accueilli; s'agissant du recours hiérarchique, le Conseil d'État a même jugé que le ministre du Travail, qui s'était déclaré sans pouvoir pour réexaminer un refus de licenciement prononcé par l'inspection du travail, «*a méconnu sa compétence et a privé l'employeur d'une garantie légale*»[132].

Aucune condition de forme n'est requise : il est possible d'intenter un recours par simple lettre, voire verbalement – encore qu'en conserver une trace écrite soit utile. Il n'y a pas non plus de condition de délai, mais si le requérant souhaite préserver le délai du recours contentieux, il doit déposer sa demande dans ce délai. D'autre part, l'administration ne peut retirer les actes individuels ayant créé des droits que pour illégalité, et seulement dans un délai de quatre mois : si la décision que l'on entend contester auprès d'elle a conféré un droit à une tierce personne (par exemple, une autorisation), il faut donc agir vite.

La solution est différente pour les règlements, qui ne sont pas considérés comme des actes créateurs de droits : l'administration est tenue d'abroger, sans condition de délai, les règlements illégaux, qu'ils l'aient été dès leur édiction ou le soient devenus par la suite en raison d'un changement des circonstances de fait ou de droit (par exemple, l'entrée en vigueur d'une loi ou d'une règle communautaire contraire).

Les effets pratiques des recours

Ceux-ci, à l'inverse, s'avèrent plutôt réduits. L'autorité qui en est saisie dispose de pouvoirs plus importants que ceux d'un juge : non seulement elle peut – et même doit – retirer les décisions illégales, mais elle a aussi la faculté de modifier des décisions légales, y compris pour inop-

131. Ainsi en est-il en matière fiscale, où les réclamations doivent d'abord être soumises au directeur des services fiscaux et ensuite seulement, s'il n'y a pas été satisfait, portées devant les tribunaux. Cette règle a notablement contribué à diminuer le nombre des recours contentieux intentés en ce domaine.

132. Arrêt *Queralt*, du 30 juin 1950.

portunité; c'est ainsi que le ministre de la Construction a pu retirer un permis de construire accordé par un préfet, tandis que plusieurs de ses collègues revenaient sur des sanctions ou des interdictions. Mais ces pouvoirs ne sont que peu souvent utilisés, car il n'est guère agréable pour l'auteur d'une décision de reconnaître qu'il s'est trompé, ni pour les supérieurs hiérarchiques de désavouer leurs services : les décisions donnant satisfaction aux recours ne représentent donc que 5 à 10 % de ceux-ci. De plus, comme aucune règle ne fait obligation aux autorités saisies de se prononcer sur les recours, ainsi qu'y sont tenus les tribunaux, une bonne part des demandes n'est même pas examinée et a pour épilogue, après deux mois, une décision implicite de rejet. La situation faite aux requérants est donc paradoxale : ils ont en théorie la faculté de faire réexaminer entièrement leur situation, ce qui représente pour eux un atout important, mais beaucoup de recours n'aboutissent concrètement qu'à retarder le moment où ils s'adresseront au juge.

Les inspections générales

L'institution est ancienne. Très tôt, en effet, il a paru utile de doter les ministres d'un **corps de contrôle** qui puisse en permanence apprécier la gestion des services, leurs conditions de fonctionnement et la qualité de leurs prestations. Dès 1781, Necker créa ainsi les inspecteurs généraux des hôpitaux civils, et on compte aujourd'hui une vingtaine d'institutions de ce type. Certaines d'entre elles ont une **vocation interministérielle**, comme l'Inspection générale des finances qui contrôle la bonne utilisation des deniers publics. Les autres couvrent habituellement le champ d'activité d'un département ministériel, mais parfois davantage (Inspection générale des affaires sociales), parfois moins (Inspection générale des bibliothèques universitaires).

Les inspections sont directement **rattachées au ministre**, qui peut seul leur demander de procéder à des enquêtes; mais elles se fixent aussi un programme annuel d'investigations, établi en fonction des problèmes dont elles ont connaissance. Les inspecteurs ont le droit de visiter tous les locaux de l'administration ou dépendant d'elle, et de se faire communiquer par les agents tous les documents nécessaires à leur mission. A l'issue de celle-ci, ils rédigent à l'intention du ministre un rapport relatant leurs constats et proposant des mesures correctrices : suivant les cas, le déplacement d'un agent, la réorganisation d'un service, l'octroi de moyens plus importants, ou la modification d'une procédure. Le ministre n'est évidemment pas lié par ces propositions, mais comme elles lui sont présentées en toute indépendance, leur influence n'est pas négligeable.

A l'origine, les inspections générales exerçaient exclusivement une fonction de **contrôle**, et aujourd'hui encore de nombreuses missions s'y rattachent, qu'elles portent sur des personnes, des institutions tout entières ou des activités. Mais **l'évaluation** occupe une place croissante car, de plus en plus, la tâche de l'administration consiste à définir et mettre en œuvre des politiques, et l'efficacité de son action doit être appréciée au même titre que sa régularité. C'est sous cet angle que sont évalués des établissements scolaires ou hospitaliers et des politiques générales, comme la déconcentration, ou particulières à un département ministériel, comme la réforme de l'enseignement supérieur ou l'accueil des étrangers dans les préfectures. Certaines de ces évaluations, qui s'apparentent à de véritables audits, sont menées conjointement par deux inspections générales[133].

Contrôles externes et médiation

A l'exception de celui du juge, il n'existe pas de contrôle externe qui ait un caractère général[134]. Certaines institutions exercent un contrôle sectoriel, en particulier les *autorités administratives indépendantes* : on a dit plus haut les compétences dévolues à la CADA et à la CNIL (voir page 101); il faut y ajouter celles du Conseil supérieur de l'audiovisuel et celles de la Commission nationale de contrôle des interceptions de sécurité, qui veille au respect de la réglementation des écoutes téléphoniques.

D'autres organes jouent un rôle d'**évaluation**, soit de services publics, comme le Comité national d'évaluation des universités, soit de politiques publiques, comme la Commission nationale d'évaluation du RMI. Et, bien que le contrôle du Parlement sur l'activité administrative n'ait jamais été très intense, on rappellera l'existence des commissions d'enquête constituées à propos d'un problème spécifique, et celle des offices parlementaires d'évaluation de la législation et des politiques publiques (voir page 41).

La **médiation** occupe une place à part, dans la mesure où elle est à mi-chemin entre l'intercession et le contrôle. La création en 1973 du **Médiateur de la République** s'inspirait de l'exemple suédois de l'Ombudsman, mais pour partie seulement, car l'existence en France d'une juridiction administrative efficace conduisit à n'accorder au Médiateur que des *compétences très limitées en matière de contrôle* : il devait surtout intervenir pour faire prendre en compte des considérations d'équité, qui n'entrent pas dans le champ d'intervention du juge, et n'avait aucun pouvoir d'annulation ou d'injonction. Son rôle s'est néanmoins révélé utile, et des réformes successives (la dernière en date résulte de la loi du 12 avril 2000) ont accru ses possibilités d'action.

Nommé pour six ans en Conseil des ministres, le Médiateur a reçu en 1989 la qualification *d'autorité indépendante de la République*, expression un peu curieuse mais destinée à marquer qu'il n'a aucun lien avec l'administration, et apprécie donc son action en toute objectivité. Il ne peut d'ailleurs, pendant la durée de son mandat, recevoir d'instructions d'aucune autorité, et bénéficie

133. Par exemple, une Inspection générale ministérielle (Éducation nationale, Agriculture...) et l'Inspection générale des Finances.

134. Sauf dans le domaine financier, où un contrôle est exercé par la Cour des comptes sur tous les comptes publics (voir page 172).

d'une immunité analogue à celle des parlementaires pour les opinions qu'il émet et les actes qu'il accomplit dans l'exercice de ses attributions.

Sa mission consiste à recevoir les plaintes des usagers (ou à se saisir d'office), soit en cas de dysfonctionnement d'un service, soit lorsqu'une décision administrative aboutit à des résultats inéquitables parce qu'une situation individuelle a été appréciée sans l'attention qui aurait été nécessaire, ou que la procédure dont il a été fait application est mal conçue. Il interviendra alors auprès de l'administration en cause pour lui faire des recommandations, et devra être informé des suites données à sa démarche. A cette occasion, il pourra aussi proposer la modification des principes de fonctionnement d'un service, ou celle d'une réglementation qui lui paraît contestable[135].

Il dispose, pour l'accomplissement de ses fonctions, de **pouvoirs d'investigation et d'action étendus** : les services sont tenus de répondre à ses questions et de lui fournir tous les documents qu'ils détiennent sur l'affaire en cause; il a également, même s'il n'en use guère, le droit de demander aux corps d'inspection de procéder à des enquêtes. S'il relève qu'un agent a commis une faute, mais que l'administration à laquelle appartient cet agent n'engage pas à son égard de poursuites disciplinaires, il peut le faire à sa place et même saisir les tribunaux répressifs (cette hypothèse est demeurée jusqu'ici théorique). Et s'il constate qu'une administration traîne pour exécuter une décision de justice, il a compétence pour lui enjoindre de le faire dans un délai déterminé (mais sans pouvoir, à l'instar du juge, prononcer une astreinte).

Les **requêtes** peuvent lui être adressées aussi bien par des personnes morales (sociétés, mais aussi associations et syndicats) que par des personnes physiques, à l'exclusion toutefois des agents en conflit avec le service ou la collectivité qui les emploie. Elles ne sont soumises à aucune condition de forme, mais doivent d'une part avoir été précédées des «démarches nécessaires auprès des administrations intéressées», pour éviter que le Médiateur soit saisi de litiges susceptibles de recevoir une solution amiable, d'autre part être transmises *par l'intermédiaire d'un parlementaire* : cette dernière disposition tend à instituer une sorte de filtre, mais celui-ci s'avère en pratique illusoire, car il n'est guère de parlementaires qui refusent de donner suite aux réclamations que leur communiquent les électeurs.

Ces réclamations peuvent être formulées sans condition de délai, mais elles *ne suspendent pas le délai de recours contentieux* : les intéressés doivent y prendre garde lorsque les faits dont ils se plaignent justifieraient qu'ils forment un tel recours.

Ce système de saisine, mis en place à l'origine de l'institution, a beaucoup évolué avec la création, quelques années plus tard, des **délégués départementaux du Médiateur**. Ces délégués, qui tiennent des permanences dans les préfectures et les structures de proximité des quartiers difficiles, peuvent en effet être saisis directement des différends qui surgissent avec les administrations situées dans leur ressort territorial. Ils reçoivent aujourd'hui plus de 80 % des requêtes et en traitent la plus grande partie : ils ne transmettent au Médiateur que celles qu'ils n'ont pu régler eux-mêmes ou qui mettent en cause un service administratif central.

Aux deux niveaux, le **nombre des requêtes** augmente régulièrement : il y en a eu 62 822 en 2006, dont 33 824 «réclamations» et 28 998 «demandes d'informations et d'orientation»; 50 % d'entre elles ont été jugées recevables[136] et 28 % justifiées car elles révélaient effectivement un dysfonctionnement. Le taux de succès des interventions faites auprès des services est relativement important, en partie parce que les rapports annuels du Médiateur relatent en détail un grand nombre des problèmes constatés et des résultats obtenus, et que les administrations ne tiennent guère à figurer dans ce qui est exactement l'inverse d'un tableau d'honneur.

On peut donc juger l'institution utile, surtout dans la mesure où elle permet de réparer des injustices auxquelles le juge ne peut remédier. C'est pourquoi elle essaime depuis quelque temps dans des secteurs particuliers : il existe maintenant des médiateurs dans plusieurs grandes villes, dont Paris, un médiateur pour l'Éducation nationale, d'autres pour le cinéma et l'édition publique, ainsi qu'un défenseur des enfants (également «autorité indépendante») institué en 2000. Et l'on peut relever également qu'un médiateur européen, désigné par le Parlement, a été créé par le traité de Maastricht (voir page 217).

135. Afin que ces propositions soient aussi judicieuses que possible, il peut demander au Conseil d'État ou à la Cour des comptes de lui fournir les éléments d'information nécessaires.

136. Il arrive assez souvent que des personnes en situation financière précaire s'adressent au Médiateur ou à l'un de ses délégués dans l'espoir qu'ils pourront leur faire obtenir une aide : elles sont alors aiguillées vers les services sociaux.

Questions à réponse courte (QRC) sur le droit administratif

Questions / réponses

Citez une autorité qualifiée d'autorité administrative indépendante.

Puisqu'on vous demande de n'en citer qu'une, il est inutile d'étaler vos connaissances. Plus vous écrirez de choses, plus il risque d'y avoir des erreurs. Choisissez donc, parmi les AAI qui sont habituellement évoquées, celle qui vous est la plus familière. Mais ne vous contentez pas de citer le sigle qui sert éventuellement à la désigner de façon usuelle. Explicitez-le : Commission nationale de l'informatique et des libertés pour la CNIL, Commission d'accès aux documents administratifs pour la CADA, Conseil supérieur de l'audiovisuel pour le CSA, etc. ; et ne vous trompez pas dans cette explicitation (évitez le terme de Comité là où il y a une Commission, de Commission là où il y a un Conseil, etc.). Si vous connaissez l'année du texte qui l'a créée, citez-la. Et résumez en quelques phrases les compétences qui lui sont attribuées, pour montrer que vous n'en connaissez pas que le nom.

Voir page 68.

En quoi consiste la décentralisation ? En quoi diffère-t-elle de la déconcentration ?

Rappelez avant tout, en introduction, que la décentralisation constitue un mode d'organisation des compétences administratives et que c'est un point commun qu'elle a avec la déconcentration. N'oubliez pas de mentionner qu'il existe deux sortes de décentralisation – territoriale et par services – même si vous ajoutez que vous voulez surtout traiter de l'administration locale; rappelez qu'en 2003, le mouvement de décentralisation a connu une nouvelle étape.

Décentralisation et déconcentration visent toutes deux à augmenter les compétences des organes locaux. Mais la déconcentration n'est qu'une atténuation de la centralisation, car elle laisse ces organes sous la dépendance du pouvoir central, alors que la décentralisation est son contraire, puisqu'elle veut donner une forte autonomie aux entités locales. Vous rappellerez les différences essentielles entre les deux notions (indépendance ou non des organes à l'égard du pouvoir central, autonomie financière ou non) et en soulignerez les conséquences au niveau de l'aménagement des rapports entre organes centraux et locaux (si les deux formules nécessitent un contrôle des premiers sur les seconds, la première implique un pouvoir hiérarchique, tandis que la seconde ne comporte qu'un pouvoir de tutelle). Vous définirez ces deux termes en les différenciant.

Voir page 61.

Comment sont élus les conseillers municipaux et le maire dans une commune de 150 habitants et dans une commune de 150 000 habitants ?

Pour montrer que vous voulez comprendre, et pas seulement réciter, votre introduction soulignera que s'il y a des différences importantes dans les modes d'élection des organes communaux selon l'importance des communes concernées, c'est simplement pour des raisons pratiques et parce que le « vivier » des candidats potentiels n'y est pas le même. Les principes restent identiques; ce ne sont que les modalités qui varient.

Les principes communs sont donc : le scrutin de liste majoritaire à deux tours pour l'élection des conseillers municipaux ; un mode identique d'élection du maire dans toutes les communes (par le conseil municipal, au scrutin secret et à la majorité absolue aux deux premiers tours, relative au troisième).

Les différences existent sur deux points :
– d'abord la constitution des listes : obligation de faire acte de candidature ou non; caractère complet ou non des listes présentées pour l'élection du conseil; blocage des listes ou, au contraire, possibilité de panachage. Ces différences s'expliquent par le souci de faciliter, dans les petites communes, l'élection de conseils complets ;
– ensuite les modalités d'attribution des sièges, avec l'introduction, pour les grandes villes, d'une dose de représentation proportionnelle dans l'application du principe majoritaire.

Voir pages 72 et 74.

Quels sont les pouvoirs dont dispose le représentant de l'État pour faire respecter la légalité par les collectivités territoriales ?

Pour traiter ce sujet, vous pouvez vous fonder sur deux idées essentielles : les collectivités locales doivent respecter la loi; mais rien que la loi.

– Le fait qu'elles doivent respecter la loi entraîne l'existence d'un contrôle de légalité exercé au nom du pouvoir central par l'autorité préfectorale. Le préfet est donc chargé d'examiner la légalité des actes des organes locaux : il le fait systématiquement pour les actes soumis à transmission, sur recours des particuliers pour les autres. Il peut déférer les actes illégaux au tribunal administratif et suspendre leur exécution en attendant la décision de celui-ci. Et comme respecter la loi, ce n'est pas seulement ne pas faire ce qu'elle interdit, mais aussi faire ce à quoi elle vous oblige, le préfet dispose également de pouvoirs de substitution d'office.

– En vertu du principe d'autonomie des collectivités locales, seuls des motifs de légalité permettent au représentant de l'État d'intervenir à l'encontre de leurs actes. Il n'y a donc plus en principe, depuis 1982, de tutelle en opportunité. Et, pour être sûr que ce principe soit respecté, le juge administratif est seul compétent pour annuler un acte, et le juge financier peut seul donner au préfet l'autorisation d'exercer ses pouvoirs de substitution d'office en matière budgétaire.

Voir page 79.

Le pouvoir réglementaire

Vous rappellerez en introduction que le pouvoir réglementaire, qui ne pouvait auparavant s'exercer qu'en application de la loi, s'est vu reconnaître par l'article 37 de la Constitution de 1958 un domaine autonome. C'est le pouvoir de prendre des décisions générales, qui ont un caractère obligatoire.

Ses principaux titulaires sont :
- au niveau national, le Premier ministre qui l'exerce en prenant des décrets contresignés par les ministres chargés de leur exécution ;
- au niveau local, le préfet dans le cadre du département et le maire dans la commune ; ils l'exercent en prenant des arrêtés.

Le pouvoir réglementaire constitue une prérogative, mais aussi une obligation : par exemple, pour émettre les mesures d'application d'une loi ou bien lorsque la sécurité ou la salubrité publiques l'exigent. Bien qu'il puisse avoir une portée très générale, ce pouvoir demeure administratif et il est, comme tel, soumis au contrôle de légalité exercé par le juge.

Voir page 93.

Qu'est-ce que le pouvoir de police administrative ?

La difficulté principale de ce sujet réside dans son ampleur. Il recouvre un chapitre entier des manuels, à résumer en une quinzaine de lignes. Il vous faut donc prendre garde à dire l'essentiel, mais à ne dire que l'essentiel. Vous êtes interrogé sur une notion : la première nécessité, c'est de la définir.

Le pouvoir de police administrative est le pouvoir dont l'administration dispose de réglementer les libertés publiques dans le but d'assurer l'ordre public.

Comme vous venez d'introduire une notion nouvelle, il faut à son tour l'expliciter.

Les principales composantes de cet ordre public sont la sécurité, la salubrité et la tranquillité publiques. La police administrative se définit donc essentiellement par son *but* : la prévention des troubles ; c'est en cela qu'elle se distingue de la police judiciaire, qui tend au contraire à constater et à réprimer les atteintes à l'ordre public.

Un mot sur son organisation.

Les titulaires du pouvoir de police administrative sont le Premier ministre au niveau national, le préfet dans le département et le maire au niveau communal.

Et, pour finir, il faut essayer de résumer en une phrase ce qui constitue la question essentielle sur le sujet.

En raison des incidences qu'il peut avoir sur les libertés publiques, ce pouvoir est étroitement contrôlé par le juge, qui exige que la gravité de l'atteinte aux libertés soit proportionnelle à l'importance des risques encourus.

Voir page 102.

Quel est le rôle du Tribunal des conflits ?

Vous rappellerez, en introduction, que l'existence du Tribunal des conflits s'explique par le principe de la dualité de juridictions et la nécessité de trancher les cas où la compétence juridictionnelle est incertaine.

Vous poursuivrez en rappelant que le rôle essentiel du Tribunal des conflits est donc de trancher les « conflits d'attributions », négatifs ou positifs. Attention, en décrivant ceux-ci, de ne pas tomber dans l'erreur classique, et souvent commise, qui conduit à définir le conflit positif comme un conflit entre deux juridictions. C'est en effet un conflit entre une juridiction judiciaire et l'administration, où la procédure est menée à l'initiative de celle-ci, qui demande à être jugée par « son juge à elle ».

Puis viendra le rappel des raisons qui ont amené, à partir de 1932, à étendre la compétence du Tribunal aux « conflits de décisions ».

Voir page 124.

Finances publiques

Les finances sont l'un des moyens essentiels de l'action de l'État. De tout temps, le pouvoir a dû recourir à l'impôt, ne serait-ce que pour se donner la possibilité de lever une armée ou d'assurer le fonctionnement de ce qu'on appelle les services régaliens (justice, police, etc.).

Logiquement, la lutte pour le pouvoir qui a opposé, à partir du XVIIIe siècle, dans nos pays occidentaux, la monarchie traditionnelle et le pouvoir parlementaire émergent a entraîné la fixation d'un certain nombre de règles qui ont constitué l'amorce d'une « législation financière » ; celle-ci, petit à petit, a encadré les conditions dans lesquelles le pouvoir politique pouvait se procurer des recettes et décider de leur utilisation. C'est à ce titre que s'est progressivement dégagée, en Angleterre, aux États-Unis ou en France, la règle du consentement à l'impôt, selon laquelle le pouvoir politique ne pouvait recourir à de nouvelles recettes fiscales sans un accord de représentants élus de la population. Et il faut se souvenir que c'est l'existence d'une grave crise financière qui a obligé le roi Louis XVI à réunir, en 1789, des États généraux qui ne l'avaient pas été depuis plus de 150 ans, pour autoriser la perception d'impôts nouveaux. Ce fut là l'origine directe de la Révolution de 1789 et du vote de la Déclaration des droits de l'homme et du citoyen, dont l'article 14 rappelle précisément ce principe *(« Les citoyens ont le droit de constater, par eux-mêmes ou par leurs représentants, la nécessité de la contribution publique, de la consentir librement, d'en suivre l'emploi, et d'en déterminer la quotité, l'assiette, le recouvrement et la durée »).*

Il y a donc un lien direct entre évolution des régimes politiques et règles des finances publiques. Les progrès de la démocratie se sont historiquement traduits par un renforcement des pouvoirs des assemblées parlementaires, qui ont conquis à la fois le droit de décision sur le montant et le contenu du budget et des pouvoirs de contrôle sur son exécution. En régime démocratique, le vote du budget est la principale prérogative des représentants élus du peuple et c'est ce qui explique, par exemple, qu'en France, l'examen des lois de finances doive traditionnellement être soumis à la Chambre la plus représentative parce qu'élue au suffrage universel direct, l'Assemblée nationale, avant de l'être à celle qui l'est moins du fait de son élection au suffrage indirect, le Sénat.

Introduction

Lorsque, après la IIIe et la IVe République, les abus de l'omnipotence parlementaire ont entraîné une réaffirmation forte des prérogatives de l'exécutif qui s'est traduite dans les principes développés par la Constitution de 1958, la matière financière a constitué l'un des domaines d'élection de cette volonté de réaction (limitation du droit d'amendement parlementaire, par exemple).

Le développement des règles de droit budgétaire

Se sont développées, à partir du XIXe siècle, en relation étroite avec l'évolution des principes constitutionnels, des règles de droit budgétaire déterminant les conditions d'élaboration et de vote du budget de l'État et qui mettent largement en jeu les relations entre le gouvernement et le Parlement ; après avoir été prévues par l'ordonnance organique du 2 janvier 1959 relative aux lois de finances, véritable « Constitution financière » de la France, elles ont été modifiées par l'adoption de la **loi organique du 1er août 2001 relative aux lois de finances (LOLF)**, qui est aujourd'hui le texte fondamental en la matière. Parallèlement, se sont aussi développées des règles concernant l'exécution et le contrôle des opérations financières des organismes publics : celles de la **comptabilité publique**, qui concernent le plus souvent des rapports internes à l'administration. Enfin, il ne faut pas oublier les dispositions du droit fiscal qui réglementent en particulier les conditions d'établissement et de perception de l'impôt (voir chapitre 5).

Traditionnellement, le **budget de l'État** constitue un acte de prévision des recettes qu'il pourra percevoir et des dépenses qu'il sera autorisé à réaliser durant la période couverte par le budget. A ce titre, il *concrétise une volonté politique*, par laquelle le gouvernement et sa majorité parlementaire expriment des choix : décider d'une baisse de l'impôt sur le revenu des personnes physiques, limiter les recrutements, voire réduire le nombre des fonctionnaires, choisir tel secteur, l'éducation ou la défense pour y privilégier la dépense publique au détriment de tel autre. Cette volonté politique crée des effets juridiques, en ce sens que le vote du budget constitue un acte d'autorisation indispensable pour que le gouvernement puisse percevoir les recettes et engager les dépenses qu'il prévoit.

Ce n'est cependant qu'une prévision, et l'exécution réelle du budget peut conduire, sur un certain nombre de points, à des résultats différents de ceux qui avaient été prévus : la conjoncture économique peut s'améliorer et faire que le rendement des impôts assis sur l'activité économique soit supérieur au chiffre escompté (on avait ainsi parlé, il y a quelques années, d'une « cagnotte » constituée en fin d'année budgétaire) ; ou à l'inverse, elle peut se dégrader et entraîner une augmentation du déficit budgétaire prévu.

Le « budget » ne constitue donc qu'une espèce particulière au sein des lois de finances. L'article 1er de la loi du 1er août 2001 distingue ainsi **plusieurs catégories de lois de finances**.

– La *loi de finances de l'année*, qui correspond à la notion traditionnelle de budget : elle *« décrit, pour une année, l'ensemble des recettes et des dépenses budgétaires de l'État »* (art. 6 de la LOLF). Elle doit être déposée le premier mardi d'octobre de l'année qui précède celle de l'exécution du budget.

– Les *lois de finances rectificatives*, appelées *collectifs budgétaires*, corrigent en cours d'année les prévisions de la loi de finances initiale. Elles peuvent le faire pour différentes raisons : soit pour tenir compte des erreurs de prévision et tirer les conséquences de la réalité de la conjoncture économique ; soit, par exemple en cas de changement de majorité politique en cours d'année, pour substituer les orientations nouvelles à celles du gouvernement précédent ; soit, plus simplement, pour permettre au gouvernement, avec l'accord de sa majorité, d'engager des dépenses supplémentaires dont l'effet sur le déficit budgétaire passera davantage inaperçu que si elles avaient été votées en début d'année.

– La *loi de règlement « constate les résultats financiers »* de l'année budgétaire. Elle mesure les écarts entre ce qui a été prévu et ce qui a été réalisé. Le projet de loi de règlement doit être déposé et distribué avant le 1er juin de l'année suivant celle de l'exécution du budget auquel il se rapporte.

– Les *lois de finances spéciales* prévues à l'art. 45 de la LOLF[1].

En bref, un budget, cela s'élabore, s'exécute et s'évalue ; le tout, dans le respect de principes fondamentaux, posés depuis près de deux siècles, mais qui ont au fil des temps, été largement aménagés.

Les grands principes budgétaires

En démocratie, l'autorité budgétaire principale est normalement le Parlement. C'est lui qui tient la clé des possibilités de percevoir les recettes et d'engager les dépenses. Et c'est pour l'affirmation de ce pouvoir qu'ont été définis

1. Ce sont celles qui interviennent lorsque, pour telle ou telle raison, le Parlement n'est pas en mesure de voter la loi de finances dans les délais constitutionnels. Elles peuvent résulter soit d'un retard imputable au gouvernement, lorsque celui-ci ne dépose pas le projet de loi de finances initiale en temps utile ; soit d'un retard imputable au Conseil constitutionnel lorsque, comme en 1979, celui-ci déclare le projet voté contraire à la Constitution et empêche ainsi sa promulgation dans les délais requis (voir page 157).

dès le XIXe siècle un certain nombre de principes budgétaires fondamentaux.

Ces principes sont au nombre de quatre (annualité, unité, universalité et spécialité budgétaires, voir ci-dessous) et leur affirmation a eu pour objet d'éviter toute possibilité pour le gouvernement d'échapper au contrôle parlementaire. Ils s'inscrivent étroitement dans le cadre des relations établies entre le gouvernement et le Parlement, et ils ont donc été fortement affectés, au cours de leur histoire, par l'esprit et l'interprétation des dispositions constitutionnelles. Par exemple, la volonté de réduire l'omnipotence parlementaire, qui a caractérisé la Constitution de la Ve République à ses origines, avait entraîné la mise en œuvre des techniques du parlementarisme rationalisé dans le domaine budgétaire et conduit à donner au gouvernement des prérogatives importantes, tant dans la phase de préparation du budget que dans son vote. Sans revenir sur cette orientation générale, la LOLF, loi d'origine parlementaire, s'est inscrite dans un cadre un peu différent et elle redonne des pouvoirs au Parlement au plan de l'initiative et du contrôle. L'état actuel des grands principes budgétaires est la résultante de ces évolutions successives.

Les quatre principes traditionnels

Les trois premiers sont réaffirmés par l'article 6 de la LOLF; le quatrième résulte de son article 7.

– Le principe de l'annualité budgétaire est fondé sur le souci d'un contrôle périodique et à intervalles rapprochés du Parlement sur le budget. Les autorisations contenues dans celui-ci sont en principe limitées à la durée de l'année budgétaire. Le budget ne doit donc pas contenir d'autorisations et de prévisions dépassant cette durée; toutes les autorisations données tombent au-delà d'un an. L'objectif visé par ce principe est aussi d'obliger le gouvernement à faire renouveler à intervalles périodiques l'autorisation de percevoir les impôts.

– Le principe de l'unité budgétaire signifie deux choses : toutes les recettes et toutes les dépenses doivent figurer dans un document unique soumis à l'approbation du Parlement, intitulé budget de l'État; et il ne peut y avoir qu'une seule loi de finances initiale qui les retrace toutes. Ce principe tend à garantir la sincérité du budget et en particulier à vérifier s'il est réellement en équilibre.

– Le principe de l'universalité budgétaire vise à l'information complète du Parlement. Il a deux significations : interdire la contraction de certaines recettes ou de certaines dépenses, ou bien leur compensation, pour permettre au Parlement de connaître en détail toutes les opérations financières prévues par le budget; interdire l'affectation de certaines recettes à la couverture de certaines dépenses. L'État est un tout; aucun service, aucune administration particulière n'est propriétaire de ses recettes. Le fonctionnaire qui violerait ce principe, celui qui revendrait par exemple certains biens usagés de l'administration sans passer par l'administration des Domaines et utiliserait les sommes ainsi recueillies pour les remplacer directement serait considéré, même s'il n'en tire aucun profit personnel, comme détenteur irrégulier de fonds publics et se rendrait coupable d'une gestion de fait (voir page 169).

– Le principe de la spécialité budgétaire ne s'applique qu'aux dépenses et il est, des quatre principes, celui dont le sens a été le plus fortement modifié par la LOLF, au point qu'on peut s'interroger sur sa persistance effective. Certes, la LOLF maintient la notion de « spécialité », puisqu'elle dispose, dans son article 7, que *« les crédits votés sont spécialisés par programme ou par dotation »*. Mais cette spécialité est désormais beaucoup plus lâche qu'autrefois. La LOLF a fait disparaître la notion ancienne de *chapitre budgétaire*, qui interdisait d'utiliser un crédit budgétaire pour un autre objet que celui pour lequel il était prévu, sauf s'il avait préalablement fait l'objet d'un virement de chapitre à chapitre, dans les conditions prévues strictement par l'ordonnance de 1959. Depuis la LOLF, l'ordonnateur dispose d'une marge de manœuvre qui lui permet d'utiliser des crédits pour un autre objet que celui pour lequel ils ont été votés. Son enveloppe est « globale » et les crédits sont dits « fongibles », sous réserve des limitations qu'on décrira ci-dessous.

– A ces quatre principes traditionnels s'ajoute désormais un **cinquième principe, celui de sincérité**; dégagé à partir de 1993 par le Conseil constitutionnel, il est désormais consacré par l'article 32 de la LOLF et il recouvre deux aspects : la fiabilité des prévisions inscrites dans la loi de finances (les recettes ne doivent pas avoir été artificiellement gonflées ni les dépenses minorées); l'exactitude dans la tenue des comptes à l'occasion de son exécution.

L'atténuation de ces principes

Le principe d'annualité

Il a été souvent critiqué : on lui reproche de négliger le fait qu'une politique publique a souvent besoin de persévérance et de continuité sur plusieurs années pour être efficace. L'annualité peut donc être gênante et interdire les perspectives économiques à long terme, alors que les décisions prises une année donnée peuvent avoir des conséquences bien au-delà de celle-ci (c'est le cas, par exemple, pour le recrutement de nouveaux fonctionnaires ou pour une augmentation de la dette); elle contredit alors l'idée de gestion prévisionnelle ou de planification de l'action financière. L'annualité peut aussi être irréaliste, lorsque certaines opérations, par exemple de construction, durent plusieurs années. Cela explique que le principe ait été grignoté de plusieurs manières. En le réaffirmant dans son article 15, la LOLF a cherché à encadrer plus strictement les exceptions qui lui étaient traditionnellement apportées. Mais elle a, en même temps, introduit dans les textes officiels des exigences de prévision pluriannuelle qui ne résultaient, avant elle, que de simples pratiques apparues à la fin des années 1990.

• Un meilleur encadrement des dérogations antérieures

L'ordonnance de 1959 distinguait les « services votés » et les « mesures nouvelles ». Les premiers correspondaient aux crédits finançant les dépenses reconductibles d'une année à l'autre (par exemple, la rémunération des fonctionnaires) ; comme on les considérait comme contraints, ils faisaient l'objet d'un vote unique, en bloc ; seules les mesures nouvelles, pour lesquelles des possibilités de choix étaient reconnues au gouvernement et au Parlement, étaient discutées et votées en détail. On a reproché à cette distinction d'être, par nature, inflationniste : on ajoute sans se demander si on peut retrancher. La LOLF l'a donc supprimée et elle exige désormais que tous les crédits sans exception soient justifiés au premier euro. En présentant ses prévisions, le gouvernement doit donc désormais analyser et expliquer l'intégralité des crédits, et le Parlement peut les discuter intégralement en fonction des finalités et de l'efficacité de la dépense.

• Les autorisations d'engagement (article 8 de la LOLF)

L'ordonnance de 1959 avait développé, en matière d'*investissement public*, la notion d'autorisation de programme (AP). Une opération importante de travaux publics, par exemple la construction d'un bâtiment universitaire, s'étale généralement sur plusieurs années. Il faut trouver le terrain, établir le projet architectural, préparer le dossier de permis de construire, choisir les entreprises, etc. Le Parlement votait donc des autorisations de dépenses qui permettaient au ministre ou à son administration d'engager le début des opérations.

Cela donnait à l'administration la possibilité de planifier le déroulement de l'opération et de programmer des dépenses en prévoyant une première année, par exemple, les crédits nécessaires à la mise au point du programme architectural puis, l'année suivante, la viabilisation du terrain, enfin la construction proprement dite, tout en ayant l'assurance qu'elle pouvait aller jusqu'au bout de son projet. Cependant, pour la réalisation effective de chacune des phases, elle devait disposer de crédits de paiement qui, eux, restaient soumis, pour leur vote par le Parlement ou leur utilisation par l'administration, au principe de l'annualité budgétaire.

L'article 8 de la nouvelle loi substitue les autorisations d'engagement aux anciennes autorisations de programme et il apporte deux nouveautés importantes : les autorisations d'engagement peuvent concerner des *dépenses de fonctionnement*, alors que les autorisations de programme se limitaient aux dépenses d'investissement. D'autre part, dans le système de 1959, les autorisations de programme restaient valables, sans limitation de durée, jusqu'à leur éventuelle annulation ; avec la LOLF, elles doivent faire l'objet d'une décision expresse de report sur l'exercice suivant et majorer les crédits de cet exercice, à l'exception des crédits de personnels (article 15 de la loi).

• Les reports de crédits

Le gouvernement peut aussi s'affranchir en partie de l'annualité budgétaire par la technique des reports de crédits. Les crédits non consommés pendant l'année budgétaire seront ajoutés au budget de l'année suivante. Par rapport à l'ordonnance de 1959, la LOLF (article 4) élargit le champ des crédits reportables ; elle soumet cependant les reports à des contraintes plus fortes. Si les autorisations d'engagement peuvent être reportées sans limite sur le même programme ou sur un programme équivalent, les reports de crédits de paiement sont en principe limités à 3 % des crédits initiaux d'un programme ; et le report, prononcé par arrêté conjoint du ministre des Finances et du ministre intéressé, doit se faire avant le 31 mars.

• Les lois de programme

Enfin, à une époque où l'idée de planification avait une forte importance, la Constitution de 1958 avait développé la notion de loi de programme. Une loi de programme définit à la fois des *objectifs d'action* dans un domaine précis, sur une durée pluriannuelle (généralement cinq ans) et des *moyens financiers à mettre en œuvre*, sur la même durée, pour réaliser ces objectifs. En 1986 (décision du 26 juin), le Conseil constitutionnel a exigé que ces deux éléments (objectifs et moyens financiers) soient réunis pour qu'une loi puisse s'appeler « loi de programme » au sens de l'article 34 de la Constitution.

La loi de programme n'est pas une loi de finances, dans la mesure où les engagements financiers qu'elle comporte, et qui revêtent souvent la forme d'autorisations de programme, ne se suffisent pas à eux seuls et doivent, pour donner lieu à dépense effective, être repris dans les lois de finances ultérieures. Elle constitue donc, d'abord et avant tout, un engagement politique. Son domaine privilégié a été et reste le secteur des investissements militaires, mais on a utilisé le procédé dans de nombreux autres secteurs (par exemple, la recherche). La notion de loi de programme n'est pas reprise dans la LOLF, mais elle figure toujours dans la Constitution : rien n'empêcherait donc un gouvernement d'y recourir.

• L'obligation d'une prévision pluriannuelle

La France a adhéré à l'euro ; cela lui impose une certaine discipline économique pour éviter de mettre en danger la stabilité de cette monnaie commune. C'est pour répondre à cette impératif que les autorités européennes exigent de plus en plus, dans le cadre de la politique monétaire imposée par l'existence d'une monnaie unique, des *engagements de stabilité* allant au-delà de l'année en cours. Dans son article 50, la LOLF impose donc que le rapport sur la situation et les perspectives économiques, sociales et financières de la nation présente et explicite les perspectives d'évolution des recettes et des dépenses de l'État pour au moins les quatre années à venir, ainsi qu'une prévision de l'évolution de la dette de l'ensemble des administrations publiques. Les articles 48 et 52 prévoient aussi l'obligation de décrire l'évolution prévisible de l'économie nationale et des prélèvements obligatoires.

Le principe de l'unité budgétaire

Il connaît lui aussi des exceptions.

• Les budgets annexes

La LOLF autorise le gouvernement à regrouper dans des comptes particuliers, individualisés à l'intérieur de la loi de finances et appelés budgets annexes, toutes les opérations financières de certains services de l'État non dotés de la personnalité morale et ayant, en principe, une activité industrielle ou commerciale. Le principal budget annexe a longtemps été celui des PTT mais depuis 1991, La Poste et France Télécom ont été dotées de la personnalité morale, puis privatisées, et leurs opérations financières n'ont donc plus à figurer, même sous forme de budget annexe, au budget de l'État. Restent donc **trois budgets annexes** (Direction des Journaux officiels et Direction de la Documentation française qui relèvent du même budget annexe, Monnaies et médailles et Contrôle et exploitation aérien) dont le régime est fixé par l'article 18 de la LOLF. Un des intérêts essentiels de la notion de budget annexe est à la fois de permettre une affectation des recettes et, par la constitution de réserves, d'échapper en partie à la règle de l'annualité budgétaire.

- **Les comptes spéciaux**

L'exception la plus importante concerne cependant l'existence des comptes spéciaux. A l'origine, leur création s'explique par le fait qu'ils retracent des opérations qui ne constituent ni des recettes, ni des dépenses définitives. Ainsi, lorsqu'un comptable public entre en fonction, il verse un cautionnement pour couvrir son éventuelle responsabilité, qui doit normalement lui être remboursé quelques années plus tard, quand il cessera ses fonctions. Cette entrée de fonds n'est donc pas une véritable recette et l'inscrire au budget de l'État risquerait de le gonfler artificiellement et de donner une fausse idée de sa situation. Mieux vaut tenir une comptabilité séparée, qui sera du coup plus exacte.

A partir de cette idée simple, la technique des comptes spéciaux du Trésor a été utilisée dans de nombreuses circonstances qui s'éloignaient de l'hypothèse initiale. On y a recouru, par exemple, pour regrouper des recettes financières définitives qu'on souhaitait, à l'encontre des principes traditionnels, affecter à un service donné. Afin d'éviter les abus, les comptes spéciaux doivent être ouverts par la loi de finances, pour une durée limitée et soumise à renouvellement annuel. En principe, le Parlement exerce sur les comptes spéciaux le même contrôle que sur le budget général. La LOLF reprend, dans ses articles 19 et suivants, la notion de compte spécial, en en prévoyant quatre catégories (comptes de commerce[2], d'opérations monétaires[3], de concours financiers[4] et d'affectation spéciale[5]).

Budgets annexes et comptes spéciaux ne constituent que des modes de présentation particuliers de certaines opérations financières, qui ne remettent pas en cause le principe du contrôle parlementaire. Mais il existe des façons plus pernicieuses de contourner le principe de l'unité budgétaire.

2. Ils retracent les opérations à caractère industriel et commercial effectuées à titre accessoire et étaient au nombre de onze au budget de 2006 (exemple : la « Régie industrielle des établissements pénitentiaires » qui regroupe recettes réalisées et dépenses engagées à l'occasion du travail des détenus).

3. Ils étaient trois au budget de 2006 (exemple : « Pertes et bénéfices de change »).

4. Ils regroupent les prêts et avances consentis par l'État et étaient au nombre de six en 2006 (exemple : les avances de recettes fiscales au profit des collectivités territoriales).

5. Ils sont financés par des ressources spécifiques et étaient au nombre de six en 2006 (par exemple, le compte « Pensions », alimenté par les retenues et contributions pour pensions civiles et militaires).

- **La débudgétisation**

C'est le cas de la débudgétisation, opération qui consiste à *transférer certaines dépenses du budget de l'État* à celui d'organismes qui, bien que dépendant étroitement de l'État, ont une personnalité propre distincte de la sienne. Certaines de ces opérations représentent de simples modifications de présentation qui visent, par l'individualisation du budget correspondant à une activité donnée, à faciliter la comparaison entre les ressources que rapporte cette activité et les dépenses qu'elle génère. D'autres permettent de sortir du budget de l'État des sommes importantes et peuvent présenter l'inconvénient de rendre plus difficile l'appréciation exacte de l'état des finances publiques. On en a des exemples périodiques, et encore récents, avec les querelles sur la réalité des baisses de prélèvements obligatoires. Quand on sait que le budget de la Sécurité sociale, essentiellement financé par ce type de prélèvements, est supérieur à celui de l'État, on peut comprendre que celui-ci soit fréquemment accusé de reprendre d'une main ce qu'il donne de l'autre, en baissant les impôts de façon ostentatoire, mais en « laissant filer » les prélèvements sociaux. Pour répondre en partie à cette question, la révision constitutionnelle de 1996, complétée en 2005, a imposé la discussion par le Parlement des lois de financement de la Sécurité sociale, lui permettant ainsi de contrôler ce financement.

La règle de l'universalité budgétaire

Elle est, elle aussi, remise en cause par des atteintes aux principes de non-compensation ou de non-affectation. Certaines de ces atteintes sont autorisées : on admet ainsi, pour laisser une grande autonomie de gestion à l'administration, que ne figure au budget qu'un solde net, en recette ou en dépense, s'agissant de certains comptes spéciaux. C'est d'ailleurs souvent pour faciliter les affectations de recettes que l'on crée des budgets annexes ou des comptes spéciaux. Mais il existe d'autres atténuations du principe : les fonds de concours et le prélèvement sur recettes.

- **La procédure des fonds de concours**

Elle donne la possibilité au gouvernement de « budgéter » en recettes des contributions de personnes publiques ou privées et de prévoir un montant de dépenses équivalent[6]. Cette opération, réalisée par décret, permet de *compléter les dotations budgétaires* mais, ne figurant pas dans une loi de finances, elle échappe au contrôle du Parlement. Lorsque la somme est effectivement gagée sur des ressources en provenance d'une autre collectivité, la technique des fonds de concours n'est pas critiquable. Il en va autrement lorsque l'État s'en sert pour des « virements internes » lui donnant la possibilité, par exemple, de faire passer des crédits d'un budget annexe ou d'un compte spécial du Trésor vers le budget général. L'article 17 de la LOLF interdit désormais cette pratique.

6. Il en est ainsi lorsqu'une région ou un département octroie une aide finançant partiellement la construction d'un équipement public (universitaire, par exemple) dans un secteur relevant de la compétence de l'État.

- **Le prélèvement sur recettes**

L'article 6 de la LOLF autorise aussi une entorse au principe d'universalité par ce qu'on appelle les prélèvements sur recettes. A plusieurs reprises l'État a, par exemple, supprimé des impôts locaux; il doit donc compenser le manque à gagner des collectivités territoriales par l'attribution d'une somme globale. Il doit aussi, chaque année, assurer la contribution de la France au budget des communautés européennes. Les gouvernements ont pris l'habitude de déduire l'ensemble de ces sommes, qui représentaient près de 20 % des recettes budgétaires en 2006, du montant brut des recettes, pour les affecter directement aux dépenses correspondantes. Le Conseil constitutionnel a validé cette pratique dans une décision du 29 décembre 1982, et la LOLF l'autorise désormais dans son article 6. Il y a donc à la fois contraction et affectation directe.

Le principe de spécialité

Il est sans doute le plus concerné par l'évolution résultant du vote de la LOLF.

- **Les dispositions de la loi du 1er août 2001**

Pourquoi une loi organique nouvelle ?

L'ordonnance de 1959 a souvent été critiquée, du côté du Parlement et en particulier de la gauche, pour la rigidité avec laquelle elle encadre les pouvoirs du Parlement en matière budgétaire. Elle n'avait pourtant jamais été modifiée, sauf sur des points mineurs, même après l'alternance politique de 1981. Un groupe de travail avait été mis en place, après l'alternance de 1997, pour étudier l'efficacité de la dépense publique et le contrôle parlementaire. Ses travaux ont conduit au dépôt d'une proposition de loi, présentée le 11 juillet 2000 par la commission des finances de l'Assemblée nationale. Adopté en termes identiques par les deux Chambres, conformément à l'article 46 de la Constitution, et à une très forte majorité, soumis au Conseil constitutionnel en vertu du même article, ce texte, qui vise à renforcer les pouvoirs du Parlement, est devenu la loi organique du 1er août 2001.

La LOLF renouvelle complètement l'approche budgétaire traditionnelle; elle a pour objectifs essentiels de passer d'une culture de moyens à une **culture de performance**, de substituer à un contrôle de conformité un **contrôle d'efficacité**, et de remplacer le raisonnement en termes de fonctions à remplir par un accent mis sur des **objectifs à atteindre**.

Les dispositions de cette loi ne sont entrées en vigueur que progressivement et par étapes, entre 2002 et 2005. Le projet de loi de finances pour 2006 a été le premier à être préparé et exécuté selon la totalité du nouveau dispositif. En principe, deux règles traditionnelles sont affectées par les dispositions nouvelles : les principes d'annualité et de spécialité. L'effet de ces évolutions est double : il accroît les pouvoirs du Parlement au niveau du vote du budget et de son contrôle, et il favorise la responsabilité des gestionnaires de crédits au niveau de son exécution.

On a abandonné, pour le budget 2006, le découpage en chapitres (il y en avait près de 850) au profit de la spécialisation des crédits en **168 programmes**, ce qui traduit la volonté de substituer à une logique de moyens une logique de définition d'objectifs et de contrôle des résultats. Ces programmes sont regroupés au sein de **34 missions**, qui concernent chacune une **grande politique de l'État** et qui ne peuvent être créées que par une disposition de la loi de finances votée sur proposition gouvernementale. Ces missions correspondent soit à un service ministériel ou à plusieurs services relevant d'un ou de plusieurs ministères, soit à un budget annexe ou à un compte spécial. Les missions peuvent être interministérielles, mais les programmes restent ministériels. Les crédits sont votés par missions et c'est au niveau du programme que s'applique désormais le principe de spécialité.

Dans l'exécution du budget, le gestionnaire a donc la liberté de redéployer les crédits entre les titres au sein d'un même programme. Cela lui permet, par exemple, de faire glisser les crédits de fonctionnement vers ceux de dépenses d'intervention ou d'investissement, et inversement. La seule limite est l'**interdiction d'abonder les dépenses de personnel** inscrites dans le programme par des crédits provenant d'un autre titre. C'est ce qu'on appelle une fongibilité asymétrique : on peut utiliser des crédits de personnels pour abonder, par exemple, les crédits de fonctionnement, mais pas l'inverse.

Le gestionnaire sera surtout contrôlé sur sa capacité à respecter les engagements pris dans le cadre du projet annuel de performance (PAP, voir plus loin), qui fixe les objectifs à atteindre et détermine des indicateurs permettant de mesurer leur réalisation. On est ici au cœur de la nouvelle logique de la LOLF et de l'importance qu'elle accorde à la notion d'efficacité.

Missions et programmes : l'exemple de l'enseignement et de la recherche dans le budget 2007

Deux missions interministérielles :

1) **Enseignement scolaire**, six programmes :
- enseignement scolaire public du premier degré (ministère de l'Éducation nationale) ;
- enseignement scolaire public du second degré (ministère de l'Éducation nationale) ;
- vie de l'élève (ministère de l'Éducation nationale) ;
- enseignement privé du premier et du second degrés (ministère de l'Éducation nationale) ;
- soutien de la politique de l'éducation nationale (ministère de l'Éducation nationale) ;
- enseignement technique agricole (ministère de l'Agriculture) ;

2) **Recherche et enseignement supérieur**, treize programmes :
- formations supérieures et recherche universitaire (ministère de l'Éducation nationale) ;
- vie étudiante (ministère de l'Éducation nationale) ;
- recherches scientifiques et technologiques universitaires (ministère de l'Éducation nationale) ;
- recherche dans le domaine de la gestion des milieux et des ressources (ministère de l'Éducation nationale) ;
- recherche spatiale (ministère de l'Éducation nationale) ;
- orientation et pilotage de la recherche (ministère de l'Éducation nationale) ;
- recherche dans le domaine des risques et des pollutions (ministère chargé de l'écologie) ;
- recherche dans le domaine de l'énergie (ministère de l'Économie) ;
- recherche industrielle (ministère de l'Économie) ;
- recherche dans le domaine des transports, de l'équipement et de l'habitat (ministère de l'Économie) ;
- recherche duale (civile et militaire, ministère de la Défense) ;
- recherche culturelle et culture scientifique (ministère de la Culture) ;
- enseignement supérieur agricole (ministère de l'Agriculture).

Chapitre 1
L'élaboration du budget de l'État

La répartition des pouvoirs en matière budgétaire est très claire : c'est au gouvernement qu'il revient d'élaborer les projets de lois de finances; c'est au Parlement qu'il appartient de les voter. Mais la Constitution s'est aussi montrée très soucieuse d'éviter qu'à l'occasion du vote du budget, le Parlement puisse gravement dénaturer les grandes lignes de la politique économique et financière ayant animé le contenu du projet. Elle a donc laissé au gouvernement d'importants moyens d'influence sur le vote parlementaire. Sans remettre en cause le principe général, la LOLF restitue cependant au Parlement certains pouvoirs dans la discussion budgétaire.

La préparation de la loi de finances de l'année

La confection d'un budget exige une compétence financière. Il est par conséquent normal que le rôle essentiel en la matière soit dévolu au ministre des Finances par l'article 38 de la LOLF. Mais, même si les choix possibles ne sont pas toujours aussi ouverts qu'on le souhaiterait, dans la mesure où ils restent très dépendants de la conjoncture économique et où une grande partie des dépenses est largement conditionnée par celles des budgets précédents, le budget constitue d'abord l'affirmation de choix politiques qu'il traduit en termes financiers. Le même article réaffirme donc l'autorité du Premier ministre dans l'élaboration des projets de lois de finances et, en rappelant que ceux-ci sont arrêtés en Conseil des ministres, il souligne le poids de la solidarité gouvernementale en la matière.

La préparation du budget s'étale tout au long de l'année. Dès le début de l'année civile, à la suite d'un séminaire gouvernemental consacré à la stratégie budgétaire, le Premier ministre adresse aux ministres des **lettres de cadrage** par lesquelles, tout en rappelant les grands axes de la politique budgétaire (niveau du déficit retenu, détermination du niveau global des dépenses, etc.), il détermine les contraintes qui s'imposent au ministère concerné. Au cours du premier trimestre, au sein de chaque ministère, un **premier arbitrage** se fait, sous l'autorité du cabinet du ministre, entre les demandes de crédits présentées par les différentes directions. Dans le même temps, au ministère des Finances, la direction du Budget prépare une esquisse du projet : elle fait une première évaluation du taux de croissance, une première appréciation des recettes prévisibles, une première estimation des dépenses probables...

Pourquoi les choix budgétaires sont-ils limités ?

La conjoncture économique a une influence très forte sur les recettes de l'État, et on entend régulièrement des discussions autour du caractère réaliste ou non du taux de croissance retenu comme hypothèse par le gouvernement. La mise en place de l'unification européenne revêt aussi une importance croissante, et on voit bien la référence constante aux engagements pris par les États membres (pacte de stabilité) pour garantir la solidité de la monnaie européenne. Cela ne signifie pas que toute marge de manœuvre ait disparu (par exemple, pour la préparation du budget 2003, le journal *Le Monde* pouvait titrer, le 11 septembre 2002 : *« Jean-Pierre Raffarin préfère la baisse des impôts à celle du déficit »*). Elle est cependant loin d'être totale.

C'est **en matière de dépenses** que la liberté de l'État est la moins importante : la plus grosse partie de celles-ci est en effet conditionnée par des décisions antérieures. Comme on l'a déjà constaté, le recrutement d'un fonctionnaire titulaire entraînera l'obligation de lui verser pendant plusieurs dizaines d'années un traitement qui ira constamment en s'accroissant (passages d'échelon, promotions, etc.). Pour un budget comme celui de l'enseignement scolaire, où près de 95 % des dépenses sont des dépenses de personnel, on voit donc combien la marge de manœuvre est limitée.

L'article 32 de la LOLF interdit au gouvernement de « tricher » dans l'élaboration du budget. Il exige en effet qu'y soient présenté *« de façon sincère l'ensemble des ressources et des charges de l'État »*.

Une première série de **conférences budgétaires**, organisées entre janvier et mars, confrontent les points de vue entre le ministère du Budget et les ministres « dépensiers » : en particulier les *réunions de budgétisation*, qui réunissent pour chaque ministère la direction du Budget et la direction ministérielle chargée des questions financières, et déterminent les points d'accord et de désaccord; et les ***conférences de performance***, qui définissent les objectifs et les indicateurs de performance des politiques publiques. Les désaccords sont arbitrés, selon leur importance, entre les deux cabinets ou les deux ministres, voire, en cas de désaccord persistant, par le Premier ministre. La direction du Budget établit la synthèse des discussions et la communique au Premier ministre :

celui-ci adresse, sur cette base, une **lettre plafond** qui fixe, pour chaque mission, le montant des crédits et, pour chaque ministère, les plafonds d'effectifs.

La LOLF consacre l'existence d'une pratique qui s'est développée depuis quelques années : son article 48 impose la présentation par le gouvernement, au cours du dernier trimestre de la session parlementaire (donc entre avril et juin), d'un **rapport d'orientation budgétaire** qui peut donner lieu à un débat au Parlement. Ce rapport, élaboré en prévision de l'examen et du vote du budget suivant, doit rendre compte de l'évolution de l'économie nationale et des finances publiques ; il est accompagné d'un rapport de la Cour des comptes sur l'exécution des lois de finances de l'année précédente.

Une deuxième série de conférences budgétaires, dites *de deuxième phase*, entre la direction du Budget et, pour chaque ministère, la direction chargée des finances et les principales directions « dépensières », permet ensuite d'identifier de manière précise les points d'accord et de désaccord qui subsistent sur le contenu précis des crédits dont chaque ministre disposera. Les divergences peuvent exceptionnellement être soumises à l'arbitrage du cabinet du Premier ministre ou du Premier ministre lui-même.

Le vote de la loi de finances

La loi de finances n'est pas une loi comme les autres, et cela se traduit dans les particularités de son adoption. Les dispositions de la Constitution de 1958 reprennent sur un certain nombre de points des principes issus de la tradition républicaine ; ainsi, alors que la discussion d'une loi ordinaire peut commencer aussi bien au Sénat qu'à l'Assemblée nationale, les lois de finances doivent obligatoirement être adoptées par l'Assemblée avant tout examen par le Sénat (article 39 de la Constitution)[7]. Ceci constitue une application du principe démocratique essentiel du **consentement à l'impôt** par des représentants directs du peuple.

Sur d'autres points, ces dispositions illustrent la volonté de renforcer le pouvoir de l'exécutif ; inspiré par les principes du parlementarisme rationalisé, l'article 47 de la Constitution donne davantage de pouvoirs au gouvernement pour enserrer les pouvoirs du Parlement dans des limites étroites que ne le faisaient les régimes républicains précédents. Sans remettre en cause le principe général, la LOLF a cependant atténué certains de ces aspects et restitué au Parlement certains pouvoirs, en particulier d'amendement.

7. Dans une décision de 1976, le Conseil constitutionnel a déduit de cette disposition l'interdiction faite au gouvernement de présenter, pour la première fois devant le Sénat, sous forme d'amendement « une mesure financière entièrement nouvelle ».

Un calendrier budgétaire contraignant

Pour que la notion d'autorisation budgétaire ait un sens, un budget doit être voté avant la date à laquelle est censée commencer son exécution. Au cours des Républiques antérieures, le vote était rarement acquis avant le 31 décembre et cela obligeait à recourir à des expédients (arrêter les pendules ou voter des « douzièmes provisoires »[8]). Pour éviter cette situation, l'article 47 de la Constitution de 1958 et les articles 39 et 40 de la LOLF enferment le vote du budget dans des délais très serrés.

Des limites très strictes

Le **projet de loi de finances** de l'année doit être déposé sur le bureau de l'Assemblée nationale, au plus tard le premier mardi d'octobre, et le Parlement dispose de 70 jours pour l'adopter. Si l'Assemblée ne l'a pas voté au bout de 40 jours, le gouvernement transmet au Sénat son projet initial, éventuellement corrigé par les amendements votés par l'Assemblée et acceptés par lui. Le Sénat dispose à son tour de 15 jours pour adopter le budget et, s'il ne respecte pas ce délai, le gouvernement ressaisira l'Assemblée du projet soumis au Sénat, éventuellement corrigé par les amendements votés par le Sénat et approuvés par lui.

Ainsi, le gouvernement dispose de pouvoirs importants qui lui permettent de passer outre à tout blocage parlementaire. Lorsqu'en revanche, le retard lui est imputable parce que, par exemple, le projet n'a pas été déposé à temps, la Constitution, précisée désormais par l'article 45 de la LOLF, lui permet de se sortir de ce mauvais pas en demandant au Parlement, soit grâce au vote de la seule première partie de la loi de finances (qui contient en particulier les recettes), soit par le vote d'une loi spéciale, l'autorisation de percevoir les impôts et d'ouvrir par décret les crédits minimaux nécessaires au fonctionnement de l'État[9]. C'est ce qui s'était passé en 1962 : à la suite du renversement du gouvernement Pompidou, l'Assemblée avait été dissoute début octobre et la nouvelle Assemblée, élue fin novembre, n'avait pu se réunir et discuter du budget qu'en décembre, trop tard pour permettre le respect du calendrier budgétaire. Le gouvernement avait donc dû recourir à cette possibilité.

Une procédure législative raccourcie

Comme toutes les lois, la loi de finances doit en principe faire l'objet d'un vote concordant des deux assemblées. Mais la **procédure d'urgence** prévue par l'article 45 de

8. On reconduisait le douzième des crédits de l'année précédente pour permettre le fonctionnement de l'État pendant un mois.

9. C'est-à-dire, précise le dernier alinéa de l'art 45 de la LOLF, *« le minimum de crédits que le gouvernement juge indispensable pour poursuivre l'exécution des services publics dans les conditions qui ont été approuvées, l'année précédente par le Parlement. [Ces crédits] ne peuvent excéder le montant des crédits ouverts par la dernière loi de finances de l'année »*. L'ordonnance de 1959 parlait des « services votés » : cette notion ayant été supprimée par la LOLF, il a été nécessaire de recourir à une formulation moins claire.

la Constitution s'applique de droit aux lois de finances de l'année : le gouvernement peut donc demander, dès la fin des premières lectures, la réunion de la commission mixte paritaire (voir page 43) pour essayer de parvenir à un accord. En cas de désaccord après les secondes lectures, le gouvernement demande à l'Assemblée nationale de trancher définitivement.

Si le Parlement ne s'est pas prononcé dans le délai de 70 jours, le gouvernement peut, par ordonnance, mettre les dispositions du projet de loi de finances en vigueur. Cette disposition de l'article 47 ne permettrait certes pas au gouvernement de passer outre à un vote négatif de l'Assemblée, mais elle lui donne la possibilité de résister à toute tentative de blocage de la part de celle-ci. Cette procédure n'a encore jamais été utilisée.

Des prérogatives parlementaires limitées

D'une part, les assemblées ne sont pas libres d'organiser leur vote comme elles l'entendent. D'autre part, leur droit d'initiative est limité. En outre, et cela est aussi un moyen d'éviter une éventuelle « guérilla » parlementaire, le nombre de votes à émettre sur le budget est réduit.

Les assemblées ne sont pas libres d'organiser leurs votes

L'article 42 de la LOLF interdit de mettre en discussion, devant une assemblée, la seconde partie de la loi de finances avant le vote de la première partie. Comme on l'a vu dans le chapitre précédent, la première partie de la loi de finances fixe les données générales de l'équilibre financier du budget, en déterminant en particulier, en regard de l'autorisation de percevoir les recettes, un plafond de dépenses.

Concrètement, cela veut dire que le vote du budget doit débuter par une **approbation de la politique financière générale** définie par le gouvernement. C'est en effet dans la première partie que le gouvernement propose les grands choix politiques sur l'existence éventuelle et l'importance d'un déficit budgétaire, sur l'augmentation ou la réduction des recettes (notamment des impôts) ou des dépenses. Cela veut aussi dire que le budget doit être adopté par deux votes distincts portant sur chacune des deux parties.

Les assemblées ne sont pas entièrement libres du contenu de leurs votes

En matière de lois de finances, les assemblées sont soumises à toutes les limites qui s'imposent aux lois ordinaires. Reprenant une disposition introduite dans un décret-loi de la IVe République qui voulait lutter contre les tentations de « démagogie » parlementaire, l'article 40 de la Constitution déclare irrecevables les propositions ou amendements parlementaires qui pourraient entraîner une diminution des ressources ou une dépense supplémentaire. Le Conseil constitutionnel n'a cependant pas donné la même portée à cette règle pour les recettes et les dépenses.

S'agissant des **recettes**, ce qui est interdit, c'est une proposition qui viserait à les diminuer globalement. En revanche, le Parlement peut proposer la diminution d'une ressource, par exemple d'un impôt déterminé, s'il propose en même temps, et pour un montant équivalent, l'augmentation d'un autre impôt. S'agissant des **dépenses**, la contrainte est plus stricte : même accompagné d'une proposition d'augmentation de recettes, un amendement qui conduirait à une dépense nouvelle est irrecevable.

L'importance du vote préalable de la première partie du budget : l'exemple du budget de 1980

A la fin de 1979, la majorité parlementaire avait rejeté le dernier article de la première partie fixant les conditions générales de l'équilibre du budget pour 1980. Le président de l'Assemblée nationale avait cependant décidé la poursuite de la discussion parlementaire, en indiquant qu'elle reviendrait sur cet article après l'examen de tous les autres.

Les difficultés entre le gouvernement et sa majorité parlementaire se poursuivant, le budget fut finalement voté grâce à l'utilisation de l'article 49 alinéa 3 de la Constitution. Saisi, en particulier par l'opposition, le Conseil constitutionnel conclut, dans sa décision du 24 décembre 1979, que la loi de finances avait été votée de manière inconstitutionnelle et en interdit la promulgation. Privé de budget, le gouvernement dut recourir au vote de la loi spéciale évoquée plus haut (voir page 156) et faire revoter en douze jours le budget selon une procédure régulière. Pour accélérer les débats, il eut par trois fois recours à l'article 49-3.

Le Conseil considère donc que l'adoption préalable du principe d'équilibre économique et financier du budget est essentielle, parce qu'elle garantit que le Parlement ne remettra pas en cause cet équilibre dans la suite de la discussion budgétaire. Il ajouta, en 1982, que cela n'interdit pas au Parlement de modifier des dispositions adoptées dans la première partie, mais à la condition expresse que ces modifications ne remettent pas en cause l'équilibre général accepté par le vote de cette partie.

Les dispositions de la LOLF assouplissent cependant la rigueur des principes de 1959. S'agissant des **recettes,** la suppression des services votés et la discussion « au premier euro » de la totalité des crédits facilitent l'exercice du droit d'amendement des parlementaires. L'article 47 de la LOLF va dans le même sens, s'agissant des **dépenses,** en autorisant les amendements parlementaires modifiant la répartition des crédits entre programmes au sein d'une même mission. A l'occasion du débat sur le budget de 2006, 28 missions (sur 34) ont ainsi fait l'objet d'amendements plus ou moins importants. Par exemple, la majorité parlementaire a transféré des crédits prévus pour l'Éducation nationale vers l'enseignement agricole. De même, à l'occasion de la discussion du budget pour 2005, elle avait basculé des crédits prévus pour l'enseignement public vers l'enseignement privé.

L'**irrecevabilité** peut être soulevée à tout moment de la procédure parlementaire soit par le gouvernement, soit par un parlementaire, et ce sont les présidents des assemblées qui tranchent, sur avis des présidents des commissions des finances. Le Conseil constitutionnel sera amené à censurer éventuellement les décisions des autorités parlementaires si la loi de finances lui est déférée avant sa promulgation, ce qui est pratiquement toujours le cas depuis la révision constitutionnelle de 1974.

Bien entendu, ces dispositions ne jouent tout leur rôle que dans les cas où le gouvernement entend le leur faire jouer. L'exemple du débat intervenu en 2002 sur l'augmentation des traitements des ministres, dépense nouvelle proposée sur amendement parlementaire, est révélateur de situations où il pourrait « laisser faire », sans proposer ni s'opposer.

Elles fixent **ce qui doit et ce qui peut figurer** dans une loi de finances. Leur effet pratique essentiel est l'interdiction, confirmée, d'y introduire ce qu'on appelle des « cavaliers budgétaires », c'est-à-dire des dispositions n'ayant aucun contenu financier (ou un contenu financier purement symbolique)[10]. L'irrecevabilité peut être opposée, dans des conditions identiques à celles évoquées ci-dessus, à toute proposition ou amendement parlementaire constituant un tel cavalier. Mais, lorsqu'il est saisi d'un recours contre le projet de loi de finances voté par le Parlement, le Conseil constitutionnel peut aussi, d'office, censurer les cavaliers budgétaires introduits dans la loi sur proposition du gouvernement.

Les assemblées ne sont pas libres du nombre de leurs votes

D'une part, sont applicables aux lois de finances toutes les possibilités dont le gouvernement dispose pour « forcer la main » à l'Assemblée nationale à l'occasion de la procédure législative ordinaire (voir pages 42 et 45). Il peut donc utiliser la **procédure du vote bloqué** et demander à l'Assemblée nationale de se prononcer par un seul vote sur tout ou partie de la loi de finances, en ne retenant que les amendements qu'il aura acceptés ou proposés. Il peut aussi, comme on l'a vu à propos du budget de 1980, utiliser l'**article 49 alinéa 3 de la Constitution** et engager sa responsabilité sur le vote d'une loi de finances. En pareil cas, ou bien une motion de censure n'est pas déposée dans les 24 heures et la loi de finances sera considérée comme adoptée sans vote. Ou bien elle est déposée et son rejet entraînera l'adoption de la loi ; comme on ne compte que les voix « pour » la motion, les députés tentés par l'abstention sont considérés comme ayant approuvé tacitement la loi, ce qui se révèle important lorsque la majorité parlementaire est faible ou fragile.

Mais **certaines limitations sont propres** aux lois de finances. On a vu que la LOLF supprime le vote global des services votés, qui ne garde d'intérêt que dans l'hypothèse du recours à une loi spéciale liée à l'impossibilité du vote du budget dans les délais requis. Les articles de la première partie font l'objet d'un vote article par article, mais les évaluations de recettes doivent faire l'objet d'un vote d'ensemble pour le budget général, les budgets annexes et les comptes spéciaux ; les évaluations de ressources et de charges de trésorerie font l'objet d'un vote unique ; il y a ensuite un vote des dépenses par mission (rappelons que cela inclut un vote pour chaque compte spécial et pour chaque budget annexe) et un vote global fixant le plafond des emplois rémunérés par l'État.

* * *

L'esprit des dispositions actuellement en vigueur va dans le sens général de l'esprit de la Ve République : permettre à l'exécutif de résister aux attaques parlementaires. Elles avaient été conçues pour des hypothèses qu'on avait bien connues dans les Républiques antérieures : des majorités parlementaires composites et instables. Même si l'apparition du fait majoritaire, après 1962, leur a fait perdre une partie de leur importance politique, l'exemple du budget pour 1980, déjà évoqué, montre qu'elles restent à tout moment susceptibles d'être mises en œuvre. Elles demeurent symboliques, même si l'entrée en vigueur de la LOLF, en 2005, a réduit le poids particulier dont dispose l'exécutif sur un des aspects politiques essentiels de la vie d'un État moderne : la détermination de la politique financière.

10. De la même manière, les lois de financement de la sécurité sociale ne peuvent pas contenir de dispositions étrangères à cet objet. Ainsi le Conseil constitutionnel a censuré en 2005 une disposition d'une de ces lois définissant les missions des conciliateurs au sein des caisses de sécurité sociale.

Chapitre 2
L'exécution de la loi de finances

Une fois votée, la loi de finances doit être exécutée. Ce sera au gouvernement et à l'administration qu'il appartiendra de le faire, et ils bénéficieront dans cette tâche de larges pouvoirs d'appréciation.

Comme on l'a déjà dit, un budget est un acte prévisionnel : l'exécution de certaines de ses dispositions est donc en partie indépendante de la volonté des autorités politiques. C'est en particulier le cas des opérations de recettes, dont on a vu qu'elles variaient en fonction de paramètres économiques sur lesquels les pouvoirs publics n'ont qu'une prise limitée. Il est donc logique que de larges possibilités d'adaptation soient laissées à ceux-ci au cours de l'année budgétaire pour tenir compte des aléas. Ces adaptations pourront conduire à une nouvelle intervention du Parlement, par exemple lorsqu'il vote ce qu'on appelle les lois de finances rectificatives, *qui corrigent et modifient en cours d'année les prévisions initiales qu'il avait retenues.*

Mais, même lorsqu'il intervient lui-même dans ce cadre, le Parlement se contente souvent de ratifier des décisions qui lui ont largement échappé, comme le montre le fait que certaines de ces lois sont votées tardivement et alors que l'année budgétaire est déjà largement avancée. C'est donc en fait le gouvernement qui dispose des pouvoirs principaux d'appréciation et d'adaptation dans l'exécution des lois de finances, à commencer par la répartition des crédits entre les ministères. En revanche, sa marge d'appréciation est moindre en ce qui concerne la perception des recettes.

La mise à disposition des crédits

La loi de finances prévoit les dépenses par mission, budget annexe et compte spécial. Il faut donc, après son vote, les répartir par programme pour les affecter aux différents services qui seront chargés de les exécuter. C'est l'objet des **décrets de répartition** pris par le gouvernement. En outre, certaines dépenses ne peuvent être déterminées à l'avance avec une précision totale. C'est pourquoi la loi de finances distingue différentes catégories de crédits : certains sont limitatifs et ne pourront être dépassés, d'autres sont évaluatifs et fixent simplement un ordre de grandeur approximatif. Mais, même pour les crédits limitatifs, le gouvernement dispose de certaines possibilités d'adaptation.

Le développement des décrets de répartition a été concomitant du renforcement progressif des prérogatives de l'exécutif. Auparavant, le rôle du Parlement était plus important sur ce point. C'est à la fin de la IVe République que ces décrets apparaissent, mais c'est l'ordonnance du 2 janvier 1959 qui a donné au gouvernement une large autonomie dans la répartition des crédits entre services.

Dès la promulgation de la loi de finances (de l'année ou rectificative), le gouvernement prend des décrets de répartition par programme des crédits ouverts par mission, en distinguant les dépenses de personnel qui font l'objet de décrets à part[11]. Cela ne signifie pas, comme on l'a parfois dit, que le pouvoir d'autorisation préalable du Parlement ait été amputé : même s'il ne vote pas expressément les mesures de répartition, il a en effet connaissance des annexes du projet de loi de finances *(les bleus budgétaires)*, qui annoncent le contenu futur des décrets puisqu'elles décrivent en détail la répartition des crédits. Le contenu de ces annexes lie le gouvernement, qui doit en outre tenir compte des modifications que le Parlement apporte au montant et à l'affectation des crédits. Les décrets de répartition sont publiés en même temps que la loi de finances.

La LOLF s'est en effet efforcée de tirer les enseignements de quarante ans d'application de l'ordonnance de 1959. Elle souhaite en premier lieu renforcer l'information et le contrôle du Parlement sur l'exécution du budget. C'est pourquoi **l'autorisation parlementaire est donnée pour un montant précis** : comme le précise l'article 9 de la LOLF, les crédits ouverts sont en principe limitatifs. Les dépenses ne peuvent être engagées et ordonnancées que dans la limite des crédits ouverts; ceux-ci définissent un plafond de dépenses et d'emplois et, sauf exception, seule une loi de finances rectificative permet de les modifier. Les marges de liberté modifiant la répartition des crédits entre les programmes sont donc extrêmement restreintes. Mais la LOLF se préoccupe aussi de la nécessaire souplesse de la gestion budgétaire et de l'efficacité de l'action administrative. C'est pourquoi elle donne en revanche une importante **liberté d'action au gestionnaire de crédits** pour modifier les crédits à l'intérieur d'un programme.

Les faibles marges de liberté entre les programmes

Le principe est que les crédits votés ont un caractère limitatif. La LOLF apporte cependant certaines nuances à ce principe. Elle admet ainsi qu'à titre exceptionnel,

11. Dans la mesure où le plafond d'emplois de chaque ministère est voté par le Parlement.

et sous condition d'une information du Parlement, les crédits d'un programme donné soient dépassés. Soit parce qu'ils ne présentent qu'un caractère simplement évaluatif. Soit, lorsque l'urgence ou la nécessité l'exigent, par des décrets de virement et de transfert ou des décrets d'avances. Enfin, les crédits d'un programme ne constituant qu'un plafond, le gouvernement n'a aucune obligation juridique de les dépenser tous. Il a donc des possibilités de modifier en moins, par décret, la dotation d'un programme donné.

La possibilité de crédits évaluatifs

La LOLF maintient l'idée que certains crédits ont un caractère évaluatif. Ces crédits évaluatifs doivent être ouverts sur des *programmes spécifiques*, distincts des programmes dotés de crédits limitatifs, et leur prévision n'a pas le caractère d'un plafond, mais d'une simple évaluation dont le montant peut être dépassé en cours d'exécution sans autorisation préalable du Parlement. Mais la LOLF restreint très fortement le champ de ces crédits par rapport à l'ordonnance de 1959. La catégorie principale recouvre les **charges de la dette**. Tout dépassement de crédits évaluatifs doit donner lieu à information des commissions des finances du Parlement et faire l'objet de propositions d'ouverture de crédits dans le plus prochain projet de loi de finances. La réduction du champ des crédits évaluatifs est compensée par la procédure des décrets d'avances.

Les décrets de virement et de transfert (article 12 de la LOLF)

Des **décrets de virement** peuvent modifier la répartition des crédits entre les programmes d'un même ministère. Mais, comme ces décrets modifient l'objectif de la dépense, leur ampleur est étroitement limitée : leur montant total ne peut pas dépasser 2 % des crédits de chacun des programmes concernés. Des **décrets de transfert** peuvent modifier la répartition des crédits entre ministères. Mais ils ne peuvent pas changer la nature de la dépense et doivent garder le même objet.

Ces décrets sont pris sur le rapport du ministre des Finances. Ils sont publiés au *Journal officiel* avec un rapport de motivation. Les opérations doivent donner lieu à une information des commissions parlementaires concernées, et le gouvernement doit rendre compte de l'utilisation des crédits virés ou transférés dans le rapport annuel de performance annexé au projet de loi de règlement.

Les décrets d'avance (article 13 de la LOLF)

Si l'argent manque sur une mission pour une raison ne pouvant être prévue à l'avance, le gouvernement peut prendre des décrets d'avance ouvrant des crédits supplémentaires[12]. Mais il ne peut le faire qu'**au titre de l'urgence**. Ces décrets exigent l'avis du Conseil d'État et celui des commissions des Finances des deux assemblées[13]. Ces dernières ont sept jours pour rendre leur avis, à défaut de quoi il sera réputé positif. Le montant cumulé des crédits ainsi ouverts ne peut excéder 1 % des crédits totaux ouverts par la loi de finances. L'équilibre budgétaire défini par celle-ci ne peut être modifié (si tel devait être le cas, une loi de finances rectificative serait nécessaire) ; cela signifie que le gouvernement doit compenser – gager – l'ouverture de crédits par des annulations d'autres dépenses ou la définition de ressources nouvelles. Les modifications résultant du décret d'avance doivent faire l'objet d'une ratification dans la loi de finances qui le suit immédiatement. Le décret d'avance est publié au *Journal officiel* avec son rapport de motivation.

Les annulations de crédits et les mises en réserve (article 14 de la LOLF)

L'autorisation budgétaire constitue un plafond : les ministres ne sont donc pas obligés de dépenser tous les crédits votés. La loi de finances ne fait en effet que les autoriser à engager jusqu'à un certain montant de dépenses, mais elle ne les contraint jamais à le faire. Certaines dépenses pourront donc ne jamais être exécutées, et des crédits peuvent dès lors être annulés par *décret pris sur le rapport du ministre des Finances*. Deux sortes de raisons peuvent motiver ces annulations. Ou bien le gouvernement constate que l'exécution du budget ne se passe pas dans les conditions prévues : les impôts, par exemple, rentrent mal ; il faut donc prévenir une dégradation de l'équilibre budgétaire en réduisant les dépenses ; c'est ce qu'on appelle les **mesures de régulation budgétaire**[14]. Ou bien, des crédits sont devenus sans objet. Les annulations se font au niveau de chaque programme. Là encore, le gouvernement doit informer la commission des finances des deux assemblées ; puis le décret d'annulation est publié au *Journal officiel* avec son rapport de motivation ; les crédits annulés sont mentionnés dans le rapport annuel de performance, au moment de la loi de règlement. Le montant total des annulations par décret est limité (pas plus de 1,5 % des crédits ouverts par les lois de finances initiale et rectificatives).

12. Cette procédure a par exemple été utilisée en mars 2006 pour financer la lutte contre l'épidémie de chikungunya à la Réunion.

13. Lorsque l'urgence revêt un caractère de nécessité impérieuse d'intérêt national, le gouvernement peut se contenter d'une simple information de ces commissions ; le décret d'avance est alors pris en Conseil des ministres.

14. Cette pratique existait avant la LOLF, même si elle n'était pas expressément prévue par l'ordonnance de 1959. La LOLF a souhaité l'encadrer. L'annulation des crédits est souvent précédée par leur « gel » – la LOLF parle de mise en réserve – qui rend provisoirement indisponibles certains crédits votés. Ainsi, en 2002, des crédits ont été gelés avant l'élection présidentielle, pour laisser une marge de manœuvre au futur gouvernement. Ces mesures de régulation sont devenues dans les dernières années quasi-systématiques, d'autant que le Conseil constitutionnel a validé en 2002 la pratique consistant à procéder régulièrement au gel d'une partie des crédits en début d'exercice pour prévenir toute détérioration de l'équilibre. Lorsque les annulations interviennent très tôt dans l'année budgétaire, elles ôtent cependant une partie de son sens au vote du budget et amènent à douter du respect réel du principe de sincérité.

La souplesse de la gestion et les limites des grands principes budgétaires dans l'exécution du budget

Avec la pratique des reports budgétaires, sous l'empire de l'ordonnance de 1959, des crédits importants pouvaient être consommés après l'expiration de l'année budgétaire au titre de laquelle ils avaient été consentis, sans que soient reportées les recettes correspondantes. Devant les risques de déséquilibre que cette situation pouvait comporter, la LOLF a supprimé le caractère automatique du report des autorisations d'engagement (voir page 151) et elle limite à 3 % des crédits de chaque programme les crédits reportables [15].

Les fortes marges de liberté à l'intérieur d'un programme

A l'intérieur d'un programme, le principe est au contraire la souplesse. En effet, sauf pour les dépenses de personnel, la répartition des crédits au sein du programme n'est qu'indicative. L'exécution du programme est confiée, dans chaque ministère, à un « responsable de programme » désigné par le ministre et placé sous son autorité [16]. Il fait le lien entre la responsabilité politique et la responsabilité de gestion, définit un **projet annuel de performance** (PAP) qui précise en particulier ses objectifs stratégiques (630 en 2007) et les indicateurs chargés d'en mesurer la réalisation (1 300 en 2007) [17]. Il devra, lors de la présentation de la loi de règlement, rendre compte de la réalisation de ses objectifs, par la présentation d'un **rapport annuel de performance** (RAP) présenté selon la même structure que le PAP.

Le responsable de programme dispose d'une enveloppe de crédits et d'une large autonomie dans son affectation. Tout en gardant généralement une réserve pour faire face aux imprévus en cours d'année, il peut déléguer la gestion de son programme et répartir son enveloppe entre des responsables de **budgets opérationnels de programme** (les BOP) nationaux ou locaux. Dans ce dernier cas, les responsables de BOP sont le plus souvent des chefs de service déconcentrés. Les BOP peuvent ensuite être décomposés en **unités opérationnelles de gestion** (UO), au profit des gestionnaires locaux.

Le responsable de programme et le responsable de BOP peuvent toujours modifier la répartition des crédits au sein du programme ou du BOP. C'est ce qu'on appelle la **fongibilité.** Celle-ci n'est cependant pas totale, car il leur est interdit d'augmenter les crédits de personnel. C'est pourquoi elle est dite **asymétrique** : on peut transformer des crédits de personnel en crédits de fonctionnement, par exemple, mais pas l'inverse. En revanche, les responsables d'UO ne peuvent pas modifier la destination des crédits qui leur sont délégués.

Dans l'ancienne nomenclature budgétaire, on distinguait entre deux types de chapitres : ceux qui prévoyaient des crédits directement gérés par les services de l'État et ceux qui attribuaient des crédits gérés par des acteurs disposant d'une certaine autonomie. Il y avait, par exemple, des crédits gérés directement par la direction des Enseignements supérieurs, et d'autres attribués aux universités et transitant par leur budget. On retrouve des traces de cette distinction dans la LOLF lorsqu'elle autorise des opérateurs d'État (terme désignant les responsables des organismes dotés de la personnalité morale, contrôlés par l'État et exerçant une activité majoritairement non marchande, par exemple le CNRS) à exécuter tout ou partie d'un programme. Le nombre de ces opérateurs s'élève à 770 au budget 2007.

15. Le montant des crédits reportés ne s'élève plus désormais qu'au quart de ce qu'il était avant 2005.

16. On en comptait 81 en 2006, la plupart étant des directeurs d'administration centrale ou des chefs de grands services nationaux.

17. Par exemple, le ministère de l'Emploi s'est donné pour objectif de favoriser l'égalité hommes-femmes. Il cherchera ainsi à développer la mixité dans les secteurs professionnels très masculinisés, en déterminant des objectifs chiffrés dont la réalisation sera mesurée en fin d'année. On a reproché à certains objectifs d'être trop vagues ou trop généraux, et à certains indicateurs de mesurer davantage un niveau d'activité qu'un niveau de performance.

L'obligation de percevoir les recettes publiques

C'est dans ce domaine que la liberté du gouvernement est la moindre. Encore faut-il distinguer recettes fiscales et recettes non fiscales.

En matière de recettes fiscales (impôts et taxes), la compétence parlementaire reste primordiale. Ce n'est d'ailleurs que l'application de la règle du consentement à l'impôt. Seul le Parlement peut autoriser la perception des impôts. Il en modifie éventuellement l'assiette, le taux ou les modalités de recouvrement, et il peut le faire soit dans la loi de finances, soit dans une autre loi. Mais en toute hypothèse, son autorisation doit être préalable à la perception [18].

Le principe n'est cependant pas toujours aussi rigide. Là encore, il arrive que le Parlement se contente de ratifier des décisions déjà prises par le gouvernement. Certes, ce dernier ne pourrait pas décider l'augmentation d'un impôt sans vote préalable du Parlement : les contribuables touchés obtiendraient en pareil cas facilement l'annulation de leur imposition. Mais il est arrivé que certaines baisses soient décidées par de simples décisions administratives et appliquées immédiatement, comme l'ont montré les diverses modifications des taux de la TVA ces dernières années. Indispensable, l'accord parlementaire n'est intervenu qu'après.

En matière de recettes non fiscales, par exemple les redevances correspondant à l'utilisation d'un service

18. La perception des impôts est donc indépendante des « rendements » prévus par la loi de finances. Même s'ils ont déjà rapporté plus que ce qui avait été indiqué, l'administration continuera à les percevoir.

public, la marge de manœuvre du gouvernement est beaucoup plus forte : il peut notamment, pour toutes sortes de raisons politiques, en modifier le taux en cours d'exercice.

Les relations entre annualité budgétaire et exécution du budget

Il peut arriver que des crédits prévus au budget d'une année *n* correspondent à des dépenses qui, engagées par exemple en décembre, ne seront effectivement payées qu'au cours de l'année *n+1*. Ou qu'un fournisseur, qui a livré une marchandise au cours de l'année *n*, tarde à envoyer sa facture ; ou encore que l'administration n'entreprenne pas les travaux qu'elle a envisagés, parce que des difficultés imprévues ont surgi, ou ne règle pas encore ceux qu'elle a fait faire, parce qu'un contentieux a surgi à propos de leur qualité. Ou qu'un contribuable récalcitrant ne paye ses impôts qu'avec quelques années de retard. A travers ces exemples, on voit que certaines prévisions budgétaires autorisées pour une année donnée risquent de n'être exécutées qu'une ou plusieurs années après leur autorisation.

Si on s'attache à la notion d'**autorisation**, on rattachera toutes les recettes et toutes les dépenses à l'année pour laquelle elles ont été autorisées, quelle que soit celle où elles ont été encaissées ou décaissées : c'est le **système de l'exercice**. Il a évidemment comme inconvénient de retarder considérablement la possibilité de faire les comptes définitifs. On préférera alors s'attacher à l'idée d'**exécution** et rattacher toutes les opérations budgétaires à l'année de leur réalisation effective : c'est le **système de la gestion**.

La France a finalement opté, de manière nuancée, pour le second (art. 28 de la LOLF). On rattache donc toutes les recettes à l'année où elles sont effectivement encaissées. En ce qui concerne les dépenses, la situation est un peu plus subtile : c'est l'année au cours de laquelle le comptable met son visa qui détermine l'imputation. Cela amène généralement le comptable à fixer une date limite aux opérations d'ordonnancement (voir page 164), faute de quoi il ne peut assurer le paiement de la dépense dans les temps.

Chapitre 3
Les règles de la comptabilité publique

Selon l'article 49 du décret du 29 décembre 1962 portant règlement général sur la comptabilité publique, celle-ci fixe les règles juridiques et techniques applicables à la description, à l'exécution et au contrôle des opérations financières des organismes publics. Dans les activités privées, le mot «comptabilité» désigne l'ensemble des techniques relatives à la tenue des comptes. La comptabilité publique a donc un sens et une importance qui vont au-delà de l'acception ordinaire du terme : elle ne couvre pas seulement un ensemble de procédés techniques; elle inclut tout un corps de règles juridiques applicables aux opérations de gestion des fonds et valeurs appartenant à l'État, aux collectivités locales et aux établissements publics nationaux et locaux, ainsi que de ceux qui leur sont confiés par des particuliers et dont ils sont détenteurs, comme les dépôts ou les consignations.

Le droit de la comptabilité publique est pour l'essentiel dominé par un principe fondamental : celui de la séparation des ordonnateurs et des comptables. Pour éviter toute fraude ou tout abus dans le maniement des fonds publics, l'exécution des opérations financières des organismes publics exige en effet, depuis le début du XIXe siècle, l'intervention de deux catégories d'agents distincts et séparés. Les ordonnateurs sont chargés de prendre les actes juridiques qui vont permettre l'exécution de la dépense, cependant que les comptables seront chargés des opérations matérielles de paiement. La séparation est consacrée par l'article 20 du décret du 29 décembre 1962, qui est le texte fondamental en la matière et qui déclare «incompatibles» les deux fonctions.

Le principe de séparation des ordonnateurs et des comptables

La séparation correspond à une règle de sécurité dans la gestion publique, en imposant l'intervention de deux acteurs distincts pour accomplir toute obligation de recette et surtout de dépense. L'un décide et il jouit d'un assez large pouvoir discrétionnaire d'appréciation. L'autre contrôle à la fois la disponibilité des fonds et la régularité de la décision prise par le premier.

Les ordonnateurs

Les catégories d'ordonnateurs

Les ordonnateurs sont les autorités placées à la tête des différents services. Leur fonction d'ordonnateur est donc attachée à une fonction administrative principale, dont elle n'est que le complément. Pour l'État, les **ordonnateurs principaux** sont les ministres; pour les collectivités territoriales, ce sont les chefs de leurs exécutifs; pour les établissements publics ou les services dotés de budgets annexes, leurs directeurs. C'est à ces ordonnateurs principaux que les autorisations budgétaires sont directement ouvertes. Mais, pour éviter l'engorgement des circuits ou se conformer aux mesures de déconcentration, les textes ont également prévu l'existence d'**ordonnateurs dits secondaires** (préfets ou certains chefs de services extérieurs). Ils bénéficient d'une délégation de pouvoirs, qui leur transfère la compétence sur les crédits délégués et prive l'autorité supérieure de la possibilité d'intervenir sur ceux-ci. Ordonnateurs principaux et secondaires peuvent désigner des ordonnateurs **délégués** (membres du cabinet ou directeurs d'administration centrale, par exemple); ceux-ci ne disposent que d'une délégation de signature qui n'empêche pas l'autorité délégante de continuer à gérer les crédits concurremment avec eux.

Les fonctions des ordonnateurs

Il faut distinguer les procédures applicables aux recettes et celles applicables aux dépenses.

- **En matière de dépenses**

L'ordonnateur est chargé de l'engagement, de la liquidation et du mandatement.

- **L'engagement**

La dépense a un fait générateur. Ce peut être un acte volontaire de l'administration : soit juridique (par exemple, la conclusion d'un marché de travaux, une commande de fournitures, une décision de subvention, la nomination d'un fonctionnaire); soit matériel (quand un fonctionnaire passe un appel téléphonique à partir du poste de son bureau, il engage en fait une dépense publique). Mais le fait générateur de la dette peut aussi être indépendant de la volonté de l'administration (par exemple, une conséquence automatique d'une décision juridictionnelle quand, à la suite d'un accident, la responsabilité de l'administration est engagée et crée une dette pour celle-ci). On voit, à partir des exemples donnés, que l'ordonnateur n'est pas le seul à créer ces faits générateurs de dépenses : le fonctionnaire qui téléphone peut être n'importe quel agent du bureau, le conducteur de la voiture responsable d'un accident n'importe quel agent du service, etc.

On distingue, dans l'engagement, **deux opérations distinctes** : un engagement **juridique**, acte d'origine de la dépense, et un engagement **comptable**, opération qui consiste à réserver les crédits nécessaires à l'opération concernée (l'individualisation de la dépense). Lorsque l'engagement juridique est volontaire, il doit être précédé de l'engagement comptable; lorsqu'il est involontaire, il précède celui-ci, qui n'en est alors qu'une conséquence.

S'ils n'ont pas le **monopole** des engagements juridiques, les ordonnateurs ont celui des engagements comptables : ils sont les seuls à pouvoir en décider. Pour qu'ils y procèdent, il faut que les crédits qu'ils utiliseront leur aient bien été délégués, c'est-à-dire aient été mis à leur disposition auparavant. Cela ne soulève aucune difficulté pour les dépenses de fonctionnement. C'est en revanche un peu plus compliqué pour les dépenses d'investissement. C'est pour elles, compte tenu de la longueur de ces opérations qui peuvent s'étaler sur plusieurs années, qu'on avait imaginé (voir page 151) la distinction entre les autorisations de programme (aujourd'hui, d'engagement) et les crédits de paiement. Seules les premières doivent être prévues avant l'engagement de l'opération d'investissement; il sera en revanche nécessaire de disposer des seconds pour la suite de la procédure de dépense.

Les fournisseurs de l'administration n'ont pas les moyens de vérifier si celle-ci dispose bien des crédits nécessaires quand elle leur passe commande. Pour les protéger, on avait posé le principe que même les dépenses engagées irrégulièrement devaient être payées, dès lors qu'ils n'ont eux-mêmes aucune responsabilité dans l'irrégularité. Pour éviter au maximum cette situation, on a mis en place, dans chaque administration, sous l'autorité du ministère des Finances, un **contrôle financier des engagements comptables** (voir page 171); le contrôle financier a été profondément remanié à l'occasion de la mise en place de la LOLF, par un décret du 27 janvier 2005. Ce texte prévoit notamment une réduction des contrôles *a priori*.

- **La liquidation**

En principe, et sous réserve de la possibilité pour l'administration de payer des avances ou des acomptes, prévue par le Code des marchés publics, un paiement administratif ne peut intervenir qu'après constatation du service fait. L'opération qui, après vérification de cet accomplissement du service, **arrête le montant définitif de la dépense** est celle de la liquidation. L'administration vérifie par exemple, dans un marché de fournitures, qu'elle a bien reçu les produits commandés, en bon état et dans les quantités souhaitées et, après vérification de la facture, arrête le montant des sommes dont elle est débitrice.

En principe, en vertu de l'article 5 du décret du 29 décembre 1962, c'est l'ordonnateur qui procède à cette liquidation. Mais, très souvent, les opérations matérielles de vérification sont réalisées par les fonctionnaires placés sous ses ordres et l'ordonnateur se contente d'approuver le résultat de ces opérations. Nous verrons cependant dans le point suivant que certaines dépenses sont payables sans ordonnancement. C'est alors, par exception, le comptable qui procède à la liquidation. Enfin, il peut arriver que les demandes de certaines personnes soient contestées par l'administration, qui refuse de payer tout ou partie de la somme réclamée. Les intéressés peuvent alors recourir aux tribunaux et, si ceux-ci reconnaissent le bien-fondé de leur prétention, ils liquideront eux-mêmes la dette concernée.

- **L'ordonnancement**

C'est l'acte administratif qui donne au comptable **l'ordre de payer** (article 31 du décret de 1962). Il a donc force exécutoire et il constitue une prérogative de la compétence exclusive de l'ordonnateur. Toutefois, certaines dépenses peuvent être payées avant ordonnancement; c'est le cas, par exemple, des frais de déplacement : pour éviter aux fonctionnaires qui se déplacent beaucoup pour raison de service d'attendre longuement des remboursements de sommes qui peuvent revêtir une certaine importance pour leur budget personnel, on a admis que l'administration achète les billets avant les déplacements et dispense le fonctionnaire de faire l'avance des fonds; cette dépense publique urgente est alors payée par le comptable sans ordonnancement préalable. Celui-ci intervient ensuite et il transforme en dépense définitive ce qui n'était jusque-là qu'un décaissement.

D'autres dépenses sont également payables sans ordonnancement, notamment dans les cas où des dépenses de même nature se reproduisent en grand nombre à intervalles réguliers. Cette uniformité permet un traitement informatisé de leur liquidation et de leur paiement. Il a donc paru plus efficace de confier au comptable qui procédera au paiement le soin de procéder au contrôle des éléments de liquidation de la dépense, ce qui ne présente aucun danger compte tenu du caractère automatique et répétitif de la dépense. Cette procédure est largement utilisée pour le paiement des pensions ou des traitements et salaires des fonctionnaires ou agents civils de l'État. Enfin, pour lutter contre la mauvaise volonté que l'on constatait parfois dans les services de l'État pour l'exécution des décisions de justice, une loi du 16 juillet 1980 autorise le paiement sans ordonnancement des dépenses de l'État résultant de jugements devenus définitifs.

Les ordonnateurs principaux de l'État émettent des **ordonnances de paiement** dont les plus importantes sont **soumises au visa du contrôleur** financier[19], comme le sont les ordonnances de délégation par lesquelles ils délèguent les crédits aux ordonnateurs secondaires. Sans ce visa, les ordonnances de paiement ou de délégation sont sans valeur pour le comptable. Sur la base des crédits délégués, les ordonnateurs secondaires émettront des mandats de paiement. Les ordonnateurs doivent, dès leur entrée en fonctions, **s'accréditer auprès de comptables** dits assignataires, en leur faisant part de leur nomination et en leur fournissant un exemplaire de leur signature. C'est à ces comptables que seront obligatoirement adressés les ordonnances ou les mandats de paiement émis par l'ordonnateur, et ils seront chargés d'en assurer le paiement.

19. On verra plus loin que les contrôleurs financiers dépendent du ministère des Finances et non de celui auprès duquel ils sont placés.

L'exécution de la dépense publique s'étale parfois sur plusieurs années. Pour éviter de traîner éternellement des arriérés, les droits des créanciers de l'État vont s'effacer au bout de quatre ans. C'est ce qu'on appelle la **déchéance (ou prescription) quadriennale**. Réglementée par la loi du 31 décembre 1968, elle part du 1er janvier de l'exercice qui suit celui où les éléments de la créance se sont réalisés; elle est interrompue par toute réclamation écrite, faite à l'intérieur des quatre ans et ayant demandé le paiement de sa dette à l'administration, et par tout recours juridictionnel relatif à la créance : ces démarches ouvrent un nouveau délai de quatre ans. Elle ne joue ni quand le retard de paiement ne peut être imputé à une négligence du créancier, ni quand la dette résulte d'une décision de justice passée en force de chose jugée. La déchéance n'est pas automatique : elle devra être expressément invoquée par l'ordonnateur qui a toujours la possibilité d'y renoncer, en particulier quand la situation du créancier lui paraît digne d'intérêt.

• En matière de recettes

L'ordonnateur est chargé de constater la créance de l'organisme public, d'en arrêter le montant et d'en ordonner le recouvrement.

La **constatation et la liquidation** de la recette sont de la compétence des ordonnateurs; mais cette compétence n'est pas exclusive, et ces opérations peuvent être réalisées par des fonctionnaires n'ayant pas la qualité d'ordonnateur (par exemple, l'inspecteur des contributions qui calcule le montant de l'impôt dû par un particulier). Dans certains cas, comme en matière d'impôts indirects (par exemple, la TVA), c'est le particulier lui-même qui établit le montant de son impôt, l'administration se contentant de contrôler la véracité de ces déclarations et l'exactitude de ces calculs, puis d'établir des redressements dans les cas où elle est en désaccord.

La **mise en recouvrement** des recettes résulte d'ordres de recettes émis par l'administration. C'est un des exemples typiques de l'exercice du **privilège du préalable**, que nous avons rencontré en droit administratif (voir page 55) : c'est au particulier qu'il revient de contester l'existence ou le montant de sa dette et non à l'administration de prouver sa créance. En vertu du même principe, c'est l'administration elle-même qui a le pouvoir de rendre exécutoires les ordres de recettes qu'elle délivre. Parfois, cette force exécutoire résulte de l'ordre de recette lui-même : c'est par exemple le cas des rôles d'impôts directs. Parfois, elle exige l'émission d'un second acte dénommé *état exécutoire* qui est délivré en cas de mauvaise volonté ou de refus du débiteur.

L'émission des ordres de recettes est de la compétence exclusive des ordonnateurs. La seule exception à cette règle concerne le recouvrement des amendes et des autres condamnations pécuniaires, qui est ordonné par les juridictions amenées à les prononcer.

La responsabilité des ordonnateurs

• La responsabilité de droit commun

Rappelée par l'article 9 du décret de 1962, elle est d'abord celle qui s'attache à leur fonction principale : **responsabilité politique** devant l'Assemblée nationale ou le président de la République pour les ministres[20], devant les électeurs pour les exécutifs des assemblées locales; responsabilité **disciplinaire** prévue par le statut général de la fonction publique pour les fonctionnaires lorsqu'ils ont commis des irrégularités dans leur intérêt personnel; responsabilité **pénale** s'ils se sont rendus coupables de crimes ou délits financiers; responsabilité **civile**, par le biais d'une action récursoire, si leur faute personnelle a causé un dommage à l'administration du fait de la mise en jeu de la responsabilité de celle-ci dans le cadre d'un cumul de responsabilités (voir page 138). Pour être rares, ces hypothèses ne s'en rencontrent pas moins, comme l'ont montré certains cas d'élus locaux ces dernières années.

• La responsabilité spécifique au droit de la comptabilité publique

Les ordonnateurs encourent surtout le risque d'une responsabilité disciplinaire, spécifique au droit de la comptabilité publique, mise en jeu devant la **Cour de discipline budgétaire et financière**. Créée par une loi du 25 septembre 1948 (modifiée en 1963 et 1971), elle est composée à parité de trois membres de la Cour des comptes et de trois membres du Conseil d'État; présidée par le premier président de la Cour des comptes, elle a pour vice-président le président de la section des finances du Conseil d'État. Le procureur général auprès de la Cour des comptes, assisté d'un avocat général et éventuellement de commissaires du gouvernement, tous choisis au sein de la Cour des comptes, constituent le ministère public chargé de soutenir l'accusation.

• La compétence de la Cour

Concernant les **personnes justiciables** : relèvent de la juridiction de la Cour tous les fonctionnaires de l'État, d'une collectivité territoriale ou d'un établissement public, les membres des cabinets ministériels, les représentants, administrateurs ou agents des organismes soumis au contrôle de la Cour des comptes. Ces catégories dépassent d'ailleurs celle des ordonnateurs. N'échappe à la compétence de la Cour que le personnel politique : ministres, maires, adjoints, présidents élus des groupements de collectivités territoriales, présidents de conseil général ou régional. On considère en effet que leur seule responsabilité est de nature politique. Mais cette immunité connaît deux limites : d'une part, elle s'arrête aux actes accomplis dans l'exercice de leur mandat politique. Si un élu local occupe une autre fonction, par exemple la présidence d'une société d'économie mixte, et même si c'est en raison de sa qualité d'élu qu'il y a été désigné, il retombe sous la juridiction de la Cour pour les actes accomplis dans l'exercice de cette fonction. D'autre part, depuis la loi du 25 janvier 1993, les élus locaux sont assujettis au contrôle de la Cour dans deux cas : lorsqu'ils ont réquisitionné un comptable pour procurer un avantage injustifié à quelqu'un, et lorsqu'ils refusent ou retardent l'exécution d'une décision de justice.

---

20. On a vu que la mise en œuvre de la responsabilité civile ou pénale des ministres est soumise à des règles particulières (voir page 33).

Concernant **les faits justiciables** : la Cour connaît de toutes les infractions aux règles du droit budgétaire ou de la comptabilité publique. C'est le cas, par exemple, des engagements de dépenses sans habilitation, ou sans visa préalable du contrôleur financier, des refus ou retards abusifs dans l'exécution des décisions de justice rendues contre un organisme public et comportant une astreinte, des décisions visant à accorder à autrui un avantage injustifié au préjudice des finances publiques. Certains de ces faits peuvent aussi entraîner des poursuites pénales, mais la notion d'infraction financière déborde largement le cadre du droit pénal et englobe les fautes de gestion (négligences, par exemple).

- **La procédure devant la Cour**

Peuvent saisir la Cour les **présidents des deux assemblées**, pour dénoncer le non-respect des autorisations budgétaires données par le Parlement, et les **ministres**, en tant que responsables de la bonne utilisation des finances publiques. Le plus souvent, c'est la **Cour des compte**s qui saisit la Cour de discipline budgétaire, lorsqu'elle découvre des irrégularités à l'occasion de ses contrôles. Le procureur général, placé à la fois auprès de la Cour des comptes et de la Cour de discipline budgétaire, peut aussi saisir la Cour de sa propre initiative. Enfin, depuis la loi du 16 juillet 1980, un particulier peut saisir la Cour par l'intermédiaire du procureur général lorsqu'il ne parvient pas à obtenir l'exécution d'une décision de justice ayant condamné l'administration au paiement d'une somme d'argent. La Cour doit obligatoirement être saisie avant l'expiration d'un délai de cinq ans à partir du fait répréhensible.

Un **rapporteur** est chargé de l'instruction. Doté de larges pouvoirs d'enquête, écrite et orale, il présente au procureur général les résultats auxquels il est parvenu. A tous les stades de l'enquête, le procureur peut décider de classer l'affaire. A la fin de l'instruction, il peut prononcer le **renvoi en jugement**.

La Cour examine l'affaire selon les règles de la **procédure contradictoire** et dans le respect des droits de la défense. Le rapporteur présente oralement son rapport; les témoins éventuels déposent sous serment; l'inculpé, qui peut être assisté par un avocat, aura la parole en dernier, après les réquisitions du procureur général. La loi du 21 décembre 2001, précisée par un décret du 27 septembre 2002, a renforcé les garanties procédurales pour l'accusé : elle affirme en particulier la règle de la publicité de l'audience et interdit désormais au rapporteur et au procureur général d'assister au délibéré.

- **Les sanctions prononcées par la Cour**

La Cour, qui dispose d'un large pouvoir d'appréciation des faits reprochés, ne peut prononcer que des **amendes**. Celles-ci peuvent aller jusqu'au montant du traitement annuel du condamné, sauf en cas d'attribution d'un avantage injustifié à autrui, où elle peut atteindre le double de ce traitement. L'ordre écrit préalable d'un ministre, d'un élu local ou du supérieur hiérarchique constitue une cause d'exonération de la responsabilité du fonctionnaire coupable. La Cour peut décider la publication totale ou partielle de l'arrêt au *Journal officiel*.

Ses décisions sont **sans appel**. Elles ne peuvent être attaquées que par la voie du pourvoi en cassation devant le Conseil d'État, présenté soit par le condamné, soit par le procureur général; ou par celle du pourvoi en révision, présenté devant la Cour par le condamné, en cas de découverte de documents ou de faits nouveaux, postérieurs à la décision et permettant d'apporter la preuve qu'il n'était pas responsable des faits reprochés.

Les comptables

Les catégories de comptables et leur statut

Ce sont des **fonctionnaires de l'État**, dont la plus grande partie relève de l'**administration des Finances**. Leur fonction de comptable est exclusive de toute autre. Le réseau de comptables le plus important est celui des **comptables du Trésor**, dont les plus connus sont les trésoriers payeurs généraux, installés au niveau des régions et des départements et, le plus souvent au niveau du canton, les trésoriers, autrefois appelés percepteurs.

Les comptables publics sont nommés ou agréés par le ministre des Finances. Certaines **incompatibilités** existent : le conjoint d'un ordonnateur ne peut être comptable dans le même organisme; un comptable du Trésor ne peut être maire ou adjoint dans la circonscription où il exerce ses fonctions. Le comptable public doit « constituer des sûretés » avant son entrée en fonctions pour garantir sa responsabilité personnelle : un cautionnement, qui ne lui sera rendu qu'après sa sortie de fonctions et à condition qu'il en ait obtenu quitus; ses biens meubles sont frappés d'un privilège prioritaire du Trésor qui bénéficie en outre, comme de façon générale tous les organismes et collectivités publics, d'une hypothèque légale sur les immeubles dont il est propriétaire et sur ceux de son conjoint acquis après sa nomination. Son entrée en fonctions doit être précédée de la prestation d'un serment. Elle résulte d'une installation à l'occasion de laquelle, en présence des deux comptables, l'entrant et le sortant, un examen de la situation des comptes est réalisé. Le comptable entrant a alors six mois pour poser des réserves sur la gestion de son prédécesseur, s'il découvre des irrégularités qui avaient échappé à cet examen commun. Dès son installation, le comptable entrant doit s'accréditer auprès des ordonnateurs avec lesquels il sera en relation.

Il existe des **comptables publics principaux**, qui rendent directement leurs comptes au juge des comptes[21], et des **comptables secondaires** qui ne les rendent que par l'intermédiaire des comptables principaux dont ils relèvent.

Les fonctions des comptables

Les comptables ne sont pas les subordonnés des ordonnateurs, dont ils n'exécutent les ordres qu'après en avoir vérifié la régularité. Outre leurs fonctions liées aux opérations de comptabilité, ils exercent donc un rôle de **contrôle sur l'ordonnateur**.

Définies par l'article 11 du décret de 1962, leurs fonctions concernent la prise en charge des ordres de recet-

21. C'est-à-dire la Cour des comptes ou la Chambre régionale des comptes (voir chapitre 4).

tes émis par les ordonnateurs et, de façon générale, le recouvrement et l'encaissement de toutes les recettes des organismes publics; le paiement de leurs dépenses; la garde et la conservation des fonds et des valeurs dont ils sont propriétaires ou dépositaires; le maniement des fonds publics; et, avec la tenue de la comptabilité décrivant toutes ces opérations, la conservation des pièces et documents qui les justifient.

Ils doivent exercer un **contrôle a priori de la régularité des ordres** de recettes et de dépenses remis par les ordonnateurs, dont les modalités sont définies par les articles 12 et 13 du décret de 1962 : l'impôt à percevoir est-il bien autorisé par la loi de finances? L'ordonnateur est-il bien compétent pour engager la dépense? Les crédits nécessaires sont-ils disponibles et sont-ce bien ceux qui doivent servir à ce type de dépenses? Les visas nécessaires ont-ils été donnés? Y a-t-il justification du service fait?... Ce contrôle ne constitue pas un contrôle sur le fond; il vérifie simplement la **régularité formelle** des ordres émis.

S'il découvre une irrégularité, le comptable est tenu de refuser l'exécution de l'ordre, faute de quoi il engage sa responsabilité. L'ordonnateur peut cependant le contraindre dans certains cas en prenant un ordre de réquisition de paiement. Cela n'est pas possible lorsque l'irrégularité est substantielle (par exemple, le manque de crédits ou l'absence de visa du contrôleur financier). Dans les autres hypothèses, le comptable est tenu de procéder au paiement; sa responsabilité est alors dégagée, mais il doit communiquer l'ordre de réquisition au ministre des Finances qui le transmet, selon les cas, au procureur général près la Cour des comptes ou à la Chambre régionale des comptes.

La responsabilité du comptable public

Un comptable public est, comme tout individu, pénalement responsable lorsqu'il commet des infractions. Comme tout fonctionnaire, il est soumis à une responsabilité disciplinaire. Mais, lorsqu'il a failli à ses obligations spécifiques, il encourt aussi une **responsabilité personnelle sur le plan pécuniaire**. Contrairement aux autres fonctionnaires, le comptable public est en effet responsable, sur ses deniers personnels, envers la collectivité publique qui a subi un dommage du fait de son activité. Il doit répondre non seulement des conséquences des **fautes personnelles** détachables de ses fonctions (par exemple, un détournement de fonds à des fins personnelles), mais aussi de celles de ses **fautes de service** (par exemple, la perte involontaire de documents comptables ou une erreur dans le paiement d'une dépense). Il n'y a donc pas besoin d'apprécier le comportement personnel de l'intéressé, la constatation objective de certains faits entraînant une présomption de responsabilité. Dès lors qu'un comptable effectue une opération irrégulière, il devra en principe rembourser la somme que la collectivité publique a perdue, que cette irrégularité ait résulté de sa propre initiative ou qu'elle lui ait été ordonnée par une autre personne. La dureté de ce régime vise bien sûr à protéger les finances publiques, mais aussi à pousser le comptable au maximum de rigueur à l'égard de l'ordonnateur.

- **Les faits engendrant la responsabilité**

Ils sont d'autant plus **divers** que les comptables sont non seulement responsables des faits qu'ils ont pu commettre eux-mêmes, mais aussi de ceux qu'ils ont laissé commettre. Parmi les premiers, on citera comme exemple le non-recouvrement ou le recouvrement insuffisant d'une recette, sauf si le comptable peut prouver qu'il n'avait pas eu connaissance de la créance ou que c'est l'ordonnateur qui, malgré les demandes qui lui ont été présentées, n'a pas voulu émettre le titre de recouvrement; le paiement d'une dépense au-delà de ce qui était dû ou à une personne autre que le créancier; l'existence d'un «trou» résultant du fait que des fonds manquent en caisse ou des valeurs en portefeuille, ce qui fait présumer que des opérations n'ont pas été faites ou ont été faites de manière irrégulière.

Parmi les seconds faits, on citera toutes les **hypothèses de défaillances** dans le contrôle à exercer sur l'ordonnateur : si celui-ci a réduit ou annulé une créance de l'administration, il appartient au comptable, sous sa propre responsabilité, de vérifier la régularité des conditions dans lesquelles cela a été fait; de la même façon, en cas de dépense, le comptable doit vérifier, sous sa propre responsabilité, la compétence de l'ordonnateur, les pièces justificatives présentées et, en particulier, la justification du service fait, le caractère disponible des crédits, etc. Enfin, les comptables sont aussi responsables des actes des agents placés sous leur autorité ou leur surveillance (comptables subordonnés, fondés de pouvoirs, régisseurs de recettes ou d'avances rattachés à leur contrôle).

- **Les exonérations de responsabilité**

Les comptables peuvent en bénéficier dans **trois cas**. D'abord s'ils prouvent que l'irrégularité reprochée est indépendante de leur volonté. Il en va ainsi par exemple si le «trou» dans leur caisse résulte d'un vol ou d'une agression, alors qu'ils avaient pris toutes les précautions nécessaires pour s'en prémunir; ou si les fonds ou les pièces justificatives ont été détruits par un incendie ou une inondation. Ils demanderont alors au ministre des Finances de leur accorder une décharge de responsabilité pour circonstances de force majeure. Celui-ci, qui statue seul, sans contrôle du juge des comptes, dégagera rétroactivement la responsabilité du comptable. Cette décharge constitue un droit pour le comptable qui peut, en cas de refus, intenter un recours en excès de pouvoir devant le Conseil d'État pour demander l'annulation de ce refus.

Le second cas vise les hypothèses où la gestion du comptable a été régulière. Comme on l'a vu, un ordonnateur peut réquisitionner un comptable pour l'obliger à payer une dépense; si la réquisition est régulière, elle dégage le comptable de sa responsabilité. De même, certaines recettes ne peuvent pas toujours être recouvrées : c'est le cas si le débiteur n'existe plus ou ne peut être retrouvé[22]. Le comptable ne peut bien entendu pas être rendu responsable de cette situation[23]. Il demande

22. Ainsi une association qui s'est dissoute; ou un étudiant étranger reparti dans son pays sans laisser d'adresse.

23. Sauf s'il est lui-même à l'origine de cette difficulté, par exemple parce qu'il n'a pas fait le nécessaire pour recouvrer la recette quand cela était encore possible.

alors à l'autorité administrative compétente l'admission en non-valeur de cette recette, c'est-à-dire son annulation. Que ce soit en matière de réquisition ou en matière d'admission en non-valeur, le juge des comptes exerce un contrôle attentif sur le fondement des décisions prises par l'autorité administrative.

Enfin, un comptable de bonne foi a toujours la possibilité de demander au ministre des Finances une **remise gracieuse** de tout ou partie du montant de la dette dont il a été déclaré responsable, en particulier lorsque la somme dont il est redevable excède largement ses revenus. Le ministre statue en opportunité après avis des ministres intéressés.

Un exemple de décharge pour force majeure : l'arrêt *Nicolle* du 12 juillet 1907

Une prime à la sériciculture ayant été instaurée, des fraudes, commises avec de nombreuses complicités, avaient permis à des éleveurs corses de vers à soie de se la faire verser indûment. Les éleveurs avaient en particulier présenté des paniers remplis de cailloux, en prétendant qu'il s'agissait de cocons. La chose ayant fini par se savoir, la Cour des comptes, appelée à examiner les comptes du trésorier payeur général, constata le caractère irrégulier des paiements, non étayés par des pièces valables, et mit le comptable en débet (voir ci-contre).

Invoquant l'impossibilité dans laquelle il avait été de déceler la fraude, le comptable déféra l'arrêt de débet en cassation et le Conseil d'État posa trois principes à cette occasion.

1. La Cour des comptes est obligée de s'en tenir à des constatations objectives et de rejeter de l'apurement des comptes toute dépense irrégulière, quel qu'en soit le motif : si cela conduit à leur déséquilibre, elle est tenue de déclarer le comptable en débet. C'est le principe selon lequel ***« la Cour juge les comptes et non pas les comptables »***.

2. Le comptable a alors le droit de présenter une demande de décharge pour force majeure. Mais cette demande relève du ministre et non de la Cour des comptes. Celle-ci a tenté par la suite de conquérir la compétence d'apprécier, lors du jugement des comptes, les circonstances dans lesquelles ceux-ci s'étaient trouvés en déséquilibre et de trancher elle-même sur la décharge de responsabilité. Le Conseil d'État s'y est toujours opposé et a constamment réaffirmé la compétence du ministre.

3. S'il y a bien force majeure, le ministre doit accorder la décharge et le Conseil d'État, saisi en excès de pouvoir, annule son refus s'il ne le fait pas. Dans le cas contraire, le ministre doit la refuser. Il reste cependant libre d'accorder une remise gracieuse, si le comptable est de bonne foi (voir ci-dessous).

• Les conditions de la mise en jeu de la responsabilité

Elles font intervenir deux catégories d'acteurs : soit les autorités ministérielles (essentiellement le ministre des Finances), soit le juge des comptes (Cour des comptes ou Chambre régionale des comptes). Chacun d'entre eux peut se saisir concomitamment et statuer indépendamment.

Dans un cas comme dans l'autre, la mise en jeu de la responsabilité du comptable se déroule en deux temps, de façon à lui permettre de présenter ses explications avant toute décision définitive : c'est la **règle de la double décision**. Dans une première phase, le comptable est sommé de régulariser sa situation : il doit payer un montant égal aux recettes non recouvrées ou rembourser les dépenses irrégulièrement payées, ou combler le déficit constaté. Cela lui est enjoint par un ordre de versement dans le cas où c'est l'administration qui met en jeu sa responsabilité, ou par une injonction si c'est le juge des comptes. Le comptable a alors l'occasion de présenter ses explications, d'invoquer ses raisons de demander une décharge de responsabilité ou une remise gracieuse.

Si l'administration ou le juge des comptes ne sont pas convaincus et si le comptable n'a pas acquitté les sommes requises, s'ouvre alors la seconde phase, celle de la **décision définitive**. L'autorité ministérielle prend un *arrêté de débet*, que le ministre des Finances rend exécutoire. Mais la responsabilité peut aussi être jugée par le juge des comptes : lorsqu'une Chambre régionale des comptes est compétente, elle rend un jugement de débet; lorsque c'est la Cour des comptes, c'est un arrêt de débet qui est rendu. Le premier est susceptible d'appel devant la Cour des comptes; que celle-ci statue en appel ou en première instance, ses arrêts sont susceptibles de recours en cassation devant le Conseil d'État. Jugements et arrêts sont directement exécutoires.

Il arrive parfois que l'autorité ministérielle et le juge des comptes soient saisis en même temps du même problème. S'ils vont tous les deux jusqu'au bout de la procédure, il se peut, puisqu'ils interviennent indépendamment l'un de l'autre, qu'il y ait divergence. Dans ce cas, c'est l'opinion du juge des comptes qui l'emporte en principe : si le juge a déjà prononcé une décharge de responsabilité, l'autorité ministérielle ne peut plus prendre un arrêté de débet. En revanche, lorsque celle-ci a statué la première et engagé la responsabilité du comptable, le juge peut en prendre le contre-pied et décharger le comptable de sa responsabilité. Mais le ministre des Finances garde, on l'a vu, un pouvoir important qui lui permet de ne pas tirer les conséquences d'un arrêt de débet rendu par le juge des comptes. Il peut toujours en effet accorder une décharge de responsabilité pour circonstances de force majeure ou une remise gracieuse qui autorisent le comptable à ne pas payer les sommes que la décision du juge des comptes mettait à sa charge.

• Le remboursement sur diverses garanties

Lorsque la responsabilité du comptable est mise en jeu, le Trésor public pourra se rembourser sur les diverses garanties constituées : cautionnement, puis retenue sur salaire ou pension, puis saisie des biens meubles et, enfin, des biens immobiliers.

Les conséquences du principe de séparation des ordonnateurs et des comptables

La conséquence normale du principe de séparation, c'est bien sûr la **règle de l'incompatibilité** des fonctions d'ordonnateur et de comptable. Affirmée depuis 1822, elle interdit le cumul des deux qualités pour une même opération. Elle conduit généralement à la **séparation des services**. Les ordonnateurs de l'État appartiennent aux différents ministères, alors que les comptables relèvent uniquement du ministère des Finances. Les ordonnateurs des collectivités locales sont des élus; les comptables, des fonctionnaires du ministère des Finances. Il arrive cependant que, dans certains établissements publics comme les universités, les agents comptables dirigent aussi les services financiers : dans les premières fonctions, ils sont indépendants de l'ordonnateur qu'est le président, sur lequel ils exercent des pouvoirs de contrôle; dans les secondes, ils sont soumis à son autorité hiérarchique. Cette dualité peut rendre les rapports difficiles.

Lorsqu'un ordonnateur usurpe des fonctions de comptable, il est considéré comme comptable de fait et sa responsabilité peut alors être engagée dans les mêmes conditions que celle d'un comptable ordinaire. Le régime de la **gestion de fait** est prévu par la loi de finances du 23 février 1963 modifiée : toute personne qui s'ingère, sans avoir la qualité de comptable public, dans le recouvrement de recettes affectées ou destinées à un organisme public, ou qui reçoit ou manie des fonds ou valeurs ne devant être gérés que par des comptables publics, doit rendre compte au juge financier de l'emploi des sommes irrégulièrement détenues ou maniées.

Les atténuations au principe de séparation des ordonnateurs et des comptables

La première constitue clairement une exception au principe : il arrive en effet qu'à titre exceptionnel, et pour faciliter la gestion, un comptable puisse être autorisé à exercer certaines fonctions de l'ordonnateur. La seconde est plutôt une exception au principe du monopole des comptables qu'au principe de séparation : un fonctionnaire « ordinaire » peut être investi de fonctions réservées au comptable, à condition toutefois qu'il n'ait pas la qualité d'ordonnateur.

Les cas où des **comptables peuvent exercer certaines fonctions réservées aux ordonnateurs** concernent à la fois les opérations de recettes et de dépenses. Certaines recettes peuvent être perçues au comptant par le comptable, sans intervention de l'ordonnateur, au seul vu d'une déclaration faite par le débiteur : c'est le cas du produit des impôts indirects ou des droits de douane, pour laquelle l'intervention éventuelle de l'ordonnateur a lieu après la perception, sous la forme d'une vérification de l'exactitude de la déclaration du contribuable. Certaines dépenses peuvent être effectuées sans ordonnancement préalable. Soit, le plus souvent pour des dépenses mineures, celui-ci intervient *a posteriori* : on verse, par exemple, une avance sur frais de mission à des fonctionnaires avant le déplacement et on régularise au retour, quand on peut calculer la somme exacte à rembourser au bénéficiaire. Soit l'ordonnancement n'a pas d'intérêt : lorsqu'une série de dépenses peut être calculée automatiquement à partir des dispositions juridiques qui la conditionnent, un programme informatique permet de gagner beaucoup de temps. L'ordonnateur se contente alors de fournir les éléments nécessaires à la liquidation : l'ordinateur du comptable fait les calculs et prépare sans formalités supplémentaires les ordres de paiement. C'est le cas, par exemple, pour les rémunérations et les pensions des agents de l'État.

Les cas où des administrateurs peuvent être investis de fonctions réservées aux comptables visent surtout les **régies de recettes et d'avances**, organisées aujourd'hui par un décret du 29 décembre 1962. Par exception, quelqu'un qui n'est pas un comptable sera autorisé à encaisser une recette ou à payer une dépense. Il s'agit en général de sommes d'importance relativement faible, correspondant à des dépenses courantes; la technique est utilisée pour accélérer et simplifier la gestion (ne pas mettre en branle une mécanique lourde pour acheter un taille-crayons).

C'est un arrêté conjoint du ministre des Finances et du ministre intéressé qui crée la régie d'avances, consentie à un agent désigné par l'ordonnateur et agréé par le comptable[24]. Soumis à la même responsabilité que le comptable, placé sous le contrôle de celui-ci, il reçoit une somme globale destinée au paiement de certaines dépenses de son service. Il les paie directement au vu des justifications présentées par les créanciers. A intervalles réguliers, il transmet ces justifications au comptable qui, après les avoir contrôlées, demande à l'ordonnateur un titre global de régularisation; celui-ci permet l'imputation des sommes décaissées sur les crédits correspondants et déclenche le réapprovisionnement de la régie. La mécanique est la même pour la régie de recettes.

Les sanctions de la violation du principe de séparation : la gestion de fait

La définition de la gestion de fait

C'est l'hypothèse d'une immixtion irrégulière dans le maniement de fonds publics ou de fonds privés réglementés par des personnes n'ayant pas la qualité de comptable public. Elle suppose la réunion de trois éléments : le maniement de fonds, le caractère public de ces fonds et l'absence d'autorisation de ce maniement.

Il y a **maniement de fonds** dans deux hypothèses.

24. Mais, comme on l'a dit plus haut, ce ne peut être l'ordonnateur lui-même.

– Celle qu'on appelle l'**ingérence dans des opérations de recettes ou de dépenses**, tout d'abord : tel est le cas, par exemple, quand une association perçoit les revenus de la location de locaux appartenant à un établissement public, ou se fait verser le produit de contrats de recherche réalisés avec les moyens (locaux, personnel et matériel) d'une université. Les recettes en question devraient en effet revenir à l'organisme public, et leur perception par l'association qui en bénéficie en fait constitue une sorte de détournement.

– Celle qu'on appelle l'**extraction irrégulière de fonds ou de valeurs publics**, ensuite : c'est l'hypothèse de l'ordre de dépense fictive, parce que ne correspondant à aucun service fait, émis dans des conditions qui ne pouvaient attirer l'attention de l'agent comptable (fausse facture). Ou celle où on a déclaré de fausses heures supplémentaires et versé ainsi à un enseignant des compléments de rémunération pour des activités que les textes ne permettaient pas de payer. Dans d'autres cas, des personnes privées gèrent des fonds qui devraient l'être par une personne publique : c'est l'exemple classique où l'administration cherche à tourner les contraintes de la comptabilité publique en versant à l'avance des subventions à une association pour que celle-ci assure à sa place certaines activités (caisse noire). A l'inverse, il peut s'agir d'un emploi fictif : une collectivité publique rémunère un agent qui exerce en fait son activité dans un organisme privé, cette mise à disposition constituant une subvention occulte.

Il ressort des exemples donnés que ce type de maniement irrégulier peut parfois constituer une infraction pénale. Il est alors susceptible de donner lieu à la fois à des poursuites pénales et à une responsabilité financière. Ceux qui ont mis irrégulièrement les fonds à disposition sont comptables de fait au même titre que ceux qui les ont gérés.

Pour qu'il y ait gestion de fait, il faut que les fonds maniés aient un **caractère public** ; c'est le cas de tous les fonds appartenant ou confiés à des organismes publics.

Il faut enfin que le manieur des fonds ait agi « irrégulièrement et sciemment », sans autorisation valable. C'est le cas d'un fonctionnaire non habilité au maniement de fonds publics, par exemple un ordonnateur ou une personne privée.

Les conséquences de la gestion de fait

La personne comptable de fait encourt les mêmes responsabilités qu'un comptable public. Elle est donc tenue de rendre compte de sa gestion, selon les cas à la Cour des comptes ou à la Chambre régionale des comptes[25], qui peuvent lui imposer le reversement des sommes manquantes en cas de débet. Elles prononcent en outre à son encontre une **condamnation à une amende** calculée selon l'importance et la durée de la détention irrégulière. Cette amende ne peut cependant excéder le total des sommes irrégulièrement maniées.

25. Dans ce cas, un appel est possible devant la Cour des comptes.

Chapitre 4
Le contrôle de l'exécution du budget

Trois types de contrôles s'exercent sur l'exécution du budget : un contrôle administratif exercé par l'administration elle-même, un contrôle juridictionnel, celui des Chambres régionales ou de la Cour des comptes, et un contrôle politique réalisé par le Parlement.

Les contrôles des comptes exercés par l'administration

On y retrouve des contrôles analogues à ceux qui sont habituellement réalisés au sein de l'administration publique. Tel est par exemple le cas du *contrôle hiérarchique*. Les ministres ou les ordonnateurs principaux demandent régulièrement des comptes rendus de l'utilisation des crédits qu'ils ont délégués à leurs subordonnés, cependant que les comptables supérieurs, dont on rappelle qu'ils sont personnellement responsables des actes de leurs subordonnés, vérifient périodiquement les opérations réalisées par ceux-ci. Le supérieur hiérarchique peut donner des instructions à ses subordonnés, en contrôler l'application, se substituer à eux dans certaines conditions et, en cas de faute, déclencher la procédure disciplinaire.

Certains contrôles sont cependant **spécifiques à la matière financière**. On ne mentionnera que pour mémoire celui qui est exercé par les comptables sur les opérations des ordonnateurs, qui a été largement évoqué plus haut. Une attention particulière doit être apportée à ceux qui sont exercés sous l'autorité du ministre des Finances : l'un *a priori*, le contrôle financier préalable ; l'autre *a posteriori*, celui de l'Inspection générale des finances.

Un contrôle *a priori* : le contrôle financier

Prenons l'hypothèse d'une commande passée par un ordonnateur et qui ferait l'objet d'une livraison. Si on s'aperçoit au moment du paiement que les crédits dont l'ordonnateur disposait sont insuffisants, il est évident que le fournisseur n'y est pour rien, qu'il ne pouvait pas connaître une situation interne à l'administration et qu'il a droit au règlement de sa facture. Lorsqu'un acte a produit des effets à l'égard d'un tiers de bonne foi, et même s'il est irrégulier, l'administration devra de toute façon honorer ses engagements.

C'est pour éviter ce genre de situation que s'est progressivement installé, lors du tournant du XIXe au XXe siècle, un contrôle des dépenses préalable à leur engagement. Et c'est pour le rendre efficace que la décision a été prise de rendre ceux qui l'exercent indépendants des administrations « dépensières » et de les placer sous l'autorité directe du ministre des Finances.

Institué par une loi du 26 décembre 1890, le contrôle des dépenses engagées, devenu en 1956 contrôle financier, avait été organisé par la loi du 10 août 1922. Initialement institué auprès des ministres, il a vu ses compétences étendues au niveau des ordonnateurs secondaires locaux en 1970, cette extension s'expliquant évidemment par le développement des mesures de déconcentration qui augmentaient le nombre et le poids financier des mesures prises par les administrateurs locaux. En revanche, les collectivités locales et leurs établissements publics sont exempts de ce contrôle.

L'organisation du contrôle financier

Le contrôle financier a été profondément modifié par un décret du 27 janvier 2005, dans le but de favoriser la responsabilisation des gestionnaires voulue par la LOLF. Son fonctionnement traditionnel était en effet incompatible avec le principe de fongibilité. L'organisation du contrôle financier est différente au niveau central et au niveau local. Au niveau central, les contrôleurs financiers ont été remplacés par les **contrôleurs budgétaires et comptables ministériels** (CBCM). Ceux-ci dépendent du ministère des Finances mais leurs services, chargés à la fois du contrôle budgétaire et de la centralisation comptable, sont intégrés à ceux de chaque ministère. Au niveau local, en revanche, la responsabilité du contrôle revient à un comptable ordinaire : le trésorier payeur général de région, depuis 1996, ou par délégation le trésorier payeur général de département. Tous deux sont assistés d'un adjoint spécialisé qui a le statut de comptable public.

Les modalités du contrôle financier

Traditionnellement exercé par un visa *a priori*, le contrôle financier portait autrefois sur la régularité de tous les actes d'engagement de la dépense et sur son ordonnancement. Il frôlait parfois l'opportunité, puisque le contrôleur financier avait le pouvoir d'assortir un visa d'observations relatives au caractère onéreux d'une dépense même régulière. Le décret du 27 janvier 2005 a supprimé le contrôle juridique sur les engagements et les décisions de dépenses et il leur substitue d'autres formes de contrôle exercées le plus souvent *a posteriori*, sauf pour les étapes les plus importantes du processus d'engagement budgétaire.

Le visa de la *programmation* budgétaire initiale, exercé au niveau de chaque programme, permet de vérifier la sincérité des prévisions en matière de dépenses ou d'emplois, et leur compatibilité, dans la durée, avec les orientations de la politique budgétaire (« la soutenabilité budgétaire »).

Au niveau local, les budgets opérationnels de programme sont, après approbation par le responsable de programme, soumis à l'avis du contrôleur budgétaire local.

Au niveau de *l'exécution* budgétaire, le contrôle a été notablement allégé. Le visa ou l'avis *a priori* de certaines ordonnances de paiement et de délégation de crédits n'est maintenu que pour les actes susceptibles d'avoir un impact budgétaire important. Le contrôle, qui ne porte plus sur la régularité des actes d'engagement, peut d'ailleurs être modulé en fonction de la situation du ministère ou des résultats des contrôles antérieurs. Les contrôleurs doivent se prononcer dans un délai de quinze jours, sauf interruption ou suspension notifiée dans le délai.

Ces dispositions ont pour objet de maintenir une cohérence d'ensemble de l'exécution du budget et de sauvegarder l'existence d'une « réserve de précaution », tout en laissant de plus grandes marges de manœuvre aux gestionnaires. Un effort de simplification, annoncé en 2007 (possibilité d'engagements trimestriels groupés, réduction du nombre de comptes rendus d'exécution...), reste toutefois nécessaire pour y parvenir.

Un contrôle *a posteriori* : le contrôle de l'Inspection générale des finances

Comme la plupart des ministères, celui des Finances dispose d'une inspection générale, placée directement auprès du ministre. L'Inspection générale des finances (IGF), qui constitue l'un des corps les plus prestigieux de l'administration française, présente cependant deux particularités importantes. D'une part, on y entre très jeune, généralement à la sortie de l'ENA, même si l'instauration d'un tour extérieur a diversifié les conditions de recrutement du corps. D'autre part, l'IGF n'exerce pas seulement sa compétence à l'égard des fonctionnaires dépendant hiérarchiquement du ministre des Finances puisque, outre sa **compétence de contrôle sur tous les comptables publics**, quelle que soit l'administration dont ils dépendent, elle exerce aussi une **mission de surveillance** sur la gestion des ordonnateurs secondaires relevant des autres ministères, des collectivités locales et de tous les organismes publics. Elle peut même étendre son contrôle à l'activité de personnes privées, lorsque celles-ci bénéficient de concours financiers de la part de l'État.

L'IGF procède à deux sortes de contrôles, qu'elle exerce sans préavis. D'une part, elle peut vérifier à tout moment la gestion de tout comptable public, en rapprochant la situation de sa caisse du montant des fonds et valeurs détenus et en contrôlant la régularité des opérations réalisées. D'autre part, elle peut procéder à toutes enquêtes, évaluations ou audits sur le fonctionnement des services ou la mise en œuvre de politiques particulières. Mais, comme toute inspection, elle ne peut pas tirer elle-même les conséquences de ses constatations : seul le ministre des Finances est habilité à en décider, soit en prenant des sanctions personnelles à l'encontre des agents répréhensibles, soit en réformant le fonctionnement des services.

D'autres inspections, spécialisées par ministères, peuvent aussi exercer, parmi l'ensemble des missions dont elles sont investies, des fonctions de surveillance de la gestion financière des administrations qu'elles contrôlent. C'est le cas de l'Inspection générale de l'administration, au ministère de l'Intérieur ; du Contrôle général des armées, au ministère de la Défense ; de l'Inspection générale de l'administration de l'Éducation nationale et de la Recherche ; ou de l'Inspection générale des affaires sociales.

Les contrôles des comptes exercés par des organismes juridictionnels

C'est en raison du principe de responsabilité des comptables qu'a été institué un « juge des comptes », pour permettre un examen compétent, impartial et contradictoire de ceux-ci. Remontant à l'Ancien Régime, supprimée un temps à la Révolution, la Cour des comptes fut recréée par la loi du 16 septembre 1807. Mais ses attributions ont été notablement élargies, en particulier par la loi du 22 juin 1967, et elle ajoute de plus en plus à sa fonction juridictionnelle un rôle de contrôle administratif sur la gestion, non seulement des organismes publics, mais aussi des organismes privés bénéficiant de fonds publics. La mise en place de la décentralisation amena la création des Chambres régionales des comptes par la loi du 2 mars 1982, et imposa de ce fait un partage de compétences entre elles et la Cour.

La Cour des comptes

Les membres de la Cour

La « vieille dame de la rue Cambon »[26] est l'une des institutions les plus anciennes de l'administration française. Présidée par un premier président choisi librement par le gouvernement, elle constitue une **juridiction.** Elle regroupe environ 200 conseillers qui bénéficient d'un statut de magistrat et sont donc inamovibles. Ils sont répartis en trois grades. Les auditeurs sont recrutés à la sortie de l'ENA. La carrière se poursuit ensuite par l'accession aux grades de conseiller référendaire, puis de conseiller maître, le gouvernement ayant la possibilité de recourir à un tour extérieur. Les membres des deux grades inférieurs

26. C'est l'adresse de la Cour, à Paris. Les dispositions relatives à la Cour figurent désormais dans les articles L. 111-1 et suivants du Code des juridictions financières.

sont nommés par décret du président de la République. Le premier président et les conseillers maîtres le sont par décret en Conseil des ministres.

Des conseillers maîtres en service extraordinaire, dont le nombre est limité à dix, peuvent être nommés pour une période de quatre ans non renouvelables. Enfin, des fonctionnaires appartenant à un corps recruté par la voie de l'ENA ou provenant des fonctions publiques territoriales ou hospitalières peuvent exercer, par détachement, les fonctions de rapporteur, mais aucune fonction juridictionnelle.

L'organisation de la Cour

Elle est organisée en **sept chambres** entre lesquelles le premier président répartit les affaires. Chaque magistrat est affecté à l'une d'entre elles. Ce sont ces Chambres, présidées par des conseillers maîtres ayant au moins trois ans d'ancienneté dans le grade, qui exercent l'activité juridictionnelle de la Cour; dans les faits, chacune d'entre elles est spécialisée dans les activités de certains secteurs déterminés : c'est par exemple la troisième Chambre qui est compétente pour les affaires relatives à l'éducation et à la culture. Auditeurs et conseillers référendaires effectuent les enquêtes et rédigent les rapports. Seuls les conseillers maîtres délibèrent sur les rapports[27].

Les fonctions de ministère public sont exercées par un **procureur général**, qui représente le gouvernement auprès de la Cour et est choisi librement par lui, au sein de la Cour ou non. Le procureur général ne bénéficie pas du privilège d'inamovibilité. Son rôle est de veiller à l'application exacte de la loi. Il est chargé des poursuites, suit l'exécution des décisions de la Cour et assure la liaison avec les autorités administratives. Il est assisté de trois avocats généraux choisis parmi les conseillers référendaires, qui retrouvent leur place à la Cour après leur passage au Parquet.

La réunion en Chambre constitue la formation normale de jugement. Mais la Cour peut aussi se réunir en **Chambre du conseil**, composée du premier président, des présidents de Chambre, de tous les conseillers maîtres et du procureur général. C'est cette formation qui, en particulier, délibère sur le rapport public et sur le rapport sur l'exécution des lois de finances et qui arrête la **déclaration générale de conformité** (voir plus loin). Les Chambres réunies (premier président, présidents de Chambre et deux conseillers maîtres par Chambre) sont convoquées pour réexaminer les affaires après cassation ou dès lors qu'une question de droit importante est à trancher. A ce titre, cette formation assure l'unité de la jurisprudence.

La compétence de la Cour

Elle n'a cessé de se **diversifier**. Essentiellement juridictionnelle à l'origine, elle a évolué vers une compétence générale d'évaluation de la gestion publique, exercée au profit des différents pouvoirs constitutionnels.

- **Le jugement des comptes des comptables publics**

C'était là le rôle initial de la Cour. Juge unique dans ce domaine à l'origine, elle a vu sa compétence modifiée avec l'apparition des Chambres régionales et territoriales des comptes. Cette compétence est désormais définie de manière négative puisque relèvent de la juridiction de la Cour, en vertu du Code des juridictions financières, tous les comptables qui ne relèvent pas de celle des Chambres régionales des comptes. Cela couvre de façon générale les comptables principaux de l'État et des établissements publics nationaux. Lorsqu'elle ne statue pas en première et dernière instance, la Cour est juge d'appel contre les jugements des Chambres.

Le **contrôle de la Cour est exercé d'office**, de par le simple fait que les comptes des comptables relevant d'elle doivent lui être adressés chaque année. Elle a aussi le pouvoir de juger les comptes de ceux qu'elle a déclarés comptables de fait. Le comptable qui ne produit pas ses comptes dans les délais prescrits par les textes ou ne défère pas à une injonction de la Cour est passible d'une amende, transmissible à ses héritiers. Toute condamnation définitive à une amende doit être précédée d'une audition contradictoire et publique du comptable incriminé.

Le contrôle se fait **sur place et sur pièces**. L'instruction est menée par des rapporteurs pris parmi les auditeurs, les conseillers référendaires ou les fonctionnaires détachés. Ils ont le pouvoir d'exiger des ordonnateurs et des comptables toutes les pièces qu'ils estiment nécessaire à l'instruction des comptes. Ils peuvent se déplacer dans les services pour y procéder à toute vérification ou à toute audition jugée utile. A la fin de l'instruction, ils rédigent un projet de rapport, incluant des propositions de mesures, qui sera revu par un conseiller maître et communiqué au procureur général avant sa transmission à une formation de jugement.

Nous avons déjà vu qu'en raison de la **règle de la double décision**, la procédure se fait en deux temps. Un arrêt provisoire enjoint au comptable, s'il y a lieu, de fournir dans les deux mois, et par écrit, les explications et les documents susceptibles de dégager sa responsabilité. La Cour rend ensuite un **arrêt définitif** dans lequel elle donne au comptable décharge de sa gestion[28] ou prend, si elle juge les comptes irréguliers, une décision de mise en débet.

Les arrêts définitifs de la Cour sont susceptibles d'un **recours en révision** devant elle, si des éléments postérieurs et nouveaux sont susceptibles de remettre en cause la décision rendue. Ils peuvent aussi faire l'objet d'un **recours en cassation** devant le Conseil d'État, intenté soit par le comptable, soit par le représentant de l'administration victime de l'irrégularité. C'est le cas lorsque, par exemple, la Cour a jugé une affaire qui ne relevait pas de sa compétence, ou que la procédure suivie n'a pas été régulière (par exemple, si la motivation de l'arrêt est insuffisante), ou que la Cour a fait une mauvaise application ou donné une interprétation inexacte des textes en vigueur.

27. Cependant l'auditeur ou le conseiller référendaire qui a présenté un rapport participe avec voie délibérative à la séance au cours de laquelle son rapport est examiné.

28. Et éventuellement *quitus*, si le comptable est sorti de fonctions, ce qui lui permet de récupérer le montant des garanties qu'il avait constituées.

Si le Conseil d'État casse l'arrêt de la Cour, cela renvoie le comptable devant elle. Elle statue alors en **chambres réunies**[29], mais elle doit se conformer à l'interprétation des textes donnée par le Conseil[30].

- **Le contrôle administratif sur l'exécution du budget**

Le Code des juridictions financières rappelle que la Cour *« n'a pas juridiction sur les ordonnateurs, sauf sur ceux qu'elle a déclarés comptables de fait »*. Mais elle a progressivement conquis le pouvoir d'exercer un contrôle administratif sur l'exécution du budget par les administrateurs. Ce contrôle a été facilité par un changement de présentation des pièces justificatives des opérations financières de l'État. Adressées selon un rythme trimestriel, classées par ministère et par chapitre, elles permettent un contrôle rapide de l'ensemble de la gestion d'un ordonnateur. Reprenant les dispositions de la loi du 22 juin 1967, l'article L. 111-3 du Code des juridictions financières investit donc la Cour du pouvoir de *« s'assurer du bon emploi des crédits, fonds et valeurs gérés par les services de l'État et [...] par les autres personnes morales de droit public »*.

A l'occasion du contrôle des comptes, la Cour peut **constater toutes les irrégularités** dont les ordonnateurs se rendent coupables et les dénoncer; elle dispose dans cette activité des mêmes pouvoirs d'investigation que dans son activité juridictionnelle (se faire communiquer toute pièce ou document jugé nécessaire à l'enquête, procéder à des auditions, etc.).

Elle peut plus globalement **donner son avis** sur la gestion des utilisateurs de fonds publics : les ordonnateurs de l'État et des services publics nationaux, mais aussi les organismes privés bénéficiant de crédits publics ou faisant appel à la générosité publique[31], les entreprises publiques, les organismes de Sécurité sociale et ceux qui bénéficient du concours financier de l'Union européenne.

L'exercice de ce contrôle peut donner lieu à **diverses interventions** de la part de la Cour :

– Les *lettres des présidents de Chambre* sont adressées aux responsables administratifs (directeurs d'administration centrale, chefs de service, préfets...) pour leur signaler des irrégularités ou des erreurs de gestion.

– Les *notes du Parquet* sont adressées par le procureur général aux mêmes autorités administratives sur saisine d'un président de Chambre; elles ne signalent pas une simple erreur, mais une infraction, et l'administration est tenue d'y répondre, en indiquant quelle mesure elle a prise ou pourquoi elle n'en a pas pris.

– Le *référé*, adressé à un ministre par le Premier président à la demande d'un président de Chambre ou d'une Chambre régionale, lui dénonce des irrégularités ou des erreurs de gestion qui, soit par leur gravité, soit par leur répétition, appellent une réforme des services ou un changement des textes. Le ministre est libre de décider des suites ou de l'absence de suites qu'il y donnera, mais il doit faire une réponse à la Cour dans les trois mois.

– Enfin, la Cour peut présenter divers *rapports publics*. Le plus important est le rapport qu'elle adresse chaque année au président de la République. Florilège de cas exemplaires de mauvaise gestion ou d'irrégularités, ce rapport, rédigé par la Chambre du conseil, est d'abord communiqué aux administrations concernées pour leur permettre de présenter leurs réponses aux observations, souvent sévères, de la Cour. Il est ensuite rendu public et fait l'objet de comptes rendus et de commentaires de la grande presse.

- **L'assistance aux pouvoirs constitutionnels**

La Cour a enfin une compétence importante d'assistance aux pouvoirs constitutionnels. D'une part, elle peut toujours se voir demander une **enquête** par les commissions des finances ou une commission d'enquête du Parlement. D'autre part, *« elle assiste le Parlement et le gouvernement dans le contrôle de l'exécution des lois de finances »* (article 47 de la Constitution). A ce titre, elle présente chaque année un rapport sur l'état des finances publiques ouvrant le débat d'orientation budgétaire, et *« un rapport sur la performance de l'État »* lors de la loi de règlement. L'article 58-5 de la LOLF lui confie une mission nouvelle : la certification de la régularité, de la sincérité et de la fiabilité des comptes de l'État, comme le font les commissaires aux comptes pour les sociétés commerciales. La première certification des comptes exécutés « en mode LOLF » est intervenue en 2007.

Enfin, chaque année, la Cour établit un rapport sur l'application des lois de financement de la Sécurité sociale, présentant une synthèse des comptes et des rapports des organismes de Sécurité sociale.

Les Chambres régionales des comptes

Leur création a résulté des lois de décentralisation et, plus spécialement, de la loi du 2 mars 1982. L'affirmation du principe de l'autonomie locale conduisait à renforcer le souhait que le contrôle sur les collectivités territoriales ne porte que sur des questions de légalité, à l'exclusion de toute préoccupation d'opportunité, et le meilleur moyen pour le garantir était de faire assurer le contrôle par des instances juridictionnelles. Nous en avons déjà vu les conséquences, en matière de contrôle administratif, avec l'instauration du déféré préfectoral (voir page 80). En matière financière, la loi transfère les attributions de contrôle des trésoriers payeurs généraux, qui les exerçaient depuis 1935, à une juridiction locale des comptes.

Leur composition et leur fonctionnement

Selon le Code des juridictions financières, il est créé dans chaque région une Chambre régionale des comptes, dont le siège est fixé par décret en Conseil d'État après avis du Conseil régional. Elle se compose au minimum d'un président, pris parmi les conseillers à la Cour des

29. Sauf bien sûr dans le cas où l'arrêt a été cassé parce que la Cour était incompétente.

30. C'est ce qu'a indiqué le Conseil d'État dans l'arrêt *Botta* du 8 juillet 1904.

31. Les exemples les plus retentissants ont concerné la Croix-Rouge ou l'Association de recherche sur le cancer (ARC).

comptes, et de deux assesseurs. Les Chambres les plus importantes sont divisées en plusieurs sections de trois membres.

Les membres des Chambres constituent un **corps particulier de magistrats**, nommés par décret du président de la République, et bénéficient du privilège d'**inamovibilité**. Le recrutement se fait principalement par la voie de l'ENA, mais aussi au moyen de détachements. La loi a prévu diverses incompatibilités, dont l'exercice de certains mandats électifs, qui peuvent perdurer jusqu'à cinq ans après la fin des fonctions [32].

Chaque Chambre comporte un ou plusieurs *commissaires du gouvernement* choisis au sein du corps, qui exercent les fonctions du ministère public et sont les correspondants du procureur général près la Cour des comptes. Le fonctionnement des Chambres, en particulier les règles de procédure applicables devant elles, est largement calqué sur ceux qu'on a déjà décrits pour la Cour des comptes.

Leur champ de compétence

Il est fixé par la loi. Les Chambres contrôlent les comptes et la gestion financière de toutes les collectivités territoriales et de tous les établissements publics locaux de leur ressort [33]. Toutefois, les comptes des petites communes et de leurs établissements publics (moins de 3 500 habitants et moins de 750 000 euros de recettes ordinaires) et ceux des établissements publics de coopération intercommunale regroupant moins de 3 500 habitants sont apurés par les trésoriers payeurs généraux. Ceux-ci sont compétents pour accorder décharge au comptable. En revanche, seules les Chambres pourront engager la responsabilité du comptable s'il y a lieu. Les Chambres peuvent contrôler, à leur initiative, les comptes et la gestion des entreprises locales et de leurs filiales, ainsi que des organismes bénéficiant de concours financiers de celles-ci. Enfin, un arrêté du Premier président de la Cour des comptes peut toujours leur attribuer le jugement des comptes de certains établissements publics nationaux dont le siège se situe dans leur ressort. Ce fut le cas pour plusieurs universités.

Les décisions des Chambres peuvent faire l'objet d'un **appel devant la Cour des comptes** et d'un **recours en révision** devant les Chambres elles-mêmes.

Leurs attributions

Elles sont de deux ordres. Les unes sont parallèles à celles de la Cour des comptes, les autres, spécifiques, s'exercent dans le cadre du contrôle de tutelle sur les collectivités territoriales.

Les Chambres *jugent les comptes* des comptables placés sous leur juridiction, dans les mêmes formes et avec les mêmes pouvoirs que la Cour. Elles jugent aussi de la même façon les gestions de fait.

Elles exercent un *contrôle de gestion* sur l'exécution des budgets des collectivités territoriales : leurs observations sont communiquées aux ordonnateurs qui peuvent y répondre, mais devront, si elles sont maintenues, en donner connaissance aux organes délibérants.

Les Chambres disposent aussi de pouvoirs spécifiques sur les actes budgétaires des collectivités territoriales, dans la mesure où elles participent de manière active à la tutelle sur celles-ci (voir page 81). Elles ont compétence pour formuler, à destination du préfet et sur saisine de celui-ci, des propositions lui permettant d'arrêter le budget d'une collectivité locale qui ne l'aurait pas adopté avant le 31 mars. Elles lui adressent, dans les mêmes conditions, toutes propositions permettant la rectification d'un budget local qui n'aurait pas été voté en équilibre réel ou dont l'exécution ferait apparaître un déficit supérieur à 10 % des recettes de la section de fonctionnement. Elles contrôlent enfin l'inscription des dépenses obligatoires dans les budgets locaux et, lorsque celle-ci n'a pas eu lieu, elles ont le pouvoir d'adresser des mises en demeure aux collectivités concernées. Elles peuvent ensuite demander au préfet d'inscrire d'office la dépense au budget, en proposant, s'il y a lieu, la création de ressources supplémentaires.

Dans tous les cas, le préfet qui s'écarterait des propositions d'une Chambre doit assortir sa décision d'une motivation explicite.

Le contrôle des comptes exercé par le Parlement

Le contrôle parlementaire devrait présenter des caractéristiques particulières qui le différencient de ceux qu'on a évoqués jusqu'ici. La plupart d'entre eux portent en effet sur la régularité des opérations financières. Or le contrôle des finances publiques doit aussi s'attacher à l'opportunité et à l'efficacité (*« Contrôler réellement pour dépenser mieux et prélever moins »*, pour reprendre l'expression utilisée dans un rapport parlementaire de 1998). C'est le Parlement qui est sans doute le mieux placé pour prendre en compte ces préoccupations, qui sont avant tout d'ordre politique.

Force est cependant de constater que le contrôle du Parlement n'a pas toujours rempli ces exigences. On comprend donc que celui-ci se préoccupe de plus en plus de cette question et qu'il cherche à renforcer ses moyens afin d'y apporter des solutions. Il y travaille dans deux directions : le développement des procédures d'information et l'amélioration des conditions du vote de la loi de règlement.

32. Un Conseil supérieur des Chambres régionales des comptes a été mis en place et doit donner son avis pour tous les actes importants concernant leur statut et le déroulement de la carrière de leurs magistrats.

33. La seule exception concerne certains crédits de la mairie de Paris : ceux mis à sa disposition pour son fonctionnement, qui sont contrôlés par une commission de vérification désignée en son sein par le Conseil de Paris et composée de représentants de tous les groupes politiques.

Les procédures d'information

Bien entendu, en matière financière, le Parlement peut utiliser tous les moyens de contrôle et d'information qui sont ordinairement les siens, en particulier les questions adressées au gouvernement (voir page 43). Mais il dispose aussi de moyens et de procédures spécifiques. Et d'abord des documents comptables fournis par le gouvernement à son administration pour lui permettre de suivre l'exécution de la loi de finances.

Jaunes et bleus : les documents comptables de la loi de finances

Nous avons déjà rencontré ces documents. Ils sont de deux ordres. Les « bleus » sont prévus par l'ordonnance de 1959 : présentés lors du dépôt de la loi de finances, ils annoncent la répartition des crédits à laquelle procéderont les décrets de répartition. Par la suite, le gouvernement est lié par cette annonce. Les « jaunes » sont des rapports gouvernementaux dont la loi impose la présentation au Parlement pour la discussion de la loi de finances, même s'il arrive fréquemment qu'ils lui parviennent tardivement.

D'autres documents servent spécifiquement à l'information des commissions des finances, investies d'une mission générale d'évaluation de toute question relative aux finances publiques : elles reçoivent chaque mois, par l'intermédiaire du ministre des Finances, une situation des dépenses, des crédits et de la consommation de ceux-ci, chaque trimestre une situation des dépenses engagées. Le Parlement est ainsi régulièrement informé, tout au long de l'année budgétaire, de l'exécution des opérations financières. L'article 57 de la LOLF donne aux rapporteurs des différents budgets des pouvoirs élargis, en particulier la possibilité de suivre sur pièces et sur place l'emploi des crédits du ministère dont ils ont présenté le rapport[34].

Surtout, **le Parlement a des rapports privilégiés avec la Cour des comptes**. Les référés de la Cour, même ceux qui ont un caractère confidentiel, sont systématiquement envoyés aux commissions des finances. Le premier président peut communiquer sans intermédiaire avec les commissions des finances des deux assemblées et celles-ci peuvent poser des questions à la Cour ou la charger d'enquêtes spécifiques sur les administrations ou les services qu'elles souhaitent contrôler.

Enfin, les deux Chambres du Parlement peuvent créer des commissions d'enquête ou de contrôle de la gestion de certains services, établissements publics ou entreprises nationales. Elles l'ont fait, par exemple, en 1994 à propos de la situation du Crédit lyonnais, ou en 1998 à propos de l'utilisation des fonds publics et de la gestion des services publics en Corse.

34. Dans quelques cas, cela peut donner lieu à des rapports spéciaux connaissant un certain retentissement politique : ainsi, en 1996, sur la situation de l'audiovisuel public ou, en 2000, à propos de « la cagnotte » que se serait constituée le gouvernement.

Les dernières années ont ainsi été marquées par deux préoccupations essentielles : la prise de conscience par les parlementaires de la nécessité d'élargir le champ du contrôle, et leur volonté forte d'en moderniser l'exercice en le tirant de plus en plus vers les préoccupations contemporaines de l'évaluation des politiques publiques. Le Parlement ne peut se désintéresser de l'impact que la construction européenne a sur le budget national, ni du fait que les prélèvements obligatoires ne sont plus le fait majoritaire de l'État central, mais qu'y contribuent fortement le poids des finances locales et, surtout, les prélèvements sociaux. La Constitution le leur rappelle, en instaurant une nouvelle catégorie de lois, largement calquée sur les lois de finances, celles qui concernent le **financement de la Sécurité sociale**. Le contrôle évolue ainsi vers des évaluations globales de politiques publiques, appréhendées dans tous leurs aspects. En témoigne en particulier la création par l'Assemblée nationale, en février 1999, de la Mission d'évaluation et de contrôle.

La Mission d'évaluation et de contrôle

Chargée d'auditionner chaque année des responsables politiques et administratifs sur la gestion de leurs crédits et de mener des investigations approfondies sur un petit nombre de politiques publiques, elle présente de fortes particularités par rapport aux commissions parlementaires traditionnelles. D'une part, elle est coprésidée par un parlementaire de la majorité et un parlementaire de l'opposition. D'autre part, les différents groupes y sont représentés sur un strict pied d'égalité (deux membres par groupe). En s'appuyant sur une collaboration étroite avec la Cour des comptes, représentée à chacune de ses séances, elle a ainsi analysé divers secteurs administratifs, par exemple la politique autoroutière, la gestion des universités ou le financement et la gestion de l'eau, et présenté, avec un succès inégal, trois ou quatre rapports chaque année.

Le vote de la loi de règlement

Instituée dès le début du XIXe siècle, la loi de règlement est actuellement prévue par l'ordonnance de 1959 qui en fixe le régime. Elle constitue l'une des catégories de lois de finances et elle a deux fonctions. D'une part, elle constate le montant définitif des opérations de recettes et de dépenses intervenues pour l'exécution du budget[35] et en arrête les résultats comptables. D'autre part, elle ratifie tous les ajustements de crédits constatés par rapport à la loi de finances initiale, telle qu'elle a été modifiée par les lois de finances rectificatives (en plus – dépassements – ou en moins – annulations), et elle autorise le transfert du solde des résultats de l'année à un compte tenu par le Trésor.

35. Et plus largement de toutes les opérations de trésorerie.

Compte tenu du changement d'esprit qu'elle apporte et de la plus grande liberté qu'elle laisse aux gestionnaires des crédits, la LOLF souhaite renforcer la place de la loi de règlement dans les opérations budgétaires. Elle institue donc, dans son article 46, ce qu'on a appelé *«un chaînage vertueux»* entre la loi de règlement de l'année *n*, dont la liste des annexes est augmentée, et la loi de finances initiale de l'année *n+1*. La date limite de dépôt du projet de loi de règlement[36] est donc remontée au 1er juin de l'année suivant celle de l'exécution du budget auquel il se rapporte et, en vertu de l'article 41, le projet de loi de finances ne peut être mis en discussion devant une assemblée tant qu'elle n'a pas voté, en première lecture, le projet de loi de règlement de l'année précédente. La loi de règlement devient ainsi un élément du débat budgétaire à venir.

L'article 56 de la LOLF détaille minutieusement les pièces qui doivent être annexées au projet de loi. On y trouve en particulier des documents d'exécution correspondant à chacun des documents présentés lors du dépôt de la loi de finances initiale. Le projet doit être accompagné d'un rapport très détaillé de la Cour des comptes sur l'exécution des lois de finances, portant à la fois sur les comptes et sur les résultats. Ce rapport constitue pour les parlementaires une source précieuse d'informations. Même si la discussion de la loi de règlement ne suscite généralement pas des débats politiques enflammés *(«c'est un règlement des comptes et pas un règlement de comptes»*, disait un ministre), elle n'en constitue pas moins un élément important de l'information parlementaire.

36. Établi, comme son nom l'indique, par le gouvernement.

Chapitre 5
L'impôt

Le produit des impôts représente l'essentiel des ressources de l'État. Il lui permet de remplir ses missions régaliennes (justice, police) et ses activités de service (infrastructures, enseignement). Mais, pour diverses raisons (dont les allègements fiscaux et les subventions accordés à certaines catégories de personnes ou d'entreprises), l'impôt suffit de moins en moins à couvrir la totalité des dépenses. D'où le recours à l'emprunt, qui tend à devenir régulier et atteint aujourd'hui des proportions inquiétantes : la dette publique avoisine en effet 1 100 milliards d'euros en 2007, soit 65 % du PIB, et le seul remboursement des intérêts annuels représente 45 milliards d'euros, soit environ 640 euros par habitant.

Avec les cotisations sociales, les impôts constituent les prélèvements obligatoires – souvent jugés trop élevés[37] *– sur les revenus des particuliers et des entreprises, et leur montant comme leur répartition sont des éléments de la politique économique que les pouvoirs publics entendent suivre. En raison à la fois de leur importance pour la vie du pays et de leur caractère contraignant pour les citoyens, il est admis depuis la Révolution de 1789 qu'ils doivent être déterminés par la représentation nationale et respecter le principe d'égalité devant les charges publiques. Mais si les grandes lignes du droit fiscal ont une portée générale, les impôts sont très divers, et le régime juridique auquel ils sont soumis fait intervenir de nombreuses autorités.*

Les principes généraux de la fiscalité

La Déclaration des droits de l'homme adoptée en 1789 reconnaissait dans son article 13 le caractère indispensable de l'impôt « *pour l'entretien de la force publique et pour les dépenses d'administration* », mais précisait dans ce même article qu'il devait « *être également réparti entre les citoyens en raison de leurs facultés* » (contributives) ; et dans l'article suivant, elle réservait à ces mêmes citoyens ou à leurs représentants le droit « *d'en suivre l'emploi et d'en déterminer la quotité, l'assiette, le recouvrement et la durée* ». La plupart de ces principes demeurent en vigueur. La nécessité de l'impôt fait que l'État peut le recouvrer en utilisant la contrainte et que le refus de s'en acquitter, de même que la fraude, sont passibles de sanctions parfois très lourdes. La compétence du Parlement est réaffirmée par l'article 34 de la Constitution de 1958, qui réserve à la loi le droit de déterminer « *l'assiette, le taux et les modalités de recouvrement des impositions de toutes natures* »[38] (voir plus loin la définition de ces termes). Le Conseil constitutionnel, de même que les juridictions administratives, veille au respect du **principe d'égalité** qui a valeur constitutionnelle.

Un exemple d'application du principe d'égalité par le Conseil constitutionnel : la décision du 27 décembre 1973

La taxation d'office permet au fisc de lutter contre la fraude lorsque les « dépenses personnelles, ostensibles ou notoires » de certains contribuables excèdent notablement les revenus qu'ils ont déclarés. La possibilité de démontrer leur bonne foi, sous le contrôle du juge, fut cependant reconnue aux intéressés par la loi de finances pour 1974, mais seulement si leurs dépenses annuelles ne dépassaient pas, à l'époque, 276 000 francs (cette condition s'expliquait par le souci d'éviter que le nouveau dispositif puisse bénéficier aux gros fraudeurs). Saisi de cette loi, le Conseil constitutionnel estima que l'article en cause instituait « *une discrimination entre les citoyens au regard de la possibilité d'apporter une preuve contraire à une décision de taxation d'office* » et contrevenait par là même au principe d'égalité. Il le déclara donc non conforme à la Constitution.

Mais certains éléments de cette construction d'ensemble se sont trouvés infléchis. D'une part, la compétence exclusive du Parlement a été grignotée sous l'influence de trois facteurs différents : le *développement du droit communautaire*, qui tend à l'harmonisation fiscale dans les pays membres de l'Union et à la baisse des déficits budgétaires ; *l'article 40 de la Constitution*, qui interdit aux parlementaires de diminuer une ressource publique sans la compenser par une ressource équivalente ; et la possibilité reconnue au Parlement par le Conseil consti-

37. C'est pourquoi a été institué le « bouclier fiscal », qui garantit aux contribuables que le total des impôts nationaux et locaux (y compris l'ISF) qu'ils devront acquitter ne pourra dépasser 60 % de leur revenu annuel. Malgré ce dispositif, les évasions fiscales (délocalisation d'activités, domiciliations à l'étranger, etc.) demeurent nombreuses. C'est l'une des raisons pour lesquelles le « bouclier » a été abaissé à 50 % (y compris la CSG) en 2007.

38. Les principaux textes intervenant en ce domaine sont les lois annuelles de finances, mais aussi des lois spéciales, dont les dispositions diverses d'ordre financier (DDOF) souvent adoptées en fin d'année.

tutionnel de déléguer au gouvernement le pouvoir de fixer la date d'entrée en vigueur d'une loi instituant un impôt ou de déterminer lui-même, à l'intérieur d'une fourchette déterminée, le taux de cet impôt.

D'autre part, le principe de proportionnalité du montant de l'impôt aux facultés contributives des redevables n'est plus entendu de manière littérale, c'est-à-dire arithmétique (une personne ayant des revenus deux fois supérieurs à ceux d'une autre paiera un impôt d'un montant double). Les régimes fiscaux peuvent être différents s'ils s'inspirent du souci de lutter contre la fraude (ainsi s'explique l'abattement de 20 % sur les revenus des salariés qui ne peuvent pas en dissimuler une partie, contrairement, par exemple, aux commerçants), ou s'ils visent à atténuer les disparités de ressources : le montant de l'impôt sera en ce cas *progressif* et non plus seulement proportionnel, les « tranches » supérieures des revenus étant taxées plus lourdement que les autres.

Enfin, alors que l'impôt avait initialement un objectif purement financier (couvrir les dépenses publiques), il tend à devenir aussi un **instrument de politique économique ou sociale**. Son montant peut ainsi s'alourdir lorsque les pouvoirs publics souhaitent lutter contre l'inflation en réduisant le pouvoir d'achat des ménages, ou au contraire s'alléger s'ils veulent relancer l'économie par l'accroissement de la demande. Des modulations peuvent également tendre, par exemple, à favoriser la natalité par l'institution de quotients familiaux avantageux, ou bien à freiner des comportements jugés nocifs, comme l'alcoolisme ou le tabagisme, par l'alourdissement de la taxe sur la valeur ajoutée (TVA) frappant les produits en cause.

La classification des impôts

Il existe un très grand nombre d'impôts, aussi divers par leur assiette que par leur rendement : ils peuvent s'appliquer aux revenus du travail comme au capital, à une transaction notariale comme à l'achat d'une tablette de chocolat ou à l'obtention d'une carte grise ; certains concernent les particuliers, d'autres les entreprises ; ils peuvent alimenter le budget de l'État comme ceux des collectivités territoriales ; et leur produit est parfois très important, parfois si faible que le coût de leur recouvrement paraît disproportionné. Il ne saurait être question d'en dresser ici un tableau exhaustif, mais il convient d'en déterminer les principales catégories, en indiquant, à l'intérieur de chacune d'elles, ceux qui sont les plus importants.

Les divers types d'impôts

– On distingue d'abord entre **impôts directs et indirects**. Les premiers sont assis sur une *matière imposable* (par exemple les salaires, les revenus du capital ou la propriété immobilière), et les contribuables s'en acquittent directement auprès du Trésor public ; leur montant peut être personnalisé, c'est-à-dire rendu proportionnel ou progressif selon la situation des intéressés. Les impôts indirects, au contraire, sont perçus à l'occasion d'une *opération concernant la matière imposable*, par exemple sa production, sa circulation ou sa consommation, et se répercutent sur le prix payé par « l'acquéreur » final : ainsi la TVA s'applique-t-elle aux achats de divers types comme aux travaux de réfection d'un appartement ; et des droits de timbre ou d'enregistrement sont imposés à l'occasion de plusieurs démarches (dépôt d'un recours pour excès de pouvoir, demande d'un permis de chasse...). Cette catégorie d'impôt est moins équitable que la précédente, car elle pèse de la même manière sur tous les redevables quelle que soit leur situation de fortune. Elle a cependant l'avantage, du point de vue des pouvoirs publics, d'être « indolore » car les intéressés ne la distinguent guère du prix qu'ils versent au vendeur ou au prestataire de services : c'est l'une des raisons pour lesquelles elle est très usitée.

– On distingue ensuite entre **impôts nationaux et locaux**, les uns et les autres pouvant être directs ou indirects. Leur montant total est très différent, la fiscalité de l'État l'emportant de beaucoup sur celle des collectivités territoriales. C'est cette distinction qui sera retenue pour la présentation des principaux impôts.

Les impôts d'État

Ils rapportent au total 266 milliards d'euros (en 2007) pour un budget d'environ 300 milliards. Les principaux d'entre eux sont assis sur les revenus, la dépense et le patrimoine ; le rendement de la deuxième catégorie, constituée par les impôts indirects, l'emporte de beaucoup sur celui des deux autres.

Les impôts sur le revenu

Les particuliers sont assujettis à l'**impôt sur le revenu des personnes physiques** (IRPP), dont l'origine ne remonte qu'à la Première Guerre mondiale et qui fut systématisé en 1970. Il s'applique aux salaires et traitements, déduction faite des frais professionnels, aux pensions de retraite, aux revenus des capitaux mobiliers (à l'exception de l'épargne dite « populaire », comme les livrets A et les plans d'épargne logement), aux revenus fonciers tels que les loyers, et aux plus-values des cessions de biens mobiliers ou immobiliers. Ces divers éléments sont additionnés chaque année pour constituer le **revenu net global**. Mais plusieurs *dégrèvements et abattements* sont admis, dont le quotient familial et, malgré son caractère progressif, l'IRPP a un rendement faible (16,5 % seulement de l'ensemble des impôts d'État) car un peu plus de 50 % des foyers fiscaux en sont exonérés. A cet égard, la France s'écarte de la situation des autres pays développés.

La fiscalité des entreprises est complexe. Les PME constituant des sociétés de personnes paient également un impôt sur le revenu, qui couvre les bénéfices industriels, commerciaux, agricoles et non commerciaux, ces derniers correspondant aux professions libérales. Les autres doivent acquitter l'**impôt sur les sociétés** (IS) si elles prennent la forme de sociétés anonymes ou à responsabilité limitée. L'IS n'est qu'assez peu progressif : le taux moyen d'imposition des bénéfices est d'environ 33 %, mais les sociétés dont le chiffre d'affaires est faible bénéficient d'un taux réduit. Le rendement de cet impôt représente cependant 15,5 % du produit des impôts d'État.

Les impôts sur la dépense

Il s'agit d'**impôts indirects**, dont le plus important est la **TVA**. Créée en 1954, elle porte, selon le Code général des impôts, sur « *les livraisons de biens et les prestations de services effectuées à titre onéreux par les assujettis* », ce dernier terme couvrant toutes les personnes et entreprises qui exercent une activité industrielle ou commerciale, y compris les membres de certaines professions libérales. Son taux normal est de 19,5 %, mais un taux réduit (5,5 %) est applicable aux produits ou services nécessaires à la vie courante, tels que l'alimentation, les transports et les abonnements à l'électricité[39]. Les assujettis déduisent de la TVA applicable à leurs ventes ou prestations celle qui a pesé sur leurs achats, et répercutent le reste sur les consommateurs en l'incluant dans le prix qu'ils leur demanderont d'acquitter[40]. Compte tenu de la masse des transactions effectuées, le produit de la TVA est très important : il représente 47,6 % du total des impôts d'État.

D'autres impôts indirects viennent s'y ajouter, en particulier les **droits d'accise**, qui frappent par exemple la consommation de tabac ou d'alcool et dont le plus lourd est la taxe intérieure sur les produits pétroliers, qui représente la plus grande partie du prix payé par l'acheteur de carburant et contribue pour près de 9,5 % au total des impôts d'État.

Les impôts sur le patrimoine

Outre les **droits de mutation**, qui s'appliquent principalement aux ventes d'immeubles et aux successions, il faut citer l'**impôt de solidarité sur la fortune** (ISF) qui illustre l'influence des changements de majorité sur la politique fiscale. Créé en 1982[41], il fut en effet supprimé en 1986 puis rétabli en 1989, son taux connaissant par la suite, au gré des alternances, des accroissements et des plafonnements. Il vise les personnes physiques possédant un patrimoine d'une valeur supérieure à 760 000 euros[42], non compris les biens professionnels – dont la définition est large – et les œuvres d'art. Ces exclusions restreignent beaucoup le nombre des assujettis (on en compte un peu plus de 500 000) et le rendement de l'ISF est donc relativement faible. Il n'en conserve pas moins une valeur symbolique : le gouvernement issu des élections de 2002, qui souhaitait le supprimer à nouveau, s'est vite rendu compte que son projet était impopulaire et y a donc renoncé. L'abaissement du « bouclier fiscal », toutefois, diminuera le nombre des redevables.

Les impôts locaux

La fiscalité locale, qu'il s'agisse des régions, des départements ou des communes, est très nettement inférieure à celle de l'État, à la fois en valeur absolue et en proportion de leurs budgets respectifs, bien que les lois de décentralisation aient considérablement accru les compétences – donc les charges financières – des collectivités territoriales[43]. Celles-ci ne sont pas non plus entièrement libres de déterminer les taux d'imposition (qu'elles ne pouvaient d'ailleurs pas voter elles-mêmes avant les années 1980) : la loi leur enjoint de maintenir une certaine proportion entre les différents impôts qu'elles lèvent, et de ne pas dépasser trop largement, pour chacun d'eux, le taux moyen constaté au niveau national.

Ces impôts sont pour l'essentiel constitués de **quatre taxes directes**, dont l'origine remonte à la Révolution et qu'on a appelées de ce fait « les quatre vieilles ». Les collectivités des différents niveaux déterminent individuellement le taux qu'elles entendent appliquer, et la part de chacune d'elles est indiquée sur l'avis d'imposition adressé aux contribuables.

– Les **taxes foncières sur les propriétés bâties** (maisons, usines) et **non bâties** (terrains agricoles, carrières) sont dues par les *propriétaires*, sous réserve de quelques exonérations, temporaires ou non, prévues par la loi. Elles représentent ensemble environ 32 % du produit total.

– La **taxe d'habitation** (23 %) est à la charge des *occupants*, qu'ils soient propriétaires ou locataires du logement, et assise sur la valeur locative cadastrale de celui-ci. La loi en a exonéré les personnes de condition très modeste, à charge pour l'État de compenser la perte de recettes qui en résulte pour les collectivités territoriales. Cette taxe n'est pas très équitable, car la valeur cadastrale des logements n'est que rarement actualisée et s'écarte donc parfois beaucoup de la valeur de marché ; cette distorsion aboutit à surévaluer l'imposition des logements vieillissants, en particulier dans les HLM.

– La **taxe professionnelle** représente à elle seule 44 % de l'ensemble. Elle est due par les personnes physiques ou morales qui exercent une activité non salariée, excepté les exploitants agricoles et les artisans, et est calculée essentiellement sur la valeur de leurs équipements. Son produit diffère grandement selon qu'une commune accueille des établissements industriels ou des sièges sociaux importants (comme c'est le cas du quartier de la Défense, dans les Hauts-de-Seine) ou a au contraire un caractère résidentiel. C'est pourquoi des mécanismes d'harmonisation ont été mis en place : les lois relatives aux

---

39. Il existe aussi, pour la presse et les médicaments remboursés, un taux minimal de 2,1 % ; et des taux réduits particuliers s'appliquent en Corse et dans les départements d'outre-mer.

40. D'où la pratique du « travail au noir », c'est-à-dire effectué sans facturation et payé en espèces, producteur et consommateur se partageant la part du prix correspondant à la TVA.

41. Il s'appelait alors « impôt sur les grandes fortunes » (IGF).

42. En 2007 a été ajouté un abattement de 30 % sur la valeur de la résidence principale.

43. C'est pourquoi l'État a institué à leur profit un mécanisme de subvention sous la forme de dotations globales de fonctionnement et de décentralisation (voir la partie « Droit administratif », page 77).

groupements de communes (voir page 82) ont encouragé financièrement l'institution d'une taxe professionnelle unique, et des fonds de péréquation ont été créés au niveau national et départemental pour réduire les disparités de ressources entre communes.

Quelques impôts directs ou indirects, de rendement beaucoup plus faible, complètent le dispositif : par exemple, les droits perçus par les départements sur les ventes d'immeubles, la taxe régionale sur les permis de construire et la taxe communale d'équipement. Pour atténuer les charges résultant pour elles de la décentralisation, l'État a également, en 1984, transféré aux régions les taxes sur les cartes grises et les permis de conduire, qui ont un produit non négligeable.

De façon générale, l'ancienneté de ces impôts les rend à la fois quelque peu inadaptés à la société moderne et souvent inéquitables. La nécessité d'une réforme fiscale est souvent proclamée, mais celle-ci n'a pas encore vu le jour.

La procédure fiscale

Deux acteurs jouent en ce domaine un rôle important. D'abord – et surtout – les services du ministère des Finances, qui sont chargés de calculer le montant des impôts dus par chaque contribuable et de procéder à leur recouvrement. Ensuite les tribunaux, qui veillent au respect des prescriptions légales et à la sauvegarde des droits individuels.

La détermination du montant des impôts

Il appartient à la **direction générale des Impôts** (DGI) d'élaborer les textes de base, ainsi que les instructions générales qui guideront ses services régionaux et départementaux dans l'application de ceux-ci. C'est elle aussi qui établit l'*assiette de l'impôt* (c'est-à-dire la détermination de la matière imposable) et procède à sa *liquidation*, qui correspond au calcul des montants dus : elle le fait entièrement pour la plupart des impôts d'État (IRPP, IS, TVA)[44], mais participe aussi aux opérations pour ce qui concerne les impôts locaux.

La liquidation est opérée sur la base des déclarations annuelles faites par les contribuables; mais, pour éviter les sous-évaluations et les fraudes, les déclarations doivent souvent être doublées par des tiers : l'employeur indique ainsi le montant des salaires qu'il a versés, le locataire celui des loyers qu'il a payés, les établissements bancaires celui des plus-values réalisées lors des ventes de titres. Il arrive également que les services complètent les montants déclarés par des évaluations forfaitaires, fondées par exemple sur le chiffre d'affaires pour la détermination des bénéfices industriels ou commerciaux. Ils peuvent par ailleurs procéder à des contrôles, qui seront décrits plus loin. Mais en toute hypothèse, l'administration dispose du **privilège du préalable**, en ce sens que le contribuable doit payer d'abord et ne pourra contester qu'ensuite.

Le recouvrement

Il est principalement opéré par les **agents du Trésor public**, rattachés à la direction générale de la Comptabilité publique du ministère des Finances et répartis dans toutes les circonscriptions de l'État et des collectivités territoriales : on compte au total près de 58000 trésoriers-payeurs, inspecteurs, receveurs et percepteurs, dont les grades et les appellations varient suivant l'importance de la circonscription dans laquelle ils exercent. Entre autres tâches[45], ces agents recouvrent presque tous les impôts directs de l'État et tous ceux des collectivités territoriales. Le recouvrement de certains impôts indirects, telle que la taxe intérieure sur les produits pétroliers ou la taxe sur les tabacs, est effectué par la direction générale des Douanes.

Les contrôles fiscaux

Dans la mesure où le paiement de l'impôt est une obligation à laquelle les assujettis ne peuvent se soustraire, mais où son montant dépend en grande partie des déclarations qu'ils effectuent, l'institution d'un contrôle sur la sincérité de ces déclarations s'est imposée d'elle-même[46]. Ce sont les **agents de la DGI** qui en sont chargés et ils disposent pour y procéder de moyens variés.

Le **contrôle sur pièces**, effectué au sein des services, est habituel : il consiste à rapprocher les déclarations annuelles du dossier fiscal des contribuables. S'ils constatent une discordance, les agents peuvent demander tous les renseignements qu'ils jugent utiles aux intéressés, mais aussi à des tiers (employeur, banques), et ces renseignements ne peuvent leur être refusés.

Des **investigations sur place** auront lieu si le contrôle sur pièces laisse présumer l'existence d'une fraude. Les agents peuvent vérifier la comptabilité des particuliers et des entreprises qui sont astreints à en tenir une, voire procéder à l'examen contradictoire d'ensemble de la situation financière personnelle (ESFP) de tout contribuable soumis à l'impôt sur le revenu, en vue d'apprécier la compatibilité de son train de vie avec les revenus qu'il a déclarés. En cas de fraude caractérisée (par exemple, la découverte de fausses factures), les agents auront la possibilité de procéder à des perquisitions et des saisies de pièces, mais sous le contrôle du juge judiciaire, gardien traditionnel des libertés individuelles et de la propriété (voir page 130).

44. Il existe une exception pour l'ISF, dont le montant est calculé par les assujettis eux-mêmes, sous réserve d'une simple vérification par les services.

45. On a vu plus haut (voir page 166) qu'ils assurent aussi la gestion financière et comptable des services de l'État, des collectivités territoriales et de leurs établissements publics.

46. Le montant de la fraude fiscale avoisine en effet 30 milliards d'euros chaque année.

Ces différentes investigations sont entourées de garanties. En particulier, les intéressés doivent en être avertis au préalable, reçoivent un exemplaire de la Charte du contribuable vérifié qui indique les limites des pouvoirs reconnus à l'administration, et ont le droit de se faire assister par un conseil de leur choix.

Des **redressements** sont opérés lorsque les revenus réels dépassent le montant indiqué dans la déclaration. Ils doivent être motivés, ce qui donne aux intéressés la possibilité de les discuter, mais sont toujours assortis d'intérêts de retard au taux de 0,75 % par mois, et parfois de pénalités qui atteignent un montant très élevé en cas d'escroquerie avérée ou d'opposition à un contrôle[47]. Enfin, après avis d'une commission des infractions fiscales, des **poursuites judiciaires** peuvent être engagées contre les fraudeurs, qui encourent des amendes et parfois des peines d'emprisonnement.

L'efficacité des contrôles se heurte cependant à des limites en raison de l'existence de « paradis fiscaux » étrangers garantissant l'anonymat des dépôts et transferts de fonds. La coopération entre administrations fiscales et juges d'instruction de différents pays se développe pour lutter contre ces pratiques, mais la rapidité des opérations effectuées par voie informatique et le traditionnel secret bancaire contrecarrent leurs efforts[48].

Le rôle des tribunaux

La jurisprudence fiscale est abondante, car les recours intentés par les contribuables sont nombreux. Elle émane de deux sources différentes : depuis le partage du contentieux opéré en 1790, en effet, le contentieux des impôts directs relève de la juridiction administrative, tandis que celui des impôts indirects appartient aux tribunaux judiciaires.

Le **contentieux de l'imposition**, qui vise la détermination de l'assiette ou la liquidation, doit être obligatoirement *précédé d'une réclamation adressée au service des impôts*. Si celui-ci refuse d'y faire droit, ou garde le silence pendant six mois, ce qui fait naître une décision implicite de rejet, l'intéressé dispose d'un délai de deux mois pour saisir le juge (selon le cas, le tribunal administratif ou d'instance). Les règles relatives à la procédure contentieuse et aux possibilités d'appel et de cassation sont celles du droit commun.

Le **contentieux du recouvrement** est de deux sortes. La première vise le cas où la réclamation préalable, adressée à l'administration par un contribuable, contient une demande de sursis au paiement de l'impôt contesté, et où cette demande est rejetée : si l'intéressé présente des garanties de solvabilité, le juge des référés pourra ordonner le sursis.

La seconde hypothèse concerne les modalités des contrôles fiscaux et le recouvrement forcé : les tribunaux interdisent par exemple à l'administration de s'immiscer dans le fonctionnement courant d'une entreprise à l'occasion d'un contrôle ; ils vérifient aussi l'exactitude de la distinction qu'elle a opérée entre patrimoine personnel et professionnel, et sanctionnent les erreurs qu'elle commet en déclenchant des procédures d'exécution forcée telles que les saisies et les ventes. Le Conseil d'État a jugé en 1990 (comme il l'a fait pour les mesures de police, voir page 138) que la responsabilité de l'administration pouvait être engagée par de telles opérations, même en l'absence d'une faute lourde. Et le Conseil constitutionnel a soumis les sanctions fiscales au régime des sanctions pénales, ce qui oblige l'administration à respecter les droits de la défense et le principe de la proportionnalité de la peine prononcée au délit commis.

47. Il existe toutefois des possibilités de transaction ou de remise gracieuse.

48. Dans son rapport annuel pour 2006, le Conseil des prélèvements obligatoires évalue la fraude fiscale à plus de 20 milliards d'euros, ce qui représente environ 2/3 du déficit budgétaire de l'État.

Questions à réponse courte (QRC) sur les finances publiques

Quels sont les principes budgétaires et leurs atténuations ?

Comme toutes les questions très générales et qui vous obligent à passer en revue de nombreux aspects du cours, il importera de ne pas perdre trop de temps en développements inutiles, mais aussi de ne pas oublier des aspects essentiels. Le sujet étant long à traiter, il ne faut ni être trop schématique ni, compte tenu du temps imparti, trop détailler les réponses.

Vous rappellerez en introduction que les principes budgétaires ont été établis pour affirmer le pouvoir du Parlement dans la discussion budgétaire. La définition des principes et de leur contenu est assez simple à résumer. Attention à bien rappeler les évolutions introduites par la LOLF. Il faudra donc, après avoir rappelé les quatre principes traditionnels et leur contenu, souligner sommairement les évolutions des principes d'annualité et de spécialité, en évoquant les deux raisons des changements : accroissement du pouvoir du Parlement et volonté de responsabiliser les gestionnaires. Il faudra enfin souligner le souci de transparence qu'implique l'apparition du principe de sincérité.

Voir page 149.

Le partage des pouvoirs entre l'ordonnateur et le comptable.

Pour répondre à cette question, vous serez amenés à rapprocher deux subdivisions différentes d'un chapitre de cet ouvrage. Vous distinguerez entre les phases administratives et comptables des procédures d'exécution des dépenses et de perception des recettes publiques. L'ordonnateur est chargé des premières, le comptable des secondes.

En matière de dépenses, l'ordonnateur a donc le monopole de l'acte d'engagement comptable qui, malgré son nom, relève bien de la phase administrative et qui consiste à individualiser la dépense, c'est-à-dire à réserver les crédits nécessaires ; il liquide ensuite la dépense par constatation du service fait, ce qui consiste à arrêter son montant définitif ; il l'ordonnance enfin, en donnant au comptable l'ordre de payer. Le comptable est alors chargé du paiement, après avoir constaté la régularité de l'ordre donné.

En matière de recettes, l'ordonnateur est en principe chargé de la constatation et de la liquidation de la recette mais il n'a pas le monopole de ces opérations, qui peuvent être effectuées par des fonctionnaires n'ayant pas la qualité d'ordonnateur. Il est en revanche le seul à pouvoir mettre la recette en recouvrement en émettant un ordre de recette. Le comptable est chargé de la perception, après avoir constaté la régularité de l'ordre donné.

Voir page 163.

Quelles sont les principales missions d'une Chambre régionale des comptes ?

L'essentiel des réponses se trouve dans la partie « Finances publiques » qui rappelle les deux types d'attributions des Chambres : juge des comptes et contrôle de gestion d'une part ; participation à la tutelle sur les collectivités territoriales de l'autre. Mais vous pourrez aussi vous servir du passage correspondant dans la partie « Droit administratif » pour rappeler, en introduction, la nouveauté qu'a représenté la « juridictionnalisation » des pouvoirs de tutelle et sa part dans la décision prise par les lois de décentralisation de créer les Chambres.

Voir page 174 et page 81.

Institutions européennes

Chapitre 1
Historique de l'intégration européenne

Les origines de cette intégration sont anciennes. En Europe, la fin de la Seconde Guerre mondiale voit apparaître deux phénomènes complémentaires. Une division du continent en deux zones, placées respectivement sous les influences américaine et soviétique (à partir de 1949, la séparation a conduit à la mise en place de lignes de démarcation hermétiques – «rideau de fer», puis installation du mur de Berlin – qui ont largement figé jusqu'au début des années 1990 les frontières redéfinies par les accords de Yalta, conclus en février 1945 entre les trois grandes puissances victorieuses de l'Allemagne). Et la mise en place d'organisations de coopération au sein de chacun des deux blocs. Elles se sont essentiellement développées dans les domaines militaire – Organisation du traité de l'Atlantique nord ou OTAN, mise en place en 1948 à l'Ouest; pacte de Varsovie, conclu parallèlement en 1955, à l'Est – et économique (Organisation de coopération et de développement économiques – OCDE – dont les origines remontent à avril 1948); par ailleurs fut créé à l'Est, en 1949, le Comecon, conseil d'aide économique mutuelle, pour couper court à toute tentation de répondre favorablement aux propositions d'aide américaine.

Les débuts de la Communauté européenne

Très vite, certains ont manifesté à l'Ouest le souci d'un renforcement de la coopération : une initiative française, à laquelle il faut associer les noms de Jean Monnet et de Robert Schuman, conduisit à la création, par le traité de Paris du 18 avril 1951, du premier *marché commun* : la **Communauté européenne du charbon et de l'acier** (CECA)[1]. Les six pays signataires (Allemagne, Belgique, France, Italie, Luxembourg et Pays-Bas) poursuivirent dans la même voie en adoptant, le 25 mars 1957, les **traités de Rome** qui créaient un marché commun de l'énergie atomique (Euratom) et, surtout, prévoyaient la mise en place progressive d'un marché commun généralisé; ils instituaient en effet, sans limitation de durée, la **Communauté économique européenne,** s'accompagnant de la mise en place d'institutions communes (Assemblée parlementaire et Cour de justice des communautés européennes). Le 8 avril 1965, un nouveau traité signé entre les six pays à Bruxelles procédait à l'unification des exécutifs en instituant un Conseil des ministres unique et une Commission unique pour les trois communautés.

Tout au long de la période gaulliste, la position française avait été marquée par une forte opposition au principe de la *supranationalité.* L'élection du président Pompidou (en 1969) marque un infléchissement de la politique de la France, qui se rallie à l'idée d'un triptyque achèvement-approfondissement-élargissement et fait accomplir à la construction européenne de nouveaux pas décisifs dans le sens de l'unification. En avril 1970, une décision modifie les conditions de financement des activités européennes. Au lieu de dépendre de contributions financières des États membres, elles sont désormais financées par des ressources propres; dans le même temps, un nouveau traité confère de véritables pouvoirs budgétaires au Parlement européen. En 1972, une coordination des politiques monétaires se met en place avec la création du **serpent monétaire**, visant à limiter les marges de fluctuation entre les monnaies des États membres.

L'élargissement progressif de la Communauté

En 1957 le traité de Rome avait créé une **union douanière**. Celle-ci se caractérise par deux éléments. Le premier est la disparition progressive de toute barrière douanière à l'intérieur de l'Union; en résultent donc les principes qui sont à la base de la construction européenne (liberté de circulation, sans entraves, des personnes, des marchandises et des services). C'est l'idée du **Marché commun**. En revanche, la mise en place de l'Union implique le maintien d'une barrière douanière entre elle et les pays extérieurs. Ce second élément gênait fortement certains pays européens non membres de la communauté initiale, mais qui souhaitaient y entrer.

Tel était le cas de la Grande-Bretagne. D'une part, elle refusait toute entrave aux échanges économiques avec ses anciennes colonies membres du Commonwealth (Canada, Australie, Nouvelle-Zélande, etc.). D'autre part, elle était sans doute le pays européen le plus sensible aux points de vue des États-Unis qui souhaitaient supprimer toute barrière douanière entre les pays occidentaux.

1. Domaine vital à l'époque : «*La solidarité de production qui sera ainsi nouée manifestera que toute guerre entre la France et l'Allemagne devient non seulement impensable mais matériellement impossible*» (Robert Schuman, extrait de la déclaration du 9 mars 1950).

L'adhésion de la Grande-Bretagne à la Communauté comportait donc un grand risque de remise en cause des principes initiaux et cela explique que, par deux fois, sous l'impulsion du général de Gaulle, la France ait opposé son veto à la candidature britannique.

Là encore, le changement de président en France allait amener une évolution. Le 22 janvier 1972, un traité permettait l'adhésion de trois nouveaux États, la Grande-Bretagne, l'Irlande et le Danemark. Ils étaient suivis en 1981 par la Grèce, en 1986 par l'Espagne et le Portugal, en 1994 par l'Autriche, la Finlande et la Suède. La Norvège, candidate par deux fois, a par deux fois refusé d'entrer dans la Communauté à la suite de référendums négatifs.

La fin de la guerre froide et la volonté des pays de l'Europe centrale et orientale d'être intégrés dans l'Union ont conduit à un processus d'élargissement supplémentaire. Après des négociations parfois difficiles, un traité signé à Athènes le 11 avril 2003 permit, à compter du 1er mai 2004, l'intégration de dix nouveaux pays, dont on a estimé qu'ils étaient capables d'assumer les obligations qui en découlent : Chypre, l'Estonie, la Hongrie, la Lettonie, la Lituanie, Malte, la Pologne, la République tchèque, la Slovaquie et la Slovénie. Trois candidatures nouvelles ont ensuite été acceptées, celles de la Roumanie et de la Bulgarie qui ont adhéré à l'Union au 1er janvier 2007, et celle de la Croatie. La question de l'adhésion éventuelle de la Turquie reste très controversée, et elle n'a pour l'instant donné lieu à aucune décision.

Ces élargissements successifs ont des effets importants sur l'organisation institutionnelle et, dès décembre 2000, le traité de Nice a prévu un rééquilibrage des pondérations des sièges au sein des organes européens. Par ailleurs, sur le plan qualitatif, ils provoquent une hétérogénéisation croissante, qui rend plus délicate la définition de certaines politiques communautaires. En particulier, l'idée initiale d'union douanière, qui se matérialise par l'existence d'un tarif douanier commun protégeant les États membres vis-à-vis de l'extérieur, explose sous l'effet de la *mondialisation*. Et, sur le plan quantitatif, plus on est nombreux, plus la définition de points de vue communs à tous les États membres devient difficile; ceci explique l'apparition récente de manifestations d'une construction européenne à plusieurs vitesses (comme le montre, par exemple, la mise en place de la monnaie commune, l'euro).

De la Communauté à l'Union européenne

Les progrès de la construction européenne se sont manifestés dans plusieurs domaines.

Une amélioration de l'organisation institutionnelle

Elle s'est traduite par trois évolutions essentielles.

Un renforcement de la coopération politique

Le nouveau contexte politique français, marqué par l'élection du président Pompidou en 1969 et, plus encore, celle de Valéry Giscard d'Estaing en 1974, a favorisé de nouveaux développements de la coopération européenne, scandés par plusieurs mesures importantes. A la fin de 1974, à la suite du sommet de Paris, fut créé le **Conseil européen**, réunion régulière des chefs d'État ou de gouvernement de la Communauté et du président de la Commission, qui peut évoquer toutes les questions d'intérêt commun. Il représente donc un échelon essentiel de concertation périodique entre États qui, parce qu'il rassemble les plus hauts responsables politiques, est capable d'arbitrer toutes les questions importantes et, comme le dira le traité de Maastricht, de «*donner à l'Union les impulsions nécessaires à son développement et d'en définir les orientations politiques générales*». La création de ce Conseil a marqué une nouvelle étape de la construction européenne, où le développement de la coopération politique entre États membres prend largement le pas sur la recherche d'une unification et d'une intégration plus étroites.

Au terme de longues et difficiles négociations, un nouveau traité, baptisé **Acte unique européen**, a été signé en février 1986 par les États membres pour être appliqué au 1er juillet 1987. Ce texte a d'abord consacré l'existence juridique du Conseil européen. Il a également renforcé de façon significative les pouvoirs de la plupart des autorités communautaires. Il a surtout ouvert une nouvelle phase qui insiste sur l'importance de la coopération politique pour accompagner l'unification économique, avec pour objectif la «*transformation des relations des États membres en une Union européenne*». Il a développé parallèlement le domaine de la coopération européenne, en particulier pour certaines questions touchant à la sécurité, ne laissant que la défense en dehors du champ couvert. Et, pour renforcer la coopération politique entre États membres, il a instauré toute une panoplie de concertations préalables sur les questions importantes de politique étrangère.

Le **traité de Maastricht** (7 février 1992) et celui d'**Amsterdam** (2 octobre 1997) ont donné une impulsion décisive à l'évolution. Leur action a été prolongée par le **traité de Nice** (26 février 2001), entré en vigueur le 1er février 2003.

Tout cet ensemble est désormais regroupé en deux traités : le **traité instituant la communauté européenne**[2] (dit TCE) et le **traité sur l'Union européenne** (dit traité UE). Les trois anciennes Communautés ont été fondues en une Communauté unique, intégrée dans une **Union européenne** instaurée par le traité de Maastricht et fondée sur **trois «piliers»**[3]. Le premier est réglé par le TCE, les autres figurent dans le traité UE.

2. Si le «traité simplifié» dont le principe a été adopté par le Conseil européen de Bruxelles en juin 2007 entre en vigueur (voir plus loin), le TCE sera débaptisé et deviendra «le traité sur le fonctionnement de l'Union».

3. Même si la PESC (voir page suivante) et la défense garderont beaucoup de spécificités, la structure en piliers devrait disparaître après l'entrée en vigueur du «traité simplifié».

– Le **pilier communautaire** correspond aux **activités traditionnelles de la Communauté** (réalisation du marché commun, définition de politiques communes...). Les traités successifs ont progressivement enrichi les compétences de la Communauté dans des domaines de plus en plus divers : environnement ou politique de recherche et de développement technologique, à l'occasion de l'Acte unique; protection des consommateurs, éducation, culture ou santé avec le traité de Maastricht. Ce premier pilier affirme le **principe de subsidiarité**, selon lequel les décisions doivent être prises au plus près possible des citoyens. Dans les domaines qui ne sont pas de sa compétence exclusive, l'Union n'intervient donc que dans la mesure où les objectifs de l'action envisagée ne peuvent être réalisés de manière suffisante par les États membres et le seront mieux au niveau communautaire. Le traité d'Amsterdam a instauré l'idée d'une intégration à plusieurs vitesses, en permettant aux États membres qui le souhaitent d'avancer plus vite que d'autres dans la voie de l'unification des politiques.

– La mise en place d'un embryon de **politique étrangère et de sécurité communes** (PESC) à l'ensemble des États membres (deuxième pilier) vise à assurer une certaine cohérence de l'action extérieure de l'Union. Les deux domaines privilégiés de cette action concernent le maintien de l'ordre et de la stabilité en Europe et la recherche de positions communes au Moyen-Orient (les péripéties liées depuis 2003 à la guerre en Irak ont souligné la grande difficulté de l'entreprise, tenant en particulier à l'exigence d'un accord unanime pour la définition des positions communes). Seules les questions de défense échappent encore à l'emprise européenne, mais il n'est pas exclu qu'elles s'y intègrent à moyen terme.

– La coopération dans les domaines de **la justice et des affaires intérieures** (coopération en matière pénale, en matière douanière et policière, lutte contre la toxicomanie...) constitue le troisième pilier. Le traité d'Amsterdam n'a pas seulement changé le nom de ce pilier (devenu *«coopération policière et judiciaire en matière pénale»*); il y a également inclus la politique d'immigration, en introduisant dans le cadre de l'Union l'**espace Schengen** (du nom d'un accord signé en 1995 par la France, l'Allemagne et les pays du Benelux) : les contrôles d'entrée s'appliquant aux étrangers ne sont réalisés qu'au moment de l'entrée dans l'espace commun aux pays signataires et n'ont pas à être renouvelés à chaque franchissement de frontière intérieure.

Ces trois piliers relèvent d'un cadre institutionnel unique fondé sur le Conseil européen et sur cinq organes qui portent, en vertu de l'article 7 TCE, le nom **d'institutions communautaires** : le Parlement européen, le Conseil de l'Union européenne, la Commission européenne, la Cour de justice et la Cour des comptes. Il existe d'autres instances au sein de cet ensemble, mais on leur refuse ce qualificatif «d'institution» et on les appelle des «organes» de l'Union.

Un renforcement de l'autorité et des pouvoirs du Parlement

En septembre 1976, le Conseil a adopté l'Acte relatif à l'élection du Parlement européen au *suffrage universel direct*, qui a conduit aux premières élections directes en juin 1979. Les pouvoirs du Parlement ont été progressivement renforcés. En particulier, avec l'**Acte unique** de 1986, ses prérogatives budgétaires se sont accrues, cependant que se sont multipliées les hypothèses dans lesquelles une décision exige, pour prendre effet, l'accord du Conseil de l'Union européenne et du Parlement (la *codécision*).

L'extension du champ d'application de la majorité qualifiée

Plusieurs accords successifs ont limité le nombre des cas dans lesquels les décisions exigent l'accord de tous les États membres : en particulier, à partir de l'Acte unique de 1986, le vote du Conseil des ministres à la **majorité qualifiée** est devenu la règle pour toutes les mesures conduisant à la mise en place du marché unique.

Une meilleure intégration des politiques financières et monétaires

Deux traités, signés en avril 1970 et en juillet 1975, ont renforcé les pouvoirs budgétaires du Parlement et créé la Cour des comptes européenne. Par ailleurs, très vite s'est imposée l'idée que la stabilité monétaire entre les différents États membres est une condition importante de l'équilibre du marché unique. Le principe de la coordination des politiques économiques, budgétaires et monétaires était déjà présent dans les traités fondateurs : il a été en permanence rappelé par la Commission et le Conseil des ministres, et est réapparu dans tous les traités importants ultérieurs (Acte unique, Maastricht, etc.). Avec l'adoption, en 1978 par le Conseil européen, des textes conduisant à la création du **Système monétaire européen** (SME), les États membres ont renforcé la solidarité entre leurs monnaies, dont ils ont cherché à limiter les fluctuations, d'abord les unes par rapport aux autres, puis chacune d'entre elles par rapport à une unité de compte commune, l'ECU[4], imposant ainsi à chaque pays membre une discipline monétaire et financière.

A partir de 1990, les ambitions ont été encore plus fortes. Une harmonisation fiscale a unifié autour de principes communs le régime de la TVA, et la liberté de circulation des capitaux est devenue totale. En 1992, le traité de Maastricht a décidé la mise en place d'une véritable union monétaire avec la création en 1999 d'une monnaie unique, l'**euro**. Dans douze des quinze États membres[5], la substitution de cette monnaie unique aux anciennes monnaies nationales a été réalisée le 1er janvier 2002. Ces États ont renoncé de ce fait à toute politique monétaire propre au profit d'une politique commune désormais placée sous la responsabilité d'une **Banque centrale européenne**. Le bon fonctionnement de cette Union économique et monétaire va de pair avec une obligation de discipline financière qui impose aux États membres une limitation de leurs déficits publics.

4. Précurseur de l'euro.

5. Les pays récalcitrants restent, en 2007, le Danemark, la Grande-Bretagne et la Suède. En revanche, l'un des «nouveaux» États membres, la Slovénie, a adhéré à l'euro le 1er janvier 2007.

L'apparition d'une citoyenneté européenne

Elle est affirmée par le traité de Maastricht. Le traité d'Amsterdam prévoit qu'elle complète la citoyenneté nationale, sans la remplacer. Elle implique en particulier le droit à la liberté de circulation et de séjour sur le territoire des États membres, le droit de vote et d'éligibilité aux élections municipales et européennes dans l'État de résidence, le droit de pétition devant le Parlement européen, le droit de saisir le médiateur européen et celui d'obtenir une réponse des institutions communautaires lorsqu'on s'adresse à elles.

Les perspectives d'évolution

Indépendamment de celles qui tiennent à l'élargissement en direction d'un certain nombre de pays de l'Est de l'Europe, la discussion essentielle tourne autour de la renégociation d'un traité fondamental qui doterait l'Europe d'une véritable Constitution. En juin 1999, au Conseil européen de Cologne, les quinze États membres ont décidé la constitution d'une commission, dénommée Convention, chargée d'élaborer une sorte de Déclaration des droits du citoyen européen : la **Charte des droits fondamentaux**, applicable au niveau de l'Union, a été approuvée en même temps que le traité de Nice en décembre 2001.

Le Conseil européen de Laeken, le 15 décembre 2001, avait voulu aller encore plus loin dans la voie de l'intégration, en décidant la création d'une Convention pour l'avenir de l'Europe chargée d'élaborer un **projet de Constitution européenne.** Composée de 105 membres (représentants des parlements nationaux, anciens ministres, personnalités du monde juridique et politique), dotée d'un présidium de douze membres et présidée par Valéry Giscard d'Estaing, elle a élaboré un projet de Constitution, signé à Rome le 29 octobre 2004. Ce projet faisait disparaître la Communauté européenne et modifiait de façon importante l'organisation de l'Union européenne, qu'il dotait de la personnalité juridique. Il abandonnait aussi la distinction entre piliers au profit d'une classification cohérente par catégories de compétences.

La ratification du traité comportant ce projet de Constitution s'est heurtée au résultat négatif des référendums français et néerlandais organisés en 2005. Pour relancer la construction européenne, le Conseil européen de Bruxelles a abouti, en juin 2007, à un accord sur les grandes lignes d'un **«traité simplifié» destiné à remplacer le traité constitutionnel**. Les chefs d'État et de gouvernement ont donc convoqué une conférence intergouvernementale, organisme *ad hoc* composé de représentants des vingt-sept États membres et de la Commission et chargé de rédiger le texte de ce traité avant la fin de 2007. Les ambitions ont donc été réduites par rapport au traité constitutionnel. Le traité simplifié, adopté selon la même procédure que ceux d'Amsterdam et de Nice, viendra seulement modifier les traités existants au lieu de se substituer à eux. Il devra être ratifié par les vingt-sept États membres[6], l'objectif étant d'obtenir leur décision avant les élections européennes de 2009.

Les perspectives politiques de l'évolution restent donc, dans l'état actuel des choses, encore problématiques. D'autant que l'élargissement de l'Union risque de se poursuivre et qu'il commence à soulever des inquiétudes sur sa capacité à le maîtriser jusqu'au sein de ses instances.

6. Contrairement à ce qui s'était passé pour le projet de traité constitutionnel, la ratification du traité simplifié par la France ne sera pas soumise au référendum, mais passera par la voie parlementaire.

Chapitre 2
Les principes généraux de l'organisation des institutions communautaires

La construction de l'Europe tend à l'unification du continent dans un ensemble intégré, et on l'a parfois comparée au processus qui avait conduit à la création des États-Unis d'Amérique à la fin du XVIIIe siècle.

L'Union européenne ne constitue pas une organisation internationale classique. Sa mise en place correspond à un souci – très souvent difficile à réaliser – de passer d'une forme internationale d'organisation à une structure interne. La reconnaissance d'une « citoyenneté européenne » va dans ce sens. Il est d'ailleurs caractéristique qu'on s'efforce, en ce début du XXIe siècle, de faire adopter, non sans difficultés, un texte qui porte le nom symbolique de Constitution. Les dispositions visant à instaurer un président de l'Union traduisent la volonté de personnaliser l'image de l'Europe, celles créant un « ministre des Affaires étrangères » le souci d'accroître l'unité de sa représentation à l'extérieur. Les unes et les autres manifestent un souhait d'intégration accrue.

La construction européenne résulte cependant d'un accord de volontés de la part d'États souverains, qui acceptent d'abandonner une partie de leurs compétences au profit d'un ensemble supranational[7]. Cette origine reste fortement présente dans son fonctionnement. Par exemple, le Parlement européen demeure encore largement la représentation des habitants de chaque État membre, plus que celle des citoyens d'une Europe complètement unie. Les principes généraux qui régissent l'organisation européenne ne peuvent donc pas encore être totalement assimilés à ceux qu'on rencontre dans un État national, et la logique des négociations intergouvernementales continue souvent de l'emporter sur celle de l'intégration au sein de diverses instances de l'Union.

7. C'est pour réagir contre ces abandons que se manifestent des tendances politiques « souverainistes » qui défendent l'idée du « maintien de la souveraineté nationale ». Cette expression a, dans ce cas, un sens beaucoup plus large et moins précis que celle que nous avons rencontrée au début de la partie consacrée au droit constitutionnel (voir page 15). Elle signifie simplement la volonté de maintenir l'essentiel des compétences de l'État membre, sans s'interroger sur la manière dont celles-ci sont exercées en son sein. C'est sans doute pour tenir compte de ces résistances que le « traité simplifié » a renoncé à consacrer juridiquement certains symboles comme le drapeau, la devise ou l'hymne européens.

L'absence d'une séparation claire des pouvoirs

A première vue, on a l'impression de retrouver, dans le cadre de l'Europe, une division traditionnelle des pouvoirs entre un exécutif, un législatif et un pouvoir judiciaire : les institutions portent des noms analogues à ceux que l'on rencontre dans les systèmes nationaux avec un Conseil des ministres, devenu par la suite Conseil de l'Union européenne, une Assemblée qui a pris le nom de Parlement et une Cour de justice. Il faut cependant se méfier des apparences. L'organisation européenne garde une forte originalité par rapport aux systèmes nationaux, liée à son origine internationale et aux réticences qui ont souvent accompagné les abandons de souveraineté.

Certes, le pouvoir judiciaire est clairement individualisé et il est confié exclusivement à la Cour de justice, aujourd'hui assistée par un Tribunal de première instance. Mais, par exemple, dans les systèmes nationaux des États membres, les institutions parlementaires exercent deux sortes de pouvoirs : le vote de la loi et le contrôle politique de l'exécutif. Dans les institutions communautaires, ces deux fonctions ont longtemps été dissociées et ce n'est que récemment que le développement progressif des compétences du Parlement lui a donné, à côté du Conseil des ministres, une part croissante mais encore limitée de l'exercice du pouvoir législatif. Par ailleurs, la Commission a seule l'initiative législative. On voit donc, d'une part, que certains organes peuvent cumuler des fonctions différentes, puisque le Conseil exerce à la fois des pouvoirs exécutifs et législatifs; et d'autre part que certaines fonctions, par exemple le pouvoir législatif, sont partagées entre plusieurs organes. On est loin d'une séparation tranchée entre les pouvoirs.

Négociation entre gouvernements et intégration européenne

Deux organes portent le nom de « Conseil » au sein de l'Union européenne et il ne faut pas les confondre. Le plus ancien, créé dès l'origine, est le Conseil des ministres, devenu en 1993 **Conseil de l'Union européenne**.

Dans la pratique, on a cependant pris l'habitude de réunir, lorsqu'un problème important se posait, des « sommets » européens réunissant les chefs de gouvernement mais dans lesquels, compte tenu de l'équilibre institutionnel régnant dans notre pays, la représentation française était assurée par le président de la République[8]. C'étaient les *sommets des chefs d'État et de gouvernement.* Cette pratique, qui traduisait le passage progressif, dans la construction européenne, des préoccupations d'intégration économique à un souci de construction politique, fut institutionnalisée en 1974, avec la décision des chefs d'État et de gouvernement, prise au sommet de Paris, de se réunir désormais régulièrement *« en Conseil des communautés et au titre de la coopération politique »*. Le développement de son rôle a traduit un retour en force de la logique de *négociation intergouvernementale* par rapport à la *démarche d'intégration* qui caractérisait les principes initiaux de la construction européenne. Le projet de Constitution modifierait la logique politique actuelle en instaurant, au sein du Conseil, la possibilité de procédures de vote qui se substitueraient en partie à la recherche traditionnelle du consensus unanime.

Les fonctions de ce qu'on appelle aujourd'hui le **Conseil européen** ont donc été dès l'origine tournées à la fois vers l'intérieur de la Communauté (diriger l'activité communautaire et développer l'intégration) et vers l'extérieur (organiser la coopération politique entre gouvernements en matière de politique étrangère). En 1986, l'Acte unique en consacrait l'existence juridique sans toutefois lui donner le statut d'institution communautaire.

Aujourd'hui prévu par l'article 4 du traité UE, le Conseil européen réunit les chefs d'État ou de gouvernement des États membres et le président de la Commission. Ils sont assistés par les ministres chargés des affaires étrangères et par un membre de la Commission. Ils se réunissent au moins deux fois par an[9], sous la présidence du chef d'État ou de gouvernement de l'État qui assure celle du Conseil de l'Union européenne.

Le Conseil européen donne à l'Union, nous dit cet article, « *les impulsions nécessaires à son développement et en définit les orientations politiques générales* ». Ce rôle est rappelé et largement développé par l'article 13 du traité en ce qui concerne la politique étrangère et de sécurité commune. Le Conseil européen constitue donc une *instance politique* essentielle de l'Union.

Mais il a aussi des attributions importantes en matière économique, puisqu'il « *débat* (article 99 du TCE) *d'une conclusion sur les grandes orientations des politiques économiques des États membres et de la Communauté* », ou en matière d'emploi, puisqu'il « *adopte des conclusions à ce sujet* » (article 28 du même traité), après avoir examiné, chaque année, la situation de l'emploi dans la Communauté.

Au terme de chacune de ses réunions, le Conseil européen établit un rapport qu'il adresse au Parlement. Il lui incombe aussi de présenter chaque année un rapport écrit concernant les progrès réalisés par l'Union. Sur le plan formel, n'étant pas une institution communautaire, il n'a pas le pouvoir de prendre dans le domaine communautaire des décisions créant un effet juridique, et ses décisions ne relèvent pas de la compétence de la Cour de justice. Pour devenir applicable, l'accord dégagé au Conseil européen par consensus doit généralement être consacré par une décision formelle prise, conformément aux dispositions du traité, par le Conseil de l'Union européenne qui est le seul à pouvoir prendre des actes juridiques.

Le **« traité simplifié »** apporterait un certain nombre de modifications au système actuel en ce qui concerne la composition et le fonctionnement du Conseil européen. En revanche, il ne changerait pas fondamentalement la nature de ses attributions. La **présidence de l'Union** serait confiée à un président du Conseil européen pour une durée de deux ans et demi ; un **Haut représentant pour la politique étrangère** (titre préféré à celui de ministre des Affaires étrangères pour ménager les susceptibilités nationales) remplirait les fonctions actuelles du Haut représentant pour la politique étrangère et de sécurité commune et du commissaire européen pour les relations extérieures.

8. Sauf en période de cohabitation, où la représentation est assurée conjointement par le président de la République et le Premier ministre, ce qui n'a pas toujours été sans difficultés.

9. Mais la pratique est celle de deux réunions par semestre. Le Conseil européen de Séville, en 2002, a consacré cette pratique et prévu que le Conseil puisse en outre se réunir, le cas échéant, en session extraordinaire.

Chapitre 3
Le Conseil de l'Union européenne

Le Conseil européen concurrence désormais celui de l'Union européenne dans la fonction de représentation des États membres qui lui avait été confiée aux origines des communautés. Initialement, le pouvoir législatif était attribué pour l'essentiel à ce qu'on appelait alors le Conseil des ministres. Mais avec l'évolution de l'Union, le Parlement, qui n'était au départ qu'un simple forum de discussion, a vu son rôle se développer, au point d'obtenir, avec le traité de Nice, un statut analogue à celui du Conseil des ministres. Ce dernier reste cependant l'un des organes les plus importants de la construction européenne puisqu'il cumule plusieurs pouvoirs. Il ajoute en effet, aux fonctions législatives et budgétaires qu'il exerce seul ou en coopération avec le Parlement, l'exercice du pouvoir exécutif.

La composition du Conseil de l'Union européenne

Selon l'article 203 du TCE, le Conseil «*est composé d'un représentant de chaque État membre au niveau ministériel, habilité à engager le gouvernement de cet État*». Dans sa formation normale, il est constitué par la réunion des ministres des Affaires étrangères; c'est ce qu'on appelle le «Conseil Affaires générales». Mais il ne s'agit pas d'une réunion de membres permanents, puisque les États membres peuvent y envoyer d'autres ministres, par exemple ceux de l'Agriculture, en fonction de l'ordre du jour fixé. La composition du Conseil pose ainsi un certain nombre de questions.

Les formations du Conseil

– D'une part, comme on vient de le dire, le **Conseil peut siéger dans des formations diverses**. Cette diversité résulte à la fois des différences dans la personne des membres qui le composent, mais aussi dans la périodicité des réunions : certaines formations, comme celles qui rassemblent les ministres des Affaires étrangères, ou des Finances, ou encore de l'Agriculture, se réunissent très régulièrement et à intervalles rapprochés (généralement un mois); d'autres n'ont que des réunions irrégulières et épisodiques. Exceptionnellement, certaines réunions du Conseil, consacrées à des questions particulièrement importantes[10], se tiennent au niveau des chefs d'État ou de gouvernement[11]. Par ailleurs, des réunions «informelles» (séminaires, colloques...), qui ne peuvent se tenir qu'à condition de ne pas déboucher sur des décisions formelles, doivent souvent être organisées à côté des réunions formelles.

Pour éviter que cela «ne parte dans tous les sens[12]», on s'est efforcé d'organiser cette diversité et de limiter le nombre des formations possibles : elles doivent donc être progressivement ramenées à neuf, par grands secteurs d'activités. Mais cela ne règle pas toutes les difficultés, car certaines questions recouvrent plusieurs champs sectoriels. Pour y remédier en partie, le Conseil Affaires générales, devenu «Affaires générales et relations extérieures», s'est vu conférer un rôle important de coordination, et on l'autorise désormais à siéger en deux sessions distinctes, l'une consacrée aux questions internes, l'autre à la politique extérieure.

Cette diversité des formations, considérée comme purement technique, ne remet cependant pas en cause l'idée qu'il n'existe qu'un seul Conseil, disposant des mêmes pouvoirs quelle que soit la formation dans laquelle il siège. On admet en particulier que toute mesure relevant d'une formation déterminée puisse être adoptée par n'importe quelle autre formation[13].

– D'autre part, **tous les États membres peuvent ne pas siéger à toutes les réunions du Conseil**. Le traité UE a en effet élargi de façon importante les compétences du Conseil, en particulier dans les domaines de la politique étrangère et de sécurité commune (PESC) et de la coopération policière et judiciaire en matière pénale, où il exerce seul les pouvoirs les plus importants. Or quelques États n'ont pas accepté de souscrire à certaines dispositions de ce traité : c'est par exemple le cas du Danemark, qui a toujours refusé de s'engager sur les questions de défense ou de participer à la mise en place de la monnaie unique. Ils ne peuvent donc pas voter lorsque les questions sur lesquelles ils ont refusé de s'engager sont traitées.

10. Cela a été le cas, en particulier, pour la décision de passage à la monnaie unique.

11. Elles ne se confondent cependant pas avec les réunions du Conseil européen, dans la mesure où le président de la Commission n'y est qu'*invité*, alors qu'il *participe* aux réunions du Conseil européen.

12. On a, par exemple, constaté des contradictions entre la formation traitant de la politique agricole et celle traitant des questions budgétaires.

13. Il faut cependant pour cela que la question soit inscrite dans la partie A de l'ordre du jour. Celle-ci comporte les points pour lesquels l'approbation du Conseil sera donnée sans débat, par exemple parce qu'ils ont déjà reçu l'accord du Comité des représentants permanents (voir page 194).

– Enfin, **dans certains cas, ce ne sont pas des membres des gouvernements centraux qui siègent**. Dans les États fédéraux, par exemple, certaines compétences sont dévolues aux entités qui composent l'État fédéral, comme les *Länder* en Allemagne ou les régions en Belgique. C'est pour permettre à des représentants des gouvernements de ces entités fédérées de siéger éventuellement au Conseil, lorsque les affaires traitées relèvent de leur compétence, que le traité d'Amsterdam a supprimé l'exigence d'appartenance à un gouvernement central, en y substituant l'obligation pour chaque membre du Conseil d'être bien habilité à engager l'État qu'il représente. Mais en tout état de cause, **ne peuvent siéger au Conseil avec droit de vote que des représentants politiques**.

La présidence du Conseil

L'article 203 du TCE fixe actuellement le **principe de la présidence tournante**. Chaque État membre assure donc la présidence à tour de rôle, pour une durée de six mois. L'ordre de succession est fixé par le Conseil statuant à l'unanimité[14], l'État membre désigné assurant en même temps la présidence du Conseil européen et celle de l'Union. C'est ce système que modifierait le traité simplifié, en instaurant une présidence de l'Union pour deux ans et demi. Mais le principe de la présidence tournante subsisterait pour les formations sectorielles du Conseil.

La présidence a la **responsabilité politique générale de la gestion des activités** du Conseil. C'est elle qui le convoque et qui établit, sur la base d'une programmation pluriannuelle décidée par le Conseil, le projet d'ordre du jour de sa session, adressé à ses membres et à la Commission quatorze jours au moins à l'avance. L'ordre du jour définitif est arrêté par le Conseil lui-même en début de session. Toute adjonction au projet de la présidence exige un vote à l'unanimité. Le président organise les travaux du Conseil et en dirige les débats. Il n'est tenu d'organiser un vote que dans le cas où celui-ci est décidé par la majorité du Conseil à la suite d'une demande d'un de ses membres ou de la Commission ; dans tous les autres cas, c'est à lui qu'il revient d'en décider. Il signe les actes arrêtés par le Conseil et représente ce dernier devant le Parlement européen.

Le rôle de la présidence a été renforcé, en particulier après l'adoption du traité UE et la mise en place de la politique étrangère et de sécurité commune. C'est elle qui assure la **représentation de l'Union à l'extérieur**, y exprime le point de vue de l'Union et sera chargée d'exécuter toutes les décisions communes en matière de relations internationales.

La faible durée de la présidence soulève de vives discussions. La situation actuelle rassure les petits pays, qui y voient la garantie de leur participation réelle aux affaires. Et le jugement très favorable que la presse, qui se livre à une appréciation du bilan à la fin de chaque présidence, a porté sur celui du Danemark en janvier 2003 montre, par exemple, la place importante que ces pays peuvent occuper et fait apparaître que, malgré ses handicaps, le rôle de la présidence peut être essentiel. On a en particulier souligné celui qu'elle avait joué pour permettre de dégager des projets de compromis sur toutes les questions délicates (par exemple, la négociation sur l'élargissement de l'Union, la réforme de la pêche ou le dossier des OGM et ses implications sur les relations entre l'Union et les États-Unis). Mais, dans le débat sur les institutions, la structure de la présidence n'en est pas moins un des points les plus critiqués, et aussi un de ceux sur lesquels les tendances politiques sont le plus partagées.

14. L'Allemagne exerce la présidence pour le premier semestre 2007 ; puis, dans les prévisions actuelles, viendront successivement le Portugal, la Slovénie, la France, la République tchèque et la Suède.

Les organes auxiliaires

Le Comité des représentants permanents

Le plus important des comités placés auprès du Conseil est le Comité des représentants permanents (COREPER), prévu par l'article 207 du TCE. Il est composé des représentants permanents des États membres auprès de l'Union. Il est d'abord chargé de préparer les travaux du Conseil : tous les points inscrits à l'ordre du jour d'une réunion du Conseil y font donc l'objet d'un premier examen à l'issue duquel il s'efforce de trouver un accord et, le cas échéant, de dégager des orientations, des options ou des propositions de solution. Ce rôle reste cependant purement préparatoire, car les décisions ne peuvent être prises que par le Conseil.

Il est aussi chargé d'exécuter les mandats qui lui sont confiés par le Conseil ; et, à l'occasion du traité de Maastricht, les instances européennes ont été encouragées par les États membres à réfléchir à l'articulation de ses travaux avec ceux du *Comité politique*, chargé de suivre la situation internationale et de contribuer à la définition des politiques dans le domaine de la PESC.

Le secrétariat général

L'organisation du secrétariat général, également prévu par l'article 207 du TCE, est décidée par le Conseil. Il est placé sous l'autorité d'un secrétaire général et d'un secrétaire général adjoint, nommés pour cinq ans par le Conseil, à la majorité qualifiée depuis l'entrée en vigueur du traité de Nice.

Le premier rôle du secrétariat général est d'organiser les réunions du Conseil et d'en établir les comptes rendus. Mais les fonctions du secrétaire général vont bien au-delà. D'abord, parce qu'aux côtés de présidents qui changent périodiquement, le secrétaire général bénéficie de tous les avantages de la permanence. Collaborateur du Conseil, étroitement associé à tous les travaux de celui-ci, il joue fréquemment un rôle discret, mais décisif, dans les négociations qui s'y déroulent et la recherche des propositions de solutions qui les concluent. Ce rôle est fortement mis en valeur par les dispositions du traité UE qui en font le Haut représentant de l'Union pour la politique extérieure et de sécurité commune. En 2007, le secrétaire général est un Espagnol, Javier Solana.

Le fonctionnement du Conseil

Selon l'article 205 du TCE, « *sauf dispositions contraires..., les délibérations du Conseil sont acquises à la majorité des membres qui le composent* »[15]. Dans les faits, cependant, les cas de vote à la majorité simple sont très rares : ils portent essentiellement sur les questions de procédure et l'adoption du règlement intérieur. Presque toutes les décisions du Conseil doivent être acquises soit à l'unanimité, soit à la majorité qualifiée de ses membres.

Les votes à l'unanimité

Les traités successifs ont restreint le champ d'application du vote à l'unanimité, mais **il reste nécessaire dans deux domaines** importants.

D'une part, sur les questions relatives à **l'organisation et au fonctionnement des institutions communautaires**, qu'on appelle souvent le « **domaine constitutionnel** » : cela a concerné, par exemple, la définition de la procédure uniforme d'élection des membres du Parlement européen (voir page 198) ou certaines dispositions relatives à l'organisation de la Cour de justice ou au régime linguistique des institutions de la Communauté.

Dans certains cas, compte tenu de l'importance politique de certaines questions, les États membres ont souhaité pouvoir garder un **droit de veto,** par exemple pour des dispositions relatives à la politique étrangère, à la sécurité sociale, à l'harmonisation de la fiscalité indirecte, à l'environnement ou aux ressources de la Communauté.

Par ailleurs, même dans les domaines où il n'est plus la règle, le vote à l'unanimité réapparaît dans un cas, prévu par l'article 250 du TCE. Généralement, le Conseil ne peut statuer que sur une proposition de la Commission. Lorsqu'il souhaite amender cette proposition, il ne peut le faire qu'à l'unanimité. Cela donne au pouvoir d'initiative de la Commission un poids d'autant plus important qu'elle est la seule, en cas de conflit, qui puisse débloquer la situation en modifiant sa proposition (voir page 202).

Les votes à la majorité qualifiée

Dans la plupart des cas, cependant, l'adoption des décisions du Conseil peut se faire à la majorité qualifiée et les traités successifs ont constamment élargi le champ des décisions pour lesquelles l'unanimité n'est pas nécessaire[16].

Mais, même dans ce cas, les États membres recherchent toujours le **compromis politique** ; et ils s'efforcent de parvenir à l'unanimité, en vertu de ce qu'on a appelé le « compromis de Luxembourg » qui avait mis fin en 1966 à une grave crise entre la France et les autres pays membres (la « politique de la chaise vide » qui avait amené la France à ne plus participer aux travaux des institutions communautaires pendant près de huit mois).

Pour le vote des délibérations à la majorité qualifiée, les voix des États membres sont pondérées en fonction de critères politiques et démographiques : la répartition des voix a bien entendu évolué à l'occasion de chacun des élargissements successifs et l'équilibre a toujours été soigneusement dosé, de manière à éviter à la fois l'hégémonie des grands pays et la possibilité pour les petits pays d'imposer une décision contre la volonté de l'ensemble des grands.

Chaque État s'est ainsi vu attribuer un **nombre de voix proportionnel à son importance démographique**. Depuis l'entrée en 2007 de la Bulgarie et de la Roumanie, le nombre total de ces voix s'élève à 345. Les quatre plus grands pays (Allemagne, France, Italie, Royaume-Uni) disposent chacun de 29 voix, l'Espagne et la Pologne de 27, la Roumanie de 14, les Pays-Bas de 13, la Belgique, la République tchèque, la Grèce, la Hongrie et le Portugal de 12, l'Autriche, la Suède et la Bulgarie de 10, le Danemark, l'Irlande, la Lituanie, la Slovaquie et la Finlande de 7 et les petits pays de 3 (Malte) ou 4 voix (Chypre, Estonie, Lettonie, Luxembourg, Slovénie).

L'adoption d'une décision à la majorité qualifiée exige d'abord la réunion de 258 de ces 345 voix. Si le Conseil statue sur proposition de la Commission, il faudra en outre qu'il y ait un accord de la majorité des États membres (soit 14 sur 27). Mais dans quelques hypothèses, qui concernent surtout la politique étrangère et de sécurité commune et la coopération en matière judiciaire et policière, le Conseil décide directement, sans proposition préalable : l'exigence sera, dans ce cas, portée aux deux tiers des États (18 sur 27). Enfin, n'importe lequel des États pourra s'opposer à l'adoption d'une décision, lorsque cette majorité d'États ne représentera pas au moins 62 % de la population totale de l'Union.

Le traité simplifié modifierait ces règles à l'horizon 2014, en exigeant en règle générale, pour obtenir la majorité qualifiée, le vote de 55 % des États membres, représentant au moins quinze États et 65 % de la population.

Les attributions du Conseil

Selon l'article 202 du TCE, le Conseil agit « *en vue d'assurer la réalisation des objets fixés par le traité* ». Il dispose à cet égard de pouvoirs importants qui l'amènent à cumuler des fonctions législatives, exécutives et budgétaires.

---

15. Selon le règlement intérieur du Conseil, le président est tenu de passer au vote si la Commission ou un État membre le demandent et si cette demande reçoit l'accord de la majorité simple des membres du Conseil.

16. Le traité simplifié poursuivrait dans la voie de l'élargissement et étendrait le principe de la majorité qualifiée dans des domaines tels que la coopération judiciaire et policière, l'éducation ou la politique économique.

En matière législative

Le Conseil exerce ses compétences avec la participation de la Commission et du Parlement. Il décide tout d'abord de questions importantes pour l'application des traités. Il arrête par exemple les dispositions visant à faciliter la liberté de circulation et d'établissement des citoyens de l'Union, détermine les modalités du droit de vote et de l'éligibilité des citoyens de l'Union aux élections municipales dans les États membres où ils résident, ou le contenu de la procédure uniforme pour l'élection du Parlement européen; il fixe aussi les dispositions relatives aux ressources propres de la Communauté. L'exercice de certains de ces pouvoirs exige cependant de plus en plus souvent un avis conforme préalable du Parlement européen (voir page 202), et l'entrée en vigueur des dispositions adoptées requiert souvent une ratification ultérieure par les États membres.

Les actes pris par le Conseil se répartissent en trois catégories.

Les règlements

Ils ont une **portée générale**; ils constituent en quelque sorte l'équivalent de la loi ordinaire en droit interne. Ils sont obligatoires dans tous leurs éléments et directement applicables dans tous les États membres (ils ne nécessitent des mesures nationales que pour leur mise en œuvre). Ils peuvent être invoqués par les particuliers devant les tribunaux, non seulement contre la Communauté, mais aussi contre chacun des États membres.

Les directives

Elles constituent une **sorte de loi d'orientation**, dans la mesure où elles se contentent de fixer un objectif, un résultat à atteindre, mais laissent aux États membres la liberté de décider sous quelle forme et de quelle manière ce résultat devra être atteint. Ceux-ci ont donc l'obligation de les **transposer** dans un délai fixé par chacune d'elles pour leur permettre de s'appliquer sur leur territoire. Ils devront en quelque sorte « traduire » la directive dans un acte national (loi ou règlement), en la précisant et en indiquant de quelle manière elle sera appliquée chez eux.

La **différence entre directive et règlement**, très forte dans l'esprit des traités, est de plus en plus gommée dans la pratique. Le législateur communautaire a en effet tendance à prendre des directives très détaillées pour éviter que les États membres ne défigurent ses intentions et à leur laisser de moins en moins de liberté, tant en ce qui concerne le délai de transposition que le contenu des mesures à prendre.

Les décisions

Il faut enfin mentionner l'existence de décisions qui constituent en quelque sorte ce qu'on appellerait en droit interne des **actes collectifs ou individuels**. Elles ont un caractère obligatoire, mais ne sont applicables qu'aux destinataires (États membres, entreprises ou particuliers nommément désignés) auxquels elles ont été notifiées.

Les effets juridiques des directives européennes en droit français

La directive ne produit en principe pas d'effet juridique tant qu'elle n'a pas été transposée. Le Conseil d'État a par exemple indiqué, dans un arrêt *Cohn-Bendit* de 1978, qu'un particulier ne pouvait invoquer les dispositions d'une directive pour contester la légalité d'une décision individuelle[1].

Mais, bien entendu, on ne peut pas accepter qu'un État membre, en ne transposant pas la directive, se dispense de l'accomplissement de ses obligations communautaires. C'est pourquoi la Cour de justice européenne autorise un particulier à invoquer devant elle les dispositions d'une directive, à deux conditions : qu'elle soit claire et précise et que l'État membre ne l'ait pas ou l'ait mal transposée alors que le délai de transposition a expiré.

De son côté, dans un arrêt *Cie Alitalia* de 1989, le Conseil d'État a admis qu'après l'expiration de ce délai, un particulier peut faire constater l'illégalité des dispositions d'un décret qui serait incompatible avec les objectifs d'une directive et obtenir l'annulation de ces dispositions, même si elles s'appuient sur celles d'une loi française et même si ce décret est antérieur à la date limite de transposition. L'application qui aurait été faite de ce décret est de nature à engager la responsabilité de l'État (arrêt *Rothmans et Philip Morris* de 1992).

Enfin, comme c'est le cas pour tous les traités, les dispositions de droit communautaire (traités originaires, règlements ou directives) ont une valeur supérieure à celle de la loi. Doit donc être écartée l'application de toute disposition législative, même postérieure, qui serait contraire au droit communautaire (arrêt *Nicolo* de 1989)[2].

1. Il s'agissait en l'occurrence d'un arrêté d'expulsion pris à la suite des événements de mai 1968 et dont Daniel Cohn-Bendit demandait l'abrogation, au motif qu'il contrevenait au principe de la liberté de circulation des citoyens de la Communauté.

2. Voir dans la partie « Droit constitutionnel », p. 98.

En matière exécutive

Le Conseil peut, soit à titre exceptionnel exécuter lui-même les actes qu'il a pris, soit en confier l'exécution à la Commission. Dans ce second cas, il peut soumettre l'action de la Commission à certaines modalités, par exemple l'obligation pour elle de demander l'avis de comités constitués de représentants d'États membres. Ces comités sont dits « de gestion » ou « de réglementation » et sont de plus en plus nombreux (plus de 200); plusieurs tentatives de réformes de la procédure de « comitologie » ont donc été faites afin de limiter leur rôle dans le processus de décision.

En matière budgétaire

Le Conseil exerce des pouvoirs très importants même si, dans ce domaine également, ceux du Parlement ont été largement renforcés. C'est lui qui, sur proposition de la Commission et après consultation du Parlement, arrête les dispositions relatives aux ressources propres de la Communauté dont il recommande l'adoption par les États membres ; il statue dans ce cas à l'unanimité. Il joue donc un rôle essentiel dans le dispositif de fixation des recettes. Par ailleurs, il établit le projet de budget à la majorité qualifiée, avant de le transmettre au Parlement. En cas de désaccord entre le Parlement et le Conseil, une navette s'instaure entre les deux institutions, dont les conditions sont fixées par l'article 272 du TCE (voir page 203) : elles donnent au Conseil des moyens importants de résister aux initiatives parlementaires et exigent du Parlement, s'il veut avoir le dernier mot, des conditions de majorité particulièrement renforcées.

Chapitre 4
Le Parlement européen

C'est progressivement que l'Assemblée européenne – devenue officiellement Parlement européen avec l'Acte unique de 1986 – a trouvé sa place dans les institutions contemporaines. L'une des étapes décisives de son évolution a été le changement de son mode de désignation par l'adoption du principe du suffrage universel direct en 1976. Ce changement a facilité l'extension progressive de ses compétences et aidé à doter une assemblée, qui était au départ exclusivement consultative, de pouvoirs de décision. D'autre part, le développement de la procédure de codécision, à partir du traité de Maastricht, l'a placée, sur toute une série de questions importantes (examen des accords d'adhésion ou de coopération, harmonisation des législations nationales...) en position plus favorable qu'auparavant par rapport aux autres organes communautaires.

L'élection du Parlement

On n'est pas allé jusqu'au bout du principe d'unification. L'Acte du 20 septembre 1976 portant élection des représentants à l'Assemblée au suffrage universel se contente en effet de fixer des règles minimales et laisse donc à chaque État le soin de déterminer les dispositions applicables à l'élection. Tout en réaffirmant le souhait de voir définir un système électoral uniforme, le traité d'Amsterdam, en raison des réticences manifestées par les États membres, n'exige que la définition de **«principes communs»**. En vertu de ce traité, la mise en place d'un système uniforme supposerait une décision identique du Parlement et du Conseil des ministres et un vote favorable des Parlements nationaux.

Dans l'état actuel, les règles communautaires, applicables sur l'ensemble de l'Union, fixent bien entendu le nombre de députés à élire (785 depuis l'entrée de la Roumanie et de la Bulgarie) et leur répartition entre les différents pays, ainsi que la durée de leur mandat (cinq ans)[17]. Elles imposent à chaque État membre l'obligation de reconnaître, pour ces élections, le droit de vote et la capacité d'être éligible à tout ressortissant d'un autre État membre de l'Union établi sur son territoire. Elles exigent que l'élection se tienne au cours de la même fin de semaine dans tous les pays membres. Elles fixent enfin, au niveau européen, le statut des partis politiques et les conditions de leur financement. Pour le reste, il appartient à chaque État membre de déterminer les conditions à remplir pour être électeur ou éligible, et de déterminer le mode de scrutin applicable sur son territoire. La question de l'uniformisation de la procédure électorale dans tous les États membres a donné lieu à bien des discussions, et le projet de Constitution en a réaffirmé le principe; ces tentatives d'harmonisation n'ont jusqu'ici donné lieu à aucun résultat concret.

Dans cinq États (l'Allemagne, la Belgique, la France, l'Irlande et le Royaume-Uni), le territoire est découpé en plusieurs circonscriptions. La **totalité des États membres**[18] **s'est ralliée au scrutin de liste** (ces listes étant soit nationales, soit régionales) et à la représentation proportionnelle. Une douzaine d'États ont admis le *vote préférentiel* et la possibilité de panachage, cependant que les autres, dont la France, ont opté pour les *listes bloquées*. Certains États fixent une barre minimale à atteindre pour se voir attribuer des sièges (par exemple, 5 % des suffrages exprimés en Allemagne ou en France). Malgré l'utilisation du scrutin de liste, la répartition sexuelle des élus dans le Parlement élu en 2004 reste inégalitaire : on compte un tiers de femmes pour deux tiers d'hommes.

Chaque État membre dispose d'un **nombre de sièges à peu près proportionnel à sa population** (de 5 sièges pour Malte à 78 pour la France, l'Italie et le Royaume-Uni et 99 pour l'Allemagne), l'objectif étant à la fois d'assurer une juste représentation de chaque pays et de maintenir l'effectif global du Parlement dans des limites raisonnables pour lui permettre de travailler efficacement.

On reproche souvent à la construction européenne son déficit démocratique et on dénonce le caractère technocratique du fonctionnement de ses institutions. Ce reproche était largement lié au mode de désignation des organes politiques, où l'élection directe avait peu de part. Il y a été en partie remédié par l'élection au suffrage universel direct du Parlement. Mais, dans un contexte général de forte désaffection de l'opinion à l'égard de la vie politique, les élections européennes souffrent de handicaps encore plus importants que les autres. Les pouvoirs politiques du Parlement restent limités; son élection n'entraîne guère de conséquences sur la désignation des organes exécutifs, celle-ci restant, comme nous le verrons, très dépendante des auto-

17. En vertu d'une décision de la conférence intergouvernementale de 2004, consacrée par le «traité simplifié», le nombre des membres du Parlement devrait être ramené à 750. La représentation des Etats varierait entre 6 députés au minimum et 96 au maximum.

18. En France, c'est maintenant la loi du 11 avril 2003 qui fixe les conditions de l'élection. Le territoire national est découpé en huit grandes circonscriptions, dont l'une correspond aux collectivités d'outre-mer, entre lesquelles les sièges à pourvoir sont répartis proportionnellement à leur population. Le mode électoral est le scrutin de liste, avec représentation proportionnelle, sans panachage, ni vote préférentiel. Seules les listes ayant au moins obtenu 5 % des suffrages exprimés ont droit à des représentants.

rités nationales. Dans ces conditions, le sens de l'élection n'apparaît pas clairement aux électeurs et l'élection du Parlement européen reste plutôt, dans chaque pays, un affrontement supplémentaire entre forces politiques nationales, fortement marqué par les enjeux politiques nationaux. On ne s'étonnera donc pas de l'importance du taux d'abstention qui les caractérise (43,1 % en France lors des élections de juin 2004).

L'organisation et le fonctionnement du Parlement

Le Parlement européen est élu pour cinq ans. Sa première élection au suffrage universel remonte au mois de juin 1979 et celle du Parlement actuellement en fonction à juin 2004. Aucune disposition des traités ne prévoyant une possibilité de dissolution du Parlement, celle-ci est donc interdite.

Le statut des parlementaires

Il est fixé en partie par des dispositions communautaires, résultant de l'Acte du 20 septembre 1976 portant élection des représentants à l'Assemblée au suffrage universel direct. Dans le prolongement de cet Acte, le traité d'Amsterdam a consacré la compétence générale du Parlement européen pour fixer le statut et les conditions d'exercice des fonctions de ses membres. Il avait cependant enfermé cette compétence dans des contraintes importantes puisque, selon le principe de la codécision, son exercice suppose non seulement la consultation de la Commission, mais aussi l'accord du Conseil des ministres statuant à l'unanimité; la substitution à cette règle de celle de la majorité qualifiée, posée par le traité de Nice[19], n'a jusqu'ici pas facilité la solution du problème. Les États ayant eu du mal à s'entendre sur des règles communes, les dispositions de l'Acte doivent toujours être complétées par celles des droits nationaux, et le statut des députés européens résulte donc fréquemment d'un *régime mixte*.

Les dispositions communautaires accordent aux députés européens un certain nombre d'**avantages en matière de rémunération et d'indemnisation**. Elles leur reconnaissent des privilèges et des immunités, définis par un protocole annexé aux traités : facilités en matière douanière et reconnaissance de la liberté de déplacement. C'est ainsi que, par un arrêt du 27 avril 1995 (affaire *Piermont*), la Cour européenne des droits de l'homme a condamné le gouvernement français pour avoir expulsé une parlementaire européenne de nationalité allemande qui avait participé en Polynésie à une manifestation indépendantiste et antinucléaire.

19. Sauf en ce qui concerne le régime fiscal des députés et anciens députés, qui exige toujours l'unanimité.

Les parlementaires européens bénéficient d'une **irresponsabilité pour toutes les opinions et tous les votes** qu'ils sont appelés à émettre à l'occasion des travaux du Parlement. Ils bénéficient, en outre, d'une **immunité parlementaire** largement calquée sur celle qu'on rencontre dans les systèmes nationaux, mais applicable sur l'ensemble du territoire de l'Union. Le Parlement étant considéré comme siégeant toute l'année, cette immunité est permanente. Elle n'est cependant pas applicable en cas de flagrant délit et elle peut être levée par le Parlement, suite à la demande d'un État membre. En principe, la levée de l'immunité ne vise que les infractions de droit commun, à l'exclusion des infractions à connotation politique. Elle a cependant été accordée à l'encontre de Jean-Marie Le Pen (président du Front national – voir encadré ci-après), poursuivi par la France pour des propos tombant sous le coup de la loi et considérés comme n'ayant aucun lien direct avec son mandat. Normalement, la demande doit émaner des autorités gouvernementales de l'État membre et non d'une instance judiciaire, comme l'a montré en 2000 le cas de Silvio Berlusconi, que l'Espagne souhaitait poursuivre du chef de certaines infractions économiques.

Le **régime des incompatibilités** est fixé en partie par des dispositions communautaires. Celles-ci interdisent, par exemple, le cumul entre le mandat européen et la participation aux autres institutions communautaires (Commission, Cour de justice, Cour des comptes...) ou l'exercice de fonctions publiques au sein de l'administration communautaire. Dans la même logique, le cumul avec l'appartenance à un gouvernement national est impossible, puisque celle-ci donne vocation à participer aux réunions du Conseil de l'Union européenne. Depuis 2002, le cumul avec un mandat parlementaire national est en principe interdit. Ce régime peut être complété par des dispositions nationales : c'est ainsi que la loi organique française du 5 avril 2000 applique aux députés européens les règles générales de limitation du nombre de mandats électifs.

C'est au Parlement qu'il revient de vérifier les pouvoirs des députés élus. Mais le **régime des inéligibilités** résulte essentiellement de dispositions nationales. Cela a parfois soulevé des difficultés juridiques, bien mises en évidence il y a quelques années dans les affaires Tapie et Le Pen.

Pour l'instant, le traitement des députés européens est aligné sur celui des parlementaires nationaux du pays où ils ont été élus. Ce système est jugé peu satisfaisant. Des dispositions adoptées en 2005 s'efforcent de parvenir à une relative égalisation : elles ne s'appliqueront qu'après les élections de 2009.

Les sessions du Parlement

L'article 196 du TCE confère au Parlement une totale maîtrise sur l'organisation et la durée de ses sessions. Il se réunit de plein droit le deuxième mardi de mars et il fixe sans contrainte la fréquence et la durée de ses sessions normales (en général, dix jours chaque mois). Celles-ci se tiennent à Strasbourg, ce qui n'a pas été sans soulever des débats par le passé, compte tenu de la distance que cela crée entre le lieu des activités de l'exécutif (Bruxelles) et celui des travaux du Parlement. Les sessions normales peuvent, le cas échéant, être entrecoupées de réunions plus brèves, se tenant généralement à Bruxelles. Enfin, des *sessions extraordinaires* peuvent être réunies à la demande de la majorité des députés, du Conseil des ministres ou de la Commission.

Les affaires Tapie et Le Pen

En juillet 1996, Bernard Tapie est déclaré en liquidation judiciaire personnelle. Ceci entraîne *ipso facto*, selon la loi française, son inéligibilité et donc la déchéance de son mandat de député européen. Celle-ci est cependant contestée par l'intéressé au nom de deux arguments : l'atteinte à l'indépendance du Parlement européen, et le fait que cette inéligibilité est contestable, du fait qu'elle constitue une conséquence automatique d'une condamnation antérieure et ne résulte pas d'une décision judiciaire spécifique.

B. Tapie dépose donc un recours devant le Conseil d'État contre le décret du 30 octobre 1996 portant déchéance de son mandat européen. Le Conseil d'État rappelle, dans son arrêt du 10 janvier 1997, que tant qu'une procédure électorale uniforme ne sera pas mise en vigueur, il appartient bien aux États membres de définir les modalités d'élection de leurs représentants au Parlement européen. Tout ce qui n'est pas fixé par l'Acte de 1976 reste de la compétence nationale; c'est donc aux États membres de constater que l'un de leurs représentants au Parlement européen est atteint par une cause d'inéligibilité mettant fin à son mandat. La loi française de 1985 disposant qu'un failli ne peut exercer une fonction publique élective est bien applicable au mandat de député européen et le recours doit être rejeté. Le 22 janvier 1997, le Parlement européen a mis fin au mandat de B. Tapie mais a demandé à la Commission de proposer des mesures pour remédier aux lacunes et ambiguïtés de l'Acte de 1976.

En 2000, Jean-Marie Le Pen est poursuivi devant la justice française en raison de sa participation à des incidents violents survenus dans une commune de la banlieue parisienne. A la suite de sa condamnation par un tribunal correctionnel, sa déchéance a été prononcée par décret conformément aux dispositions de la loi française du 7 juillet 1977 sur l'organisation de l'élection des députés au Parlement européen. Saisi d'un recours contre ce décret, le Conseil d'État l'a rejeté le 6 octobre 2000. Il a estimé que c'est au gouvernement national de signifier au Parlement européen la vacance d'un siège, celle-ci ne pouvant résulter, en l'absence de dispositions communautaires uniformes, que de dispositions nationales.

Depuis 2002, la déchéance d'un mandat européen en vertu de la loi nationale prend effet automatiquement et le Parlement européen est simplement informé de cette déchéance.

Les organes et les formations du Parlement

Les organes

Le Parlement a toute latitude pour déterminer son organisation interne, qui obéit à un schéma classique : un président assisté de vice-présidents, une conférence des présidents, des commissions et des groupes politiques.

Le **président**, chargé de diriger les travaux du Parlement, est élu pour deux ans et demi[20] par le Parlement siégeant en séance plénière, mais l'élection résulte souvent d'un accord préalable entre les grands groupes parlementaires. Depuis janvier 2007, le président du Parlement est le député allemand Hans-Gert Pöttering. L'élection exige la majorité absolue des suffrages exprimés aux trois premiers tours de scrutin; seuls les deux candidats ayant obtenu le plus grand nombre de voix au 3e tour peuvent se présenter au 4e. Les quatorze **vice-présidents** sont élus au scrutin uninominal, pour la même durée, à la majorité absolue des suffrages exprimés lors des deux premiers tours de scrutin, la majorité relative suffisant au 3e tour. La réunion du président et des vice-présidents constitue le **bureau**, dont la fonction principale est d'organiser les séances et de veiller à l'organisation administrative et financière du Parlement. L'élection de ce bureau s'efforce de respecter un équilibre entre tendances politiques et États membres.

La réunion du président et des présidents de groupes politiques constitue la **Conférence des présidents**. Elle établit l'ordre du jour des sessions, détermine l'organisation des commissions et des délégations et peut, pour l'exercice de ces fonctions, recevoir des recommandations de la part soit de la conférence des présidents de commissions (réunion des présidents des commissions permanentes ou temporaires), soit de la commission des présidents de délégations (voir page 201). Elle est en outre, de façon générale, en charge des relations avec les autres organes communautaires et les Parlements nationaux.

Les formations

Les **groupes politiques** réunissent les députés par affinités. En 1999, le Parlement a empêché la constitution d'un groupe commun entre parlementaires d'extrême droite et radicaux italiens, précisément en raison de l'absence d'affinités politiques entre ces deux tendances. Les groupes doivent présenter un caractère multinational et comporter au moins dix-neuf membres, élus dans au moins un cinquième des États membres.

Constitue un parti, au niveau européen, un parti ou une alliance de partis qui, dans au moins un quart des États, est représenté au Parlement national et a obtenu au moins 3 % des suffrages exprimés lors des dernières élections européennes. Sur la base du traité de Nice, le Parlement européen et le Conseil de l'Union ont adopté en 2003, par codécision, un règlement qui fixe les premiers éléments d'un **statut des partis politiques** de niveau européen, en particulier les conditions dans lesquelles ils peuvent bénéficier d'un financement de l'Union.

20. Donc la moitié du mandat du Parlement.

Les groupes disposent de prérogatives importantes dans le déroulement de la procédure parlementaire, dont ne bénéficient pas les députés non inscrits : par exemple, pour la répartition des temps de parole, la possibilité d'organiser des débats d'actualité ou la gestion des incidents de procédure (renvoi en commission, suspension ou levée des séances...).

Les **commissions** peuvent être **permanentes ou temporaires**. Les premières sont prévues par le règlement intérieur du Parlement ; au nombre de 21, elles sont dirigées par un bureau et composées de membres élus pour une durée de deux ans et demi ; leur compétence est définie par le Parlement et elle commande la répartition des travaux entre elles. Les secondes sont constituées librement par le Parlement, qui fixe leur composition et leurs attributions, ainsi que la durée de leur mandat, celle-ci ne pouvant excéder douze mois. Ces commissions doivent refléter au maximum la composition du Parlement, et leurs séances sont en principe publiques. En outre, des **délégations permanentes** assurent la liaison avec les Parlements des États tiers ou les organisations internationales.

Le Parlement peut aussi constituer des **commissions d'enquête**. Le traité de Maastricht, par lequel elles ont été officialisées, les a prévues en cas d'accusations de mauvaise administration ou d'infraction au droit communautaire (voir page 204).

Les pouvoirs du Parlement

Ils se développent progressivement dans les trois directions qui caractérisent classiquement les attributions des assemblées en régime parlementaire : en matière législative, budgétaire et de contrôle de l'exécutif.

Les attributions législatives

Elles n'étaient pas prévues dans l'organisation initiale, qui ne reconnaissait à l'Assemblée européenne qu'un pouvoir consultatif. Il ne faut en effet jamais oublier que la construction européenne résulte d'abandons progressifs de souveraineté de la part des États membres : on comprend donc les raisons pour lesquelles ceux-ci avaient d'abord réservé au Conseil des ministres l'exercice de la fonction législative, puisque c'est dans cet organe qu'ils sont représentés en tant que tels, et que c'était lui qui, jusqu'à l'apparition du Conseil européen, constituait le lieu essentiel de leurs négociations. Les attributions législatives du Parlement ne se sont développées que progressivement, par son association croissante au processus de décision législative, mais elles restent en deçà des prérogatives d'une assemblée en régime parlementaire « ordinaire ».

Par exemple, le Parlement européen ne disposait pas du pouvoir d'initiative en matière législative, celui-ci étant, de façon générale, réservé à la Commission et, à titre exceptionnel, au Conseil sur proposition des États membres (voir plus loin les pouvoirs de ces organes). La Commission s'est, de façon constante, déclarée hostile à toute évolution des pouvoirs du Parlement en ce sens. Cependant, l'article 192 du TCE confère désormais au Parlement un **pouvoir d'initiative indirect** en lui permettant *« à la majorité de ses membres, de demander à la Commission de soumettre toute proposition appropriée sur les questions qui lui paraissent nécessiter l'élaboration d'un acte communautaire pour la mise en œuvre du traité »*. Mais cette proposition ne lie en rien la Commission. Le projet de Constitution reprend, à peu de choses près, cette formulation.

De la même manière, le Parlement européen ne dispose guère de pouvoirs autonomes en matière législative. Les traités successifs, en particulier ceux de Maastricht, d'Amsterdam et de Nice, ont développé des principes de collaboration entre lui et le Conseil, en renforçant progressivement son influence. Il en résulte des procédures qui sont souvent compliquées, dans la mesure où elles imbriquent étroitement les compétences des différents organes communautaires. L'évolution va pourtant dans un sens unique : de la consultation à la codécision, en passant par la pratique de la concertation, le rôle du Parlement s'est constamment accru.

La consultation

La procédure de consultation permet au Parlement de **donner un avis** sur les propositions de la Commission avant que le Conseil ne tranche. Elle a été fortement élargie, tant par l'évolution des traités que par la pratique communautaire.

A l'origine, les traités de Rome ont imposé dans un certain nombre d'hypothèses devenues, au fil du temps, de plus en plus nombreuses, la consultation du Parlement avant toute décision du Conseil. Il ne s'agissait cependant que d'un simple avis : le Conseil était donc libre d'en tenir ou de ne pas en tenir compte, en tout ou partie.

Par la suite, dans la pratique, la procédure de consultation a été étendue au-delà des cas expressément prévus, et la Commission et le Conseil ont accepté qu'on l'utilise à propos de toute question importante. Le projet de traité constitutionnel augmente encore les hypothèses de recours à la consultation.

L'importance croissante de la consultation

En octobre 1980, dans un arrêt *Roquette*, la Cour de justice a estimé que la simple consultation n'était pas suffisante et qu'il était indispensable pour le Conseil d'attendre l'avis du Parlement avant de prendre sa décision, sauf si, en retardant exagérément l'émission de son avis, le Parlement cherchait abusivement à bloquer le processus et manquait donc à son devoir de coopération avec le Conseil. Elle a aussi, à plusieurs reprises, imposé une nouvelle consultation du Parlement chaque fois que la décision du Conseil différait de façon substantielle, sur des points à propos desquels le Parlement ne s'était pas prononcé, du projet qui lui avait été initialement soumis.

La concertation

A partir de mars 1975, en application d'une déclaration commune des trois institutions communautaires, la procédure de consultation a connu un prolongement important avec la mise en place de possibilités de concertation entre le Conseil et le Parlement. Très liée à l'augmentation des pouvoirs budgétaires du Parlement, décidée à la même période, elle est soumise à un certain nombre de conditions tenant à la nature des décisions en cause, puisqu'elle n'est susceptible de s'appliquer qu'*« aux actes communautaires importants qui ont des incidences financières notables et dont l'adoption n'est pas imposée par des actes préexistants »*.

La mise en œuvre de la concertation, décidée sur demande du Parlement, a pour effet de suspendre la procédure normale pendant trois mois, au cours desquels un accord est recherché entre le Conseil et le Parlement. En cas de désaccord persistant, le Conseil a le dernier mot. La procédure institue donc une sorte de veto suspensif au bénéfice du Parlement.

La coopération

Prévue par l'article 252 du TCE, cette procédure a été mise en place par l'Acte unique européen et fortement développée par le traité UE. Elle est applicable dans quatre hypothèses touchant toutes à l'union économique et monétaire; bien qu'elle laisse le dernier mot au Conseil, elle exige une coopération étroite des trois institutions et donne au Parlement des pouvoirs d'influence non négligeables.

La **procédure de coopération** se déroule de la façon suivante.

La Commission fait une proposition; le Parlement émet sur elle un premier avis, par lequel il peut essayer de l'infléchir, en obtenant de la Commission qu'elle la modifie. Le Conseil doit ensuite statuer sur la proposition et adopter une position commune à la majorité qualifiée. Le Parlement, qui doit être pleinement informé des raisons qui ont conduit le Conseil à l'adopter, se prononce sur cette position commune. Deux hypothèses sont possibles.

1) Le Parlement n'examine pas le texte dans un délai de trois mois; le Conseil peut alors l'adopter, mais conformément à la position commune, ce qui signifie qu'il ne peut pas revenir sur celle-ci.

2) Dans le même délai de trois mois, le Parlement examine le texte. Ou, premier cas, il approuve la position commune : le Conseil peut alors l'adopter dans les mêmes conditions que précédemment. Ou, deuxième cas, il rejette la position commune à la majorité absolue de ses membres. Ceci s'est produit trois fois jusqu'ici. Le Conseil ne peut alors adopter le texte qu'à l'unanimité, faute de quoi celui-ci doit être abandonné. Ou, troisième cas, le Parlement adopte la position commune, mais en y apportant des amendements à la majorité absolue de ses membres. La Commission réexamine alors sa proposition initiale à la lumière de ces amendements. Ceux qu'elle retient sont intégrés à la proposition qui, ainsi amendée, est à nouveau soumise au Conseil qui dispose d'un délai de trois mois pour l'examiner. Il peut l'adopter telle quelle, mais à la majorité qualifiée, faute de quoi elle sera considérée comme rejetée; il peut aussi la modifier (par exemple, en reprenant des amendements du Parlement non retenus par la Commission), mais seulement à l'unanimité de ses membres.

La codécision

Prévue par l'article 251 du TCE, cette procédure a été fortement développée par les traités successifs, et celui de Nice en fait désormais la procédure législative de droit commun, applicable chaque fois qu'une procédure différente n'est pas expressément prévue. Elle renforce considérablement les pouvoirs du Parlement en le mettant sur un pied d'égalité avec le Conseil, au point que certains auteurs ont pu parler d'une structure se rapprochant de celle des parlements bicaméraux, Parlement et Conseil constituant les deux organes législatifs.

Là encore, la **procédure de codécision** commence par une proposition de la Commission. Cette proposition est adressée simultanément au Conseil, qui se prononce dans les conditions habituelles, et au Parlement, qui adopte un avis. Si le Parlement amende la proposition de la Commission, trois cas peuvent se présenter.

– Ou bien, à l'issue de la première lecture, le Conseil reprend tous les amendements apportés par le Parlement à la proposition de la Commission, sans en ajouter d'autres : l'acte est alors considéré comme adopté. Ceci exige une coopération étroite entre les trois organes concernés; il faut d'abord un accord préalable entre Parlement et Conseil pour dresser la liste des amendements souhaités par chacun d'entre eux, de façon à ce que la coïncidence soit absolue. Mais il faut aussi que la Commission accepte de modifier sa proposition dans le sens des amendements souhaités; sinon, le vote du Conseil ne pourra être acquis qu'à l'unanimité de ses membres. Pour faciliter ces contacts, l'article 251 n'impose aucun délai pour cette phase de la procédure.

– Ou bien le Conseil est en désaccord avec les amendements parlementaires et/ou il estime que ceux-ci ne sont pas suffisants : il adopte alors une position commune qui est transmise au Parlement en vue d'une seconde lecture. Le Parlement a trois mois pour se prononcer. Il peut rejeter la position commune, ce qui équivaut à un rejet du texte. Il peut aussi, dans ce délai, approuver la position commune ou ne pas se prononcer sur elle. Dans ces deux cas, le texte est réputé adopté conformément à la position commune.

– Ou bien le Parlement adopte, sur proposition d'une commission parlementaire, d'un groupe politique ou de 32 parlementaires, à la majorité absolue de ses membres, des amendements à la position commune. Ces amendements, en vertu du règlement du Parlement, ne peuvent pas revenir sur des points ayant fait l'objet d'un accord avec le Conseil au cours de la procédure antérieure. Le texte amendé est transmis au Conseil et à la Commission et celle-ci donne son avis.

Le Conseil peut, dans un délai de trois mois, approuver ces amendements (à la majorité qualifiée pour ceux qui ont reçu un avis favorable de la Commission, à l'unanimité dans le cas contraire) : le texte est alors adopté (c'est ce qui se passe dans environ la moitié des cas). Mais s'il les rejette en tout ou partie, le président du Conseil convoque dans les six semaines, en accord avec le président du Parlement, un Comité de conciliation paritaire (autant de parlementaires que de membres du Conseil) qui recherche un accord sur les points en litige. Si un accord est trouvé au plus tard dans les six semaines suivant la première réunion du Comité, le texte de l'accord est soumis au Conseil qui doit l'approuver à la majorité qualifiée, et au Parlement qui doit le voter à la majorité absolue de ses membres. Les deux institutions disposent d'un nouveau délai de six semaines pour ce faire. Si un accord n'est pas trouvé ou si, après accord, celui-ci est rejeté par une des deux instances, le texte est définitivement rejeté.

Cette procédure suppose une négociation permanente entre le Conseil et le Parlement, chacun d'eux ayant le pouvoir de faire obstacle à l'adoption du texte. Elle exige aussi leur coopération étroite avec la Commission. Malgré sa lourdeur, elle est efficace, puisque depuis le traité d'Amsterdam, une seule procédure de codécision a connu un échec.

La **procédure d'avis conforme** est très proche de la codécision. Elle a été introduite par le traité de Maastricht et développée par les traités ultérieurs. Dans ce cas, le Parlement et le Conseil doivent adopter, dès la première lecture, un texte identique et aucun des deux n'a le pouvoir d'amender le texte de l'autre. Il faut ainsi un avis conforme du Parlement pour que le Conseil, réuni au niveau des chefs d'État ou de gouvernement, constate l'existence d'une violation grave et persistante des principes de l'Union par un État membre, ou se prononce sur l'adhésion d'un nouvel État, ou conclue un accord d'association. En cas de désaccord persistant entre le Conseil et le Parlement, la procédure est bloquée.

Les compétences budgétaires

Comme tous les Parlements en régime démocratique, le Parlement européen dispose de pouvoirs budgétaires. Mais là encore, il les partage avec le Conseil. Sur proposition de la Commission, le Conseil adopte un projet de budget qui est soumis au Parlement. Selon les principes classiques, ce budget prévoit des recettes et des dépenses. En 1970, il a été décidé, puis inscrit dans l'article 269 du TCE que les premières proviendraient de ressources propres et non plus de contributions financières des États membres.

En matière de **vote du budget**, les pouvoirs du Parlement ont été élargis à partir du traité de Bruxelles conclu en 1975 pour en faire le codétenteur du pouvoir budgétaire, concurremment avec le Conseil. **Trois hypothèses** peuvent se présenter.

– Le Parlement approuve le projet sans l'amender, ou bien il ne se prononce pas dans les quarante-cinq jours suivant son dépôt : le budget est alors définitivement adopté.

– Le Parlement adopte, dans le même délai, des amendements au projet, à la majorité absolue des suffrages exprimés et à la majorité des membres le composant, ou bien il propose des modifications concernant le montant des dépenses obligatoires découlant du traité. Cette situation ouvre alors une navette entre les deux institutions. Le projet amendé ou assorti de propositions de modifications est renvoyé au Conseil qui en rediscute avec la Commission et dispose de quinze jours pour se prononcer sur les changements décidés ou proposés par le Parlement. Si, dans le délai prescrit, il n'a modifié aucun amendement parlementaire ou s'il a accepté les propositions de modifications, le budget est définitivement arrêté par le président du Parlement. Mais le Conseil peut aussi, à la majorité qualifiée, modifier chacun des amendements parlementaires ou rejeter les propositions de modification émanant du Parlement. Le budget retourne alors au Parlement, pour une deuxième lecture, et celui-ci ne peut amender ou rejeter les modifications apportées par le Conseil à ses amendements que, dans les quinze jours qui suivent, par des votes réunissant à la fois la majorité de ses membres et les trois cinquièmes des suffrages exprimés. S'il n'atteint pas cette majorité ou s'il ne statue pas dans les délais, c'est le projet du Conseil qui sera réputé adopté.

– Le Parlement peut enfin, « pour des motifs importants », à la majorité de ses membres et des deux tiers des suffrages exprimés, rejeter le projet du Conseil et demander qu'un nouveau projet lui soit soumis. Ce dernier sera de la même manière soumis au Conseil et au Parlement.

Les compétences de contrôle de l'exécutif

Là encore, l'évolution est constamment allée dans le sens d'un renforcement des prérogatives parlementaires. Les traités initiaux imposaient à la Commission de répondre oralement ou par écrit aux questions posées par le Parlement ou par ses membres. Elle devait en outre lui soumettre chaque année un rapport général d'activité ; enfin, le Parlement disposait d'un pouvoir de censure de la Commission. Les modifications de ces traités ont accru et développé les pouvoirs du Parlement en la matière.

Les moyens d'information du Parlement européen

Le Parlement peut poser des questions, recevoir des rapports ainsi que des pétitions, et constituer des commissions d'enquête.

- **Les questions**

Prévues par l'article 197 du TCE, elles sont **écrites ou orales**. Les questions orales, adressées à la Commission ou au Conseil, peuvent être posées par une commission du Parlement, un groupe politique ou 32 députés, et porter sur les trois piliers de l'intégration européenne. Saisie par le président du Parlement qui en est le premier destinataire, la conférence des présidents décide de celles qui viendront en séance et de l'ordre dans lequel elles seront discutées. Un représentant des auteurs de la question pourra s'exprimer pendant cinq minutes. Les questions et les réponses seront publiées dans le compte rendu des débats.

Le Parlement peut aussi décider, sur proposition de la Conférence des présidents, de réserver un laps de temps à certaines questions adressées au Conseil ou à la Commission. Cette *heure des questions*, instituée en 1973, présente certaines particularités : les questions peuvent être posées peu de temps avant la séance et n'ont pas à être transmises à leurs destinataires plusieurs jours avant celle-ci. C'est au président de décider quelles questions seront examinées et dans quel ordre. Chaque parlementaire ne peut poser qu'une seule question par période de session.

Enfin, certaines questions orales peuvent donner lieu à des **débats d'actualité**. Demandé par une commission, un groupe politique ou par 32 députés, accepté par la Conférence des présidents, le débat se termine par le vote d'une résolution.

Les questions écrites peuvent être posées au Conseil ou à la Commission par tout député. Transmises par le président, elles doivent en principe recevoir une réponse dans un délai variant de trois à six semaines. Elles sont publiées, avec les réponses apportées, au *Journal officiel des Communautés européennes*.

- **Les rapports et les pétitions**

Les **rapports** sont présentés au Parlement par des institutions communautaires. Au rapport général annuel imposé à la Commission par les traités initiaux, les traités ultérieurs ont ajouté de nombreux rapports spécifiques, soit comme comptes rendus de toutes les étapes importantes de la construction européenne (rapport de chaque présidence du Conseil en fin d'exercice ou rapport à l'occasion de chaque conseil européen, par exemple), soit pour rendre compte de l'état d'avancement de dossiers sectoriels.

Les **pétitions**, instituées au départ par le seul règlement du Parlement, sont désormais réglementées par l'article 194 du TCE. Elles peuvent être présentées par un citoyen de l'Union ou par toute personne physique ou morale résidant ou ayant son siège dans un des États membres, à condition qu'ils soient directement concernés par la question posée; elles ne peuvent pas être anonymes et doivent concerner le premier pilier de l'intégration européenne, à propos de sujets relevant des domaines d'activité de la Communauté. Transmises par le Président, après examen de leur recevabilité formelle, à la commission compétente, elles sont examinées par celle-ci qui peut en tirer un projet de résolution soumis au Parlement.

Lorsqu'elles dénoncent un cas de «maladministration», les pétitions peuvent être transmises pour examen au **Médiateur européen** (voir page 217). L'activité du Médiateur donne lieu chaque année à un rapport global au Parlement, qui constitue une source importante d'information de celui-ci.

Le Parlement peut organiser des débats sur les points soulevés dans les rapports et pétitions. Il peut aussi en tirer des projets de résolutions par lesquelles il exprime son souhait de peser sur les orientations politiques communautaires.

- **Les commissions d'enquête temporaires**

Créées au départ par le règlement du Parlement, elles sont désormais prévues par l'article 193 du TCE. Elles peuvent être constituées à la demande du quart des membres du Parlement pour examiner les accusations d'infraction ou de mauvaise interprétation dans l'application du droit communautaire, ce qui exclut la politique étrangère et de sécurité commune ou la coopération policière et judiciaire en matière pénale. Pour éviter tout débordement, les traités prévoient que les modalités d'exercice de ce droit d'enquête sont déterminées d'un commun accord par le Parlement, le Conseil et la Commission. Il s'exerce dans le cadre de l'accomplissement de ses missions par le Parlement et ne peut porter sur des faits faisant l'objet d'une procédure juridictionnelle. Les commissions d'enquête sont temporaires : leur mandat, en principe de douze mois, ne peut en excéder dix-huit.

La création de commissions d'enquête s'accompagne donc de nombreuses précautions, ce qui explique que le Parlement en ait très peu créé : il n'en existe en effet que deux exemples, dont l'un concerne le problème de la vache folle. La plupart du temps, il recourt à des solutions plus souples, comme dans l'affaire de la commission Santer (voir encadré ci-contre), où il a préféré mettre en place, avec la coopération des autres instances communautaires, un «comité d'experts indépendants».

Les effets du contrôle

Ce sont des moyens classiques d'influence d'un Parlement sur l'exécutif. Il peut par exemple s'agir du refus du projet de budget, qui prive *a priori* l'exécutif de ses moyens d'action. Mais l'article 276 du TCE confère aussi au Parlement la compétence *a posteriori* de donner décharge des décisions de gestion au niveau de l'exécution du budget : le Parlement peut donc s'en servir pour faire pression sur la Commission en retardant cette décharge, ou en menaçant de la refuser, voire, comme cela est arrivé en 1984 pour l'exercice 1982, puis en 1998 pour l'exercice 1996, en la refusant. Il ne s'agit que d'une sanction morale, le refus de décharge n'entraînant pas la «chute» de la Commission; mais elle peut être indirectement efficace et amener la Commission à infléchir son action.

Plus radicale est en revanche la possibilité pour le Parlement de **censurer la Commission**. Prévue dès l'origine, elle est désormais inscrite dans l'article 201 du TCE. Selon le règlement intérieur du Parlement, la motion de censure doit être déposée par au moins un dixième de ses membres. Le Parlement ne peut se prononcer que trois jours au moins après ce dépôt et le vote de la censure exige une majorité qualifiée (deux tiers des suffrages exprimés représentant au moins la moitié des membres du Parlement). Obtenu dans ces conditions, le vote de la censure entraîne la **démission collective** de la Commission qui ne peut plus qu'expédier les affaires courantes en attendant son remplacement.

Cette situation ne s'est jamais rencontrée depuis le traité de Rome, même si une dizaine de motions de censure ont été déposées. Cependant, en 1999, la Commission Santer a démissionné volontairement, quelques mois après que le Parlement eut rejeté les motions de censure déposées contre elle. Convaincue que le dépôt d'une nouvelle motion conduirait à son adoption, elle montrait, par cette attitude, que la menace de la censure pouvait être aussi efficace que son vote lui-même.

La démission de la Commission Santer

En octobre 1998, un certain nombre d'accusations sont lancées contre divers membres de la Commission, en particulier par la presse belge : népotisme, malversations, détournements de fonds, rémunération d'emplois fictifs... Le Parlement refuse en décembre 1998 le vote de décharge sur la gestion financière de l'année 1996; il rejette, par 293 voix contre 232, une motion de censure déposée en janvier 1999 et repousse deux motions de mise en cause individuelle de membres de la Commission, mais décide la mise en place d'un comité d'experts indépendants pour faire le point sur le fonctionnement de celle-ci. Parmi eux figurent deux anciens présidents de la Cour des comptes européenne. Malgré la proposition par la Commission d'un *« code de bonne conduite »*, par lequel elle s'engagerait à améliorer ses conditions de fonctionnement, le comité présente, en mars 1999, un rapport très critique sur la gestion financière européenne. Devant le risque d'une nouvelle motion de censure qui a cette fois toutes chances d'être adoptée, et après avoir vainement essayé d'obtenir que ses membres les plus compromis démissionnent individuellement, la Commission démissionne en bloc le 16 mars 1999.

Chapitre 5
La Commission

La Commission, à laquelle l'article 211 du TCE assigne la tâche « d'assurer le fonctionnement et le développement du marché commun », *est sans doute, avec le Parlement, l'organe qui a connu la plus grande évolution depuis les débuts de la construction européenne. C'est aussi celui dont le caractère « communautaire » est le plus accentué et cela se traduit, en premier lieu, par ses conditions de nomination.*

La nomination de la Commission

La composition

Le traité de Bruxelles, en 1965, a unifié les exécutifs des trois Communautés en créant un Conseil et une Commission uniques. Jusqu'en 2004, la Commission comprenait « *vingt membres choisis en raison de leur compétence générale et offrant toutes garanties d'indépendance* ». Les traités initiaux ne prévoyaient aucune proportion nationale mais, en 1965, on posa le principe que la Commission devait comprendre au moins un national de chaque État membre, et que le nombre de membres ayant la nationalité d'un même État ne devrait jamais être supérieur à deux. Cela conduisit à adopter le système suivant : deux nationaux pour chacun des cinq grands États, un pour chacun des dix autres.

Les règles relatives à la composition de la Commission ont été modifiées en 2004, conformément à l'article 4 du protocole sur l'élargissement de la Communauté annexé au traité de Nice. Dans une étape transitoire, **jusqu'en 2009**, la Commission comportera **un national par État membre** ; en revanche, par la suite, c'est au Conseil statuant à l'unanimité qu'il revient de fixer le nombre définitif des commissaires. Ce nombre devra, en tout état de cause, être inférieur à celui des États membres[21] et cette perspective suscite des inquiétudes parmi les États. Il appartiendra au Conseil de fixer les modalités de la rotation d'une façon strictement égalitaire et qui reflète de manière satisfaisante l'éventail démographique et géographique de l'ensemble des États membres[22]. Le projet de traité simplifié confirme ces dispositions. Il renforcerait le rôle de la Commission, en particulier dans les domaines de la justice et de la sécurité.

21. En contrepartie et pour rassurer les grands États, le traité a modifié, dans les conditions déjà évoquées (voir page 195), la pondération des voix au sein du Conseil.

22. Ce qui implique que chacun des grands États ne sera pas représenté pendant de longues périodes.

Le mode de désignation

Il a été modifié à plusieurs reprises, en particulier par les traités de Maastricht, d'Amsterdam et de Nice.

L'évolution a d'abord renforcé les prérogatives du Parlement dans la désignation des membres de la Commission. En principe ceux-ci sont désignés « *d'un commun accord* » par les gouvernements des États membres. Mais le pouvoir de ces derniers est devenu de plus en plus un simple pouvoir de proposition. Dès 1983, on a exigé, dans la pratique, que le bureau du Parlement soit consulté avant la nomination du président de la Commission. Par ailleurs, celle-ci devait, une fois désignée, présenter son programme au Parlement européen et cela donnait lieu, de la part de ce dernier, à un débat suivi d'un vote.

Le traité d'Amsterdam a officialisé ce « débat » et ce « vote d'investiture ». Le traité constitutionnel maintiendrait la situation existant depuis le traité de Nice, en prévoyant que la proposition du président soit faite par le Conseil statuant à la majorité qualifiée, et son élection par le Parlement à la majorité des membres qui le composent. Si cette majorité n'est pas atteinte, le Conseil doit proposer, dans le délai d'un mois, un nouveau candidat qui doit être élu par le Parlement dans les mêmes conditions.

L'évolution a aussi **renforcé le rôle du président de la Commission** dans la constitution de celle-ci. Depuis le traité d'Amsterdam, le Parlement doit approuver la composition et le programme de la Commission « en tant que collège ». Et le choix des noms proposés doit désormais se faire en accord avec le président, ce qui accentue la présidentialisation de l'institution.

C'est en effet au président que le traité de Nice confie la structuration de la Commission et la répartition des responsabilités entre ses membres. C'est lui qui détermine le contenu de leur « portefeuille » ; c'est sous son autorité et dans le respect des orientations politiques qu'il fixe que les commissaires exercent leurs attributions, et il a le pouvoir d'en modifier la distribution en cours de mandat. Avec l'approbation de l'ensemble de la Commission, il peut nommer des *vice-présidents*, en nombre fixé par lui, et demander à tout moment la démission d'un commissaire. Le président de la Commission est, jusqu'au 31 octobre 2009, le Portugais Manuel Barroso.

Le traité de Nice a modifié la donne sur un autre point important : tirant les conséquences du fait que l'élargissement rendra de plus en plus difficile l'obtention de l'unanimité, il a **substitué un principe de majorité à la règle du « commun accord »** pour la désignation des commissaires. Jusqu'ici, les propositions initiales étaient présentées par les gouvernements des États membres : chacun d'entre eux proposait le ou les commissaire (s) relevant de sa nationalité et la liste globale était établie d'un commun accord, généralement à l'occasion d'une réunion du Conseil européen. Mais on a vu que c'est désormais le Conseil, réuni au niveau des chefs d'État et de gouvernement et statuant à la majorité qualifiée, qui fait la proposition de nomination du président. Et c'est également le Conseil, mais réuni dans sa formation ordinaire et statuant à la majorité qualifiée qui, d'une part, adopte la liste des commissaires dont il envisage la nomination après discussion avec les gouvernements des États membres et, d'autre part, procède à leur nomination définitive après le vote positif du Parlement.

Les débuts de la Commission Barroso, en 2004, ont montré l'influence que le Parlement peut exercer sur la composition de la Commission. L'opposition de la majorité parlementaire à la nomination d'un commissaire italien pressenti et sa menace de ne pas investir la Commission ont, par exemple, amené Manuel Barroso à négocier avec le gouvernement italien une modification de sa proposition initiale. L'évolution institutionnelle a ainsi conduit à un certain **rééquilibrage des pouvoirs** entre le Parlement et la Commission et traduit un certain affaiblissement de celle-ci.

Le mandat de la Commission

Ce mandat, comme celui de chacun des commissaires, est de **cinq ans** renouvelable. Celui d'un commissaire peut être interrompu par deux événements : le décès ou la démission.

Le traité CE prévoit **trois sortes de démission** : volontaire, forcée ou d'office. La *démission forcée* peut être soit individuelle, soit collective. En principe, les membres de la Commission ne sont pas individuellement responsables devant le Parlement. Mais si l'un d'eux pose problème, le président de la Commission pourra toujours, en vertu du traité de Nice et avec l'accord de l'ensemble des commissaires, lui demander de présenter sa démission. Le projet de Constitution supprime l'exigence de l'accord des commissaires.

En revanche, les traités ont mis en place un **principe de responsabilité collective** de la Commission devant le Parlement. En vertu de l'article 201 du TCE, le vote d'une motion de censure par ce dernier oblige en effet les membres de la Commission à *«abandonner collectivement leurs fonctions»*. Une démission en apparence volontaire peut être ainsi présentée pour éviter une motion de censure et échapper à une humiliation : tel a été le cas de celle présentée par la Commission Santer en 1999 (voir page 204).

Un commissaire qui ne remplirait plus les conditions nécessaires à l'exercice de ses fonctions ou commettrait une faute grave peut être déclaré *démissionnaire d'office* par la Cour de justice. Cette sanction est prononcée à la demande du Conseil ou de la Commission. Contrairement à ce qui se passe dans les cas précédents, elle entraîne l'interdiction immédiate de rester en fonctions, même pour expédier les affaires courantes.

Le **remplacement** nécessaire pour pourvoir au (x) siège (s) vacant (s) est effectué dans les mêmes conditions que la nomination, mais seulement pour la durée du mandat restant à courir jusqu'à la fin des cinq ans[23], de telle sorte que le terme de celle-ci reste toujours fixe. Le Conseil statuant à l'unanimité peut décider qu'il n'y a pas lieu de remplacer individuellement un membre démissionnaire ou décédé.

23. C'est ce qui s'est passé quand la Commission Prodi a remplacé la Commission Santer.

Le statut de la Commission et de ses membres

Il est tout entier dominé par des préoccupations d'indépendance et de cohérence qui s'expriment à plusieurs égards.

Le principe d'indépendance

Il est affirmé à plusieurs reprises dans l'article 213 du TCE : les membres de la Commission, dit son premier paragraphe, doivent offrir *«toutes garanties d'indépendance»*; et, ajoute le second, ils *«exercent leurs fonctions en pleine indépendance, dans l'intérêt général de la Communauté»*.

Même s'ils ont été proposés par lui, **ils ne sont donc pas les représentants de leur État** et ils ne peuvent solliciter ni accepter d'instructions d'aucun gouvernement ou organisme. Les États membres s'engagent d'ailleurs à respecter leur indépendance et à ne pas chercher à les influencer dans l'exécution de leur tâche. Par ailleurs, pour éviter toute influence indue d'intérêts privés, les membres de la Commission ne peuvent exercer aucune activité professionnelle, rémunérée ou non : *«Ils prennent, lors de leur installation, l'engagement solennel de respecter, pendant la durée de leurs fonctions et après la cessation de celles-ci, les obligations découlant de leur charge, notamment les devoirs d'honnêteté et de délicatesse quant à l'acceptation, après cette cessation, de certaines fonctions ou de certains avantages»* (article 213-2 du TCE). En cas de non-respect de ces obligations, la Cour de justice, saisie par le Conseil ou la Commission, peut soit prononcer la démission d'office du commissaire, s'il est encore en fonction, soit, dans le cas contraire, le sanctionner par des restrictions de son droit à pension[24].

A ces dispositions du traité s'ajoutent des **règles de bonne conduite**. Les Commissions Prodi et Barroso ont ainsi instauré l'obligation pour les commissaires d'établir une déclaration de leur patrimoine, de leurs intérêts financiers et de ceux de leurs conjoints.

24. Ces dispositions ont pris une certaine actualité depuis les accusations de corruption qui ont pesé sur la Commission Santer. En 1999, la Cour a été saisie du cas d'un commissaire allemand, qui avait démissionné pour prendre immédiatement des fonctions dans une entreprise dont le champ d'activité correspondait à la spécialité de son portefeuille. La Cour a conclu son intervention en proposant un compromis : l'intéressé a dû s'engager à attendre un an avant de prendre ses nouvelles fonctions, à éviter tout contact avec les institutions communautaires pendant plusieurs années et à ne communiquer aucune information confidentielle à son nouvel employeur. En 2003, la Commission s'est saisie du cas d'une commissaire française à qui l'on reprochait, entre autres, d'avoir lors de ses fonctions, entre 1995 et 1999, sous couvert d'engager quelqu'un à son cabinet, fait attribuer un emploi présumé fictif. Le collège des commissaires a saisi la Cour de justice d'une action visant à la déchoir de tout ou partie de ses droits à pension. La Cour a effectivement constaté, en juillet 2006, qu'il y avait manquement aux obligations, mais n'a pas prononcé de sanction.

Le principe de collégialité

Chaque commissaire a des compétences spécialisées dans un secteur d'activité et il dirige les services administratifs en charge de ce secteur. Néanmoins, les décisions importantes exigent une décision collégiale de la Commission. Celle-ci est convoquée par son président; elle tient au moins une réunion, non publique, par semaine mais peut en tenir d'autres chaque fois que c'est nécessaire.

Le principe de collégialité vise à assurer deux objectifs. Il est, d'une part, une *garantie de l'indépendance* des commissaires, puisqu'il fait de toute décision un acte collectif : en principe, toutes les décisions doivent être prises après une délibération commune et à la majorité. Dans la pratique, cette exigence n'est appliquée de façon stricte que pour les dossiers posant problème, et la procédure est plus souple : les échanges peuvent avoir lieu par écrit, et les mesures de gestion et d'administration courante peuvent être décidées par un commissaire isolé après habilitation de la Commission. Mais cet allègement est soumis au contrôle de la Cour de justice, qui peut toujours censurer un acte pris après une procédure n'ayant pas respecté le principe de collégialité.

Ce principe est également important à un autre égard : il constitue un moyen important de **garantir la cohérence politique** de l'action menée.

Les pouvoirs de la Commission

La Commission est investie d'un *pouvoir de représentation* de la Communauté. C'est son président qui, conjointement avec celui du Conseil, reçoit les lettres de créance des ambassadeurs des pays tiers auprès de la Communauté. C'est elle qui assure les liaisons avec les organisations internationales et met en place des «délégations» diplomatiques auprès des pays tiers. Pour le reste, ses pouvoirs, définis d'une manière très générale par l'article 211 du TCE, se situent au début et à la fin de tous les processus importants de décision.

Le pouvoir d'initiative

La plupart des décisions importantes prises par le Conseil exigent au préalable une proposition de la Commission. L'importance de ce pouvoir de proposition est soulignée par les deux alinéas de l'article 250 du TCE : le premier oblige le Conseil à statuer à l'unanimité s'il veut amender une proposition de la Commission; le second permet au contraire à celle-ci de modifier comme elle l'entend ses propositions tant que le Conseil n'a pas statué, et lui donne ainsi des pouvoirs supérieurs à ce dernier pour s'adapter à l'évolution des négociations tout au long de la procédure d'élaboration des décisions et débloquer ou non une situation de conflit. Mais on sait (voir page 202) que, lorsque l'adoption d'un acte suppose une codécision du Conseil et du Parlement, ceux-ci pourront en définitive s'accorder sur un projet s'écartant des propositions initiales de la Commission (à la majorité absolue des suffrages exprimés au Parlement, à la majorité qualifiée pour le Conseil). Il y a donc là un début de brèche dans le pouvoir d'initiative de celle-ci.

Le Parlement ou le Conseil peuvent suggérer à la Commission de faire des propositions sur un sujet déterminé. Le premier le décidera à la majorité de ses membres à propos de toute question relative à la mise en œuvre du TCE; le second peut lui demander de procéder à toutes études qu'il juge opportunes et de lui soumettre toutes propositions appropriées. La Commission est libre de donner suite ou non à ces demandes.

Les pouvoirs d'exécution

Selon l'article 211 du TCE, «*la Commission [...] exerce les compétences que le Conseil lui confère pour l'exécution des règles qu'il établit*». Le titulaire du pouvoir exécutif, au niveau communautaire, est donc bien le Conseil, mais celui-ci peut déléguer à la Commission le soin d'adopter les règles d'exécution à sa place; l'article 202 l'encourage vivement à le faire, en instaurant la délégation en principe et la rétention du pouvoir d'exécution par le Conseil en exception. Mais le Conseil a toujours le pouvoir d'encadrer la compétence exécutive de la Commission en lui indiquant selon quelles modalités elle doit l'exercer.

La mission de gardienne des traités

En tant que garante de l'intérêt communautaire, la Commission est chargée de veiller au **respect des traités**. Elle s'est donc vu investir d'une mission générale de surveillance et de contrôle de leur bonne application, qu'elle peut exercer à l'égard des États membres, de leurs ressortissants et des autres institutions communautaires. C'est elle, à ce titre, qui sera chargée de mettre en œuvre l'action en manquement d'État devant la Cour de justice (voir page 212) : si elle estime qu'un État membre a manqué à l'une des obligations imposées par le traité, elle émet un **avis motivé** à ce sujet, après avoir mis cet État en mesure de présenter ses observations. Si l'État ne se conforme pas à cet avis dans le délai imparti par la Commission, celle-ci peut **saisir la Cour de justice** d'office, sur la base des informations qu'elle aura recueillies ou des vérifications qu'elle aura pu faire, ou sur plainte. C'est elle aussi qui a le pouvoir d'agir si elle estime qu'après l'arrêt de la Cour, l'État membre ne prend pas les mesures que comporte l'exécution de cet arrêt.

La Commission contrôle également l'usage des dérogations admises par le droit communautaire, par exemple lorsque au titre d'une «clause de sauvegarde», un État membre demande à suspendre momentanément ses obligations communautaires pendant une certaine période. Enfin, elle veille à l'application des principes fixés par le TCE en ce qui concerne la politique de concurrence, et contrôle les concentrations d'entreprises. Elle peut prononcer des astreintes et infliger des sanctions pécuniaires à des entreprises qui commettraient des infractions à ces règles.

La Commission doit publier chaque année un **rapport général sur l'activité de l'Union européenne**, présenté au Parlement et pouvant donner lieu à un débat.

Chapitre 6
Les institutions judiciaires

A l'origine, la Cour de justice était le seul juge au niveau communautaire, mais devant la multiplication des affaires, l'Acte unique européen créa un Tribunal de première instance et, pour un certain nombre de recours, la Cour devint un second degré de juridiction ne pouvant être saisi que par la voie d'un pourvoi à l'encontre des décisions du Tribunal. L'expression « Cour de justice » a donc désormais deux sens : elle peut désigner l'ensemble formé par la Cour au sens strict et le Tribunal, ou ne concerner que la première de ces institutions. Le traité constitutionnel reprend l'organisation existante et prévoit que la Cour de justice européenne comprend la Cour, le Tribunal et des juridictions spécialisées.

Les juges au niveau communautaire

La Cour de justice

Instituée par le traité CECA du 18 avril 1951, sa compétence a ensuite été étendue aux deux autres communautés (CEE et Euratom) par les traités de Rome en 1957. En principe, elle n'est compétente que pour les questions relevant de l'application du TCE. Cela exclut donc certaines matières relevant de l'application du traité UE : en totalité la politique étrangère et de sécurité commune, et partiellement la justice et les affaires intérieures. Enfin, la compétence de la Cour a été étendue aux matières touchant à la coopération renforcée et à la protection des droits fondamentaux.

En vertu du traité de Nice, qui consacre la pratique antérieure, la Cour de justice est **composée d'un juge par État membre**, auxquels s'ajoutent **huit avocats généraux** (chacun de nationalité différente, la pratique étant que chacun des quatre grands États soit toujours représenté parmi eux). Mais ils ne sont pas les représentants de leur État, puisqu'ils doivent présenter toutes garanties d'indépendance. Juges et avocats généraux sont d'ailleurs nommés d'un commun accord entre les gouvernements des États membres ; leur mandat, renouvelable, est de **six ans** et ils sont renouvelés par moitié tous les trois ans. C'est aussi la durée pour laquelle les juges de la Cour élisent le président, dont le mandat de trois ans est également renouvelable. Le président actuel est, jusqu'en octobre 2009, le Grec Vassilios Skouris. Les membres de la Cour doivent réunir les conditions requises pour exercer dans leur pays les plus hautes fonctions juridictionnelles. Ils sont soumis à certaines **incompatibilités** (exercice d'une activité politique ou cumul avec une activité professionnelle, publique ou privée) et bénéficient d'une **immunité** qui ne peut être levée que par la Cour, statuant à l'unanimité de ses membres.

L'organisation de la Cour, qui siège à Luxembourg, est déterminée à la fois par le TCE, le protocole sur le statut de la Cour annexé à celui-ci, et le règlement de procédure établi par la Cour et approuvé par le Conseil[25]. Le traité de Nice a modifié les conditions des sessions. Désormais le principe, qui soulève quelques inquiétudes sur la cohérence jurisprudentielle, sera que **la Cour siègera en chambres** (de trois ou cinq membres), dans les conditions prévues par son statut. Elle élira en son sein les présidents des chambres qui la composeront, pour trois ans renouvelables une fois. Une « grande chambre » de onze membres, présidée par le président de la Cour et à laquelle participeront tous les présidents des chambres à cinq membres, devra être réunie chaque fois que cela sera demandé par un État membre ou une institution européenne partie à l'instance. La réunion de la formation plénière deviendra donc extrêmement rare. Mais elle pourra avoir lieu sur décision de la Cour, lorsqu'une affaire revêtira « *une importance exceptionnelle* » ou pour statuer sur la démission du médiateur (article 16 du statut de la Cour). Quelle que soit sa formation, la Cour ne peut statuer que si les juges sont en **nombre impair**.

La procédure est organisée en deux phases. La **phase écrite (**requête introductive, mémoires des parties et rapport préalable du juge rapporteur) correspond à l'instruction de l'affaire ; la **phase orale** comporte l'audition d'un rapporteur, des parties, témoins ou experts et de l'avocat général, et elle est tenue dans tous les cas, sauf si l'affaire ne soulève aucune question de droit nouvelle. Les avocats généraux, dont le nombre pourrait être augmenté par décision unanime du Conseil statuant sur proposition de la Cour, ressemblent beaucoup aux commissaires du gouvernement devant les juridictions administratives françaises, puisque leur rôle est de « *présenter publiquement, en toute impartialité et en toute indépendance, des conclusions motivées sur les affaires* » requérant l'intervention de la Cour (article 222 du TCE). La procédure devant la Cour est d'ailleurs proche de la procédure administrative française ; elle présente les mêmes caractéristiques : largement écrite, contradictoire, inquisitoire et gratuite.

Les **recours présentés** devant les juridictions communautaires n'ont **pas d'effet suspensif**. La Cour a cependant le pouvoir de décider le sursis à exécution d'un acte

25. Pour cette approbation, le traité de Nice substitue l'exigence de la majorité qualifiée à celle de l'unanimité.

attaqué si elle estime que les circonstances de l'affaire l'exigent. Les arrêts de la Cour ne peuvent faire l'objet de recours devant aucune autre juridiction.

Le Tribunal de première instance

Créé par une décision du Conseil, en 1988, pour désengorger la Cour, le TPI est composé, en 2007, de **vingt-cinq juges** nommés dans les mêmes conditions et au sein du même «vivier» que celle-ci. En laissant à la Cour le soin de fixer le nombre de juges à «*au moins un par État membre*», le traité de Nice autorise l'augmentation de ce nombre sans imposer le respect du principe de l'égale représentation de tous les États. Le Tribunal élit son président pour trois ans. Dans l'état actuel des choses, les fonctions d'**avocat général** ne sont pas spécialisées et peuvent être remplies par tout membre du Tribunal : dans ce cas, il ne peut pas prendre part au jugement de l'affaire. Le statut de la Cour pourrait cependant en décider autrement. Les règles de procédure et de fonctionnement sont largement calquées sur celles applicables à la Cour. Une différence importante réside cependant dans la possibilité laissée au Tribunal de faire juger par un **juge unique** certaines affaires ne présentant pas de difficultés de droit ou de fait.

Des **chambres juridictionnelles peuvent être créées** par le Conseil, statuant à l'unanimité, et adjointes au Tribunal de première instance pour exercer certaines compétences juridictionnelles particulières. C'est le cas du *Tribunal de la fonction publique de l'Union européenne,* créé en novembre 2004 pour juger le contentieux de la fonction publique. Les décisions de ces chambres peuvent faire l'objet d'un pourvoi devant le Tribunal, qui devient donc juge d'appel en la matière.

En vertu du traité de Nice, qui a fortement élargi les **catégories de recours** pouvant être soumis en première instance au Tribunal, c'est désormais le statut de la Cour qui pourra étendre la liste de ceux-ci. Ils se limitaient à l'origine aux affaires relatives au contentieux de la fonction publique européenne et à la concurrence. On y a adjoint par la suite les recours concernant les mesures de défense commerciale, les affaires de propriété intellectuelle, et les recours formés par les personnes physiques ou morales. Étaient expressément exclus de la compétence du Tribunal les recours en manquement d'État (voir page 212) et les renvois préjudiciels provenant des juridictions nationales. Le traité de Nice atténue cette dernière exclusion, en prévoyant que, dans certaines matières qui peuvent être définies par le statut de la Cour, le TPI soit compétent. La Cour ne serait donc plus seule compétente pour l'interprétation et l'appréciation de validité du droit communautaire. Cependant le Tribunal pourrait toujours renvoyer à la Cour une affaire concernant un renvoi préjudiciel, s'il estime qu'elle «*appelle une décision de principe susceptible d'affecter l'unité ou la cohérence du droit communautaire*» (article 225 du TCE).

En principe, **tous les arrêts du Tribunal sont passibles de pourvoi** devant la Cour. Cependant, en matière de *renvois préjudiciels*, à seule fin de ne pas prolonger inutilement la procédure, le pourvoi sera exclu, sauf si le premier avocat général estime, contrairement à ce qu'avait fait le Tribunal, qu'il y a effectivement «*risque sérieux d'atteinte à l'unité ou à la cohérence du droit communautaire*». Il dispose dans ce cas d'un mois pour saisir la Cour qui doit à son tour, dans un délai équivalent, décider si elle réexamine l'affaire. Le pourvoi est à déposer dans les deux mois suivant l'arrêt du TPI, soit par une partie au procès de première instance, soit par un État membre ou une institution, même si ces derniers ne sont pas intervenus en première instance. Il n'a pas d'effet suspensif, mais le requérant peut demander le sursis à exécution.

Lorsqu'elle statue sur les pourvois, la Cour est une **juridiction de cassation**, en ce sens qu'elle ne peut apprécier que les questions de droit, et non les faits. Le pourvoi n'a pas d'effet suspensif. La Cour peut rejuger l'affaire elle-même, ce qu'elle fait dans la plupart des cas, ou la renvoyer devant le Tribunal pour que celui-ci la réexamine à la lumière des points de droit réglés par son arrêt.

Les recours

Les traités attribuent à la Cour des **attributions juridictionnelles et consultatives**. Au titre des secondes, elle peut être consultée à la demande du Parlement, du Conseil, de la Commission ou d'un État membre sur la compatibilité d'un accord international conclu par la Communauté avec le droit communautaire, et elle rend de véritables décisions obligatoires[26]. Au titre de leurs attributions contentieuses, les juridictions communautaires peuvent soit annuler les actes illégaux pris par les institutions communautaires, soit engager la responsabilité de la Communauté, soit constater les manquements des États membres à leurs obligations communautaires.

Le contentieux de la légalité

Il peut être initié directement soit par un État membre, soit par une institution communautaire, soit par une personne physique ou morale directement concernée par l'acte attaqué. Il peut aussi l'être indirectement par un *renvoi préjudiciel* d'un tribunal d'un État membre.

Le recours direct en annulation

Il est fortement inspiré du droit administratif français, à la fois en ce qui concerne les conditions de recevabilité et les moyens d'annulation.

- **Les conditions de recevabilité**

Certaines tiennent à la **nature de l'acte** attaqué. Selon l'article 230 du TCE, cet acte doit émaner d'une institution européenne (acte conjoint du Parlement et du Conseil, ou du Conseil, de la Commission, etc.). Cela signifie qu'échappent au recours devant les juridictions

26. Malgré le nom d'attributions «consultatives».

communautaires les actes des autorités nationales. Y échappent aussi ceux qui sont pris par les représentants des «*États membres réunis au sein du Conseil*» : la Cour a par exemple décidé, en 1993, qu'une décision des ministres accordant une aide au Bangladesh n'était pas imputable au Conseil, parce qu'elle était prise dans «*un domaine ne faisant pas l'objet d'une compétence exclusive de la Communauté*».

Il faut ensuite que cet acte soit destiné à produire des **effets de droit.** Cela exclut les actes préparatoires ou confirmatifs et les simples avis ou recommandations. Lorsque le requérant est une personne privée, l'acte attaqué doit réellement modifier sa situation juridique.

D'autres conditions concernent la **qualité pour agir**. L'article 230 du TCE établit en effet une distinction entre deux grandes catégories de requérants.

– Depuis les origines, le Conseil, la Commission et les États membres peuvent présenter un recours en annulation devant la Cour contre tout acte communautaire sans avoir à justifier d'un intérêt. S'agissant du Parlement, sa situation à l'égard de la Cour a suivi l'évolution générale de ses pouvoirs. Alors qu'il n'avait aucun droit à agir en annulation au début de la Communauté, on lui a reconnu ce droit pour assurer la défense de ses prérogatives, d'abord avec l'arrêt *Tchernobyl,* rendu par la Cour en 1990, puis dans le traité de Maastricht. Avec le traité de Nice, il a acquis le même droit que le Conseil et la Commission et n'a plus à justifier d'un intérêt pour que son action soit recevable. Toutes ces institutions constituent des *requérants privilégiés.* La Banque centrale européenne et la Cour des Comptes ne sont, en revanche, recevables à présenter un recours en légalité que pour la défense de leurs prérogatives.

– Quant aux *personnes physiques et morales*, elles n'ont qualité pour agir que si elles justifient d'un intérêt «froissé». Elles sont donc recevables à attaquer les décisions individuelles qui leur sont directement adressées, mais aussi des mesures réglementaires ou individuelles qui, bien qu'adressées à d'autres, les touchent directement et individuellement : par exemple, lorsqu'une décision concernant une aide d'État est adressée à l'État intéressé ou à l'entreprise bénéficiaire, une entreprise concurrente dont la situation est directement affectée par cette décision est recevable à l'attaquer. En revanche, les particuliers n'ont aucun droit à attaquer devant les juridictions communautaires les actes de portée générale, c'est-à-dire ceux dont les destinataires ne peuvent pas être identifiés à l'avance.

D'autres conditions, enfin, concernent les **délais de recours.** Ils sont de *deux mois* à compter de la publication de l'acte au *Journal officiel des Communautés européennes* ou de sa notification à l'intéressé ou, à défaut, du jour où celui-ci en a eu connaissance. Cependant, la validité des actes réglementaires peut être contestée à tout moment par le biais de *l'exception d'illégalité*. L'article 241 du TCE autorise en effet toute partie, «*à l'occasion d'un litige mettant en cause un règlement*» européen, à «*se prévaloir des moyens prévus*» dans le cadre du recours en annulation «*pour invoquer devant la Cour de justice l'inapplicabilité de ce règlement*».

- **Les moyens d'annulation**

Largement inspirés des catégories du droit administratif français (voir page 134), ils sont au nombre de quatre : l'incompétence, moyen d'ordre public qui peut être soulevé d'office par le juge ; la violation des formes substantielles, par exemple le non-respect des droits de la défense, ou l'absence de consultation du Parlement ou de motivation de l'acte attaqué lorsque celles-ci sont obligatoires ; la violation du traité ou de ses règles d'application, qui intègre aussi celle d'un certain nombre de principes généraux du droit ; et le détournement de pouvoir.

- **Les effets de l'arrêt des juridictions communautaires**

L'**acte déclaré illégal est annulé** en tout ou partie. La décision d'annulation a l'autorité absolue de la chose jugée et fait disparaître rétroactivement l'acte et ses conséquences à l'égard de tous. Mais, s'agissant d'un règlement, la juridiction communautaire peut, si elle l'estime nécessaire, indiquer que tout ou partie des effets produits par celui-ci doivent être considérés comme définitifs et rester en vigueur. Le traité impose aux institutions communautaires dont un acte a été annulé de prendre les mesures que comporte l'exécution de l'arrêt de la juridiction communautaire, mais celle-ci ne se reconnaît pas le droit de leur adresser des injonctions.

Le renvoi préjudiciel

Le droit communautaire n'a de sens que s'il est **appliqué et interprété de façon uniforme** sur l'ensemble du territoire européen. Le rôle des juridictions communautaires est d'autant plus important que, comme l'a indiqué la Cour de justice dans l'arrêt *Costa c/ ENEL,* rendu en 1967, le traité CE, «*à la différence des traités internationaux ordinaires, a créé un ordre juridique propre, intégré au système juridique des États membres [...] et qui s'impose à leurs juridictions*». Or chaque juge national est aussi un juge communautaire, dans la mesure où la solution des problèmes qui lui sont soumis exige souvent l'interprétation ou l'application de normes communautaires. Il faut donc éviter au maximum qu'à cette occasion, les juges des différents pays procèdent à une interprétation ou à une application divergente de ces normes, sinon il n'y aurait plus de droit «communautaire». Dans ce but, l'article 234 du TCE organise la procédure du renvoi préjudiciel qui permet aux juges nationaux de demander aux juridictions communautaires d'interpréter un acte communautaire ou de juger de sa validité, lorsque la solution de ces questions est nécessaire à celle du problème qui est soulevé devant eux. Ils doivent surseoir à statuer et ne peuvent reprendre l'examen de l'affaire qu'une fois cette question réglée. On garantit ainsi **l'unité du droit communautaire**.

La juridiction communautaire ne peut être saisie que par un tribunal. S'il s'agit d'une juridiction inférieure, dont les décisions pourront faire l'objet d'un recours devant un juge supérieur, le renvoi n'est que *facultatif*. S'il s'agit d'une juridiction suprême, dont les décisions ne peuvent pas faire l'objet d'un recours au niveau national (en France, le Conseil d'État et la Cour de cassation), le renvoi est *obligatoire*. La question posée par le juge national peut porter soit sur l'interprétation d'un texte communautaire, soit sur l'appréciation de sa validité.

Un exemple de renvoi préjudiciel par le juge national : le jugement du Tribunal administratif (TA) de Paris du 16 décembre 1974 dans l'affaire *Rutili*

Un ressortissant italien avait des activités syndicales qui gênaient les pouvoirs publics français et, en lui délivrant sa carte de séjour, ceux-ci lui interdisent l'accès aux quatre départements lorrains, ceux où il exerçait ses activités. Dans le recours qu'il intente contre cette décision devant le TA de Paris, il invoque une violation d'une directive européenne garantissant la liberté de circulation aux ressortissants des pays de la Communauté « sous réserve des limitations justifiées par des raisons d'ordre public ». Le TA se trouve donc confronté à la question de savoir si cette directive a été correctement appliquée et si les mesures prises par les autorités françaises en respectent bien les termes. Mais, estimant que cette directive pose un problème d'interprétation, il saisit la Cour de justice, d'une part pour lui demander le sens du mot « justifiées » et d'autre part pour savoir si les limites éventuelles à la liberté de circulation ne peuvent résulter que de mesures générales et réglementaires ou si elles peuvent être décidées par des mesures individuelles.

– En ce qui concerne **l'interprétation**, le juge national doit demander à la juridiction communautaire de se prononcer, s'il estime qu'il y a nécessité d'éclaircir un point obscur ou douteux. Il peut certes ne pas la saisir s'il estime qu'il est en face d'un « acte clair ». Mais on voit bien la différence entre le droit international « ordinaire » et le droit européen. S'agissant d'un traité « ordinaire », le juge français peut l'interpréter : par exemple, dans le cas d'un traité franco-algérien qui définissait les membres de la famille des ressortissants algériens susceptibles de bénéficier d'un regroupement familial, le Conseil d'État a pu décider lui-même qu'il fallait comprendre la notion *« d'enfants mineurs »* au sens français (moins de 18 ans pour tous) et non au sens algérien (moins de 19 ans pour les garçons et de 21 ans pour les filles)[27]. S'agissant d'une norme de droit communautaire, il ne le pourrait pas aussi simplement, en raison de la nécessaire unité de l'interprétation de ce droit sur l'ensemble du territoire de l'Union.

– En ce qui concerne **l'appréciation de validité,** la Cour a interdit de fait aux juridictions nationales, par un arrêt de 1987[28], de déclarer *invalides* des actes des institutions communautaires. Elles ne peuvent donc apprécier leur validité que si c'est pour conclure que l'acte contesté est valide. Cette solution a été vivement contestée par ceux qui font remarquer que, si d'aventure un autre juge national estimait que cet acte est non valide, et qu'il lui faut donc saisir une juridiction communautaire, il y aurait incohérence de la jurisprudence sur le territoire européen.

Les **effets des renvois préjudiciels** dépendent de la nature de la réponse donnée. L'interprétation donnée par la juridiction communautaire s'impose aux juges nationaux. Mais elle n'interdit pas que d'autres questions d'interprétation soient posées par la suite sur d'autres points concernant la même disposition. Quant à l'autorité des décisions de la juridiction communautaire en matière de validité, elle est proche de celle qui caractérise les effets des arrêts du Conseil d'État français. La décision déclarant invalide une disposition communautaire s'impose à tous (autorité absolue de chose jugée) ; en revanche, lorsque le recours est rejeté et que la juridiction communautaire refuse de déclarer invalide la disposition contestée, sa décision n'a de portée que pour le procès en cours, puisque la validité de la disposition peut toujours être contestée pour d'autres motifs (autorité relative de chose jugée).

Le cas particulier des dispositions du titre IV du TCE

Il vise les questions relatives aux visas, à l'asile, à l'immigration et aux autres politiques liées à la libre circulation des personnes. Pour toutes ces questions, le juge national suprême n'est jamais tenu de saisir la Cour : il peut le faire, s'il l'estime nécessaire pour prendre sa décision, mais ce n'est qu'une simple faculté. D'autre part, une demande d'interprétation peut aussi émaner du Conseil, de la Commission ou d'un État membre. Enfin, la Cour n'est pas compétente pour statuer sur les questions concernant les mesures relatives au maintien de l'ordre public ou à la sauvegarde de la sécurité intérieure.

Le contentieux de la responsabilité

Deux catégories de recours juridictionnels confèrent des pouvoirs étendus au juge communautaire. Il s'agit des recours présentés par les agents de la Communauté contre celle-ci pour la défense des droits que leur confère leur statut, et surtout des **recours en responsabilité**. Selon l'article 288 du TCE, en effet, *« en matière de responsabilité non contractuelle, la Communauté doit réparer, conformément aux principes généraux communs aux droits des États membres, les dommages causés par ses institutions ou par ses agents dans l'exercice de leurs fonctions »*.

Les conditions de recevabilité

Elles sont plus larges que celles du recours en annulation. Le recours peut être intenté par tout particulier ou tout État membre[29] prétendant avoir subi un dommage du fait

27. Conseil d'État, 29 juin 1990, *Groupe d'information et de soutien des travailleurs immigrés (GISTI).*

28. CJCE, 22 octobre 1987, *Foto-Frost.*

29. Il n'y a eu, jusqu'ici, aucun recours présenté par un État membre.

d'un acte ou d'une action communautaires, dans les cinq ans à compter de la survenance du fait qui y donne lieu. Lorsqu'ils émanent de **particuliers** (ce qui représente en fait la totalité des cas), les recours doivent être présentés **devant le Tribunal**. Ils visent l'institution qui est à l'origine du dommage et qui peut être soit une institution communautaire au sens propre (Parlement, Commission, Conseil, Cour des comptes...), soit l'un des autres organes institués par le traité (Banque centrale européenne, Banque européenne d'investissement, etc.). Mais aucun recours en responsabilité ne peut se fonder sur un dommage résultant de l'application directe d'un traité.

Le dommage

Il doit être *imputable à la Communauté*. Tel est le cas lorsqu'il a été causé par l'action d'une de ses institutions ou d'un de ses agents, à condition que l'acte de celui-ci constitue le prolongement nécessaire des missions confiées aux institutions[30]. Une difficulté particulière peut cependant naître du fait que l'exécution des décisions communautaires est souvent confiée aux autorités des États membres. La Cour n'admet alors la responsabilité de la Communauté que si le dommage peut être imputé à des décisions communautaires que les autorités nationales ont appliquées régulièrement. En cas d'application incorrecte, seule la responsabilité de l'État membre peut être recherchée devant ses juridictions nationales. Lorsque le dommage résulte à la fois d'une faute de la Communauté et de l'État membre, le particulier victime doit intenter deux actions distinctes, devant les juridictions communautaires et les juridictions nationales : cela ne devra pas conduire à une indemnisation supérieure au dommage subi.

L'engagement de la responsabilité de la Communauté

Pour engager la responsabilité de la Communauté, la Cour exige la réunion de **trois éléments**.

– **L'existence d'une faute** d'une instance ou d'un agent communautaires. Cette faute peut résulter d'un mauvais fonctionnement de l'institution (par exemple, un défaut de protection de données confidentielles), ou d'une illégalité constituée par la violation d'une règle de droit supérieure, c'est-à-dire d'une règle d'importance fondamentale découlant du traité ou des principes généraux du droit (par exemple, le principe de non-discrimination). La Cour vérifie qu'il s'agit bien d'une violation caractérisée, traduisant une méconnaissance manifeste et grave des limites qui s'imposent à l'institution mise en cause dans l'exercice de ses pouvoirs : ce sera notamment le cas lorsque celle-ci ne peut pas justifier son acte par l'existence d'un intérêt public supérieur. Enfin, la règle supérieure violée doit avoir pour but de protéger les particuliers : ainsi, le non-respect de règles relatives à l'aménagement des compétences au sein des institutions européennes ne sera pas de nature à permettre la mise en jeu de la responsabilité communautaire.

– Il faut ensuite un **préjudice** qui présente certains caractères. Il doit être en principe **réel, né et actuel** (la Cour a cependant accepté de réparer des préjudices futurs, à condition qu'ils soient certains). Il doit être évaluable en argent, la Cour ne pouvant réparer le dommage qu'en accordant une indemnité, mais cela n'interdit pas la prise en compte de dommages moraux. Enfin, lorsque la responsabilité est recherchée pour des actes réglementant l'activité économique, la Cour exigera que le dommage présente un caractère anormal et spécial, c'est-à-dire qu'il *« dépasse les limites des risques économiques normaux inhérents aux activités dans le secteur concerné ».*

– Il faut enfin qu'il y ait un **lien direct de causalité** entre la faute et le dommage. C'est à la victime qu'incombe la preuve de ce lien. La faute de la victime peut être un motif d'exonération totale ou partielle de responsabilité.

Le recours en manquement d'État

Ce recours est tout à fait particulier au droit communautaire. En adhérant à la Communauté, un État souscrit à un certain nombre d'obligations. Il est donc logique qu'il puisse être contraint à les respecter et qu'il s'expose à des sanctions s'il ne le fait pas. Le recours en manquement vise à faire constater l'inexécution par un ou plusieurs États membres des obligations leur incombant en vertu des traités. C'est ce à quoi visent les articles 226 à 228 du TCE, qui permettent soit à la Commission, soit à un État membre de **saisir la Cour,** sans avoir à justifier d'un intérêt à agir. Mais comme le recours étatique doit toujours être précédé d'une saisine de la Commission, dans les faits, cette seconde hypothèse est extrêmement rare : il n'y en a eu que deux exemples, l'un en 1979, à l'occasion d'une plainte du Royaume-Uni contre la France, l'autre en 2000, à propos d'un différend entre la Belgique et l'Espagne[31]. La quasi-totalité des recours est donc venue de la Commission. Mais avant d'aller devant la Cour, celle-ci devra, dans une phase dite *précontentieuse*, permettre à l'État ou aux États concernés de présenter leurs observations et elle s'efforcera d'en obtenir un changement d'attitude.

La **phase précontentieuse** est déclenchée soit par une constatation de la Commission elle-même, soit par une plainte adressée par un État ou une personne privée. La Commission s'informe auprès de l'État concerné, à la suite de quoi elle peut soit classer l'affaire, soit décider d'aller plus loin dans l'enquête. Dans ce second cas, elle adressera à l'État concerné une *lettre de mise en demeure*. Lorsque la Commission est à l'origine de l'affaire, seul l'État accusé se verra demander ses observations. Lorsque la plainte émane d'un État membre, les observations des deux États concernés, le plaignant et l'accusé, seront confrontées contradictoirement.

La mise en demeure doit énumérer les griefs de façon complète, car il ne pourra pas en être ajouté par la suite.

30. La Cour a ainsi considéré, en 1969, que l'accident causé par un fonctionnaire communautaire conduisant sa voiture personnelle n'était pas imputable à la Communauté, alors même que son ordre de mission l'autorisait à utiliser ce véhicule dans l'exercice de ses fonctions. Elle a estimé que cette utilisation n'était pas intervenue pour les besoins du service. Cette solution est donc plus restrictive que celle du droit français (voir page 138).

31. Et il y en aura sans doute un troisième dans un conflit entre l'Espagne et le Royaume-Uni à propos de la participation des habitants de Gibraltar aux élections européennes.

Elle fixe en outre le délai dans lequel l'État mis en cause doit répondre. A l'expiration de ce délai, si les réponses ne sont pas jugées satisfaisantes et si l'État n'a pas changé d'attitude, la Commission émettra un **avis motivé** qui ne peut que reprendre, en les détaillant, tout ou partie des griefs exposés dans la mise en demeure. La Commission y justifie les raisons qui l'amènent à penser que l'État a failli à ses obligations. L'avis motivé ouvre un délai pendant lequel l'État concerné peut faire cesser le manquement. Si tel n'est pas le cas, la Commission peut saisir la Cour, mais elle en apprécie discrétionnairement l'opportunité et n'est soumise à aucun délai pour le faire. Cette possibilité est aussi ouverte à un État plaignant, lorsqu'il est à l'origine de la plainte[32].

La saisine de la Cour ouvre la **phase contentieuse.** La Commission doit s'en tenir aux griefs figurant dans l'avis motivé, sauf si de nouveaux manquements sont apparus entre temps. Il lui appartient d'apporter la preuve du manquement et du fait qu'il peut effectivement être imputé à l'État membre ou à un de ses organes internes. L'État peut, pour sa défense, évoquer des faits justificatifs. Mais la Cour se montre extrêmement rigoureuse dans l'appréciation de ceux-ci : elle a ainsi estimé que ni la violation du droit communautaire par un autre État, ni la prétendue illégalité du règlement contesté ne constituaient des faits justificatifs. Elle a également refusé l'argumentation présentée par la France, selon laquelle des troubles sociaux liés à une tentative d'application d'une disposition communautaire (barrages routiers, destructions de cargaisons de camions en provenance d'autres pays, suivies d'une indemnisation rapide des victimes de ces dommages...) constituaient une excuse valable.

Si la Cour estime que l'État a manqué à une de ses obligations, **elle rend un arrêt où elle constate le manquement**. Dans la plupart des cas, les faits reprochés tiennent à l'absence de transposition d'une directive. L'arrêt constitue une simple déclaration et la Cour n'a aucun pouvoir d'annulation des mesures nationales contraires aux obligations communautaires, ni d'injonction à l'égard de l'État membre. Mais depuis le traité de Maastricht, de nouveaux pouvoirs de sanction sont prévus : l'État membre est tenu *« de prendre les mesures que comporte l'exécution de l'arrêt de la Cour »*. La Commission peut émettre, après avoir donné à l'État la possibilité de présenter ses observations, un avis motivé où elle précise en quoi l'État ne s'est pas conformé à l'arrêt de la Cour. Elle y fixe aussi le délai imparti à l'État pour se mettre en règle et elle peut, dès l'expiration de ce délai, saisir à nouveau la Cour, afin qu'elle prononce une sanction financière sous forme d'amende forfaitaire ou d'astreinte. Cette possibilité a été utilisée à plusieurs reprises, en particulier contre la France en 2005.

32. Il peut le faire seul, si la Commission n'a pas rendu d'avis dans un délai de trois mois à partir de la demande, ou en parallèle avec la saisine de la Cour par la Commission, lorsque celle-ci décide d'engager une procédure contentieuse. Mais, comme on l'a dit, cette hypothèse est extrêmement rare, les États préférant utiliser la voie diplomatique plutôt que la voie juridictionnelle.

Chapitre 7
La Cour des comptes

Elle a été instituée par le traité de Bruxelles du 22 juillet 1975 et sa création est concomitante du renforcement des pouvoirs budgétaires du Parlement. Désormais régie par les articles 246 à 248 du TCE, elle a son siège à Luxembourg. Selon l'article 246, elle «assure le contrôle des comptes» *de la Communauté : son champ de compétences couvre donc la totalité du domaine financier.*

La composition de la Cour

Dans la formulation résultant du traité de Nice, la Cour des comptes comprend **un national de chaque État**. De ce fait, ce traité instaure la règle selon laquelle ces nominations se feront sur proposition de chacun de ceux-ci. Mais il prévoit aussi qu'une fois nommés, les membres de la Cour exercent leur mandat en toute **indépendance**, dans l'intérêt général de la Communauté, et qu'ils ne sollicitent ni n'acceptent d'instructions d'aucun gouvernement ni d'aucun organisme. Ils ne peuvent exercer aucune autre activité professionnelle, rémunérée ou non.

Ils sont nommés pour une durée de **six ans**, renouvelable, par le Conseil statuant, après consultation du Parlement, à la majorité qualifiée. Les membres de la Cour sont choisis parmi les personnalités qui appartiennent ou ont appartenu dans leurs pays respectifs aux institutions de **contrôle des comptes**, ou qui ont une qualification particulière pour cette fonction. Ils désignent parmi eux et pour trois ans le **président** de la Cour, dont le mandat est renouvelable. Ce dernier convoque et préside les séances, dont il fixe l'ordre du jour; il dirige les services de la Cour et veille à l'exécution de ses décisions. Le président de la Cour est, jusqu'en 2008, l'Espagnol Juan Manuel Fabra Vallés.

Les conditions d'emploi et de rémunération des membres de la Cour sont fixées par le Conseil statuant à la majorité qualifiée. Leur mandat ne peut être interrompu que dans trois hypothèses : décès, démission volontaire ou démission d'office. Celle-ci doit être prononcée par la Cour de justice, sur demande de la Cour des comptes, et uniquement dans le cas où ils auraient cessé de répondre aux conditions requises ou de satisfaire aux obligations découlant de leur charge. Cette situation ne s'est jamais rencontrée jusqu'ici.

La Cour est organisée en collège et elle adopte ses rapports et ses avis à la majorité de ses membres, ce qui implique qu'elle **siège toujours en session plénière**. Le traité de Nice a cependant prévu qu'elle puisse créer en son sein des chambres qui seront compétentes pour adopter certaines catégories de rapports ou d'avis. Les conditions d'application de cette disposition devront être prévues par son règlement intérieur.

Les attributions de la Cour

Depuis le traité de Maastricht, le contrôle de la Cour porte sur la totalité des dépenses et des recettes de la Communauté et de tout organisme créé par elle. Elle peut aussi vérifier l'utilisation faite par les organismes extérieurs des fonds communautaires qu'ils reçoivent à titre de subventions. Dans ce cadre, l'article 248 du TCE lui confère **deux compétences** essentielles.

– **Vérifier la régularité de toutes les opérations financières** : il s'agit donc d'un contrôle de légalité, qui amène la Cour à apprécier la conformité des opérations financières aux dispositions communautaires applicables et aux grands principes budgétaires. A la différence de la Cour des comptes française, la Cour des comptes européenne n'est cependant pas un organisme juridictionnel. Elle n'a donc pas le pouvoir de sanctionner directement les irrégularités constatées et doit compter soit sur les États membres, soit sur le Conseil pour prendre les sanctions qu'exigent ces irrégularités. Elle ne peut déposer de recours en annulation que pour la défense de ses prérogatives. Elle n'a pas non plus de pouvoir d'initiative en matière de recours en manquement, mais elle peut former un recours en carence devant les juridictions communautaires.

– **S'assurer de la bonne gestion financière** : il s'agit d'un contrôle d'efficacité qui amène la Cour à apprécier, non pas seulement si les moyens utilisés sont réguliers, mais s'ils sont les mieux adaptés et les plus efficaces pour parvenir au résultat recherché.

Ces attributions conduisent la Cour à **mener des investigations** à la fois au sein des institutions européennes et au sein des États membres. Cela l'amène à collaborer tant avec les autres instances de l'Union qu'avec les organismes des États membres chargés du contrôle des comptes. Les uns et les autres communiquent à la Cour, sur sa demande, tout document ou information nécessaires à l'exercice de sa mission. Son contrôle a lieu sur pièces et peut avoir lieu sur place.

La Cour des comptes fournit au Parlement et au Conseil une déclaration d'assurance de la fiabilité des comptes et de la régularité des opérations financières. Elle leur adresse également un rapport, publié au *Journal offi-*

ciel de l'Union européenne, après la clôture de chaque exercice. Elle peut, par ailleurs, établir des rapports spéciaux sur toute question particulière ou donner des avis à la demande d'une autre institution communautaire. Comme le souligne l'article 276 du TCE, la déclaration d'assurance de la fiabilité des comptes, le rapport annuel de la Cour et ses rapports spéciaux éventuels constituent des éléments essentiels d'information du Parlement pour la mise en œuvre de la procédure de décharge de l'exécution du budget qu'il doit voter chaque année à destination de la Commission.

Ainsi, bien que la Cour ne dispose pas de pouvoirs directs de sanction, ses travaux peuvent apporter une contribution importante à l'activité de contrôle que le Parlement exerce sur l'exécutif de la Communauté.

Chapitre 8
Les organes de l'Union européenne

A côté des institutions communautaires, les traités ont créé un certain nombre d'organes chargés de missions spécifiques. On dénombre, parmi eux, les organes consultatifs, les institutions financières et le Médiateur européen.

Les organismes consultatifs

Ce sont, pour l'essentiel, le *Comité économique et social* et le *Comité des régions*. Leur consultation par le Conseil ou par la Commission est obligatoire dans les cas prévus par les traités (art. 262 traité CE pour le CES ; 265 du même traité pour le CdR). Elle peut également avoir lieu à l'initiative de l'une de ces deux institutions ou, depuis le traité d'Amsterdam, du Parlement. Ces deux comités ont le pouvoir d'émettre, de leur propre initiative, des avis sur une question relevant de leur champ de compétences.

Le Comité économique et social

Le traité de Rome a mis en place, à côté des institutions législatives et exécutives, un Comité économique et social composé de représentants de **différentes catégories socioprofessionnelles** (producteurs, agriculteurs, travailleurs, transporteurs, consommateurs...). Les membres du Comité, qui siège à Bruxelles, sont désignés par le Conseil de l'Union européenne, à la majorité qualifiée, pour un mandat de **quatre ans** renouvelable, sur proposition des gouvernements des États membres, mais ils exercent leur mandat en toute indépendance. Leur répartition entre États membres dépend de l'importance de la population de l'État concerné. En vertu du traité de Nice, le nombre total des conseillers ne peut pas dépasser 350. Il était en 2006 de 317, parmi lesquels 24 représentants français.

La qualité de membre du CES est incompatible avec un mandat parlementaire européen. Les membres sont répartis en trois catégories : employeurs, salariés, autres représentants. Le président du Comité est élu par lui, en assurant une rotation entre chacune de ces catégories. Le Comité s'efforce ainsi d'assurer l'émergence de compromis entre les trois groupes d'agents économiques et sociaux, et il joue un rôle utile d'intermédiaire entre les institutions communautaires et les forces économiques et sociales.

Le Comité des régions

Il a été institué par le traité sur l'Union européenne de 1992, à la demande des collectivités territoriales des États membres, dans le souhait de rapprocher la construction européenne des citoyens. Il compte le même nombre de membres que le CES et ceux-ci sont désignés dans les mêmes conditions. Depuis le traité de Nice, ne peuvent être membres du Comité que des **représentants des collectivités régionales et locales**, titulaires d'un mandat électoral au sein d'une de ces collectivités ou politiquement responsables devant une assemblée élue. Le Comité siège à Bruxelles ; son président est, depuis 2006, le Français Michel Delebarre.

Les conditions de sa consultation sont les mêmes que celles du CES. Mais il est **obligatoirement consulté** sur toute question susceptible d'avoir des répercussions au niveau local ou régional. Le traité d'Amsterdam a élargi les domaines de cette consultation obligatoire : elle couvre désormais dix grands domaines, parmi lesquels les questions de santé, d'éducation et de culture, d'emploi, de politique sociale, d'environnement, de formation professionnelle ou de transports.

Les institutions financières

Ce sont le SEBC (Système européen de banques centrales) et la BEI (Banque européenne d'investissement).

Le Système européen de banques centrales

Avec l'établissement d'une monnaie unique dans douze pays de l'Union – l'euro – il a fallu imaginer un système européen pour gérer l'union monétaire. Ce système se compose des banques centrales de tous les États membres et de la *Banque centrale européenne* (BCE), mise en place en 1998 et qui siège à Francfort.

Tous les pays de l'UE n'ont cependant pas adopté l'euro. Il est donc impossible de laisser les banques centrales des pays qui ne l'ont pas adopté décider la politique monétaire de la zone euro. Cela a conduit à créer, au sein du SEBC, un « Eurosystème » plus réduit, ne regroupant, à côté de la BCE, que les seules banques centrales des douze pays ayant adopté la monnaie unique. Les autres membres du SEBS ne font pas partie de l'Eurosystème.

Le SEBC est composé d'un **conseil des gouverneurs** et d'un **directoire**. Le conseil des gouverneurs comprend les membres du directoire et les gouverneurs des banques centrales nationales des pays participant à l'euro. Les six membres du directoire (un président, un vice-président et quatre autres membres) sont nommés d'un commun accord par les chefs d'État ou de gouvernement des États membres (pour l'instant, uniquement ceux des États qui ont adhéré à l'euro), sur recommandation du Conseil et après consultation du Parlement et du conseil des gouverneurs de la BCE. Ils doivent être choisis parmi des personnes à l'autorité et à l'expérience professionnelle reconnue dans le domaine monétaire ou bancaire. Leur mandat est de huit ans, non renouvelable. Le président actuel est, jusqu'en 2011, le Français Jean-Claude Trichet.

Leur indépendance est fortement garantie : les organes du SEBC ne peuvent ni solliciter, ni accepter d'instructions des institutions communautaires ou des gouvernements nationaux[33]. Ils ne peuvent être relevés de leurs fonctions, par la Cour de justice et à la requête exclusive du conseil des gouverneurs ou du directoire, que lorsqu'ils ne remplissent plus les conditions nécessaires à leur exercice ou s'ils ont commis une faute grave. Les orientations de la politique monétaire sont définies par le Conseil des gouverneurs et mises en œuvre par le directoire. C'est à la BCE que revient le pouvoir d'autoriser l'émission de billets de banque dans la zone euro.

La Banque européenne d'investissement

Elle a été créée par le traité de Rome de 1957. Son siège est à Luxembourg. Dotée de la personnalité juridique et de l'autonomie financière, elle a pour actionnaires les 27 États membres. Elle comprend un Conseil des gouverneurs, composé des ministres des Finances des États membres, qui détermine la politique générale de la Banque, un Conseil d'administration, composé de fonctionnaires des États membres ou de la Commission, et un Conseil de gestion, nommé pour six ans par le Conseil des gouverneurs, qui administre les affaires courantes de la Banque. Son président, nommé dans les mêmes conditions, est, depuis le 1er janvier 2000, le Belge Philippe Maystadt.

Elle finance essentiellement, par des prêts, à la demande des institutions communautaires, les investissements nécessaires à la réalisation des projets de mise en valeur des régions les moins développées, et des opérations présentant un intérêt commun à plusieurs États membres dans le domaine des transports, des télécommunications et de l'énergie.

33. Cette question de l'indépendance de la banque centrale a suscité des polémiques à l'occasion de la campagne présidentielle française de 2007.

Le Médiateur européen

Le Médiateur européen a été créé par le traité sur l'Union européenne de 1992, à l'imitation des *Ombudsman* existant dans divers pays, et son existence est désormais prévue par l'article 195 du TCE. Il est **élu**, à la majorité des suffrages exprimés, **par le Parlement** européen, pour la durée de la législature (donc **cinq ans**). Il est choisi parmi les ressortissants des États membres présentant des garanties de capacité et d'indépendance. Son mandat est renouvelable. C'est le Parlement qui fixe son statut et les conditions d'exercice de ses fonctions. Celles-ci sont incompatibles avec tout mandat électif et toute autre activité professionnelle. Il peut y être mis fin soit en cas de démission volontaire, soit d'office, lorsqu'il ne remplit plus les conditions nécessaires à leur exercice ou s'il a commis une faute grave. Dans ce cas, la fin des fonctions est décidée par la Cour de justice, à la demande du Parlement. Le Médiateur actuel est, depuis 2003, le Grec Nikiforos Diamandouros.

Les **plaintes** présentées au Médiateur peuvent soit émaner directement de personnes appartenant aux mêmes catégories que celles qui disposent du droit de pétition (voir page 204), soit lui être transmises par l'intermédiaire d'un membre du Parlement européen. Elles doivent concerner des **cas de mauvaise administration** imputables à des institutions ou organismes communautaires, autres que les organes juridictionnels. Mais le Médiateur peut aussi intervenir de sa propre initiative s'il a connaissance, hors de toute plainte, d'un cas de ce type (par exemple, par la presse). Si, après enquête, il conclut à la mauvaise administration, il saisit l'institution concernée qui a trois mois pour lui faire connaître ses observations. Dans le rapport qu'il adresse ensuite à celle-ci et au Parlement, il exprime son opinion définitive sur l'affaire : il peut soit retenir tout ou partie des observations de l'autorité mise en cause, soit émettre un point de vue critique sur son action. Le résultat de l'enquête est communiqué à l'auteur de la plainte.

Le Médiateur effectue chaque année environ 250 enquêtes, dont 40 % révèlent que l'institution mise en cause n'a pas agi de manière erronée. Lorsqu'il constate que tel est cependant le cas, la plupart des institutions acceptent de revoir leur position initiale.

Questions à réponse courte (QRC) sur les institutions européennes

Quelles sont les institutions communautaires et quel est leur rôle?

La difficulté de cette question tient à son caractère très vaste, puisqu'elle recouvre la quasi-totalité du programme des concours de catégorie B sur la matière. Il faut donc veiller à être complet, tout en restant très synthétique, compte tenu du temps imparti. Tenez-vous en à l'essentiel et contentez-vous de décrire en quelques phrases la constitution et les fonctions des «grandes» institutions européennes.

Après avoir donné la liste des cinq institutions communautaires, vous pourrez indiquer d'une phrase que vous ne parlerez pas de toutes les institutions existant dans le cadre de l'Europe et que vous vous limiterez aux quatre principales, correspondant aux trois pouvoirs traditionnels : exécutif, législatif et judiciaire. Vous marquerez un point si vous ajoutez que la séparation de ces pouvoirs n'est pas nette, certains organes pouvant être investis à la fois de pouvoirs exécutifs et de pouvoirs législatifs.

1. Le Conseil de l'Union européenne (qu'il faut distinguer du Conseil européen, réunion périodique des plus hauts responsables politiques de chaque pays) est composé des représentants des États membres et présidé à tour de rôle par chacun des pays de l'Union. Il cumule des fonctions législatives, exécutives et budgétaires qu'il exerce en coopération avec les autres organes. C'est lui qui, en particulier, édicte les règlements et les directives. Les élargissements successifs de l'Union ont substitué de plus en plus souvent la *majorité qualifiée* à l'unanimité pour la prise de décision.

2. Le Parlement est élu au suffrage universel direct dans tous les pays de l'Union. Sans être l'égal des parlements nationaux, il a vu ses compétences législatives s'accroître et «codécide» désormais dans de nombreux cas avec le Conseil. Ses pouvoirs budgétaires sont de plus en plus importants et il dispose de compétences de contrôle de l'exécutif : il peut poser des questions, demander des rapports et constituer des commissions d'enquête, et il peut censurer la Commission.

3. La Commission est composée de membres désignés par chaque État, mais qui n'en sont pas les représentants. Elle a le pouvoir d'initiative pour toutes les décisions importantes et exécute les décisions par délégation du Conseil.

4. Enfin, la Cour de justice des Communautés européennes, composée d'autant de juges qu'il y a d'États, constitue le pouvoir judiciaire. Assistée d'un Tribunal de première instance, elle peut annuler les actes communautaires non conformes aux traités, engager la responsabilité de la Communauté et ordonner des sanctions contre un État membre qui ne satisfait pas à ses obligations communautaires.

Quelle est la place du Conseil européen dans les institutions européennes?

Le petit piège de cette question réside dans la nécessité de ne pas confondre les deux organes qui portent le nom de «Conseil» au sein des instances européennes et de bien distinguer le Conseil européen du Conseil des ministres de l'UE.

On commencera par rappeler succinctement les étapes de son apparition : le Conseil européen a été créé en 1974. On poursuivra par le rappel très rapide de sa composition et de ses attributions : il réunit, au moins deux fois par an, les chefs d'État ou de gouvernement des États membres et le président de la Commission, assistés par les ministres des Affaires étrangères et un membre de la Commission. Dans l'état actuel des traités, il est présidé par le chef de l'État ou du gouvernement présidant le Conseil des ministres. Son rôle politique est essentiel : il définit les orientations générales de l'Union, notamment dans les domaines de la politique économique et de la politique étrangère et de sécurité commune.

Mais, pour répondre à cette question, vous ne pouvez pas vous contenter d'une simple description du Conseil. Il faut le «situer» par rapport à la logique ordinaire des instances européennes, et donc rappeler son originalité. Le Conseil européen **ne constitue pas une institution communautaire**; il n'a aucune compétence juridique et ses décisions ne peuvent pas constituer des actes communautaires. Leur transformation en actes juridiques relève des procédures «ordinaires» prévues par les traités. Il prend toujours ses décisions par consensus et ressemble à une conférence diplomatique classique.

Voir page 192.

Qu'est-ce qu'une directive communautaire? Les directives sont-elles directement applicables en droit français?

C'est sans doute une des questions les plus difficiles sur lesquelles vous puissiez tomber car elle comporte des aspects parfois subtils. Restez-en donc aux principes simples et n'essayez pas de développer outre mesure.

Une directive est un acte émanant du Conseil de l'Union européenne qui se contente, en principe, de ne fixer qu'un objectif à atteindre. Elle équivaut à ce qu'on appellerait en droit national une loi d'orientation. Elle laisse donc aux États membres une assez large marge d'appréciation pour les «transposer» en droit national, en décidant de la forme à utiliser (loi ou disposition réglementaire) et de la manière dont le résultat attendu sera atteint.

En principe, elle n'est donc pas directement applicable en droit français tant qu'elle n'a pas été transposée. Mais cette transposition est obligatoire. Le Conseil constitutionnel comme le Conseil d'État estiment qu'une loi nationale contraire à une directive est par là même inconstitutionnelle.

Quels sont les recours dont peut être saisie la Cour de justice des Communautés européennes ?

Vous les énumérerez rapidement, en soulignant qu'ils ont essentiellement pour objet de faire constater et sanctionner le non-respect des traités européens. Vous indiquerez, pour chacun d'entre eux : qui peut les intenter, contre quels actes ils sont ouverts et quel est l'effet de la décision de la Cour.

– Recours en annulation : intenté soit par un État membre, soit par une institution communautaire, soit par un particulier; contre tout acte émanant d'une institution communautaire; il conduit, en cas de succès, à l'annulation de l'acte attaqué.

– Renvoi préjudiciel : la Cour ne peut être saisie que par un tribunal national qui demande son avis sur l'interprétation ou l'appréciation de validité d'un acte communautaire. La décision de la Cour s'impose aux juges nationaux.

– Recours en responsabilité : intenté par un État membre ou un particulier, il conduit à la mise en jeu de la responsabilité de la Communauté, au cas où une faute a été commise par une de ses institutions.

– Recours en manquement d'État : intenté soit par un État membre, soit par la Commission pour dénoncer une violation du droit communautaire par un État membre, il peut ultérieurement conduire à une condamnation de l'État défaillant.

Voir page 209.

Le traité de Maastricht a été signé par les membres de l'Union européenne le 7 février 1992. Afin qu'il entre en vigueur en France, quelle procédure a été suivie ?

Cette question peut vous donner l'occasion de prouver que vous êtes capable de faire la liaison entre les différentes parties de l'ouvrage, en particulier entre le droit constitutionnel et les institutions européennes.

Vous rappellerez donc que l'article 54 de la Constitution prévoit que « *si le Conseil constitutionnel... a déclaré qu'un engagement international comporte une clause contraire à la Constitution, l'autorisation de ratifier ou d'approuver l'engagement international en cause ne peut intervenir qu'après la révision de la Constitution* », et que l'article 11 de la Constitution permet au président de la République de soumettre au référendum un projet de loi « *tendant à autoriser la ratification d'un traité qui, sans être contraire à la Constitution, aurait des incidences sur le fonctionnement des institutions* ».

Conformément à l'article 54, François Mitterrand a donc saisi, en mars 1992, le Conseil constitutionnel pour lui demander si l'approbation du traité de Maastricht supposait une révision préalable de la Constitution. Celui-ci ayant apporté une réponse positive (décision du 9 avril 1992), la Constitution a été révisée en juin, selon la procédure prévue à l'article 89 du texte. Le président de la République a ensuite décidé, conformément à l'article 11, de soumettre au référendum l'adoption du projet de loi portant approbation du traité de Maastricht. Ce projet fut adopté par 51,04 % de « oui ».

Voir page 19 et page 29.

Index

186160

Q

R

S

T

U

V